World Extreme Music Vol.26

Doom Metal Guidebook

Nobuhito Matsuo

まえがき

ドゥームメタルのルーツ、Black Sabbath とその背後にある音楽的影響

　ドゥームメタルの絶対的なルーツとしてやはり Black Sabbath の 1970 年 2 月 13 日金曜日にリリースされた『Black Sabbath』が挙げられる。特に冒頭の「Black Sabbath」は現代の耳で聴いても、ドゥームメタルの特徴を端的に示している。それはすなわち、遅いリズム、ダークなムード、オカルト要素のある歌詞、ヘヴィなサウンド、重厚な雰囲気などなど……。彼らが生み出したエポックメイキングで独創性の高い楽曲は現代のシーンにもしばしば参照され、その影響を感じさせるバンドには枚挙のいとまがない。

　それを前提としたうえで、『Black Sabbath』以前にもそのサウンドの形成に影響を与えたバンドは間接的にドゥームメタルに影響を及ぼしている。例えば Blue Cheer、Cream、The Beatles、Led Zeppelin、The Rolling Stones と言ったバンド群だ。さらに掘り下げると、それらのバンド群にもインスピレーションを与えた、Muddy Waters などに代表されるブルースの巨匠たちもそのダークな世界観と官能的な詩世界、さらに当時のメインストリームとはかけ離れたオルタナティヴな存在として、その精神性はドゥームメタルのバンド群に通じる。ここではドゥームメタルに通じる例として数曲紹介したい。

Aerosmith「I'm Ready」

Muddy Waters のカバー楽曲。Aerosmith が、バンドのルーツであるブルースに立ち返ったアルバム、『Honkin'on Bobo』(2004 年) に収録。本アルバムのゴージャスな仕上がりの中、異色のうねりとダークさを持つアレンジは原曲の持つダークな部分を抽出し、よりヘヴィに仕上がっている。これは初期の Black Sabbath が実践したヘヴィブルースの解釈をモダンな手法で再提示したと言える内容だ。

Muddy Waters「Rollin' Stone」

1950 年にリリースされた楽曲で、後年 The Rolling Stones が『Hackney Diamonds』でもカバー。基本的にはギターと歌のみの弾き語りスタイルであるが、楽曲のもつダークで陰りを帯びたブルースは根底にある情念、哀しみ、やりきれなさと言った部分が精神性として後のドゥームメタルにつながる。

The Beatles「I Want You (She's So Heavy)」

ヘヴィな楽曲が増えた後期作品の中においても、一際異彩を放つサウンドのこの楽曲が収録された『Abbey Road』は、『Black Sabbath』のリリースの少し前、1969 年の 9 月にリリースされている。ダークでメランコリックなアルペジオやブルース由来のアンサンブル、そして後半は「ドゥーミー」と形容できる不穏なトーンが特徴だ。

Led Zeppelin「Dazed and Confused」

Led Zeppelin の 1st アルバム『Led Zeppelin』に収録された楽曲でリリースは 1969 年の 1 月。冒頭のクロマティックなベースラインはヘヴィブルース由来ながら、革新的なギターサウンドや強迫観念的なヴォーカル、そしてビーストと称される、怒涛のドラムプレイなどに彩られ、独自の世界観を表現。後半のインプロヴィゼーションはブルースの手法をもとにハードロックのひな形を構築している。プロト・ドゥームとして現代の耳には聞こえる。もともとはアメリカのシンガーソングライターである Jake Holmes が 1967 年に発表した楽曲をモチーフにしており、それが原因で後にクレジットの件で訴訟問題が起こった。音楽的観点から言えば、これはジャンルの越境性を物語るエピソードだ。

　ここで示したいのは絶対的なルーツである『Black Sabbath』の背後には、それに影響を与えたであろう様々な音楽が存在している事である。またサウンド面以外で影響を与えたのは Dennis Wheatley に代表される 1930 年代から 1960 年代にかけて流行したスリラー、オカルト小説で『Black Sabbath』での作詞にもインスピレーションを与えている。H. P. Lovecraft による怪奇小説・幻想小説も大きなインスピレーション源となった。さらには Mario Bava による一連のイタリア・ホラー映画もドゥームメタルを特徴づける要素として重要だ。

　『Black Sabbath』以後、1970 年代に存在していた無数のハードロックはドゥームメタルの形成に影響

を与えている。ここではその中からこの2作品をピックアップした。

Budgie『In for the Kill!』(1974)
本作収録の「Crash Course in Brain Surgery」が後に Metallica によりカバーされたことが有名である。Budgie の作品の中でもドゥームメタルに通じるヘヴィな感触が特徴で、特に「Hammer and Tongs」で聴かれるブルース由来のヘヴィなうねりを伴うサウンドは後のドゥームメタルに通じる肌触りで、情念を持ってねっとりと歌われるブルージーなヴォーカル、緩急をつけたバンドアンサンブルなどから共通点を見出すことができる。

Icecross『Icecross』(1973)
アイスランドにて 1970 年代に活動したハードロックバンド。本作はブルースなどの定型から外れた不穏な音階を用いて魔術的でオカルトなムードを作り出している。「Jesus Freaks」「Nightmare」などの鋭角的なアンサンブルは後の Angel Witch などといった NWOBHM の暗黒勢にも共通点を見出すことができる。

後のドゥームメタル誕生への布石となった NWOBHM のダークサイド
　その後 1979 年から 1980 年にかけてイギリスでは NWOBHM が勃興。Iron Maiden、Def Leppard、Saxon、Diamond Head、といった代表的バンドがあるが、ドゥームメタルに重要な影響を及ぼしたのは、Angel Witch、Pagan Altar、Witchfinder General といった暗黒要素を併せ持つバンド群であった。特に Witchfinder General は同時期の NWOBHM のバンドの基本路線からは外れた Black Sabbath 直系のサウンドを展開しており、1990 年代以降にドゥームメタルがジャンルとして確立するまでの橋渡しとして非常に重要なポジションにある。また Pagan Altar に関しては 1990 年代以降もライブ活動やリリースを継続しており、プロトドゥームメタルを現代によみがえらせる稀有な存在だ。

アメリカ大陸では Pentagram、Saint Vitus、The Obsessed、Trouble といった重要バンドが誕生
　このように Black Sabbath の出身国である UK を中心に原型が生まれたプロトドゥームメタルではあるが、その影響は北米大陸にも伝わった。1971 年にはワシントン D.C. にて Pentagram が結成される。アルバム発表までは 1985 年まで待たねばならなかったが、『First Daze Here (The Vintage Collection)』で聴くことのできる 1970 年代の音源は当時のアンダーグラウンドなハードロックを基調としつつも、独自のダークでイーヴルなムードが後のドゥームメタルにダイレクトにつながる。また『First Daze Here Too』に収録された The Rolling Stones のカバー「Under My Thumb」と The Yardbirds のカバー「Little Games」も特筆すべき点だ。1978 年にはロサンゼルスにて Saint Vitus の前身である Tyrant が結成された。Black Sabbath に影響を受けた最初のバンドのうちの一つであり、さらにはオリジナルシンガーである Scott Reagers の歌唱は NWOBHM 勢の香りを放っている。また当時の US 西海岸での L.A. メタルなどの盛り上がりから、メタルシーンには居場所はなく、Black Flag をはじめとするハードコアシーンでの活動も特徴として挙げられる。The Obsessed の前身である Warhorse は 1976 年に結成された。1st アルバムのリリースは 1990 年まで待たねばならないが、Saint Vitus 同様、Black Sabbath に影響を受けたアメリカ大陸の初めてのバンドの一つとして重要だ。1978 年には Trouble も活動を開始。Judas Priest にも通じる鋭角的なドゥームサウンドを展開していた。このように 1970 年代にはアメリカ大陸でも後のシーンのレジェンドとなるバンドが活動を開始した。

北欧では Candlemass が活動をスタート
　Candlemass の前身である Nemesis は 1982 年に活動を開始。1986 年にリリースされた『Epicus Doomicus Metallicus』はドゥームメタルの金字塔を打ち立てた。また今回の Lee Dorrian のインタビューで明らかになったドゥームメタルの語源の説であるが、「Candlemass に間違いない。彼らの T シャツの背中には「Epic Doom Metal」とプリントされていた」との情報もドゥームメタルという言葉の最初期の使用として貴重な証言だ。

3

Celtic Frost / Dream Death

ドゥームの本流とは外れるがスイスのレジェンド、Celtic Frost も他のジャンル同様にドゥームメタルにも影響を与えている。やはり 1985 年の名盤、『To Mega Therion 』や 2006 年にリリースされた『Monotheist』などからは本書でも紹介しているバンドに通ずるサタニックな要素などが共通している。

また 1990 年代初頭にジャンルとしてドゥームメタルが定着する前の 1987 年にリリースされた Dream Death の『Journey into Mystery』はスラッシュメタルに軸足を置きながらも、ギターリフの質感にドゥーム由来のドロっとした感触や瘴気を滲ませており、Hellhammer 〜 Celtic Frost からの文脈を感じることもできる。後年は Rise Above Records からもリリースしており、ドゥームの文脈としてここに記した。

1991 年頃には Cathedral や Hellhound Records と言った存在により、ジャンルとして定着し始める

その後、1991 年には Napalm Death を脱退した Lee Dorrian と ex-Acid Reign の Gaz Jennings により Cathedral が結成された。Napalm Death で提示した世界最速と謳われたグラインドコアとは真逆の非常に遅いテンポの楽曲を収録した『Forest of Equilibrium』を 1991 年にリリース。また Lee Dorrian が立ち上げた Rise Above Records は後に様々なドゥームメタルの重要バンドの作品を多数リリースし、Cathedral での活動と共にドゥームメタルというジャンルの認知度向上に大いに貢献した。

90 年代半ば Electric Wizard、Church of Misery の登場。ジャンルとしてより定着

1990 年代半ばに入ると、Electric Wizard や Acid King、日本からは Church of Misery が登場。1989 年にドイツのベルリンで設立された Hellhound Records は Count Raven、Iron Man、The Obsessed、Saint Vitus、Blood Farmers など重要バンドの作品を多数リリースした。

2000 年初頭には Yob など登場、その他のエクストリームなジャンルとの邂逅。Southern Lord

1990 年代後半から 2000 年代にかけては Southern Lord Recordings 界隈を中心としたシーンが勃興。Earth や Sunn O))) などのドローン系人脈、そして Southern Lord Recordings の専属デザイナーを務める Aaron D.C. Edge と The Lumbar Endeavor でもかかわりのあった Mike Scheidt 率いる Yob などが西海岸シーンに登場。ポストメタルやスラッジ系とも親和性の高い鋭角的なサウンドでシーンにて影響力を持った。

2004 年には Witchcraft が登場し、70s 回帰の新たな潮流が誕生。アメリカでは新たな感性のドゥームメタルが誕生

そのような先鋭的なサウンドのバンド群が隆盛を極めたのと同時期に、スウェーデンからは 1970 年代のヴァイブ溢れるサウンドの Witchcraft が登場。先述のアメリカ西海岸での動きと相反するようなオーガニックで温かみのあるサウンドは、在りし日のプロトドゥーム〜ハードロックの郷愁を呼び起こすのみならず、新たな世代には新鮮なサウンドとして迎えられた。その他にも Ghost は 2010 年にリリースされた 1st アルバム『Opus Eponymous』を筆頭にヴィンテージ感あふれるサウンドに独自の北欧のポップス由来の旋律をのせ、現在ではドゥームはおろかメタルの範疇をも飛び越え、巨大なバンドに発展。この Ghost と Witchcraft を見出した Rise Above Records 及び Lee Dorrian の功績は今一度特筆に値すると声を大にして言いたい。

そのような温故知新なバンドが受け入れられたシーンの土壌の中、UK からは Uncle Acid and the Deadbeats が登場。今まで記してきた、60 年代のロック、Black Sabbath、NWOBHM、そしてドゥームメタルがジャンルとして定着して以降の Cathedral などのシーンの代表バンドを包括しつつ、The Everly Brothers などの 1950 年代のポップスなどからもインスパイアされた音楽性はまさにドゥームという音楽の総括と言える凄みを持っている。なおこちらも Rise Above Records からのリリースという点は注目されるべきだ。

同じ時期にアメリカでは Pallbearer や Khemmis といった新世代のドゥームバンドが登場。伝統的なヘヴィメタルや、ポストメタル、そしてグランジ、プログレッシヴ・ロックなどの影響までをもにじませる新たな解釈は、メジャー的なプロダクションも厭わない文字通り新たなフレームワークと潮流を生み出した。特に Pallbearer の 3rd アルバム『Heartless』では新たなファン層へも大きくアピールし、ビルボード・チャートへのランクインという快挙も果たした。また Khemmis は Magnetic Eye Records が主導した

Alice in Chains のトリビュートアルバム『Dirt（Redux）』にて「Down in a Hole」のカバーを披露している。これは 1990 年代前半に一世を風靡したグランジシーンとドゥームメタルの接点を端的に示している。

2010 年代以降、女性 Vo のバンドも数多く出現

2010 年代以降は女性ヴォーカリストが在籍するバンドが目立ってきた。1990 年代から活動している Acid King 以降は女性ヴォーカルのバンドはそれほど数多くなかったが、本書の表紙を飾る Johanna Platow Andersson が The Oath 解散後に結成した Lucifer、カナダの Blood Ceremony、アメリカからは Windhand、Jex Thoth、フィンランドからは Seremonia などが登場。また ex-Thee Plague of Gentlemen で現 Serpentcult のメンバーらで構成される Death Penalty、Candlemass の Leif Edling が在籍したことで話題になった Avatarium ら数多くのバンドが活躍している。ユタ州からは女性メンバー 3 人を含む編成の SubRosa も独自な存在感を提示し、バンド解散後、The Otolith が結成された。

2010 年代後半以降は、南米、南欧が特に発展

2010 年代後半から 2020 年代初頭にかけては、従来の北米、北・西ヨーロッパのシーンに加え、南米、南欧などのバンドの活動が目立ってきた。代表と言えるのはアルゼンチンの Mephistofeles、ギリシャの Acid Mammoth、イタリアの 1782、Black Spell、Wizard Master と言ったバンドだ。特にイタリアとアルゼンチンは歴史的に深いかかわりがあり、ともにカトリックが多数派の国だ。文化的に通じ合う部分が多く、アートワークや SNS などでのトータルイメージの構築の手法に共通点がある。また従来の西欧などのバンドに比べよりオカルト色が強いのが特徴だ。そのルーツを辿るとやはり Death SS、さらに言うと Paul Chain の存在は外せない。Mephistofeles の 4th アルバム、『Violent Theatre』もタイトルの元ネタは Paul Chain Violet Theatre であると想起することは容易だ。もともと Black Sabbath がインスパイアされた Mario Bava による一連のホラー映画を生んだ国であるイタリアにはドゥームを生み出すのが必然の文化的土壌があると捉えられ、近年の盛り上がりは必然と言える。また Pentagram がここ 10 年くらいに大きく発展し、ジャンルを代表するレーベルにまでなったイタリアの Heavy Psych Sounds と 2024 年に契約を交わした事実も、特筆すべき出来事だ。

2020 年代以降は日本、中国でも新たなバンドが登場。今後のシーンに期待

2020 年代以降は上記の南欧や南米の他にも、東南アジア、中国、そしてここ日本でもバンドの数が増えている。中国からは Demon & Eleven Children、さらに中国出身メンバーで構成され日本で活動する Sun Moon Holy Cult、2010 年代から活動し来日も果たした Never Before といったバンドと、それらを積極的に紹介・リリースするレーベル、Sloomweep Productions の存在も記しておきたい。

ここ日本では UK や中国でもライブ活動を行う大阪の BlackLab や中部地域で積極的に活動する Black Market、札幌の Dovsarai など個性的なスタイルを持ったバンドの活動が目立つ。

さらには Weedian などの各国のドゥーム系バンドを集めたコンピレーションも日々リリースされており、今後さらなる発展が期待される。

オールドスクール・デスメタルへの波及

村田恭基『オールドスクール・デスメタル・ガイドブック 下巻 ニューウェイヴ編』に「ドゥーム・デスを OSDM の裏象徴と意義付け、後年に HC と融合 Coffins」と記述があるように、ドゥームメタルがデスメタルといった他ジャンルと融合し境界が曖昧になっている事もある。Autopsy や Winter には Cathedral の『Forest of Equilibrium』に通じる要素が多々あり、ジャンル形成の過程で両ジャンルが影響を与え合い、交わりあっていたことを示唆している。Hooded Menace や Acid Witch などはデスヴォイスであるが、根底にはドゥームの要素も豊富に備えている。詳しくは『オールドスクール・デスメタル・ガイドブック 下巻 ニューウェイヴ編』をぜひご参照いただきたい。

本書で取り上げる領域

ここまでドゥームメタルの形成過程を概観してきたが、どこからがドゥームメタルで、どこからが否かというのは様々な解釈があり、正直なところ断言は難しい。それでも本書では下記の基準に基づいて掲載の有無を決めた。

一部の例外を除いてドゥームデス、ゴシックメタル、スラッジメタル、ストーナーメタル及びストーナーメタル要素の比率の高いバンド、またドゥームの要素がありながらも他のガイドブックにて大きく取り扱いのあるバンド

に関しては掲載を見送った。

　具体例としては、先述の Autopsy、Winter はドゥーム界隈での影響力は大きいながら、デスメタルの文脈で語られることの方が多く、『オールドスクール・デスメタル・ガイドブック　上巻　アメリカ・オセアニア・アジア編』でも取り上げていることから掲載を見送った。また Paradise Lost、Anathema、My Dying Bride などは海外ではドゥームメタルとして紹介されることがあるものの、こちらはゴシックメタルとして語られることの方が多く、『ゴシックメタル・ガイドブック　メランコリック・ロマンティック・シンフォニック・ドラマティック』でも大きく取り上げられていることから、掲載を見送った。Trees of Eternity、Lethian Dreams、Yearning、Madder Mortem といったアトモスフェリック・ドゥームに関してもゴシックで取り上げるべきバンドが多く、基本的には掲載を見送った。また、ドゥームデスとしてスタートし、ストーナーへと移行した Celestial Season に関しては、ドゥームデス期はデスメタル、ストーナー期はストーナーメタルの方が適していると判断し掲載を見送っている。

　Eyehategod、Crowbar、Iron Monkey、Buzzov•en なども非常に悩ましいながら、やはりスラッジメタルとして語られるべきであると判断した。こちらは『スラッジメタル・ガイドブック』に掲載されるはずである。Sunn O)))、Earth、Nadja などのドローンメタルや Evoken、Thergothon、Mournful Congregation、Worship、Funeral、といったフューネラルドゥームに関しても、本書では取り扱わず、『フューネラル・ドゥームメタル・ガイドブック』『ドローンメタル・ガイドブック』に託したい。

　またドゥームに通じる要素がありながらも、例えば Blues Pills や Purson といったロックの要素が強いバンド群も『世界過激音楽』の趣旨とは外れるため除外した。

　そのため本書ではストーナー度の薄いドゥーム、すなわちエピックドゥームや正統派メタルとの境界に位置するバンド、Cirith Ungol なども掲載している。

音楽ジャンルは流動的かつ各国でも分類が異なる。絶対唯一で完全な線引きは不可能、ドゥームとストーナーの曖昧な境界

　ドゥームとストーナーの境界は非常に曖昧で、ドゥームメタルの中にも酩酊感やドラッグ的な恍惚感を醸し出すバンドも存在するし、逆にストーナーメタルの中にもオカルト要素やスピリチュアルな要素を醸し出すバンドが多数存在しており、多くのバンドがドゥームでもありストーナーでもあるというのが実態だ。本書でも Acid King や Windhand はもちろん、Trouble といったバンドでもストーナーの要素はあるが、本書ではドゥーム度がストーナー度を上回ると判断したバンドを掲載した。ここはどうしても主観が介在してしまう部分であるので、ご了承願いたい。またストーナーメタルのバンドに関しては現在『ストーナーメタル・ガイドブック』を執筆中であるので、楽しみにしていただきたい。

　これはドゥームメタルに限らないことではあるが、音楽ジャンルの境界は常に変動し、バンドも新たな作品を出すたびに音楽性を変化させることもしばしばだ。さらにすべてのドゥームバンドがドゥームメタルのみから影響を受けているということでも当然なく、多くのバンドが様々な音楽ジャンルからの影響を自らのフィルターを通して表現し、結果的にドゥームに行きついたというパターンもある。そのことを念頭に置いた上で、本書では可能な限りドゥームメタルとして紹介すべき作品をピックアップした。またコラム内においても、他ジャンルでもドゥームメタルの要素を感じられるバンドを紹介したので参照を願いたい。

　以上、ここで記したように一口にドゥームメタルと言ってもその背景には 1960 年代から数えれば 60 年以上の歴史を持つ音楽であり、その芳醇な文化としての厚みを本書で皆様に少しでも感じていただけたらそれに勝る喜びはない。

『ストーナーメタル・ガイドブック』で扱うバンド達

Sleep, High on Fire, Kyuss, John Garcia, Brant Bjork, Fu Manchu, Clutch, Monster Magnet, Melvins, Boris, Down, Corrosion of Conformity, The Sword, Red Fang, Orange Goblin, Om, Eternal Elysium, Dozer, Nebula, Wo Fat, Conan, The Quill, Karma to Burn, The Atomic Bitchwax, Stoned Jesus, Earthless, Spiritual Beggars, Goatsnake, Sasquatch, 1000mods, Weedeater, Bongzilla, Black Rainbows etc...

2 ········ まえがき
7 ········ 目次

11　Chapter 1 Europe

12 ········ Black Sabbath ドゥームの絶対的始祖、全てはここから始まった
14 ······ Iommi
15 ········ Geezer / Heaven & Hell / 指切断したギタリスト Tony Iommi がドゥームに与えた影響
16 ········ Pagan Altar ドゥームメタルに大きな影響を与えた NWOBHM ダークサイド
17 ········ **Pagan Altar インタビュー**
20 ······ Electric Wizard ホラー＆エクスプロイテーション映画モチーフの英国代表カリスマ
23 ······ Pre-Electric Wizard / ドゥームのテーマとして活用されるホラー映画達
24 ······ Cathedral 最速から最遅へ、ドゥームメタル誕生の礎を築いたバンド
27 ······ With the Dead / **Cathedral インタビュー**
32 ······ 黒装束、黒魔術まで影響を及ぼした NWOBHM とドゥームの関わり
33 ······ Uncle Acid and the Deadbeats 甘い中性的ヴォーカルと魅惑のメロディを操るアシッド集団
35 ······ **Uncle Acid and the Deadbeats インタビュー**
39 ······ 40 Watt Sun / Age of Taurus / Allfather / Arkham Witch
40 ······ Black Moth / Bright Curse / Death Penalty
41 ······ Disconnect / Elephant Tree / Godthrymm
42 ······ **The Beatles が間接的にドゥームメタルに及ぼした影響** / Green Lung
43 ······ King Witch / King Goat / Lowen / Parish
44 ······ Serenity / Serpent Venom / Slomatics / Solstice
45 ······ The Lamp of Thoth / The River / The Wounded Kings / Warning / Witchfinder General
46 ······ Witchsorrow / Year Zero / Mael Mórdha / Dread Sovereign
47 ······ Candlemass 北欧ドゥームメタルのパイオニアであり先駆者
50 ······ Abstrakt Algebra / Avatarium
51 ········ Memento Mori / Nemesis / **ドゥームメタルにおいて重宝されるフォントたち**
52 ······ Count Raven Black Sabbath 直系の伝統 & 真正ドゥームを堅持
54 ······ **Count Raven インタビュー**
60 ······ Witchcraft 現代に 70 年代のヴィンテージ・サウンドを蘇らせる
62 ······ Norrsken / **ドゥームメタルを代表するジャケアーティスト Branca Studio**
63 ······ Alastor / Astroqueen / Avatarium / Burning Saviours AD / Come Sleep
64 ······ Gaupa / Ghost
65 ······ Goatess / Godsend / Grand Magus
66 ······ Griftegård
67 ······ Isole / Krux / Left Hand Solution / Memory Garden
68 ······ Nekromant / Rise and Shine / Salem's Pot
69 ······ Skogen Brinner / Sorcerer / Spelljammer / Spiral Skies
70 ······ Stillborn / The Doomsday Kingdom / The Graviators / The Order of Israfel / Saturnalia Temple
71 ······ **Reverend Bizarre カルトで怪しげな世界観が特徴のフィンランド代表**
73 ······ Aarni / Lord Vicar / Mansion / Minotauri / Seremonia
74 ······ Spiritus Mortis / Kypck
75 ······ High Priest of Saturn / Devil / Dunbarrow / Kal-El
76 ······ Karavan / Kryptograf / Lamented Souls / Purple Hill Witch
77 ······ Sahg / Demon Head / Friends of Hell
78 ······ Lucifer 妖艶な女性シンガー率いるヴィンテージ・ハードロックサウンド

80	.....	The Oath / **Lucifer** インタビュー
84	.....	Alien Boys / Atlantean Kodex / Dark Suns / Doomshine / Fvneral Fvkk
85	.....	Mirror of Deception / Mountain Witch / Naevus / Noekk / Wheel
86	.....	Celtic Frost / Serpentcult / Conviction / Ecclesia / Rising Dust
87	.....	Black Lotus / Red Eye / 1782
88	.....	オカルトや神秘主義など歌詞のテーマから見るドゥームの精神性と世界観
89	.....	Abysmal Grief / Black Hole / Black Oath / Black Spell
90	.....	Caronte / Death SS
91	.....	Paul Chain / Paul Chain Violet Theatre / DoomSword
92	.....	Epitaph / Messa
93	.....	Obake / Requiem / The Black / ThunderStorm
94	.....	Wizard Master / Forsaken
95	.....	楽器・歌詞だけでなくアイデンティティでも密接なドゥームとハードコア
96	.....	**Acid Mammoth** 2020 年以降の南欧ドゥームシーンのトップバンド
97	.....	**Acid Mammoth** インタビュー
102	.....	Bus the Unknown Secretary / Stonebride / Backbone / Evangelist
103	.....	Moonstone / Schema / Crepuscularia / Grave Disgrace
104	.....	Moanhand / Scarecrow / Scald / Александр Невский / Варяг
105	.....	Камни / ドゥーム情報のポータルサイトとして唯一無二の Doom Charts
106	.....	ドゥームで使用される定番の楽器や機材

107　Chapter 2 North America

108	.....	**Pentagram** 1970 年代から活動を続けるアメリカ大陸のドゥーム・パイオニア
111	.....	Victor Griffin / Place of Skulls / Death Row
112	.....	**The Obsessed** ドゥーム界の最重要人物、Wino 率いるメリーランドの重鎮
114	.....	Spirit Caravan / Wino / YouTube のドゥームメタル・キュレーター 666MrDoom
115	.....	**The Obsessed** インタビュー
118	.....	**Iron Man** "黒いアイオミ" の異名も持つ黒人ギタリストが率いた重要バンド
120	.....	世界中のドゥーム音源を Bandcamp で配信し続ける Weedian
121	.....	Ogre / Come To Grief / Fórn
122	.....	Magic Circle / Upsidedown Cross / Balam / Pilgrim
123	.....	Begotten / Blood Farmers
124	.....	Clouds Taste Satanic / Naam / Occultation
125	.....	Orodruin / Sabbath Assembly / Silvertomb
126	.....	Danzig / Type O Negative
127	.....	Argus / Crypt Sermon / Dream Death
128	.....	Heavy Temple / High Reeper / Penance / Pale Divine
129	.....	Stinking Lizaveta / Asylum / Black Lung
130	.....	Earthride / Force / Internal Void / Nitroseed
131	.....	Premonition 13 / Revelation / Unorthodox / Wretched
132	.....	Yatra / Bedemon / Satan's Satyrs
133	.....	Valkyrie / While Heaven Wept / 世界各地で開催されるドゥームを含めたメタルフェスティバル
135	.....	**Pallbearer** 2010 年代以降の新たな潮流をつくりだす「棺桶担ぎ人」
136	.....	**Solitude Aeturnus** アメリカ大陸におけるエピック・ドゥームメタルのパイオニア

138 ······ Bloody Hammers / Confessor / Starchild
139 ······ Floor / Rainbows Are Free / Kirk Windstein / Floodgate
140 ······ Duel / From Beyond / Las Cruces / Low Flying Hawks
141 ······ Spirit Adrift / The Well / Venomous Maximus / Thunder Horse
142 ······ **Trouble** クリスチャンメタルからサイケまでドゥームの可能性広げるレジェンド
144 ······ Blackfinger
145 ······ The Skull / Eric Wagner / コロナで死去した Trouble 結成メンバー Eric Wagner の功績
146 ······ Doctor Smoke / Frayle / Robot Lords of Tokyo
147 ······ Apostle of Solitude / Goliath / The Gates of Slumber / Wolftooth
148 ······ Wretch / Mount Salem / Rezn
149 ······ Witchcross / Merlin / **Alice in Chains『Dirt』**トリビュートアルバム
150 ······ **Khemmis** 2010 年代以降、新たなフレームを作り出した伝統的ドゥーム
152 ······ **Acid King** ドゥーム・クイーン Lori S. 主導、バンド名は US の猟奇殺人犯から
154 ······ **Saint Vitus** ハードコアとも深い関係のアメリカで最古のドゥームバンドの一つ
157 ······ **Saint Vitus インタビュー**
162 ······ **Yob** スピリチュアル・ドゥームメタルの代表格、西海岸における広い人脈
164 ······ Middian / The Lumbar Endeavor
165 ······ SubRosa
166 ······ The Otolith / Demon Lung / Doom Snake Cult / Brothers of the Sonic Cloth / Jerry Cantrell
167 ······ Year of the Cobra / Graves at Sea
168 ······ Holy Grove / Purification / R.I.P. / Urchin
169 ······ Witch Mountain / Ancestors / Beastmaker
170 ······ Castle / Cirith Ungol
171 ······ Early Moods / Faetooth
172 ······ Ides of Gemini / Jex Thoth / King Woman
173 ······ Moab / Orchid / **ドゥームのギターレッスンや機材を紹介する Does It Doom**
174 ······ Blood Ceremony
175 ······ Dead Quiet / Dopethrone / Flashback
176 ······ Goat Horn / Loviatar / Lüger / Mendozza / Monobrow
177 ······ Seer / Smoulder
178 ······ Völur / Zaum / **「ヘヴィネスの再定義」がモットーの Roadburn Festival**

179 Chapter 3 Others

180 ······ **Mephistofeles** 各国にフォロワーを生み出し続ける現代の南米ドゥーム・スター
182 ······ **Mephistofeles インタビュー**
187 ······ Bruja Negra / Eidyllion / Moonwatcher / Ruinas del Monasterio / Santa Sangre
188 ······ Skar / The Wizard / Vinnum Sabbathi / Tarkus / Reino Ermitaño
189 ······ Absent / Imago Mortis / Melissa / Ararat / Astral pigs
190 ······ Corpus Christi / Cronos / Eternal Sun Temple / Fulanno
191 ······ Ora Pro Nobis / Picaporters / Sabbathica
192 ······ **隣接するジャンルに見い出すことができるドゥームの表出や影響**
193 ······ Serpent Cobra / Wicca333 / Aganice / Bitterdusk / Black Messiah
194 ······ Capilla Ardiente / Codex Gigas / Condenados / Demonauta / Humanotone
195 ······ Invitado de Piedra / Los Muertos / Mourning Sun / Procession / Ruined

196	……	The Ancient Doom / Uaral
196	……	アルゼンチンにおけるイタリア移民とドゥームメタルの共通点
197	……	Church of Misery 日本のみならずシーンを代表するシリアルキラー・ドゥーム
200	……	Church of Misery インタビュー
209	……	Birushanah / BlackLab / Black Market / Cloud Forest / Corrupted
210	……	Floaters / Genocide Nippon / GREENMACHiNE / Harakiri Zombie
211	……	Lightning Swells Forever / Nepenthes / Nibs
212	……	Sun Moon Holy Cult / Ultimate Loudspeaker / Velle Witch / 中学生棺桶 / ドブサライ
213	……	人間椅子 / マグダラ呪念
214	……	世界的に見ても先進的だったジャパニーズ・プロト・ドゥーム
215	……	Demon & Eleven Children / Electric Lady / Platypus / 盛り上がりを見せる中国ドゥームと Weedian『Trip to China』
216	……	伏羲 / Spiral Shades / Olive / Uluru
217	……	Yaşru
218	……	The Wizar'd 勇壮な世界観が描かれるタスマニア産トラディッショナル・ドゥーム
219	……	Tarot
220	……	Devil Electric / Frown / Holy Serpent / 日本におけるドゥームメタルの伝道者 Leaf Hound Records
221	……	あとがき
222	……	索引

アイコンの意味

◐活動年　⊕出身地　☻主要メンバー　♪関連バンド

Chapter 1
Europe

ドゥームメタルのみならず、様々なヘヴィな音楽の祖であるBlack Sabbathや、NWOBHMのダークサイド勢、さらには、Cathedral、Electric Wizardなどを生んだイギリスが、やはり頭一つ抜けて存在感を発揮している。北欧ではCandlemassや、Count Ravenを生んだスウェーデン、Reverend Bizarreを生んだフィンランドが目立つ。近年ではイタリア、ギリシャなどから、オカルト要素の強いバンドが登場して、シーンを活性化させている。

ドゥームの絶対的始祖、全てはここから始まった

Black Sabbath

🕐 1968-2006、2011-2017、2025-present　⊕ イングランド ウェスト ミッドランズ州バーミンガム
👤 (Vo) Ozzy Osbourne / (Gt) Tony Iommi / (Ba) Geezer Butler / (Dr) Bill Ward / (Vo) Ronnie James Dio / (Vo) Tony Martin 他
🎵 Heaven & Hell、Deep Purple、Ozzy Osbourne 他

1968 年に Polka Tulk Blues Band、Polka Tulk、Earth などのバンド名で当時はヘヴィ・ブルース・ロックをプレイするバンドとして活動を開始。Geezer Butler が 1964 年に公開された Mario Bava のホラー映画『Black Sabbath』から取って改名した。「人を怖がらせる音楽を作る」という目的のために作られた独自の音楽性を軸に直系のハードロックやヘヴィメタルに留まらず、Black Flag などのハードコア・パンクや Nirvana や Soundgarden などのグランジ、ブラックメタルやドゥームメタル（ストーナーロックやスラッジメタルも含む）といったジャンルにおいても、その源流として扱われることが多い。1st アルバム『Black Sabbath』では結成当時のブルースやジャズをベースとしたジャム要素の強いヘヴィロックを展開。「Black Sabbath」では三全音という不協和音の中でも最も響きの悪い不快なものとされ、「音楽の悪魔」と称された音階を大々的に導入し、バンドの悪魔的なイメージを提示。続く 2nd アルバム『Paranoid』では以後のドゥームメタルの基礎といえる名曲の数々を収録。続く『Master of Reality』ではギターのチューニングを 1 音半下げることを試み、より低くドロドロとしたトーンが生まれ、現在のドゥームメタルに直接的な影響を与える記念碑的なサウンドを作り上げた。その後も『Black Sabbath Vol. 4』『Sabbath Bloody Sabbath』などドゥームメタルに限らずヘヴィメタル史における重要作を生み出す。2016 〜 2017 年にかけて『The End Tour』と題したフェアウェルツアーを行った。2025 年 7 月 5 日、バンド発祥の地バーミンガムで、オリジナル・ラインナップが再結集する最後のコンサート『Back To The Beginning』が開催されることが発表された。

Black Sabbath 🌐 UK
Black Sabbath 💿 Vertigo Records 📅 1970

ドゥームメタルは元よりヘヴィメタルの元祖として後年に多大な影響を与える UK バーミンガム出身のヘヴィ／ドゥーム・バンドの 1970 年発表の 1st フルアルバム。Ozzy Osbourne<Vo>、Tony Iommi<Gt>、Geezer Butler<Ba>、Bill Ward<Dr> の 4 人からなるアイコニックなラインナップ。本作では後年に展開されるドゥームへの直接的なインスピレーションとなったヘヴィリフがすでに確立され、より自身のルーツに則したブルースジャムを感じさせる楽曲の味わいが濃厚。一方で、アートワークや発売日をめぐるプロモーション戦略、背後にあるストーリーはやはり元祖ドゥームと言わざるを得ない要素が凝縮した一枚。

Black Sabbath 🌐 UK
Paranoid 💿 Vertigo Records 📅 1970

前作からわずか 7 か月で発表された 2nd アルバム。ソングライティングの面で大幅な飛躍を遂げており、クラシックといえる一枚。前作からラインナップの変更はなく、より強靭になったアンサンブルや焦点の定まった曲作りとサウンドメイクを強く感じる。当時の時代背景を色濃く彷彿とさせる歌詞と練られた展開の「War Pigs」、コンパクトかつキャッチー、それでいてバンドの持ち味が凝縮された「Paranoid」、アコースティックな美しい響きがもの悲しさを増強させる「Planet Caravan」、当時のスキンヘッズとのいざこざからインスパイアされた歌詞が目を引くラストナンバー、「Fairies Wear Boots」など充実の楽曲が並ぶ。

Black Sabbath 🌐 UK
Master of Reality 💿 Vertigo Records 📅 1971

1971 年発表の 3rd アルバム。ここ日本では異様に厳しく制限されている植物の隠語がタイトルとなった冒頭曲「Sweet Leaf」、ドゥームリフの教科書といえるラストナンバー「Into the Void」まで独自の様式美と珠玉の楽曲群がずらりと並ぶ一枚。バンドサウンドは彼らの中でも特にヘヴィな部類に入る。後年 UK のインディーロックバンドの Arctic Monkeys が一時期、このアルバムのバンドロゴのフォントを正式に使用するなど、ドゥームやメタル以外の方面にも多大な影響を持つ。ヘヴィな側面のみならず、英国風情に溢れたインストゥルメンタルのインターリュード、「Orchid」など虚無的なテイストもバンドの強烈な個性だ。

Black Sabbath 🌐 UK
Black Sabbath Vol. 4 💿 Vertigo Records 📅 1972

1972 年発表の 4th アルバム。それまでと同様のラインナップながら、より一層ドラッグの影が忍び寄るサウンドが特徴。冒頭の 8 分にも及ぶ「Wheels of Confusion」は煙たい前半から一転、抒情的とすら言える後半の展開によりバンドは自らが作り上げたヘヴィ・ドゥームサウンドからいち早く脱却。オリジネイターとして、さらなるサウンドの探求へと出発したといえる内容だ。リフが印象的でありつつ、より一層印象的なメロディを含有する「Tomorrow's Dream」や、今でも驚きをもって迎えられるメロトロン主体のポップバラード、「Changes」などこのアルバムの真のフォロワーはいないのでは？と思わせられる振れ幅の広い一枚。

Black Sabbath 🌐 UK
Sabbath Bloody Sabbath 💿 Vertigo Records 📅 1973

1973 年発表の 5th アルバム。Ozzy Osbourne<Vo>、Tony Iommi<Gt>、Geezer Butler<Ba>、Bill Ward<Dr> という不動のラインナップながら、前作で使用したメロトロン以外にもシンセサイザーやフルート、バグパイプなど、さらなるサウンド面での探求が表出する。Yes などでの活躍で知られる Rick Wakeman が 2 曲で参加しており、自らが築き上げたヘヴィサウンドを土台としながらより孤高なサウンドを確立。より一層 Ozzy の持つメロディセンスとバンドサウンドが融合した「Sabbath Bloody Sabbath」、アルバムアートワークを含めこの作品独自の光を放っている。

Black Sabbath 🌐 UK
Sabotage — NEMS Records ・ 1975

1975年に発表された6thアルバム。当時あのブライアン・エプスタインが自身がマネジメントするアーティストのリリースをするために設立したレーベルであったNEMS Recordsを Black Sabbath の当時のマネジャーが引き継ぐ形でリリースされたいわくつきの一枚。その状況を反映するかのように、よりアグレッシブになったバンドサウンドが象徴的だ。重さよりも疾走感やハードさといった側面が増強。特に「Symptom of the Universe」は後のスラッシュメタルに多大なインスピレーションを与えた。さらに本格的な合唱をフィーチャーした「Supertzar」もアルバムに独自の流れを付加している。

Black Sabbath 🌐 UK
Technical Ecstasy — Warner Bros. Records ・ 1976

1976年に発表された7thアルバム。Ozzy Osbourne<Vo>、Tony Iommi<Gt>、Geezer Butler<Ba>、Bill Ward<Dr>の初期 Black Sabbath の不動のラインナップながら、最初期からは大きくサウンドが変化。英国出身としては比較的カラっとしたサウンドメイクと後年のOzzyソロ時代のヘヴィメタル然としたサウンドとメロディの萌芽を感じさせる。後にGeezer Butler Bandにも参加するGerald "Jezz" Woodruffeがキーボードとして参加しており、冒頭の「Back Street Kids」では華やかさすら感じさせるプレイを披露。

Black Sabbath 🌐 UK
Never Say Die! — Warner Bros. Records ・ 1978

1978年に発表された8thアルバム。このアルバムをもってオリジナルメンバーはいったん解除される。より一層初期からはかけ離れたポップなサウンドになる一方で、2曲目「Johnny Blade」ではDon Aireyが参加し大々的にキーボードがフィーチャーされている。ソロ時代のOzzyとつながる部分はありないが、一筋縄ではいかない独自の陰りのあるソングライティングなど、独自の毒気を含有したサウンドは堅持。John Elstarのハーモニカが1stアルバムのブルージーさを醸すラストトラック「Swinging the Chain」ではOzzyが歌うのを拒否したため、Bill Wardがリードボーカルをとっている。

Black Sabbath 🌐 UK
13 — Vertigo Records ・ 2013

2013年にリリースされた19thアルバム。1978年以来初めてOzzy Osbourneが、Geezer Butlerは1994年以来ぶりにアルバムに参加。Bill Wardは参加せず、Rage Against the Machineのドラマーとして知られるBrad Wilkが参加。Slayerの仕事で知られるRick Rubinが担当。聴衆が求めるドゥームの始祖としてのバンドの立ち位置を体現したモダンなプロダクション、そして確信犯的なソングライティングが相まる。結果的に最後のスタジオアルバムとなった本作は、強烈なカラーを聴き手に提示するとともに、バンドのレガシーを2010年代以降も投げかけ続けている。

Iommi 🌐 UK
Fused — Sanctuary Records ・ 2005

Black Sabbathのギタリスト、Tony Iommiによるソロプロジェクト。彼のソロ活動自体はBlack Sabbath名義での「Seventh Star」で実質スタートしたが、レーベルの思惑もあり結局はバンド名義でのリリースとなった経緯がある。本作はBlack Sabbathオリジナルラインナップでのライブ開催などの経緯を経て、名義上でもソロプロジェクトとなった状況での2005年発表の3rdアルバム。Glenn Hughesがベースとリードボーカルで全面参加しており、ソウルフルなハイトーンボーカルとTony Iommiによるオリジネイターとしての格調溢れるヘヴィサウンドが自然な調和を見せる一枚。

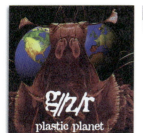

Geezer
Plastic Planet
🌐 UK　💿 TVT Records　⊙ 1995

Black Sabbath のベーシストであった Geezer Butler が主導で結成したドゥーム／スラッジ／インダストリアルメタルバンドの 1995 年 1st。Black Sabbath がその初期の活動で築き上げたヘヴィドゥームリフを土台としつつ、本作では当時隆盛していた Pantera などのヘヴィサウンドにも呼応する音像を確立。Fear Factory や Prong などにも通ずるインダストリアルで冷ややかな感触も手伝い、Black Sabbath や Ozzy Osbourne のソロとも異なる新たな地平を切り開いている。なお Geezer のほかに G//Z/R、GZR など複数の表記があるが、実質は同じバンドである。

Heaven & Hell
The Devil You Know
🌐 UK　💿 Roadrunner Records　⊙ 2009

当初は Ozzy Osbourne がヴォーカルではない時代の Black Sabbath ナンバーをプレイするために結成されたバンドの 2009 年の 1st フルレングス・アルバム。Ronnie James Dio<Vo>、Tony Iommi<Gt>、Geezer Butler<Ba>、Vinny Appice<Dr> という「Mob Rules」制作時と同じラインナップでウェールズの Rockfield Studio にてレコーディング。様式美を感じさせるドゥームサウンドを軸に、よりモダンさを強調するプロダクションが心に響く。アルペジオからヘヴィでドラマティックなサウンドへ展開する「Bible Black」などを収録。

指切断したギタリスト Tony Iommi がドゥームに与えた影響

ドゥームメタルのギター奏法を作り上げたのは Black Sabbath の Tony Iommi であることに異論の余地はないだろう。彼が選んだ楽器、トーン、サウンドは今でもドゥーマーの中において理想の極致と言ってもよい。彼の革新的な演奏スタイルとトーンは、彼を襲った事故と大幅に改造した 1964 年製の Gibson SG "Monkey" によって生み出された。以下は https://rockinon.com/news/detail/119150 に掲載された事故の詳細である。トニーは溶接工場で働いていた 17 歳当時、鉄板の裁断作業中に右手の中指と薬指の先端を切り落とす事故に見舞われたという。左利きのトニーは右手でフレットを押さえることになるため、一時はギターを諦めることも考えたというが、工場の上司はジャズ・ギタリストのジャンゴ・ラインハルトが火災で火傷を負い、それがもとで左手の薬指と小指が麻痺してしまった後も左手は人差し指と中指だけで演奏する技をマスターして復活したことをトニーに教えて励ましたという。その後、トニーは欠けてしまった指の先端部分にプラスチックを当ててフレットを押さえる練習に励み、さらに当時はゲージの細い弦はまだ生産されていなかったため、バンジョーの弦を流用して指への負担を軽くしていたという。さらにチョーキングなどのテクニックを容易にするため、弦の張りを緩めてキーを下げてチューニングする技法を身につけ、さらにこのチューニングのギターをベース・アンプに通すなどして独自のサウンドを開発していったという。トニーはインタヴューで指の先端がなくなってしまって打ちのめされたけれども、そのおかげで新しいサウンドと新しい演奏スタイルを生み出すきっかけにもなったと説明していて、まさに災い転じて福となすようなことになったと振り返っている。

次にギターについてはリイシューされた Gibson Tony Iommi SG Special の仕様を見ながら確認していきたい。Gibson Tony Iommi SG Special は、マホガニー・ボディ、ラウンド・プロファイルのバウンド・マホガニー・ネック、22 フレットのインディアン・ローズウッド指板、Graph Tech ナット、モダンスタイルの Grover Rotomatic チューナー、クロムカバー P-90 ピックアップを搭載している。トニーの "Monkey" ステッカーを再現したものが付属している点も見逃せないポイントだ。注目すべきはハムバッカーではなく P-90 という黒い石鹸のような見た目のシングルコイルを採用している点。実際にアルバムを聴くとシングルコイルのコロコロパキパキした音と、ファズとレイニーアンプの歪みがブレンドされた P-90 の強烈な音色が聴ける。また奏法としてはギターソロではオーソドックスでブルージーなプレイも得意としており、Black Sabbath の前身である Earth 時代に身に着けたテクニックを後年も披露している。

ドゥームメタルに大きな影響を与えた NWOBHM ダークサイド

Pagan Altar

- 1978-1985、1985-1986、2004-present ⊕ イングランド ロンドン ブロックリー
- (Gt, Vo) Alan Jones、(Vo) Brendan Radigan、(Ba) Diccon Harper、(Dr) Andy Green、(Vo) Terry Jones (1978-1985、1985-1986、2004-2015、R.I.P. 2015)

1978 年にブロックリー にて Terry Jones<Vo> と Alan Jones<Gt, Vo> の親子により結成。 Witchfinder General と並び NWOBHM のバンド群の中でプロト・ドゥームメタルをプレイする数少ないバンドの一つとされる。1978 年から 1985 年にかけての間はエピックかつヘヴィな楽曲と、オカルト的なテーマへの関心を強調する視覚的なステージが特徴的だった。当時はパンクロックのバンドがプレイするクラブなどで演奏したという。当時残された音源は『Pagan Altar』のカセットのみで、1982 年に自主リリースされている。その後 1985 年を最後にバンドは活動を休止。時は流れ 1998 年に『Pagan Altar』のブートレグが出回っていることを契機に『Volume 1』(後年『Judgment of the Dead』としても多数再発される)としてリイシュー。その後も初期の活動時期に作曲・録音していたマテリアルをリ・レコーディングした『Lords of Hypocrisy』(2004)『Mythical & Magical』(2006 年)などをリリース。ドゥームメタルの源流である NWOBHM のダークサイドをリアルに体現する楽曲が当時ジャンルとしてすでに定着していたドゥームシーンにて熱狂的に迎えられる。2015 年には Terry Jones が逝去。彼の遺作は 2017 年にリリースされた『The Room of Shadows』となった。2017 年以降はアメリカ人シンガー、Brendan Radigan<Vo> を迎えた編成で積極的にフェスティバル出演を展開し、2023 年には Keep It True Festival (ドイツ)、2024 年には Candelabrum Festival (メキシコ)や Void Fest 2024 (ドイツ)に出演を果たした。

Pagan Altar
Volume 1
UK　Oracle Records　1998

ロンドンで 1978 年に結成され 1986 年に活動休止、2004 年から活動を再開する NWOBHM ／ドゥームメタルバンドの 1st アルバム。1982 年にレコーディングされたが当時お蔵入りとなり、1997 年に再発見され Hiltongrove でのリマスターを施した状態で 1998 年にリリースとなった。Terry Jones のか細くも NWOBHM の伝統の香りを強く漂わす特徴的なヴォーカルと、Witchfinder General や Black Sabbath と直結するバンドアンサンブルがカルトでオカルトなムードを放っている。なおリリースのタイミングでタイトルが『Judgement of the Dead』やセルフタイトルにもなっている。

Pagan Altar
Lords of Hypocrisy
UK　Oracle Records　2004

2004 年リリースの 2nd アルバム。1982 年から 1984 年の時期に Pagan Studio にてレコーディングされたテイクを再録し、2004 年にオフィシャルでリリースされた。後にカルトメタルなどのリリースを多く手掛けるアメリカの Shadow Kingdom Records やカナダの Temple of Mystery Records より再発されている。バンドの大きな特徴である Terry Jones のヴォーカルは線の細さが払拭された。チャーチオルガンに誘われ展開される「The Lords of Hypocrisy」をはじめ伝統的なドゥームが炸裂する。人間不信などのテーマがベースとなり、バンドサウンドとの相乗効果を生んでいる。

Pagan Altar
Mythical & Magical
UK　Oracle Records　2006

2006 年にリリースされた 3rd アルバム。本作も楽曲自体は 1977 年から 1983 年にかけて書かれたもので、Oracle Studios にて 2005 年から 2006 年にかけて再録された。時を経て当時の NWOBHM の暗黒サイドを 2000 年代に蘇らせるかのように、時代を超越した英国風情漂うサウンドを全編に展開。Terry Jones<Vo> の実の息子である Alan Jones のギターは往年のスタイルへと振り切っており、湿り気を帯びたメロディが全編で炸裂する。Terry Jones の継息子である Dean Alexander がドラムを担当。後に Shadow Kingdom Records などからアナログもリリースされている。

Pagan Altar インタビュー

回答者：Alan Jones

Q：近年バンドはいくつかのフェスティバルに参加したりなどアクティブに活動をしています。最近の活動に関して教えていただけますでしょうか。
A：まあまあと言ったところさ。
最近はライブの本数は減らしているんだ。年配のバンドになると、時間がないことや責任が重くなることに悩まされる。 俺はしばらく前から健康上の問題を抱えていて、あとどれくらいライブで演奏しつ続けられるかわからない状況だよ。何年もそれは言い続けていることで、できるだけ長く踏ん張っている状況だよ。でもここ最近は引退をシリアスに考える段階に来ている。
Q：現在のラインナップについて教えていただけますでしょうか。
Alan Jones<Gt>、Diccon Harper<Ba>、Andy Green<Dr>、Dennis Schneider<Gt>（ヨーロッ

パ）、Andres Arango<Gt>（アメリカ）で合っていますでしょうか。
A：まあ、バンドラインアップは 2017 年から変わっていないよ。少し後に Dennis が加入したよ。好みのうるさいプロモータたちにとって Dennis がヨーロッパをやって、Andres が北米とメキシコをやるほうがバンドとして動きやすい。Andres は 4〜5 バンドほどで活動してい

てすぐに予定がふさがるんだ。

Q：最近バンドは『Judgement of the Dead』と『The Time Lord』のリイシュー盤を Dying Victims Records からリリースしています。どのように実現したのでしょうか。

A：Annick と François という親しい友人たちが Temple of Mystery というレーベルにいたんだけれど、彼らはもうレーベル業務を続けることができなくなった。Annick が彼女の友人である Dying Victims Productions の Florian につなげてくれた。彼女が音楽面を仕切っていたからね。たとえ Annick がレーベル業務を停止させたとしてもバンドが新たなレーベルを見つけられるように力を貸してくれたよ。

Q：ありがとうございます。それではバンドの初期の頃の活動に関してお聞かせいただけますでしょうか。1982 年にセルフ・タイトルのデモがカセットでリリースされています。当時リリースされた音源はこのデモのみで、バンドは 1986 年には活動を休止しています。この時期の活動に関してお聞かせ願えますでしょうか。

A：1984 年にバンドは解散して、俺は XYZ というバンドをやっていて Ian Winters とウェールズへ行き、そこで数年を過ごした。そのバンドが解散した後、俺はロンドンに戻り、俺の父親である Terry Jones と俺は Pagan Altar をまたやろうと考えた。数回のライブをやったけれど同じようにはいかず、すぐにまた活動を停止したよ。ちなみに Ian は Pagan Altar に 2009 年から 2010 年まで在籍していたよ。

Q：当時のバンドの音楽的な影響はどのようなものでしたでしょうか。

A：1970 年から 1979 年にかけての大半のクラシック・ロックだね。俺自身がロックに目覚めるきっかけとなったのは、俺の父親が Queen の『Sheer Heart Attack』に収録の「Brighton Rock」を再生して初めて聴いた時だった。俺の父親は Uriah Heep、Cream、Deep Purple、Led Zeppelin、Black Sabbath それから Jethro Tull などを聴いていた。俺はそれらのアルバムに夢中になって、ヘヴィな音楽にのめりこんでいったよ。

Q：Pagan Altar が結成された 1978 年は NWOBHM ムーヴメントの時期とも重なります。この時期のシーンに関して教えていただけますでしょうか。

A：1978 年は俺はまだ学校に通っていて、NWOBHM がまさに始まろうという時だった。当時の俺は 70 年代初頭のバンドが好きだったが、多くの新しいバンドはパンクロックに影響を受けた

ものが多かった。俺の好みではなかったけれど、多くのクラスメイトはそういう音楽にはまっていた。そういったバンドのライブに連れていかれたよ。俺たちはパンクロックの連中がプレイするクラブやロック・パブで演奏した。振り返ると良い時代だった。

Q：月日が経過し 1998 年には『Volume 1』がリリースされています。リリースに至るまでの過程を教えていただけますでしょうか。

A：その頃、俺と父親はコンピューターの電源の入れ方すら知らなかったよ。だけれど友人の一人が俺たちが最初にリリースしたカセットを『Volume 1』として LP にして 40 ポンドで売っていたんだ。サウンドはひどいものだったよ。なにせ 5 台ほどのカセットプレイヤーをつなげてそこからテープを流していたからね。

俺と父親は、人々が騙されるのを防ぐために、そして将来このようなことが起こらないように、手頃な価格でオリジナルのマスターを収録した CD を出すことにした。

ある意味、その友人はバンドの名前を何年も存続させてきたし、おそらくファンだったと思うので、俺たちは彼にそれほどイライラしなかったけどね。

Q：『Lords of Hypocrisy』は 2004 年に Oracle Records からリリースされました。オリジナルは 1982 年から 1984 年にかけて Pagan Studio でレコーディングされて、その後 Oracle Studios で再レコーディングされ、2004 年に初めて正式にリリースされたという情報を見ました。曲作り、録音、再リリースのプロセスについて教えてください。

A：『Lords of Hypocrisy』や『Mythical & Magical』は、70 年代にほとんど書き終えていた曲だったから、レコーディングするときにはすでに音楽はそこにあったんだ。80 年代初期にカセットテープを録音したこともあったけど、クオリティはあまり良くなかったし、アルバムとしてカウントしたこともなかった。

Pagan Studios はブロックリーの家の裏に作ったスタジオで、そこでデモ・カセットを録音したし、Oracle Studios は『Lords of Hypocrisy』を録音する直前にプラムステッドにある父の庭の端に作った即席のスタジオだった。

Q：同年（2004 年）、I Hate Records から『The Time Lord』がリリースされました。Pagan Altar が 1978 年に結成された当初にさかのぼる未発表曲が収録されています。リリースを通じて、多くの人がバンドについて知ることになりました。その時の反応について教えていただけますでしょうか。

A：これらの曲は Pagan Studio で小さなモバ

イルで録音され、地元の海賊ラジオで流された。そのラジオ番組は警察から常に追いかけられていたんだ。放送中、警察が機材を奪おうと追いかけてくる音が何度か聞こえたよ。

当時、地元ではロンドンの南東部やイーストエンドでちょっとした人気があった。ラスキン・アームズでは、当時とても優れたバンドと一緒によく演奏した。Iron Maidenの地元のパブということで、いつもお客さんが入っていた。当時、Iron Maidenは今のようなビッグバンドではなかったが、ロンドンのイーストエンドではとても人気があった。

Q：『Judgement of the Dead』は2005年にBlack Widow Recordsからリリースされました。レコーディングとリリースのプロセスについて教えていただけますでしょうか。

曲は1978年から1981年の間に書かれたと読みました。

A：Black Widow Recordsからリリースされたアルバム『Judgement of the Dead』は、『Volume 1』と同じレコーディングだよ。唯一の違いは、アルバム・ジャケットの素晴らしいアートワークだけだ。

Q：2017年に『The Room of Shadows』がリリースされました。このアルバムの情報に「元々は数年前にリリースされる予定だった『Never Quite Dead』というタイトルのアルバムだったが、Terry Jonesの死後、一部再録音された」と書かれているのは悲しいお話ですね。

パワフルなアルバムだと思います。このアルバムの背景を教えていただけますでしょうか。

A：このアルバムは最も完成させるのが苦しかったし、完成まで時間がかかった。当時のバンドの音楽的なラインアップは、まったく機能していなかったし、どんなに努力しても、俺と父はそれに満足できなかった。父はアルバムのスタート時に病気が発覚したんだけど、それを引き継いで完成させたかったんだ。2015年に父が亡くなったとき、俺はずっと聴くこともできず、作業に戻ろうともしなかった。2017年、俺はドラマーのAndy GreenとベースのDiccon Harperに会った。俺たちはただ友達として会っていて、当時ウィルトシャーにあったAndyの家でジャムをしたり、遊びに行ったりしたんだ。とても楽しかったから、2人を呼んで、ちゃんとアルバムをレコーディングするのがいいんじゃないかと思ったんだ。実際、レコーディングはあっという間に終わって、アルバムは俺の誕生日に完成したんだ。さらに発売は父の誕生日だったことは本当に嬉しいことだった。

Q：日本で好きなバンドはいますか？

A：正直なところ、俺は日本のバンドを知らないんだ。イギリスではあまり知られていないし、ビデオも見たことがない。去年、Keep it True Festivalで日本から来たバンドと一緒に演奏したんだけど、何ていうバンドだったかは知らないんだ。彼らは間違いなくいい音を出していたし、とてもプロフェッショナルだと思った。彼らは俺より年上だったから、かなり長い間活動してきたんだと思う。

日本からのファンがいるなんて知らなかった。そんなに遠くの国でも聴かれているなんて。

俺が言えるのは、俺らのアルバムを買ってくれてありがとうということと、もし俺らの状況が良くなれば、もしかしたら将来的に日本で演奏できるかもしれないということだ。

Q：他に言っておきたいことはありますか？　日本のファンへメッセージをお願いいたします。

A：俺たちのアルバムやCD、カセットを買ってくれてありがとう。それは父の名前を守り続けることであり、俺にとって最も重要なことなんだ。

俺らのお金はいつもそのままバンドに還元されるから、これまでと同じように長く続けることができるし、俺らを支えてくれているのはいつもファンなんだ。

ホラー & エクスプロイテーション映画モチーフの英国代表カリスマ

Electric Wizard

🕒 1988-1989（as Morbicus）, 1989（as Putrefaction）, 1989-1991（as Lord of Putrefaction）, 1991-1992（as Thy Grief Eternal）, 1992-1993（as Eternal）, 1993- 🌐イングランド南部ドーセット
👤（Gt, Vo）Jus Oborn /（Gt）Liz Buckingham /（Ba）Tim Bagshaw /（Dr）Mark Greening 他
👥 Friends of Hell、With the Dead

1988 年から 1989 年にかけて Morbicus 名義で活動を開始。Jus Oborn<Gt, Vo>、Dave Gedge<Ba>、Steve Mills<Dr> という布陣でデスメタルの要素のあるドゥームメタルをプレイしていた。その後 Putrefaction、Lord of Putrefaction、Thy Grief Eternal へと改名を繰り返した。1993 年には直接的な前進となる Eternal 名義で活動し、音楽性もデス要素が希薄となりオーセンティックなドゥームメタルをプレイ。なおこの初期の音源は 2006 年に Rise Above Records よりリリースされた『Pre-Electric Wizard 1989-1994』で聴くことができる。1993 年からは現名義での活動を開始。1994 年にリリースされた 1st アルバム『Electric Wizard』ではオーソドックスでストレートなドゥームメタルがプレイされ、リリース元の Rise Above Records を創設した Lee Dorrian が在籍した Cathedral の『The Ethereal Mirror』や『The Carnival Bizarre』に通じるサウンドを展開。カバーアートでも Cathedral の一連の作品を手掛けた Dave Patchett を起用するなどフォロワー的な立ち位置が色濃いデビューとなった。その後ロンドンの Our Haunted Kingdom とのスプリット『Demon Lung / Aquatic Fanatic』を挟み、1997 年には 2nd アルバム『Come My Fanatics....』をリリース。前作よりもはるかにヘヴィでドラッギーなサウンドでバンドは個性を確立。次作『Dopethrone』を経てバンドはカルト的な人気を得てドゥームメタルの代表的なバンドへと発展を遂げた。

Electric Wizard 🌐 UK
Electric Wizard 💿 Rise Above Records ⓒ 1994

UK ドゥームメタルバンドの 1994 年発表の 1st アルバム。Napalm Death の曲名にちなんで名前を付けたレーベル、Rise Above Records からのリリース。ラインナップはバンドの創設者である Jus Oborn<Gt, Vo>、Tim Bagshaw<Ba>、Mark Greening<Dr>。アートワークは Cathedral の一連のジャケット：アートワークでも著名な Dave Patchett によるもの。サウンド的には Black Sabbath や Cathedral に通ずるオーソドックスなドゥームサウンドを軸に展開される楽曲。Jus によるボーカルも比較的メロディアスなタッチが印象的。

Electric Wizard 🌐 UK
Come My Fanatics.... 💿 Rise Above Records ⓒ 1997

1997 年リリースの 2nd アルバム。前作からラインナップの変更はなし。イギリス海峡を望む街、ボーンマスにてレコーディングされた本作は前作で提示されたドゥームサウンドを、よりヘヴィかつアシッド要素を極限まで増幅させた一枚。チューニング自体もさることながら、精神的なヘヴィネスを音で発したかのようなバンドサウンドが強烈。『Cannibal Ferox』『Let Sleeping Corpses Lie』『Beneath the Planet of the Apes』などといった往年のホラー映画のサンプルが随所に差し込まれた楽曲群は、当時のバンドのマニアックな視点とドラッギーな状況を存分に体現しているといえる。

Electric Wizard 🌐 UK
Supercoven 💿 Bad Acid ⓒ 1998

前作と同じラインナップにて 1998 年にレコーディングされ、同年にリリースされた EP。前作で築き上げたヘヴィでダウナーな激烈サウンドをさらにアップデートさせたかのような内容で、当時のバンドの混沌としたプライベートな状況までをもサウンドとして転化したような強烈なトリップ感覚溢れる 2 曲が収録。サイケデリックなイントロから鈍く光るドゥームサウンドへと、徐々に酔いが身体を駆け巡るようなタイトルトラック「Supercoven」、王道のドゥームリフから文字通り燃え尽きるまで酩酊するかのような「Burnout」とともに、当時のバンドの妥協なき姿勢が伝わってくる。ある意味ではあちら側へ渡ってしまったかのような畏怖を覚えるサウンドだ。

Electric Wizard 🌐 UK
Dopethrone 💿 Rise Above Records ⓒ 2000

メンバーのドラッグの問題や窃盗、パトカー燃やしなどで一時活動休止に陥ったが、1999 年に無事活動は再開するというのを経て制作された 2000 年リリースの 3rd アルバム。ヘヴィなサウンドや強烈なトリップ感覚は前作までの流れを汲みながら、本作では静と動やリズムチェンジ、効果的なリフの配置など音楽的な面でポリッシュされた楽曲群が特徴。後年のライブでも頻繁にプレイされている「Funeralopolis」は後のバンドのスタイルにつながるブルージーかつメロディックな催眠的なリフが顔を出す一方で、アルバム全体の基本路線という視点では一切光の届かない暗黒なヘヴィドゥームが展開される。

Electric Wizard 🌐 UK
Let Us Prey 💿 Rise Above Records ⓒ 2002

メンバーチェンジはないままに前作からコンスタントにリリースされた 2002 年の 4th アルバム。前作までの激重サウンドはやや後退しつつ、より音楽的な幅広さを推し進めた一枚。Vo エフェクトを筆頭に酩酊、混沌という言葉が似つかわしいサウンドプロダクションでありながら、よりロックの原始風景を思い起こさせる曲調が印象的な「We, the Undead」、不穏なオルガンの調べとダンサブルなドラムビートが意表を突くインストナンバー「Night of the Shape」、10 分にも及ぶ密教的なヘヴィチューン「Priestess of Mars」など楽曲のバラエティは幅広く、ヴィンテージ要素のあるサウンドがバンドの新たな側面を示している。

Electric Wizard
We Live
🌐 UK　🔴 Rise Above Records　● 2004

Jus Oborn 以外のメンバーがチェンジとなり、13、Never、Sourvein といったバンドに参加していたアメリカ出身の女性ギタリスト Liz Buckingham が本作から参加。ドラムには ex-Iron Monkey の Justin Greaves が参加。ブックレットには"Electric Wizard II"の文字もあり、バンドの再出発の意志も感じられる。サウンド的にはそれまでのヘヴィさの強調から、より密教的な催眠感覚や物理的な重さを強調した雰囲気が目を引く。アナログレコーディングに特化したハンプシャーの Chuckalumba Studio での制作も影響してか、よりヴィンテージ感覚が増強された。

Electric Wizard
Witchcult Today
🌐 UK　🔴 Rise Above Records　● 2007

Jus Oborn と Liz Buckingham 以外のメンバーチェンジがあり、Rob Al-Issa<Ba>、Shaun Rutter<Dr> という布陣で制作された 2007 年発表の 6th。ロンドンのハックニーにあるアナログレコーディングスタジオ、Toe Rag Studios にて制作された本作は前作で提示されたヘヴィネスからの脱却がより推し進められており、密教的なムードが充満するサウンドが確立された。特に「Dunwich」に顕著なように温かみを感じる音像がよりバンドのダークなテーマを生々しくしている。以前までのサウンドからの変化からファンの間では賛否両論を生んだが、メロディアスとも言える作風はバンドを孤高な存在に押し上げた。

Electric Wizard
Black Masses
🌐 UK　🔴 Rise Above Records　● 2010

キプロス出身のタトゥーアーティストでもある Tas Danazoglou がベースで新たに加入して制作された 2010 年リリースの 7th アルバム。前作同様アナログレコーディングから醸されるヴィンテージ感覚は引き継ぎつつ、かつて『Dopethrone』や『Come My Fanatics....』で自ら提示してきた混沌とした要素がうまくミックスされた作風でノイジーでダークな世界観がより強調されている。Edryd Turner によるメロトロンをフィーチャーした「The Nightchild」などでは幽玄な世界観をもサウンドに昇華しており、英国の伝統的な手法へのリスペクトを自身のスタイルに溶かし込んでいる。

Electric Wizard
Time to Die
🌐 UK　🔴 Witchfinder Records　● 2014

またもや Jus Oborn と Liz Buckingham 以外のメンバーチェンジがあり、初期のドラマーであった Mark Greening が復帰、ベースに関しては Count Orlof 名義ながら実質は Jus がプレイ。新たに立ち上げた自主レーベル、Witchfinder Records からのリリース。再び Toerag Studios でレコーディングされた。リリースに関して Mark Greening から、バンド側から彼へのギャランティー未払いの主張やそれによる法的なアルバムの発売差し止め要請などがあり、状況は難航したいわくつきの一枚。音楽的には前作で見せたヴィンテージ感覚は残しながらも、初期の頃とも違う円熟したダークさが全編を覆う。

Electric Wizard
Wizard Bloody Wizard
🌐 UK　🔴 Spinefarm Records　● 2017

再び Jus Oborn と Liz Buckingham 以外のメンバーチェンジがあり、Simon Poole<Dr>、Clayton Burgess<Ba> という布陣で制作された一枚。MV も制作された冒頭曲「See You in Hell」で示される通り 70s ハードロックの憧憬へヘヴィネスが融合したようなヴィンテージ型サウンドへ変化。Jus Oborn のボーカルスタイルも以前に比べ非常に活舌がしっかりしており、メロディに比重が置かれている。アルバムタイトルの元ネタであろう Black Sabbath の『Sabbath Bloody Sabbath』に通ずるサウンドは、ガレージ感覚すらも漂い、一筋縄ではいかないバンドの広い音楽性を示している。

Split
Pre-Electric Wizard 1989-1994

 UK
Rise Above Records 2006

Electric Wizard というバンド名を名乗る前に Jus Oborn が在籍していたバンド時代の音源をコンパイルした一枚。Eternal では後の Electric Wizard の 1st アルバムにつながるようなストレートなドゥームサウンドが聴かれ、Thy Grief Eternal では本格的なドゥームデスへとつながるドゥームサウンドへとつながる萌芽を感じさせつつ、よりニヒリスティックな雰囲気と病的なエッセンスが興味深い。「Thy Grief Eternal」ではより荘厳なフューネラル感と地下臭が満載な楽曲で、Jus Oborn という稀代のミュージシャンの音楽性の幅広さを感じさせる。

ドゥームのテーマとして活用されるホラー映画達

ドゥームメタルを生み出した Black Sabbath の名前自体が、Mario Bava のホラー映画『Black Sabbath』(邦題『ブラック・サバス／恐怖！三つの顔』、原題『I tre volti della paura』) から取られたこともあり、ドゥームメタルとホラー映画は深い関係がある。ドゥームメタルの重要な要素としてオカルト要素があるが、それらは往年のホラー映画に端を発する。まずはその『Black Sabbath』のあらすじを紹介しよう。

絶交した女友達からかかり続ける脅迫電話におののく女性の姿を描いた第1話「電話」、映画全体の案内役も務める B・カーロフが主演する第2話「吸血ブルダラック」、悪霊の宿った指輪の恐怖を描いた第3話「一滴の水」の3話からなるホラー・オムニバス。この電話のストーリーは Uncle Acid and the Deadbeats が 2024 年にリリースし、架空のイタリア映画のサントラというモチーフで作り上げた『Nell' ora blu』にも登場し、つながりを感じる。

続いては 1971 年に製作された西ドイツ・スペインの合作映画『ヴァンピロス・レスボス』(独：Vampyros Lesbos - Erbin des Dracula, 西：Las Vampiras, 英：Vampiros Lesbos)。ストーリーは下記のようなものだ。トルコで、エロティックなナイトクラブで新たな犠牲者を探すレズビアンの吸血鬼が、相続問題の解決という名目で弁護士をプライベートアイランドに誘い込む。誘惑、狂気、不死の呪いというテーマが物語を支配している。本作に出演している 27 歳の若さで亡くなってしまったスペインの女優、Soledad Rendón Bueno の写真は後に Salem's Pot 『...Lurar ut dig på prärien』で使用されている。彼女はリスボン近郊で小型トラックとの衝突事故に巻き込まれ、頭部と背中に大きな外傷を負い死亡した。

最後に紹介したいのは 1960 年制作のイタリアのホラー映画『血ぬられた墓標』(原題：La maschera del demonio) だ。こちらも Mario Bava の作品で、ストーリーとは直接的な関係はないものの、Mephistofeles『Whore』の冒頭を飾る「Black Sunday」のモチーフに通じる。またその他にも様々なホラー映画があるのでぜひご自身で鑑賞してみてほしい。ドゥームメタルをより深く味わうための世界が確実に広がっているはずだ。

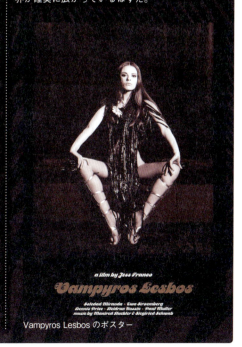

Vampyros Lesbos のポスター

最速から最遅へ、ドゥームメタル誕生の礎を築いたバンド

Cathedral

● 1989-2013　⊕ イングランド ミッドランズ州 コヴェントリー
● (Vo) Lee Dorrian /（Gt) Gaz Jennings /（Ba) Leo Smee /（Ba) Leo Smee /（Dr) Brian Dixon
● Napalm Death / Acid Reign / Septic Tank / With the Dead / The Oath

1989年結成。同年にNapalm Deathを脱退したLee Dorrianとex-Acid ReignのGaz Jenningsにより結成された。1990年に『In Memorium』、1991年には『Demo #2』といったデモをリリース。さらにEntombed、Carcass、Confessorらとスプリット音源で『Rock Hard Presents: Gods of Grind』に参加。同年1stアルバム『Forest of Equilibrium』をEarache Recordsよりリリース。Napalm Deathの超速グラインド・コアとは全く異なる、遅い楽曲と往年のプログレッシブ・ロックにも通じる異形の世界観によりシーンに衝撃を与える。1993年には2ndアルバム『The Ethereal Mirror』をメジャーのColumbia Recordsよりリリース。こちらはドゥームを基調としながらさらに幅広い層にアピールするような王道路線に舵を切る。1995年には3rdアルバム『The Carnival Bizarre』をリリース。Tony Iommiもゲストで1曲参加するこのアルバムはさらにハードロック化が推し進められ、英国ロックの伝統を受け継ぐともいうべき作風となる。その後もコンスタントにアルバムやEP、コンピレーションのリリースを行う傍ら、Lee Dorrianは自身のレーベルであるRise Aboveも運営。こちらはElectric WizardやChurch of Misery、Ghost、Uncle Acid and the Deadbeatsといった重要バンドを多く輩出。2011年の2月にバンドは解散を発表。翌2012年にはラストツアーを敢行し、2013年に最終作となる『The Last Spire』を発表した。

Cathedral
Forest of Equilibrium
🌐 UK　💿 Earache Records　ⓒ 1991

1991年リリースの1stアルバム。Lee Dorrian<Vo>、ex-Acid ReignのGaz Jennings<Gt>、同じくex-Acid ReignのAdam Lehan<Gt>、Mark Griffiths<Ba>、Dream DeathやPenanceでもプレイするMike Smailという布陣で制作された。当時Napalm Deathから電撃的にスローかつヘヴィなドゥームを展開する当アルバムは、大きな衝撃を持って迎えられた。闇と光、そして宗教への懐疑といったテーマのDave Patchettによるアートワーク、フルートや静謐なパートのコントラストなど、きわめて英国的なバックグラウンドが溢れ出る一枚。

Cathedral
The Ethereal Mirror
🌐 UK　💿 Columbia Records　ⓒ 1993

新たにこれまたex-Acid ReignのMark Ramsey Whartonがドラマーとして参加、Gaz Jenningsがギターとベースを兼任する形でレコーディングされた。MVも制作された「Ride」に象徴されるように、前作とは対照的なメジャー間の溢れるオーセンティックなドゥームサウンドを展開。Columbia Recordsというメジャーからのリリースにふさわしいビッグプロダクションは、後にOzzy Osbourneのミキシングなども行ったDave Biancoによるプロデュースによるもの。バンドの新たな側面を切り開く一方で、効果的に挿入されるツインリードなどには英国の伝統を感じずにはいられない。

Cathedral
The Carnival Bizarre
🌐 UK　💿 Earache Records　ⓒ 1995

1995年にリリースされた3rdアルバム。FirebirdやTrespassにも参加経歴のあるLeo Smeeがベース、後にThe Skullにも参加するBrian Dixonがドラマーとして参加。MVが制作された「Hopkins (The Witchfinder General)」に顕著なように、より往年のハードロックやNWOBHMを彷彿とさせる王道のドゥームサウンドが特徴。Lee Dorrianのヴォーカルはギターリフに粘着しつつ言葉を吐き捨てるスタイルで、バンドの個性的なサウンドを確立。メロトロンなどの楽器の導入も独特。「Utopian Blaster」にはTony Iommiがギターで参加。

Cathedral
Supernatural Birth Machine
🌐 UK　💿 Earache Records　ⓒ 1996

前作と同様のラインナップにて制作された1996年リリースの4thアルバム。前作を経てより強固になったバンドアンサンブルとバンドのルーツへのリスペクトがより明確に結実した一枚。Ozzy Osbourneを強く彷彿とさせるヴォーカルが印象的な「Cybertron 71 / Eternal Countdown (Intro)」やそれに続く疾走感あふれるドゥームナンバー「Urko's Conquest」、ミッドテンポかつメロディアスな展開とヘヴィなリフが押し寄せ融合する「Stained Glass Horizon」などを収録。8分を超える「Birth Machine 2000」では世界への警鐘ともとれる歌詞などを展開する。

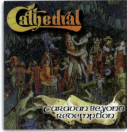

Cathedral
Caravan Beyond Redemption
🌐 UK　💿 Earache Records　ⓒ 1998

ラインナップの変動はないまま1998年にリリースされた5thアルバム。ヨーロッパでのリリースは1999年の4月20日。前作までで築き上げた70sハードロックへの憧憬を感じさせるサウンドを踏襲しつつ、祝祭的なSEや土着的なパーカッションなどが実験的に導入された「Voodoo Fire」や続くミッドテンポのキャッチーなナンバー、「The Unnatural World」など各曲ごとのカラーは強い。「Captain Clegg」では意表を突くギタートーンから持ち前のドゥームサウンドへ展開する。Andy Sneapのプロデュースもあり、同ラインナップでの円熟したチームワークやクリエイティヴィティも感じられる一枚。

Cathedral — Endtyme 🌐 UK 🅔 Earache Records 💿 2001

前作から不動のラインナップのまま Chapel Studios にてレコーディングとミックスがなされた 2001 年の 6th アルバム。プロデュースに Acid King、Bongzilla 他多数のバンドとの仕事で知られる Billy Anderson がプロデュース。マスタリングは Sharkbite Studios にて後に High on Fire とも仕事をする Mark Keaton。前作のヴィンテージ感あふれる 70s テイストのハードロックは鳴りを潜め、スラッジ勢にも通ずる鈍重サウンドが展開される。1st アルバムを彷彿とさせる場面もありながら数々のリリースで示してきた一筋縄ではいかない幅広い音楽性を内包している。

Cathedral — The VIIth Coming 🌐 UK 🅔 Dream Catcher 💿 2002

レーベルを UK イースト・サセックス Dream Catcher へと移し、前数作と同じ Chapel Studios にてレコーディングされた 2002 年リリースの 7th アルバム。Anathema や Bow Wow さらには Thin Lizzy との仕事で知られるメードストン出身の Kit Woolven がプロデュースを務める。前作で提示した極度に重いサウンドは影を潜め、再びハードロック色の強いサウンドへ舵を切った。感触としては 2nd や 3rd あたりのタッチに近いものの「Aphrodite's Winter」などで聴くことのできる Lee Dorrian によるヴォーカルは英国特有の湿り気とアクセントを伴い、新たなテイストを感じさせる。

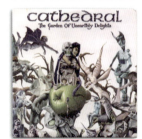

Cathedral — The Garden of Unearthly Delights 🌐 UK 🅔 Nuclear Blast 💿 2005

ヘヴィメタルにおいて最も規模の大きいインディーズ・レコードレーベル Nuclear Blast へと移籍し、2005 年にリリースされた 8th アルバム。さらに本作はエセックスの都市コルチェスターにある New Rising Studios でレコーディングされた。プロデュースは Down、Cynic、Crowbar を手掛ける Warren Riker。制作布陣もさることながらサウンドもそれまで以上にモダンな方向へ変化している。タイトルはヒエロニムス・ボスの 1504 年の絵画「The Garden of Earthly Delights」からインスパイアされた。

Cathedral — The Guessing Game 🌐 UK 🅔 Nuclear Blast 💿 2010

前作に続き Nuclear Blast から 2010 年にリリースされた 9th アルバム。ラインナップに変更はないものの、バンドにとっては過去最長のインターバルを経て制作された約 85 分にも及ぶ大作。レコーディングは Chapel Studios に戻っている。プロデュースは前作に続き Warren Riker。意表を突くプログレッシブロックに強く影響を受けたサウンドのイントロが印象的な「Immaculate Misconception」に始まり、不穏な Peter Dixon のスポークンワールドへと続く展開が意表を突く「Funeral of Dreams」などバンドの実験精神を強く感じさせる一枚。

Cathedral — The Last Spire 🌐 UK 🅔 Rise Above Records 💿 2011

バンドにとって最後のスタジオアルバムとなった 2013 年にリリースされた 10th アルバム。ベースが Repulsion や Septic Tank にも参加するアメリカ人の Scott Carlson へと変更している。レコーディングは 2012 年の冬にフェアウェルツアーの前にロンドンの Orgone Studios で行われた。プロデュースは Lee Dorrian、Garry Jennings が行った。「Tower of Silence」の MV が制作され ex-Purson の Rosalie Cunningham が参加している。バンドの終焉をすでに決定した上で制作されたことからもキャリアの集大成としての側面が強い一枚。

With the Dead
🌐 UK

With the Dead
💿 Rise Above Records   ⓒ 2015

2013年にCathedralが解散した後、2014年にLee Dorrian<Vo>を迎え入れる形で、Electric Wizardの元リズムセクションであるTim Bagshaw<Ba, Gt>、Mark Greening<Dr>らが結成したドゥームメタルバンドの2015年1stアルバム。『Dopethrone』期をダイレクトに彷彿とさせるウルトラヘヴィ・サウンドにLee Dorrianのアイコニックなヴォーカルが乗り、レジェンドながら、決して丸くならない尖ったスタンスを提示。奈落の底に落とされるような絶望的な歌詞と相まってバンドのアティテュードを示す『I Am Your Virus』などを収録。

Cathedral インタビュー

回答者：Lee Dorrian

Q：あなたはCathedralだけでなく、Napalm DeathやRise Above Recordsのオーナー、Septic Tank、With the Deadなど、様々な活動をされてきました。今回は、あなたのCathedralでの活動と、これまでのドゥームメタルに対する思いを中心に聞かせてください。
2013年のCathedral解散から12年が経ちました。ドゥームメタル・シーンにとって最も大きな変化は何だと思いますか？

A：正直なところ、俺は現代のドゥームメタル・シーンについてよく知らないんだ。Cathedralは、ドゥームメタルがまだ全然流行っていなかった90年代前半のドゥームメタル・シーンでは大きな存在だった。俺たちは多くのバンドにスローなプレイをするように影響を与えたし、Pentagram、Saint Vitus、Obsessedなどの古いバンドを多くの人に紹介したと思う。当時はほとんど知られていなかったこれらのバンドが、今ではとてもよく知られているのは、当時Cathedralが彼らを賞賛した結果によるところが大きい。

俺たちの好きなバンドは、常にTroubleやWitchfinder Generalといったクラシックなバンドだった。Candlemassは、おそらく80年代後半で最も人気のあったドゥームメタル・バンドだろう。Cathedralは、（彼らから大きな影響を受けているにもかかわらず）これらのバンドのどれよりもエクストリームでアンダーグラウンドのバックグラウンドを持っていたと思う。俺たちは最もスローでヘヴィでありたかったし、古いバンドよりもずっと若かったので、「エクストリーム」であることが俺たちの本質だったからだ。

俺たちのセカンド・アルバム『Ethereal Mirror』では、多くのバンドやファンがドゥーム・サウンドに70年代の影響を取り入れるように促した。これは「ストーナーロック」の発展と密接に関係している。ストーナーロック自体に俺たちには全く馴染めなかったし、馴染みたくもなかった。

『Carnival Bizarre』の頃になると、ドゥームメタル・バンドでもストーナーバンドでもなく、ただCathedralという状況と言えたね。もちろん、Black Sabbathからは多大な影響を受けてはいるけども。

その昔、ドゥームメタルには、フューネラル・ドゥーム、ドゥーム・デス、エピック・ドゥーム、ブラック・ドゥーム、スラッジ・ドゥーム、トラディショナル・ドゥームなど、たくさんのサブジャンルがあった。俺は今でもクラシックなバンドが大好きだけど、もう「シーン」には属していないんだ。現代のドゥームメタル・バンドで最も優れているのはFriends of Hellだと思うが、彼らはもちろんクラシックなスタイルで演奏している。もちろん、日本のChurch of Miseryは最高だよ。

Q：Cathedralの前作『The Last Spire』は、バンドの音楽スタイルの集大成のように聴こえます。このアルバムを振り返って、どのような思いが浮かびますか？

A：レコーディングしている間、これが最後のアルバムになるとわかっていたから、作るのは変な感じだったけれどね。でも、とても満足しているよ。とても良いレコードだと思う。その時点で、Cathedralは結成から24年近く経っていて、バンドでいることに全力を注いでいた。俺たちにとって、それは常に簡単なことではなかった。いろいろな意味で、Cathedralは俺たちが生きている間に実際に得た以上の評価を受けるに値するバンドだったとも思う。しかしながらとっつきやすいバンドというわけでもなかったかな。でも、Cathedralのようなバンドは他になかった。とてもユニークなバンドだったと思うよ。

Q：『The Last Spire』がCathedral最後のアルバム

になるということは、制作に入る前から聞いていま
したし、目にしていました。すでにバンドを解散す
ることが決まっていた時にアルバムを作るのはどん
な感じでしたか？
また、「リーダーの Lee Dorrian は当初から、10 枚
のアルバムをリリースしたら Cathedral を終わらせ
るつもりだった」とありました。その理由は何だっ
たのでしょうか？

A：前の答えで言ったように、たしかに奇妙だった。
でも、それが正しいことだともわかっていた。バン
ドを始めた当初は、10 枚のアルバムをリリースで
きるほど長く一緒にいられるとは思っていなかった
と思う。実際、俺と Gaz は 2 枚も作れたことに驚
いていたと思う！
だから、アルバムを 10 枚作って解散するという
計画ではなかったと思う。ただ、10 枚のアルバム
で終わるのがキリの良い数字に思えたんだ。

Q：Cathedral は間違いなくドゥームメタルという
ジャンルのパイオニア・バンドのひとつです。しか
し同時に、Cathedral はプログレッシブ・ロックや
70 年代ハードロック、ハードコア・パンクなど、
多彩な音楽スタイルを持っていました。今振り返っ
てみて、Cathedral の音楽スタイルをどのように表
現しますか？

A：Cathedral は定義するのが難しいバンドだっ
たという事実が気に入っている。商業的な恩恵はな
かったけれどね。俺たちは自分たち自身に挑戦する
のが好きだったし、その瞬間にやりたいと思ったこ
とをやった。明らかに、デビュー・アルバムはドゥー
ムメタルのアルバムであることに重点を置いてい
た。その後、バンドは自分たちの道を歩んでいった
と言える。俺たちは皆、さまざまなスタイルの音楽
愛好家だった。メタル、パンク、フォーク、プログレ、
サイケ、ジャズ、エレクトロニック、ソウル ...... だ
から、Cathedral のスタイルを一般的な言葉で表
現するのは好きではない。要約するならば、個人的
／実験的なヘヴィ・ロック・バンドとして、自分た
ちに忠実であることを願っているよ。

Q：それでは、Cathedral の初期についてお伺いし
ます。
「Napalm Death を脱退した Lee Dorrian が、パン
ク・シーンに嫌気がさし、Napalm Death が向かっ
ていたデスメタルの方向性が気に入らなかったた
め、Cathedral が結成された」という説明を見た
ことがあります。「Lee Dorrian はカーディフで行
われた Carcass のライヴで Mark Griffiths と出会
い、Black Sabbath、Candlemass、Pentagram、
Trouble などのドゥームバンドへの愛を語り合っ
た」。この記述は事実でしょうか。

A：うん、まさにその通りだ。Napalm Death
のロックスターぶりにはうんざりしていたんだ。主
にドラマーのせいなんだけど、彼はいつもお金の話
ばかりしていた。本当に退屈でつまらなかった。バ
ンドの音楽的な方向性について発言することもな
かったし、正直なところ、俺の意見は考慮されるこ
とすらなかった。バミューダ・パンツをはいて、フ
ロリダに飛んでレコードを作り、当時のフロリダ出
身の他のデスメタル・バンドと同じような音を出そ
うとするデスメタル・バンドには興味がなかった。
Napalm Death はそれよりもずっと独自のもの
だった。俺にとっては、それは自分たちが何者であ
るかという本質を完全に見失っていた。"もし"俺
がバンドに残っていたら、Napalm Death のサ
ウンドに、よりスローでエクストリームなドゥー
ム・リフを加え、速いハードコアをミックスしたかっ
た......。でも、そんなことはあり得ないとわかって
いたから、辞めることを決めた理由のひとつだった
ね。
当時のハードコア・シーンはとても批判的で、くだ
らない妬み、嫉妬、裏切りで満ちていて、俺はそれ
に煩わされることはなかった。俺はアンダーグラウ
ンドのドゥームメタルにどんどんのめり込んでいっ
た。とにかく、その時点では、当時起こっていた他
のどんなことよりも本物で、実際にヘヴィなものだ
と俺は感じた。

Q：当時、他の国のドゥームメタル・バンドをど
のように知りましたか？ また、Candlemass、
Pentagram、Trouble、Saint Vitus のような他のバ
ンドはあなたに音楽的な影響を与えましたか？

A：主にテープ・トレーディングからだね。バンド
をやっているということは、世界中の人たちに手紙
を書くということで、その結果、いつも新しいバン
ドを耳にすることになった。特に、アンダーグ
ラウンドのドゥームバンドをたくさん教えてくれ
た人がいて、その人の名前は Nigel Fellers（故
人）。彼はメリーランド州出身で、80 年代後半に
は Revelation、Asylum、Blood Farmers、
Sorcery、Internal Void などのバンドのライブ
テープやデモ音源を送ってくれた。
また、Solitude（Aeturnus）の John Perez
や Count Raven の Christian Linderson、
その他にも何人かに手紙を書いていた。俺は君が挙
げたバンドの大ファンで、当時はどれも俺に大きな
影響を与えてくれた。

Q：イギリスと他のヨーロッパ諸国、そしてアメリ
カにおけるドゥームメタルの違いについて何かお考
えはありますか？

A：俺はドゥームメタルはイギリスで始まったと

思う。Black Sabbath（もちろんだよね）と Witchfinder General は、もちろん UK 出身の最高のドゥームバンドだ。アメリカには Trouble がいたが、彼らは世界中のどのドゥームバンドよりもミュージシャンとしてははるかに優れていた。彼らは最初の 2 枚の LP でドゥームメタルの絶対的なマスターだった。この 2 枚のアルバムがリリースされて以来、ドゥーム界でこれを超えるバンドはいないと思う。Candlemass は「ドゥームメタル」というジャンルを認知させたバンドだ。

そういったクラシック・バンドの第一波の後に登場したバンドの中でイギリスと他の国とで大きく異なる点は、多くのミュージシャンがストレートなメタルとは対照的にパンクのバックグラウンドを持っていることだと思う。例えば Sacrilege は Trouble に傾倒しており、ハードコア・パンクサウンドと Black Sabbath の影響を受けたリフをミックスしていた。とはいえ、パンクの繋がりはすでにアメリカで Black Flag から始まっていた。彼らの 2nd アルバム『My War』の B 面は、パンク・ドゥームの最たるものだ。彼らからは、Corrosion of Conformity や Blast をはじめ、Black Sabbath のヴァイブスをハードコア・サウンドに取り入れたバンドが生まれた。

Q：もちろんイギリスはロックの伝説的なパイオニアを多く輩出している国でもありますよね。

A：そう、言ったとおりだ。Black Sabbath はイギリス出身。他に言うことはないと思うよ（笑）

Q：1st アルバム『The Forest of Equilibrium』は間違いなくドゥームメタルの傑作のひとつで、Winter や Autopsy のようなエクストリームなスタイルのバンドのような方向性を持っています。当時のあなたの方向性やインスピレーションはどのようなものだったのでしょうか？

A：ああ、俺らは Winter と Autopsy の大ファンだった。Autopsy はデスメタル・バンドだったが、ドゥームとは何か、どう聴こえるべきか、どう演奏されるべきか、ということを真に理解していた。彼らは本当にヘヴィだったし、今でもそうだ。Winter は、ただすべてを破壊する凄絶なバンドだった。彼らは昔、俺の心を大いに揺さぶったものだ。

Q：あなたがかつて Napalm Death のようなとても速い BPM のバンドのメンバーであり、Cathedral のような遅い BPM のバンドを始めたことはとても驚きでした。そのアイデアはどのようなところから生まれたのでしょうか？

A：俺は単に極端なファスト・ミュージックに飽きてきていたんだ。「クレイジーさ」だけが強調さ

れ、一面的なものになり始めていたからね。両極端のエクストリームな音楽も好きだったけど、その時点で、俺は遅さにはまっていたから、超スローな演奏をするバンドに参加するのは理にかなっていたんだ。とはいえ、その後、当時の俺たちよりもずっとスローな演奏をするバンドがたくさん現れた。

Q：あなたのパンクやハードコアのバックグラウンドは、Cathedral の音楽や活動にどのような影響を与えましたか？

A：パンクから学んだ俺のアナーキスト的傾向は、予測可能であること、人々が望むこと、あるいは（それよりも悪いことに）期待されることをしないように常に努力することを促してくれたと思う。俺は明らかに、Rob Halford や Ronnie James Dio のような才能あるヘヴィメタル・シンガーではなかったが、そんな風にもなりたくなかった。俺のヴォーカルは、Discharge や Antisect、G.I.S.M.、Celtic Frost、Swans その他いくつかのバンドから影響を受けていた。だから俺は、自分自身のスタイルとともに、そういった影響を自分たちの演奏する音楽に取り入れた。これは個人の好みの問題だとも思うが、俺はいつも個性的な音を出したいと思っていた。俺のパンク的な生い立ちや態度は、バンド活動を通じて Cathedral での俺のあり方に影響を与えたし、現在でもその考え方は変わっていない。本質的に、俺たちはくだらないことに意識を傾けず、自分たちが望む音楽を作り、自分たちのやり方で物事を進めてきた。今でも続けているバンドを見かけるが、彼らは自分たちのやっていることを本当に信じているわけではなく、単なる仕事のようなものだ。俺にとっては、音楽やバンドにいることの方が常にそういったものよりも重要だったんだ。

Q：Saint Vitus のルーツにハードコアがあったのは偶然だと思いますか？　ドゥームメタルとハードコアのシーンは近かったと思いますか？

A：パンクの連中は Black Sabbath が最もヘヴィなバンドであることに気づいていたと思うし、彼らはある意味パンクでもあった。Black Sabbath の歌詞にある社会への否定的な反映や人間性への不満の多くは、Black Flag や Discharge のようなバンドの心を打った。Saint Vitus はパンクに傾倒していたが、パンク・バンドのようには聴こえなかった。一方、Black Flag は Black Sabbath に傾倒していたが、やはりサウンドはパンクだった。どちらのシーンも、ある意味アウトサイダー・シーンであり、それが交わりあうきっかけになった。

Q：『The Ethereal Mirror』と『The Carnival

Bizarre』は、よりオーセンティックなハードロックの雰囲気を持っています。当時、なぜそのようなスタイルで演奏したのですか？ Columbia Records時代には「シュール」とコメントしていましたが、その感覚について詳しく教えてください。

A：『The Ethereal Mirror』は『The Forest of Equilibrium』から大きく飛躍した作品で、当時はあまりにも早すぎる飛躍だと思った。個人的には、スローでヘヴィなレコードを作り続けたかったが、70年代のアンダーグラウンドのハードロックやプログレ・バンドにもどんどんのめり込んでいた。GazとAdamは楽器の腕も上がっていたし、自分たちの能力に自信を持てるようになっていたから、自然と音楽的に前進したいと思うようになっていた。2枚のアルバムのうち、『Ethereal Mirror』は素晴らしいプロダクションだが、『Carnival Bizarre』の方が良いアルバムだと感じる。

そうだね、コロムビアからのサポートに戸惑ったよ。1、2年前に「Mourning of a New Day」や「Ebony Tears」のような曲を作っていたときには、自分たちがアメリカのメジャー・レーベルに入ることになるとは夢にも思ってなかったから（笑）。

Q：あなたは1995年にEaracheに復帰した後、Nuclear BlastとDream Catcherに移籍し、最後のアルバムではRise Above Recordsに移籍しました。異なるレーベルと仕事をするのはどのようなものでしたか？ また、世界中の異なるレーベルと仕事をすることの長所と短所について教えてください。

A：EaracheはアメリカでのColumbiaとの契約を失ったが、それによって彼らが何かを失ったわけではない。俺らにとっては、あの状況全体が乱高下のようなもので、永遠に続くものではないことは最終的に分かっていた。Nuclear Blastは最初は良かったし、バンドに投資してくれて、新しいエネルギーを与えてくれた。最後のアルバムはRise Above Recordsからリリースしたんだけど、その方がこの時点では楽だったし、自分たちのやることを完全にコントロールできたから楽しかったね。

Q：Cathedralのキャリアを通じて、最も重要な功績は何だと思いますか？

A：『Forest of Equilibrium』は画期的なレコードで、ドゥームメタル界に大きな影響を与えたと思う。全体的に最も誇りに思っているアルバムだ。

Q：CathedralのアルバムにはいつもDave Patchettによるユニークなアートワークが施されていました。どのようにして彼と知り合ったのか、またその美学とあなた方の音楽との融合をどのように考えているのか教えてください。

A：そう、彼は俺の地元コヴェントリーの出身なん

だ。『Forest of Equilibrium』をレコーディングしていた頃、地元のギャラリーで彼のアートを見たんだ。俺は自分のアートをどのように視覚的に表現したいかというアイデアを持っていて、彼のスタイルがそれにぴったりだと思い描いた。俺たちは政治的なイデオロギーを多く共有していたが、彼は常にアナーキストというより社会主義者だったので、意見の相違はあったが、彼は俺がどこから来ているかを知っていたので、俺のコンセプトなどのアイデアを彼に伝えるのはとても簡単だった。

近頃、彼は地球は平らだと信じている。それに対する俺の態度はこんな感じだ。

「そうかもしれない。でも誰が気にするんだ？」

Q：ドゥームメタルという言葉を最初に耳にしたのはいつですか？　Saint Vitus の Dave Chandler は、1990 年に Hellhound Records のアルバム宣伝用のプロモ・キットを見たときだと言ってました。

A：Candlemass に間違いない。彼らの T シャツの背中には「Epic Doom Metal」とプリントされていた。また、テキサス出身の Solitude (Aeturnus) は最初のデモで堂々とドゥームメタルを名乗っていた。

Q：Cathedral の音楽に最もインスピレーションを与えたアルバムを 10 枚挙げてください。

Black Sabbath 『Master of Reality』

Witchfinder General 『Death Penalty』

Trouble 『The Skull』

Tank 『Filth Hounds of Hades』

Celtic Frost 『To Mega Therion』

Mellow Candle 『Swaddling Songs』

Funkadelic 『Self-titled』

Motörhead 『Self-titled』

Discharge 『Why?』

Fusion Orchestra 『Skeleton In Armour』

Q：Cathedral は LOUD PARK 06 と 2011 年のツアー、東京と大阪で何度か日本ツアーを行いました。また 1990 年代にもたびたび日本でツアーを行っていますね。その時の印象的な出来事があれば教えてください。

A：俺はすでに 1989 年に Napalm Death で来日していて、そのツアーの後そのままバンドを脱退した。だから 1993 年に初めて Cathedral として戻ってきたときは、本当に素晴らしい時間だった。リリースしたアルバムのほとんどで日本ツアーを行い、どこよりも楽しみにしていた。日本のファンはバンドに献身的で、例えばドイツなど他の多くの国よりも、俺たちがどこから来たのかを理解してくれているように思えたからだ。『Carnival Bizarre』のプロモのために来日したときのことは、忘れられない思い出のひとつだ。デパートで収録されたテレビ番組のために撮影されたことを覚えている。とても小さな楽屋で会った他のゲストは、Bruce Dickinson と John Sykes だった。俺にとってはかなりシュールな出来事だった！

Q：Cathedral のアルバムは、トゥルーパー・エンターテインメントを通じて多くのエディションが発売され、日本のファンにも広く知られるようになりました。彼らと仕事をするのはどのような感じですか？　もちろん、このインタビューが実現できたのは彼らの協力のおかげです。とても感謝しています！

A：トゥルーパー・エンターテインメントのテツは絶対的な伝説であり、日本の中心人物だ！　長年にわたる彼のサポートに心から感謝しているし、彼に会うのはいつも楽しみだ。彼は良き友人であり、誠実な男だ。

Q：日本で好きなドゥームバンドを教えてください。もちろん Rise Above Records は Church of Misery のメイン・レーベルです。

A：日本には素晴らしいドゥームバンドが何組もいるが、Church of Misery が常にナンバー 1 ！

Q：日本のファンにメッセージをお願いします！

A：昔のことについてのインタビューは、もうほとんどしていない。もうどこかですでに話していることだからね。でも、このような質問に答えると、俺たち Cathedral が日本で過ごした懐かしい思い出がたくさん蘇ってくる。だから感謝している。we love you all.

ちなみに、最近再発見した『The Last Spire』時代の未発表音源がある。『Societies Pact With Satan』という 30 分の壮大なトラックだ。近々リリースする予定だ。Thanks and stay heavy!

Lee

Q：誠にありがとうございました！

A：Cheers!

黒装束、黒魔術まで影響を及ぼした NWOBHM とドゥームの関わり

Angel Witch

Witchfinder General

　ドゥームメタルのルーツとして、絶対的な存在として君臨するのは Black Sabbath であることに異論はほぼないであろう。しかし『Paranoid』や『Master of Reality』がリリースされた 1970 年代当時はドゥームメタルというジャンルは定着しておらず、そういった呼び方もされていなかった。ただ音楽性としてのヘヴィなリフやオカルトや魔女狩りと言ったテーマは NWOBHM 時代に誕生したバンドたちに引き継がれ、ドゥームメタル誕生の土壌を形成した。

　Witchfinder General が結成されたのは 1979 年。時はまさに NWOBHM の真っただ中。抒情性あふれる楽曲やツインリード、後のスピードメタルやスラッシュメタルまでに影響を与えるという NWOBHM の基本路線とは明らかに異なる、Black Sabbath 直系のサウンドはシーンの中でも異色であった。Phil Cope<Gt> による Tony Iommi に迫るトーンとフレーズを持つギタープレイと Zeeb Parkes<Vo> による人を食ったようなクセがありつつも、メロディやフレージングは非常にキャッチーという強い個性を感じさせる歌唱からなる楽曲が特徴であった。その音楽性はデビュー EP となった『Burning a Sinner』(Heavy Metal Records) ですでに確立されており、後の Pentagram などに通じるサウンドを生み出している。また ex-Cathedral の Lee Dorrian は「Witchfinder General は、もちろん UK 出身の最高のドゥームバンドだ」とインタビューでも答えているし、彼が運営する Rise Above Records からアルバムをリリースしている Friends of Hell は Witchfinder General のアルバム名からバンド名をとった。このことからもドゥームシーンに多大な影響力を持つと言える。

　また同時期に活躍した Witchfynde も当時の NWOBHM バンドの中において、ドゥームシーンに直接の影響を与えたバンドだ。正直楽曲自体はドゥームと言うにはやや軽く、どちらかというと Death SS、Mercyful Fate や Cirith Ungol のようなダークなメタルと形容できる音楽性でありながら、ジャケットアートワークやサタン、ヘルなどと言った題材が歌われる歌詞は後のシーンに影響を与えている。また 1st アルバムをリリースする以前の Pentagram が残した音源を集めた「First Daze Here Too」と Witchfynde の「Give 'Em Hell」の楽曲は直接的なリンクを叫びたくなるサウンドだ。

　後への影響として Pagan Altar と Angel Witch も見逃せない。Pagan Altar は英国由来の湿り気の強い瘴気溢れるサウンドと独特の哀愁を放つ Terry Jones の歌唱が強い個性を確立。ドゥームメタルの始祖の隠れた名バンドの一つとして NWOBHM ファンはもちろん、ドゥームの伝統を突き詰めるドゥーマーにまで熱狂的に支持されている。また初期のステージにおいて黒装束のような衣装を着て、黒魔術の儀式のようなライブパフォーマンスも後のドゥームメタルからオカルトハードロックに発展したスウェーデンの Ghost につながる要素だ。Angel Witch は名盤 1st アルバム『Angel Witch』がメタル全般において大きな影響力を持つ。ドゥームとしてズバリ関連が深いのは長いスパンを経て 2012 年に Rise Above Records よりリリースされた『As Above, So Below』だ。このアルバムはまさに 1st アルバムをモダンにアップデートし、正真正銘の 2nd アルバムと叫びたくなる内容であるのみならず、新たにラインナップ、Will Palmer<Ba>、Andy Prestidge<Dr> が当時の Rise Above Records 人脈で固められていた点が特筆に値する。

甘い中性的ヴォーカルと魅惑のメロディを操るアシッド集団

Uncle Acid and the Deadbeats

● 2009-present　● イングランド ケンブリッジ
● (Vo, Gt) Uncle Acid、(Gt) Vaughn Stokes、(Dr) Jon "The Charn" Rice、(Dr) Justin Smith

2009年にバンドの首謀者であるUncle AcidことKevin R. Starrsを中心とするラインナップで結成。翌年2010年に1stアルバム『Volume 1』をKiller Candy Recordsよりリリース。CD-R仕様で限定20枚というごく少量リリースされた。翌2011年リリースの2ndアルバム『Blood Lust』は当初数十枚のCD-Rでのリリースながらオンラインでのレビューやインタビューが実現し、Rise Above Recordsからのリリースが実現する。2013年にリリースされた3rdアルバム『Mind Control』の頃よりバンドの知名度は大きく向上する。Black Sabbathの2013年のライブでのオープニングアクトを務めあげ、バンドは一気にシーンの注目を集める。さらにはシングル楽曲「Poison Apple」がTerrorizer Magazine、Metal Blade Recordsなどの有力レーベルのコンピレーションに収められ、地位を固めてゆく。2015年には『The Night Creeper』、2018年には『Wasteland』とコンスタントにリリースを重ねる。2016年にはIron Maidenの楽曲のカバー「Remember Tomorrow」がKerrang! Magazineのコンピレーション『Maiden Heaven Volume 2 - An All-Star Tribute To Iron Maiden』に収められるなどコンスタントに音源をリリース。2020年には初来日公演を東京・大阪で実現させる。2024年には再びRise Above Recordsよりイタリアのスリラー映画のトリビュートとされる6作目『Nell' ora blu』のリリースをした。

Uncle Acid and the Deadbeats
Volume 1 — UK — Killer Candy Records — 2010

イングランドはケンブリッジで 2009 年に結成。2010 年にバンドの自主レーベルである Killer Candy Records から CD-R でリリースされ、後年 Lee Dorrian が主催する Rise Above Records からリイシューが実現した 1st アルバム。Uncle Acid<Gt,Vo,Organ> を中心に Kat、Red といった記号的かつ素性不明のラインナップで制作された。オーセンティックかつシャープなドゥームリフと、Uncle Acid による独特な甲高く不穏な Vo がすでにバンドの強烈な個性として確立している。ツインリードの重ね方やオルガンのサウンドには、往年の NWOBHM の英国の伝統を感じさせる説得力がある。

Uncle Acid and the Deadbeats
Blood Lust — UK — Killer Candy Records — 2011

前作と同じラインナップにて 2011 年にリリースされた 2nd アルバム。同年 5 月にバンドの自主レーベルである Killer Candy Records からリリースされたのち、翌年 Lee Dorrian が主催する Rise Above Records からリリースが実現した。さらに鋭利にかつダウナーなサウンドが特徴で Uncle Acid よる不穏なメロディとハーモニーを有する特徴的な Vo が強い個性を放つ。後年のライブでも頻繁に演奏される「I'll Cut You Down」や「Death's Door」など佳曲ぞろいで、リリースに際してドロップされた MV もレトロホラーな要素が満載で、バンドのカラーを強く認知させた一枚。

Uncle Acid and the Deadbeats
Mind Control — UK — Rise Above Records — 2013

2013 年にリリースされた 3rd アルバム。ラインナップに変更があり、中心人物の Uncle Acid が K.R. Starrs へ名義変更、Yotam Rubinger<Gt,Vo>、Dean Millar<Ba>、Thomas Mowforth<Dr> という布陣で制作された。前作までで確立した鋭利かつオカルティックなサウンドは維持しつつ、よりバンド感あふれるアンサンブルに到達。MV も制作された「Mind Crawler」を筆頭に、ヴィンテージかつキャッチーなドゥームサウンドが全編を覆い、ヴィジュアル面含むトータルなコンセプトの打ち出しの巧みさも相まって 2010 年代以降多くのフォロワーを生んだ。

Uncle Acid and the Deadbeats
The Night Creeper — UK — Rise Above Records — 2015

2015 年リリースの 4th アルバム。ドラムが Itamar Rubinger に変更し、バンドの中心人物 Kevin Starrs がベースも兼任。またプロデュースも彼が担当。ロンドンのハックニーにあるアナログ・レコーディングスタジオ、Toe Rag studios などでレコーディングされた。バンドの特徴であるヘヴィさとメロディアスさが共存する独自のサウンドがより一層推し進められ、本作ではさらに英国風情溢れる哀愁漂うムードと一貫したホラーフィルムを題材とするリリックが炸裂する「Waiting for Blood」などを収録。ビジュアル効果を伴うサウンドトラック的ともとれるインストナンバー「Yellow Moon」などを収録。

Uncle Acid and the Deadbeats
Wasteland — UK — Rise Above Records — 2018

2018 年リリースの 5th アルバム。ベースが Vaughn Stokes に、ドラムは Job for a Cowboy にも在籍した経歴を持つ Jon"The Charn"Rice が担当。本作でも Kevin Starrs がプロデュースを務める。レコーディングはロサンゼルスの Sunset Sound で行われ、それまでとは異なるドライな質感を得たサウンドメイクが特徴である一方、バンドのカラーであるオカルト趣味は増大というバランス感覚が出色。元来ヘヴィリフよりもコードストラクチャーの妙味で独自の音楽性を築いた彼らだが、本作ではその要素がより満載しており、インディーロック勢にも通ずるメロディアスな展開がバンドの新たな地平を切り開いている。

Uncle Acid and the Deadbeats インタビュー

回答者：Kevin R. Starrs

Q：2024年5月にRise Above Recordsから『Nell' ora blu』をリリースしましたね。このアルバムは70年代のイタリア映画へのトリビュートで、あなたがこれまでにリリースしたアルバムとはまったく異なるものです。このアルバムのアイデアはどのように生まれたのでしょうか？

A：何か違うことをやりたかった。インストゥルメンタル・ミュージックだけでやってみようとしたんだけど、台詞を入れたらもっと面白くなるんじゃないかと思って、ストーリーを考えて脚本を書いて、役者を呼んだんだ。自分自身にも挑戦したかった。結局、ほとんどすべての楽器を自分で演奏することになった。本当は弾けないものも含めてね！ 音楽の訓練も受けていないし、楽譜も読めないから、とにかくいろいろといじくりまわして、何が出てくるかを見るしかなかったんだ。

Q：このアルバムでは、Franco Nero、Giovanni Lombardo Radice や Edwige Fenech といった実在のイタリア人俳優／女優を起用しました。どのようにして実現したのでしょうか？

A：彼らのエージェントに企画書と脚本と予算を連絡しなければならなかった。興味を示さない俳優も何人かいたが、なんとかいい顔ぶれが揃った。まとめるのに時間がかかったね。

Q：アルバムの評判はどうでしょうか？ Goblinなどからのインスピレーションもあったようですね。バンドにとって大きな変化だと思いますか、それともあなたのミュージシャンとしての別の側面が明らかになっただけだと思いますか？

A：ほとんど好意的だった。実際、あまりの反響の大きさに驚いている。でも、ファンの中には、俺たちにとっては違うサウンドだから気に入らないという人もいる。そういう人たちの中には、バンドそのものというより、ジャンルのファンもいると思う。だから、俺はどのシーンにも属したくなかったんだ。というのも、結局はジャンルに囚われてしまうし、もし抜け出して違うことをすれば、人々は憤慨し始めるからだ。人によっては、挑戦することよりも慣れ親しんだ心地よさの方が大切なんだ。

Q：『Nell' ora blu』には映画のようなストーリーがあります。どのようにしてそのようなストーリーを作り上げたのですか？

A：俺は昔から想像力が豊かだったから、シナリオを考えて脚本を書いたんだ。あまり複雑である必要はなかったし、ストーリーとして面白いものである必要もなかった。人生には退屈で単純な出来事が起こることもあるから、それを反映させたかったんだ。

Q：では、バンドの初期についてお聞きします。あなたの1stアルバム『Volume 1』は、もともとKiller Candy Records LTDからCD-Rフォーマットで20枚だけリリースされました。バンドの最初のアイデアは何でしたか？ また、このアルバムには何か目標があったのでしょうか？

A：Everly Brothers のヘヴィー・ロック・バージョンのようなバンドにしたかったんだ！ ヘヴィーなリフとダークな歌詞を、メロディアスな2パートのヴォーカル・ハーモニーで包み込む。そうやって2つの異なるものをミックスするのは面白いアイデアだと思ったんだ。バンドやアルバムの目標は特になかった。ただ音楽を発表したかった。無職で実家暮らしだったから、お金もあまりなかったし、とにかく自分で賄える範囲のアルバムを作った。またどれだけの人が買ってくれるかどうかわからないから、CD-Rに関してはあまりたくさんは作りたくなかったしね！

Q：音楽的には『Volume 1』ですでに独自のスタイルを確立していますね。Black Sabbath のようなファズ・ギターのリフ、美しくダークなメロディー、

また霞んだようなサイケデリックな雰囲気、さらに言うなら NWOBHM や 70 年代のハードロックのテイストも感じられます。その頃の主なインスピレーションを教えてもらえますでしょうか？

A：まさに今君が挙げた通りだ。ヴォーカル・ハーモニーを聴くのが好きだから、60 年代のポップス、フォーク、ハードロック、メタル、70 年代のいろいろなものがたくさんあった。New York Dolls が好きだから、『Dead Eyes of London』のような曲は彼らを思い出させる。Sylvain のような「oooohs」というバッキング・ヴォーカルや Johnny Thunders のようなギター・スライドも入っている。アルバムをリリースしたら、みんな俺らをストーナーロック・バンドだと言って、Kyuss か何かにハマっているんじゃないかって言われたんだ。俺がまったく興味のないものと比較されるのは奇妙だった。

Q：2011 年に『Blood Lust』をリリースしましたね。当初は再び Killer Candy レコードからリリースされました。その後すぐに Rise Above Records からリリースされました。その経緯はどのようなものでしたでしょうか？ その頃からバンドはさらなる注目を集めたと思います。今振り返って当時の状況をどう見ていますか？

A：Lee から連絡があり、アルバムをレコードで出したいかと聞かれた。もちろんやりたいと答えたよ。自分でやる余裕はなかったから、完璧な状況だった。どことも契約する気はなかったけど、Rise Above は一流のレーベルだったから、最終的に契約するのは理にかなっていた。すべてがうまくいったよ。

Q：2013 年に 3rd アルバム『Mind Control』が Rise Above Records から再びリリースされました。このアルバムは日本盤が Trooper Entertainment から、アメリカ盤が Metal Blade Records からリリースされました。その時の状況と、達成感について教えてください。

A：日本で発売されて嬉しかった。帯はいつもクールだと思っていたから、アルバムに帯があるのは嬉しかった！ 正直なところ、Metal Blade のことは素晴らしかったけど、俺にとってはあまり意味がなかった。レーベルからリリースされたことはクールだったけど、Metal Blade に所属していたどのバンドのファンでもなかったんだ。Metal Blade の誰とも話したことがないしね。Rise Above の場合は多くのバンドが好きだったし、彼らがリリースしていたものをたくさん買っていたから、俺にとってはその方がクールだった。アルバムは素晴らしいものになった。当時は『Blood Lust』に続くアルバムというプレッシャーがあったと思うけど、俺は気にしなかった。大きな作風の変化というものは、バンドが自分の意に沿わない路線に行った

ときに不満を言うような偏狭なファンを遠ざけることがある。当時は多くの人がこのアルバムを嫌ったけど、それは俺が何かを発表するたびに起こることのようだ。数年経てば、意見は必ず変わる。『Mind Control』は、今ではファンのお気に入りとして評価されているよ。

Q：「Mind Crawler」のような曲には、ファズ・ギターと甘いメロディー、そしてダークな歌詞が見事に組み合わされています。ミュージックビデオを見ると、曲のコンセプトがより理解できます。オカルト的なレトロ感とエロティックな雰囲気が非常に強烈なビデオですが、この時どのようなインスピレーションを受けたのか教えてください。

A：俺はただ、それで人々の感覚をオーバーロードさせたかっただけなんだ。ビデオは Marc Morris が古い VHS テープを使って作ったもので、素晴らしい出来栄えだった。人々はテレビを含むあらゆる方向から洗脳され、強要されているというアイデアだった。

Q：あなたたちは 2013 年 11 月と 12 月にヨーロッパで行われた Black Sabbath の再結成ツアーの 16 日間をサポートしました。その時のことを教えてください。印象に残っていることはありますでしょうか？

A：あれはアルバム『13』のツアーだった。素晴らしい時間だった。自分たちをサポートするために若いバンドを連れてきてくれた彼らに、大きな敬意を抱いている。俺らにプラットフォームを与えてくれた。そういうことは大きなバンドでは一般的に決して起こらないことだ。彼らは若いバンドに門戸を閉ざす傾向がある。俺たちはみんな 20 代前半で、何十年もやっている人たちから学ぶ機会を与えてくれた。印象に残っているのは、Geezer Butler が、メロディーの良いバンドとツアーをするのは良いことだと言ってくれたこと、俺たちの音楽を気に入ってくれたことだ。

Q：2013 年から 2014 年にかけて、Roadburn、Download、Hellfest、Roskilde、Bukta Tromsø Open Air Festival、さらには Montreux Jazz Festival など、多くのフェスティバルで演奏しました。国際的なツアーや各地で演奏することをどのように感じましたか？

A：クールだったよ。バンドを始めたときは、ライブやツアーをするつもりはなかったんだ。作曲とレコーディングの方に興味があったんだ。でもライブを始めてからは、楽しくてしょうがない。旅をして、いろいろな聴衆の前で演奏したり、異文化を体験するのはいいものだ。イギリスは地獄のようなところだから、外に出られるチャンスがある時はいつでも出なきゃいけない！

Q：2015 年から 2018 年にかけて『The Night Creeper』と『Wasteland』がリリースされました。曲作りのスタイルもより鋭く明確な方向性を確立しました。これらのアルバムの創作過程について教えてください。

A：いつもと同じだ。自分を腹立たせるようなものを読んだり見たりする。たいていは、不公平だとか不正だとか、そういうものだ。そして、それを中心に物語を書く。そうすると歌詞が書きやすくなるんだ。全体像が見えていれば、それに向かって努力することができる。

Q：2020 年に初来日公演を行いました。ショーの印象や日本そのものについても教えてください。

A：ショーは素晴らしかった。残念なことに、ちょうど COVID が始まったときで、帰りの飛行機が取れたのは不幸中の幸いだった。ショーは本当に楽しかった。ずっと日本で演奏したいと思っていたんだ。ファンも素敵だったし、素晴らしい場所だと思った。また行くのが待ちきれないよ。

Q：Trooper Entertainment を通じて、『Mind Control』以降、すべてのアルバムが日本盤でリリースされました。日本のファンに歓迎されたことをどう感じていますか？ また、欧米のシーンと日本のシーンの違いはあると思いますか？

A：日本のファンに歓迎されて本当にうれしかった。実際、観客の違いはあまり感じなかった。日本のファンはもっと控えめだとみんな言っていたけれど、俺はあまりそれを感じなかった。欧米では、観客が酔っぱらったりして動かないこともあるし、まるでトランス状態で俺たちを見ているようだ！ 少なくとも、日本のファンは実際に何が起こっているかにもっと注意を払っているように見えた！

Q：お気に入りの日本のバンドはありますか？

A：日本の音楽はよく知らないんだ。でも冨田勲は好きだよ。大阪でジャケットのアートワークだけを見て、彼のレコードを何枚か買ったよ！

Q：ライブの写真では、エドワーズや日本の古い ESP を使っていましたね。使用するギターやトーンにはこだわりがあるのでしょうか？

A：レスポール・ジュニアはシンプルでサウンドも良いから好きなんだ。Johnny Thunders が使っているのを見て以来、自分も欲しくなって、ギブソンよりずっと安かったエドワーズのコピー・ギターを手に入れたんだ。エドワーズのギターはとてもよくできているし、軽い。俺は重いギターは嫌いなんだ。ネックもスリムな 60 年代スタイルが好きで、最近のギブソンにはないようなネックなんだ。エドワーズは 2 度ネックが折れたことがあるから、も

うツアーには持ち込まない。修理はしたけど、やはり以前のようにはいかないから、近年は1961年製の Gibson Tv Junior を使っている。これも素晴らしいギターだ。

Q：ライブ・アルバム『Slaughter on First Avenue』は2023年にリリースされました。シャープなライブ・パフォーマンスと生々しいプロダクションで過去の楽曲を収録しています。ライブで特に実現したいことはありますか？

A：ただ、いい演奏をして、みんなにいい時間を過ごしてもらいたい。また、スタジオアルバムで達成したものよりもいい演奏ができることもある。例えば「Slow Death」はライブテイクがあの曲の決定版だと思う。

Q：あなたの歌声はとてもユニークですね。また、バンド自体も他のバンドとは一線を画しています。どのようにしてそのような独自のスタイルを作り上げたのですか？　また、その歌い方のインスピレーションは何でしょうか？

A：ただ歌い始めたらこうなった！　シンガーになりたかったわけじゃないんだけど、歌のお手本になるような他の人を探そうとして時間を無駄にしたし、特定の誰かを見つけることもできなかったから、自分のやり方でやったんだ。ヴォーカルとして一番影響を受けたのは、Neil Young、Ozzy、そして John Lennon と George Harrison だと思う。彼ら全員から少しずつ影響を受けていると思う。

Q：Rise Above Records と仕事をすることについて教えてください。あなたが Rise Above Records から『Blood Lust』をリリースしてからもう13年以上になります。

A：素晴らしいよ。俺たちはただ作品づくりに取り掛かるだけで、干渉されることはない。他のレーベルに所属している人の中には、より魅力的な作品にするために、どのような方向性で書くべきかを指示される人もいると思う。俺にとっては、それは受け入れられないことだ。

Q：あなたが以前、Uncle Acid and the Deadbeats は現在のドゥーム／ストーナー・シーンには属していないとおっしゃっていたのを見ましたが、あなた方はシーンのトップ・バンドのひとつです。今日までの功績について教えてください。また、現在のシーンをどう見ていますか？　バンドを始めてから感じた変化はありますか？

A：達成してきたことには満足している。ファンを失いながらも、リリースのたびに新しいファンを獲得することができれば、正しい方向に進んでいると思う。俺にとっては、多くのバンドが安全策に走りすぎている。自分自身に対して挑戦しない。それはクリエイティブではないと思う。あまりに変化しすぎると、ファンを失ったり、反感を買うことを恐れているのだと思う。俺はもっと多くのバンドが少し自由になるのを見てみたい。自分のやりたいように思い切ってやって、ファンがそれを気に入らなければ文句を言わせてあげるくらいの気概を持つべきだ。

Q：あなたの音楽の作り方は映画を作るようなものだと思いますか？　あなたの音楽は常にリスナーに想像させ、ストーリーやコンセプトに没頭させてきました。

A：俺は、すべてがつながっているように、全体をひとつのものにしようと心がけている。音楽、歌詞、アートワークのすべてが同じストーリーにつながっていて、より没入感のある体験ができることを願っている。それは、レコードを買ってくれる人に依存する古い考え方だ。Spotify でストリーミングしているだけだと、全体像が見えてこない。でも今はそれが現実さ。

Q：日本のファンにメッセージをお願いします！

A：応援してくれている日本のファンに感謝したい。次のアルバムでは、また日本に来たいと思っている。

40 Watt Sun
The Inside Room
🌐 UK　　🏷 Cyclone Empire　📅 2011

ロンドンで 2011 年に結成されたドゥーム/アトモスフェリック/オルタナティブロックバンドの 2011 年 1st アルバム。バンド名は Marillion の楽曲「Emerald Lies」の歌詞から取られた。レコーディングは 2010 年に Library Studio にて行われている。Warning でも活動する Patrick Walker<Gt, Vo> がプロデュースとアートワークのコンセプト原案も担当。恋愛含む人間関係や渇望いったシリアスな歌詞テーマを切々と歌うヴォーカルとそれに寄り添い、進展するドゥームのひな形をベースとしたサウンドスケープが生々しい。寂寥感を滲ませるラストの「This Alone」を筆頭にメロディが際立つ一枚。

40 Watt Sun
Wider than the Sky
🌐 UK　　🏷 Radiance Records　📅 2016

UK の Radiance Records よりリリースされた 2016 年の 2nd アルバム。後にフィンランドの Svart Records から複数回リイシューされた。前作からバンドメンバーの変更はなく、Laurence Collyer が「Pictures」でバッキングボーカルとして参加。William Spong<Ba> がミキシングとマスタリングを手がけた。冒頭 16 分にも及ぶ「Stages」に顕著なように空間を感じるクリーンサウンドと、素朴に歌われるポエティックな歌詞が特徴で、全編を通してドゥーム的なサウンドとは距離は置くものの、スピリチュアルな部分での探求を推し進めた点が胸を打つ。

Age of Taurus
Desperate Souls of Tortured Times
🌐 UK　　🏷 Rise Above Records　📅 2013

ロンドンで 2009 年に結成されたドゥームメタルバンドの 2013 年 1st アルバム。英国ロマン派の画家、ラウザーバーグの絵画をアートワークに使用。Angel Witch の作品なども手掛け、Septic Tank でもプレイする Jaime Gomez Arellano がプロデュース、ミキシング、マスタリングを行った。エピックかつ正統派メタル的な要素もあるトラディショナルなドゥームが全編で展開される。王道のドゥームリフとキャッチーな歌メロが交差する「A Rush of Power」でアルバムはスタート。ダークかつ哀愁のツインリードが出色の「Sinking City」などを収録。

Allfather
And All Will Be Desolation
🌐 UK　　🏷 Rotting Throne Records　📅 2018

イングランド南東部ケントにあるメドウェイにて 2013 年に結成されたグルーヴ/ドゥームメタルバンドの 2018 年リリースの 2nd。BlackLab や Dawnwalker なども手掛けた UK 出身の Wayne Adams がマスタリングを担当。ミソロジーなどを題材としたダークな展開の歌詞と、スラッジ勢にも通ずるヴォーカルを主軸とするサウンドを展開。ソリッドなギターソロと野蛮な咆哮が全体を引っ張る「Black Triangle」「Citadels」ではハードコアの衝動性を感じさせる重厚なサウンドが聴ける。アップテンポな中にドゥーム由来のギターリフでストレートに攻める「Jackal's Night」などを収録。

Arkham Witch
Swords Against Death
🌐 UK　　🏷 Metal on Metal Records　📅 2022

イングランドはウェストヨークシャーのキースリーにて 2008 年に結成されたヘヴィ/ドゥームメタルバンドの 2022 年リリースの 4th アルバム。The Lamp of Thoth でも活動する Emily Ningauble<Dr> と Simon Iff?<Vo, Ba, Gt> が在籍。正統派メタルとドゥームの中間に位置するサウンドと勇壮なトーンのヴォーカルとシンガロングパートが H.P. Lovecraft、オカルトといった題材を扱う歌詞を描き出す。Witchsmeller Pursuivant で活動した Luther "Finley" Veldmark に捧げられた一枚。

Black Moth
The Killing Jar — New Heavy Sounds ● 2012 ● UK

ウェスト・ヨークシャー州リーズで 2010 年に結成されたドゥーム/ストーナーメタルロックバンドの 2012 年リリースの 1st アルバム。UK の New Heavy Sounds からのリリース。Nick Cave & The Bad Seeds のドラマーとして知られる Jim Sclavunos によるプロデュース。Harriet Bevan<Vo> の妖艶なヴォーカルに導かれ展開していくバンドサウンドのうねりがドゥームの王道を提示している。メロディがはっきり歌われ、呪術的かつドラッグや人間関係について歌われるストーリーが明確に示される「Banished but Blameless」など粘度の高い楽曲を収録。

Black Moth
Condemned to Hope — New Heavy Sounds ● 2014 ● UK

前作に続き Jim Sclavunos によるプロデュースの下、制作された 2014 年リリースの 2nd アルバム。MV が制作された「Looner」に顕著なように、官能的かつサイケデリックでレトロ風味も感じさせる世界観が特徴。前作以上に Harriet Bevan の妖艶かつブリティッシュな響きを持つヴォーカルに焦点があてられた内容で、バンドサウンドもそれに呼応するかのように楽曲内でダイナミズムを持つ。インディーロックとドゥームサウンドが融合したような「Condemned to Hope」や Black Sabbath 直系ともいえるリフが主導する「The Undead King of Rock 'n' Roll」などを収録。

Black Moth
Anatomical Venus — Candlelight Records ● 2018 ● UK

レーベルを Candlelight Records へと移し 2018 年にリリースされた 3rd アルバム。ギタリストが Black Sabbath のトリビュートバンド、Rat Salad にも在籍経歴のある Federica Gialanze へ変更した。より洗練されたサウンドプロダクションと Black Sabbath 由来のリフサウンドに乗る妖艶なヴォーカルなどは、前作からの流れを踏襲した冒頭 3 曲を展開。さらにそれに続く「Buried Hoards」でのツインリードやアップテンポかつ 70s のハードロックを彷彿とさせる「A Lovers Hate」、ドゥームリフとパンキッシュな Vo で攻める「Pig Man」などを収録。

Bright Curse
Time of the Healer — Ripple Music ● 2019 ● UK

ロンドンで 2012 年に結成されたサイケデリックドゥームメタルバンドの 2019 年リリースの 2nd アルバム。ロンドンの Buffalo Studio でレコーディングされ、アメリカ・ポートランドの Audiosiege でマスタリングがされた。ヴィンテージな要素のあるヘヴィリフと野太くブルージーな声質のヴォーカルが軸となり、オーセンティックなドゥームサウンドを提示。サイケ風味漂うイントロからワウサウンドを用いたヘヴィサウンドで描かれる 10 分の大作「Smoke of the Past」「Shadows」「Time of the Healer」やクリーントーンのギターにポエトリーリーディングが乗る「Une virée」などを収録。

Death Penalty
Death Penalty — Rise Above Records ● 2014 ● UK

2013 年に結成された UK /ベルギーの混成バンドの 2014 年リリースの 1st アルバム。Septic Tank のメンバーであり、Insomnium 他多数のバンドを手がけるコロンビア出身の Jaime Gomez Arellano がプロデュースを担当。現 Septic Tank で ex-Cathedral、ex-Acid Reign、ex-Lucifer の Gaz Jennings を中心に据えたラインナップ。ベルギー出身の Michelle Nocon<Vo> による妖艶かつエネルギッシュな歌唱と、伝統的なドゥームサウンドが高次元で展開される「Howling at the Throne of Decadence」などを収録。

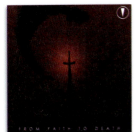

Disconnect
From Faith to Death 🌐 UK　📀 Independent　🗓 2023

2011年に北アイルランドで結成されたインダストリアル・ドゥームメタル・バンドの2023年リリースの3rdアルバム。InterfaceやKim Karkrashianといったグラインドコアバンドにも在籍するAdam Milesがヴォーカル、ギター、ベース、ドラム、プロデュースまでも担当。Godfleshの影響を強く感じさせるインダストリアルサウンドとドゥームリフが重なり合い、ヘヴィかつ冷たいサウンドを構築。感情や個人的苦悩が歌われる歌詞と厭世観に取りつかれたようなヴォーカルが響く「Gifted」や、グラインドコア譲りの性急なビートとドゥーミーなリフが響く「Widen the Cull」などを収録。

Elephant Tree
Theia 🌐 UK　📀 Magnetic Eye Records　🗓 2014

2014年の1stアルバム。Khanateに在籍しAcrimonyやBuzzov•enなども手がけたアメリカ人James Plotkinがマスタリングを担当。シタールの静謐な響きから一転、ヘヴィなドゥームサウンドと優しく囁くようなメロウでドリーミィなヴォーカルのコントラストが特徴的な「Attack of the Altaica」で本作は幕を開ける。重層的なギターサウンドと楽曲をどっしりと支えるドラミングが主導する「In Suffering」や、効果的に挿入されるインターリュード「The Answer」などアルバムトータルとしての流れを意識したことが感じられる。

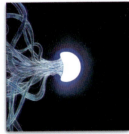

Elephant Tree
Elephant Tree 🌐 UK　📀 Magnetic Eye Records　🗓 2016

ロンドンのドゥームメタルバンドの2016年リリースの2ndアルバム。Pink Floydが「Wish You Were Here」で使用したオリジナルのニーヴのコンソールでレコーディングされ、U2、The Pop Group、Foster the Peopleといったロックフィールドの著名なバンドを手掛けたMatt Wigginsがミックスを行った。上記のバンド群に通ずる洗練されたサウンドプロダクションと、ドゥームメタル由来のヘヴィリフと催眠的なリズムが深遠な世界を描く。Jack Townleyによるヴォーカルはメロディアスで絶望や愛、内面の苦悩などを歌い上げる。

Elephant Tree
Habits 🌐 UK　📀 Holy Roar Records　🗓 2020

U2やColdplay、Oasisも作業をしたことのある、ロンドンのクラウチエンドの、元々は教会であった、レコーディングスタジオThe Church Studiosにてレコーディングされた2020年リリースの3rdアルバム。バンドの持ち味であった伝統的なUKロックをドゥーム／ストーナーの解釈で展開していく奥深く美しいサウンドスケープは健在。シンプルな言葉で様々な意味にとらえられる歌詞と静と動を活かした儚いドゥームナンバー「Bird」や、ヘヴィサウンドの中に浮遊感のあるメロディが紡がれる「Sails」、哀情に満ちたストリングスが響き渡る「Broken Nails」を収録。

Godthrymm
Reflections 🌐 UK　📀 Profound Lore Records　🗓 2020

イングランドはウェスト・ヨークシャーのハリファクスにて2017年に結成されたエピック・ドゥームメタルバンドの2020年1stアルバム。ex-My Dying BrideのHamish Glencross<Vo, Gt>とShaun Taylor-Steels<Dr>が在籍。悲哀をはらむギターサウンドと王道のドゥームリフ、そして野太くメロディアスなヴォーカルが絡み合う「We Are the Dead」ではツインリードがエピックな展開をより印象づける。9分にも及ぶ「Cursed Are the Many」では悲哀に満ちたダークなムードをベースとしながら、長尺のギターソロへと発展していく。

The Beatles が間接的にドゥームメタルに及ぼした影響

　The Beatles というとドゥームとは程遠いバンドとの見方が強いのだろうが、陰に陽に影響を垣間見ることができる。分かりやすいところではカバーソングだろう。Trouble の『Plastic Green Head』では The Beatles『Revolver』収録の「Tomorrow Never Knows」のカバーバージョンが聴ける。原曲の持つサイケデリックな要素をさらにヘヴィに解釈したようなサウンドが Eric Wagner の伸びのあるヴォーカルとマッチしている。さらに Eric Wagner は Lid『In The Mushroom』のボーナストラックで「Don't Let Me Down」をカバー。原曲に忠実でかつより優しいタッチで奏でられるサウンドは『Manic Frustration』の名バラード「Rain」とのリンクを感じさせる。

　Ghost は『Opus Eponymous』の Trooper Entertainment からの日本盤ボーナストラックで「Here Comes the Sun」のダークなカバーを披露。また Type O Negative は『World Coming Down』内にて「Day Tripper/If I Needed Someone/I Want You (She's So Heavy)」の遊び心溢れるメドレーを披露。原曲のメロディは最大限生かしつつもオリジナルよりもはるかにヘヴィでドープな仕上がりを提示している。特に後期 The Beatles は「Come Together」「Helter Skelter」「Happiness Is a Warm Gun」先述の「I Want You (She's So Heavy)」など、プロト・ドゥーム／ハードロックと言えるヘヴィなチューンが充実しておりドゥームメタルへの影響は否定できない。

　また Ozzy Osbourne は「俺にとってビートルズは白黒の世界で眠りにつき、目が覚めたらカラーの世界が広がっていたというような深遠なものだった」というほどの The Beatles フリークで、『Under Cover』では「In My Life」、John Lennon のソロ楽曲「Working Class Hero」などをカバー。また John Lennon の隠れた名曲「How?」では MV が制作され、ニューヨークのストリートを Ozzy が徘徊し、最後に John Lennon のメモリアル・サークルに花を捧げるという涙なしには観られない内容だ。Ozzy が当時から「Changes」などで披露していた美しいメロディは間違いなく彼の The Beatles からの、インスピレーションが関係している。

Green Lung
Woodland Rites — Kozmik Artifactz — 2019 — UK

ロンドンで結成されたドゥーム／ストーナーメタルの 2019 年リリースの 1st アルバム。ドイツの Kozmik Artifactz からリリースされ、後にフィンランドの Svart Records からもリリースがされた。日本の BlackLab やその他ドゥーム系のバンドを手掛ける Wayne Adams がエンジニアリングとミキシングを担当。Tom Templar によるメロディアスかつはっきりと歌詞を歌うスタイルのヴォーカルと、ハードロック由来のオーセンティックなドゥームサウンドに John Wright のオルガンサウンドが絡み、ヴィンテージレトロな世界が展開される。

Green Lung
Black Harvest — Svart Records — 2021 — UK

ベースが Joseph Ghast に変更となり、ウェールズのスランバダルン・バニズにある Giant Wafer Studios にてレコーディングされた 2021 年リリースの 2nd アルバム。マスタリングはロンドンの Metropolis Studios にて。プロデュースは前作に続き Wayne Adams が担当。本作でメインレーベルを Svart Records に移行。より焦点の定まったバンドアンサンブルが味わえる「Old Gods」を筆頭に、ハードロック由来のギターリフとオルガンサウンドが展開。Tom Templar により歌われるフォーク、ホラー、オカルトといった題材がトータルでの完成度の高さを誇る。

Green Lung
This Heathen Land
🌐 UK　💿 Nuclear Blast　📅 2023

メインレーベルを大手 Nuclear Blast へと移し、2023 年にリリースされた 3rd アルバム。Pigs Pigs Pigs Pigs Pigs Pigs Pigs などを手掛ける Robin Schmidt がマスタリングを担当している。シングルとして先行リリースされた「Mountain Throne」、MV が制作された「Maxine (Witch Queen)」「One for Sorrow」をはじめ強く英国風情を感じさせる世界観がより推し進められ、Tom Templar のヴォーカルはよりキャッチーになったメロディを丁寧に歌う。洗練されたプロダクションにより Ghost にも通ずるフィーリングをも備えた一枚。

King Witch
Under the Mountain
🌐 UK　💿 Listenable Records　📅 2018

2015 年にスコットランドの首都、エディンバラにて結成されたヘヴィ／ドゥームメタルバンドの 2018 年リリースの 1st アルバム。ex-Firebrand Super Rock の肩書を持つ Jamie Gilchrist<Gt> と Laura Donnelly<Vo> が在籍。本作ではレコーディングとプロデュースを Jamie Gilchrist が担当している。力強く伸びやかなハイトーンを駆使するヴォーカルと、ヘヴィかつツインリードも織り交ぜメロディアスに展開するギターサウンドが鳴り響く「Beneath the Waves」で幕を開ける。アップテンポな「Carnal Sacrifice」では正統派メタルの要素を感じさせる。

King Goat
Debt of Aeons
🌐 UK　💿 Aural Music　📅 2018

イースト・サセックス州ブライトンにて 2012 年に結成されたプログレッシヴ・ドゥームメタルバンドの 2018 年リリースの 2nd アルバム。ex-Gloryhammer の Anthony 'Trim' Trimming<Vo> による勇壮なヴォーカルと、Vehement でもプレイする Joe Parson を中心としたヘヴィかつ沈鬱なドゥームリフが絡み合う。9 分にも及ぶ「Rapture」では孤独や終末的なダークな歌詞とともに緩急をつけて楽曲を展開。ドゥーミーなリフとオペラティックともとれる歌唱がバンドのカラーを打ち出している。その他にもクリーンな調べから光の一切届かないサウンドへと進展する「Psychasthenia」などを収録。

Lowen
A Crypt in the Stars
🌐 UK　💿 Independent　📅 2018

2017 年にロンドンで結成されたプログレッシヴドゥームメタルバンドの 2018 年 1st アルバム。自主リリースにて CD と LP が発売されている。Cult of Luna のメンバーであり、様々なバンドの作品で仕事をしている Magnus Lindberg がマスタリングを担当。Mastodon や Baroness に通ずるプログレッシヴなドゥームサウンドを基盤にしつつ、Nina Saeidi<Vo> による神秘性を秘めたヴォーカルが彩を加えていく。沈みこむような序盤の展開から多彩なリズムパターンと徐々にヘヴィさを増すラストの 11 分にも及ぶ「In Perpetual Bloom」が強烈。

Parish
Parish
🌐 UK　💿 Crypt of the Wizard　📅 2022

ロンドンにて結成されたヘヴィ／ドゥームメタルバンドの 2022 年リリースの 1st アルバム。Ozzy Osbourne や Pallbearer、Liturgy などを手掛ける Matt Colton がマスタリングを担当。Holy Mountain にてレコーディングされた。Witchcraft や Wytch Hazel にも通ずるヴィンテージ感あふれるサウンドと、どこか哀愁を漂わせるメロディアスな展開が特徴。ギターとベースのユニゾンでシンプルながら味わい深いリフと、どこか甘さのある声質のヴォーカルが中世などを題材とした歌詞を歌う「Parish」や、湿り気を帯びたハーモニー展開の「Soil and Scythe」などを収録。

Serenity
Then Came Silence — UK / Holy Records / 1995

ウェスト・ヨークシャー州ブラッドフォードのドゥームメタルバンドの1995年リリースの1stアルバム。「Black Tears」「Then Came Silence」「Spirituality」の3曲は1994年当時のデモにも収録されていた。Gary Riley<Dr>とLee Baines<Gt>はex-Solsticeである。厳めしい佇まいのある緩急に富むバンドアンサンブルと、Daniel Savageによる伸びのあるエモーショナルなヴォーカルが調和し、悲哀に満ちたバンドのカラーを伝える。「The Darkest Things」を筆頭にメロディアスな旋律とタイトなリズムが展開される楽曲を収録。

Serpent Venom
Carnal Altar — UK / The Church Within Records / 2011

2008年にロンドンで結成されたドゥームメタル・バンドの2011年リリースの1stアルバム。Conanにも在籍し、様々なバンドのプロデュースを担当するChris Fieldingによってプロダクションが行われた。40 Watt Sunのライブサポートの経歴のあるRoland Scriver<Gt>によるダークなリフと、Slothにも在籍したGarry Ricketts<Vo>によるメロディックな歌唱がトラディッショナルなドゥームを展開する。9分にも及ぶ「Carnal Altar」や、続く「Blood of the Serpents」などを筆頭に、Saint Vitusにも通ずる地下臭が充満している一枚。

Slomatics
Estron — UK / Head of Crom Records / 2014

2004年に北アイルランドのベルファストにて結成されたドゥーム／スラッジメタルバンドの2014年4thアルバム。ex-The Nautのメンバーらが解散後に集結した。UKのスラッジメタル専門レーベルHead of Crom Recordsからのリリース。後にオランダのBurning World Recordsからリイシューされた。砂塵が吹きすさぶようなヘヴィなファズサウンドで展開されるギターリフと、浮遊感のあるメロディアスなヴォーカルが聴き手をサイケデリアへ誘う。アルバムアートワークの世界観をサウンドで描くようにフィクションなども盛り込んだ歌詞と、鈍重サウンドが拡大する。

Slomatics
Strontium Fields — UK / Black Bow Records / 2023

以後もコンスタントにリリースを重ね、2023年にリリースされた7thアルバム。ベルファストのStart Together Studioにてスタジオの共同設立者であるRocky O'Reillyがプロデュースを担当し、レコーディングされた。どっしりと進んでいくバンドサウンドと浮いて漂うかのようなヴォーカルは健在。スラッジにも通ずる旋律ではなくシャウトで聴かせるVoと緩急をつけたヘヴィドゥームリフとバンドの持ち味であるSF的な趣が顕著な「I, Neanderthal」やクリーントーンをバックに切々と歌われるバラード「Zodiac Arts Lab」などを収録。

Solstice
New Dark Age — UK / Misanthropy Records / 1998

イングランド北部のブラッドフォードにて結成され、後にハダーズフィールドに活動の場を移すエピック／ヘヴィ・ドゥームメタルの1998年リリースの2ndアルバム。ブラックメタルやドゥームメタルを中心にリリースするMisanthropy RecordsからCDが発売され、以後アメリカのBuried by Time and Dust Recordsなどからアナログで再発されている。Anathemaなどを手掛けるMagsがプロデュースとミキシングを担当。Candlemassに通ずるエピックドゥームの基本ともいえるサウンドに、ブリティッシュアクセントで歌われるヴォーカルがバンドの大きな特徴となっている。

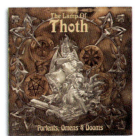

The Lamp of Thoth
Portents, Omens and Doom
🌐 UK　🅟 Metal on Metal Records　🕒 2008

イングランドはウェストヨークシャーにて 2006 年に結成されたドゥームメタルバンドの 2008 年リリースの 1st アルバム。Arkham Witch のメンバーでもある Simon Iff?<Ba, Vo>、Emily Ningauble<Dr>、Solstice にも参加していた Randolf Tiberius Reaper<Gt> という布陣で制作された。Pentagram や Saint Vitus に通ずるオールドスクールなドゥームリフから、一転してシャッフルリズムへと自在に展開する「I Love the Lamp」などを収録。スローなリフと自在なグルーヴが交差し、Simon Iff? によるオカルティックな Vo が乗る一枚。

The River
Drawing Down the Sun
🌐 UK　🅟 Retribute Records　🕒 2006

ロンドンで 1999 年に結成されたドゥームメタルバンドの 2006 年リリースの 1st アルバム。ミックスとマスタリングに 40 Watt Sun の William Spong を迎えてレコーディングされた。Vicky Walters<Vo> によるメロディアスかつダークな歌唱を軸に、精神的な落ち込みなどを題材とした歌詞とデプレッシヴなサウンドを展開。「If Only」ではメランコリックなアルペジオからヘヴィなドゥームサウンドへと発展する。クリーントーン中心の「A Relation to Absence」や、8 分にも及ぶ本作屈指のヘヴィチューン「Broken Window」などを収録。

The Wounded Kings
The Shadow over Atlantis
🌐 UK　🅟 I Hate Records　🕒 2010

イングランドのデボン州ダートムーアにて 2004 年に結成され、2016 に解散を発表したドゥームメタルバンドの 2010 年 2nd アルバム。Steve Mills<Gt, Ba, Dr, Vo, etc> がプロデュースも務め、コンセプトやソングライティングも彼が手掛けている。Electric Wizard や Reverend Bizarre に通ずるドゥームの王道を行くサウンドに悲哀に満ちたヴォーカルが絡む。オカルトやホラーといった題材の歌詞と不安感を煽るサウンドが顕著な「The Sons of Belial」、催眠的展開のインタリュードを経てラスト「Invocation of the Ancients」へと雪崩れ込む。

Warning
Watching from a Distance
🌐 UK　🅟 The Miskatonic Foundation　🕒 2006

エセックスはハーロウで 1994 年に結成されたドゥームメタルバンドの 2006 年リリースの 2nd アルバム。40 Watt Sun のメンバーでもある Patrick Walker<Gt, Vo> による重々しくも儚さをまとったギターサウンドとバンドアンサンブルが特徴で、嘆きの声にも似た悲壮感溢れるメロウなヴォーカルがダークな世界観を描く。暗くどこまでも沈み込むようなアンサンブルが聴き手を侵食するタイトルトラック「Watching from a Distance」や「Bridges」などを収録。アートワークは The Enchanted World シリーズの「Tales of Terror」から採用された。

Witchfinder General
Death Penalty
🌐 UK　🅟 Heavy Metal Records　🕒 1982

イングランドはウェストミッドランズのスタウアブリッジにて結成されたドゥーム／NWOBHM バンドの 1982 年 1st アルバム。Black Sabbath に強く影響されたサウンド。人気女優 Joanne Latham 扮する、トップレスの魔女のアートワークを使用することで話題となる。Phil Cope<Gt, Ba> による Tony Iommi 直系のリフワークに、NWOBHM の香りと独特の浮遊感満載の Zeeb Parkes のヴォーカルが、ドゥームの原型といえる重奏を形成する。キャッチーなリフとしっかりとメロディを歌いきるヴォーカルが融合し、ドラッグに直接的に言及する歌詞が展開される「Free Country」などを収録。

Witchfinder General   ⊕ UK
Friends of Hell   ⊙ Heavy Metal Records   ● 1983

Corks and Hawk Eye のあだ名を持つ Rod Hawks が新たに参加し、レコーディングされ 1983 年にリリースされた 2nd アルバム。イングランドのスタッフォードシャーの田舎にある市民教区であるエンビルにて再び Joanne Latham らカバーモデルを起用したアートワークが背徳的、かつファニーなバンドの姿勢を具現する。前作を踏襲するヘヴィリフを中心としつつ、メロディアスなヴォーカルをフィーチャーする「Love on Smack」でアルバムは幕を開ける。意表を突くキャッチーな「Music」や Zeeb Parkes の悲しげなヴォーカルが胸を打つ「I Lost You」まで佳曲揃い。

Witchsorrow   ⊕ UK
No Light, Only Fire   ⊙ Candlelight Records   ● 2015

イングランドのハンプシャーにて 2005 年に結成されたドゥームメタルバンドの 2015 年 3rd アルバム。Kerrang! のライター兼エディターである Nick "Necroskull" Ruskell がヴォーカルとギターを務める。Cathedral など先達のエッセンスを色濃く感じさせるサウンドに、魔女狩りやセイラム魔女裁判などを題材とした歌詞が絡み合い展開。疾走感を感じさせるリズムとドゥームリフが共存する冒頭曲「There Is No Light, There Is Only Fire」やヴォーカルメロディがメロディアスに展開される 9 分に及ぶ大作「The Martyr」などを収録。

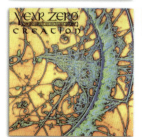

Year Zero   ⊕ UK
Creation   ⊙ Hellhound Records   ● 1995

1992 年にリヴァプールで結成され、1997 年に解散したドゥームメタルバンドの 1995 年リリースの 2nd アルバム。ex-Cathedral の Mark Griffiths<Gt> が在籍したことで知られる。Carcass も手掛けた Ken Nelson がプロデュースした。Cathedral や The Obsessed を彷彿とさせるハードロック要素の強いドゥームサウンドが特色で、野太いヴォーカルの声質が Wino を彷彿とさせる「Solar Creation」でアルバムはスタート。なお本作のアートワークは後に The Strokes が発禁となったオリジナル・アートワークを差し替えた後のものと同じである。

Mael Mórdha   ⊕ アイルランド
Damned When Dead   ⊙ Candlelight Records   ● 2013

アイルランドのダブリンにて 1998 年に結成されたフォーク／ドゥームメタルバンドの 2013 年リリースの 5th アルバム。ウェールズの Foel Studio にてレコーディングされた。Conan に在籍し、Admiral Sir Cloudesley Shovell のエンジニアなども手がける Chris Fielding がプロデュースと録音を担当。Roibéard Ó Bogail<Vo> による勇壮かつ野太い歌唱とホイッスルを駆使したケルティックフォークロアと、ドゥームが融合したサウンドが特徴。ヴァイキングメタル期の Bathory を豊富とさせるムードのラスト 8 分にも及ぶ「Damned When Dead」などを収録。

Dread Sovereign   ⊕ アイルランド
Alchemical Warfare   ⊙ Metal Blade Records   ● 2021

アイルランドのダブリンにて、2013 年に結成されたドゥームメタルバンドの 2021 年の 3rd リリースの 3rd アルバム。Primordial や The Nest などでもプレイし、Behemoth の Nergal のソロプロジェクトである Me and that Man にも参加する Nemtheanga<Ba, Vo> を中心に活動。ダブリンの Last Light Recordings と Temple Lane Studios にてレコーディングが行われた。MV が制作された 8 分にも及ぶ「Nature Is the Devil's Church」では、ブラックメタル由来のファストパートとドゥームリフが絡み合い、バンド独自のサウンドを展開する。

北欧ドゥームメタルのパイオニアであり先駆者

Candlemass

- 1982-1984 (as Nemesis)、1984-1994、1997-2002、2004-present ● スウェーデン ストックホルム
- (Ba) Leif Edling、(Gt) Mappe Björkman、(Dr) Jan Lindh、(Gt) Lars Johansson、(Vo) Johan Längquist、(Vo) Messiah Marcolin、(Vo) Mats Levén
- Abstrakt Algebra、Avatarium、The Doomsday Kingdom

1982 年に前身バンドの Nemesis として活動を開始。当時は Leif Edling<Ba, Vo>、Christian Weberyd<Gt>、Mats Ekström<Dr> というラインナップで活動。1985 年より現名義での活動を開始し、1985 年にはデモ音源『Witchcraft』『Demo』をリリース。翌 1986 年には 1st アルバム『Epicus Doomicus Metallicus』をフランスの Black Dragon Records よりリリース。本作は以後もバンドのマスターピースとして位置づけられている。1987 年には個性的なキャラクターで強烈なインパクトを与える Messiah Marcolin<Vo> が加入し『Nightfall』をリリース。こちらもエピックメタルの源流として不動の地位を確立している名盤である。その後も同路線の『Ancient Dreams』『Tales of Creation』をコンスタントにリリースした後、1992 年リリースの『Chapter VI』以後 Leif Edling が Abstrakt Algebra での活動をスタートし、一時バンドは活動を停止。1997 年には再び活動を開始し Mike Amott が参加した『Dactylis Glomerata』などをリリースするも再びバンドは活動を停止。そして 2004 年には 1980 年代のラインナップを復活させ、翌 2005 年に Messiah Marcolin がカムバックした『Candlemass』を Nuclear Blast よりリリース。この頃結成 20 周年を迎え、地元でスウェーデン版グラミー賞を受賞するなどバンドの動きは再び活発化。2019 年には初代ヴォーカリストである Johan Längquist が復帰し、バンドの最初期を彷彿とさせる『The Door to Doom』をリリースした。

Candlemass
Epicus Doomicus Metallicus
🌐 スウェーデン　💿 Black Dragon Records　🗓 1986

1986 年リリースの 1st アルバム。バンドの創設者である Leif Edling<Ba>、Mappe Björkman<Gt>、Mats Ekström<Dr>、Klas Bergwall<Gt>、Johan Längquist<Vo> という布陣にて制作された。Heavy Load のメンバーでもある Ragne Wahlquist がエンジニアと共同プロデュースを担当。ドゥームメタルやエピックドゥームというジャンルの呼称は、このアルバムタイトルが語源とされる。冒頭を飾る「Solitude」を筆頭に、Black Sabbath 由来のダークなリフに独自の物悲し気で壮大な展開を取り入れた金字塔。

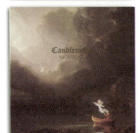

Candlemass
Nightfall
🌐 スウェーデン　💿 Active Records　🗓 1987

1987 年リリースの 2nd アルバム。前作と同じく Thunderload Studios にてレコーディングされた。ex-MercyMessiah Marcolin<Vo> が参加し、より大きなスケールを感じさせる彼の歌唱に呼応するかのように、バンドサウンドもよりメロディアスに進化。MV が制作された「Bewitched」では強烈なインパクトを放つ Messiah Marcolin のビジュアルイメージが、そのままジャンルの印象とも直結するほどの影響をシーンに与えた。哀愁漂うメロディーを放ち、ドゥーミーなリフへと発展していく「At the Gallows End」などを収録。アートワークはアメリカの画家、トマス・コールの作品。

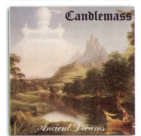

Candlemass
Ancient Dreams
🌐 スウェーデン　💿 Active Records　🗓 1988

1988 年リリースの 3rd アルバム。前作と同じラインナップにて制作された。ストックホルムの Nacka Recording House にてレコーディングされた。後に Bathory や Edge of Sanity なども手掛ける Rex Gisslén がミキシングを担当。レーベル側の思惑で、US ツアーに合わせて時間の制約がある中制作されたため、後にバンドはミックスの仕上がりに不満を示している。一際ヘヴィに響く大切なナンバー「Incarnation of Evil」は前身の Nemesis 時代の曲を改めて録り直した曲である。MV が制作された「Mirror Mirror」は当時のライブやオフショットなどを盛り込んだ内容。

Candlemass
Tales of Creation
🌐 スウェーデン　💿 Music for Nations　🗓 1989

1989 年リリースの 4th アルバム。再び同じ布陣にて制作された。220 Volt や Katatonia などを手がける Mats Lindfors がプロデュースとミキシングを担当。Stockholm Recording にてレコーディングされた。本作は「オークの木下で眠り、人生の旅路についての夢を見る男」についてのコンセプトアルバムであり、ネオクラシカルな展開の 7 部作からなる「Into the Unfathomed Tower」などを収録。アルバムとしてのトータルの流れが練られた作品であると同時に、ドゥームに収まらない音楽性を含有する。アートワークにはギュスターヴ・ドレの作品が使用された。

Candlemass
Chapter VI
🌐 スウェーデン　💿 Music for Nations　🗓 1992

1992 年リリースの 5th アルバム。後に Therion などに参加し、オペラシンガー、Sven-Erik Vikström の息子である Thomas Vikström<Vo> が加入。Leif Edling 自らがプロデュースを担当し、Rex Gisslén がレコーディングやミキシングを担当。ストックホルムの Montezuma Recording にてレコーディングされた。前任者のスタイルを踏襲しながらも、堅実かつシャープなハイトーンを聞かせるヴォーカルと、より正統派メタルのテイストを色濃くしたサウンドが特徴。Dio 期の Black Sabbath に通ずる「The Dying Illusion」などを収録。

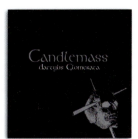

Candlemass
Dactylis Glomerata
🌐 スウェーデン　💿 Music for Nations　📅 1998

3年ほどの休止期間を経て、1998年にリリースされた6thアルバム。元々は Abstrakt Algebra の 2nd アルバムとして制作されたが、レーベルの思惑で Candlemass 名義での発売となった。その経緯もあり、冒頭「Wiz」や「I Still See the Black」を筆頭に従来のバンドの作品とは全く異なるモダンなヘヴィネスのカラーが強調された音楽性が展開されている。9分を超える大作「Dustflow」では緩急を巧みにつけたアレンジに、Avatarium でもプレイする Carl Westholm<Key> による分厚い演奏が絡み合う。本作には Arch Enemy の Mike Amott<Gt> が参加している。

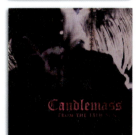

Candlemass
From the 13th Sun
🌐 スウェーデン　💿 Music for Nations　📅 1999

1999年リリースの7thアルバム。Mike Amott が脱退、後に Enter the Hunt に加入する Mats Ståhl<Gt, FX> が参加した。Leif Edling 自らプロデュースを担当。Slamtilt にてレコーディングされた。ReinXeed なども手掛けた Micke Lind と Entombed などを手掛けた Sören Elonsson の二名体制でマスタリングが行われた。Black Sabbath に捧げられたという本作は前作の延長線上にありながら、初期のサウンドを彷彿とさせる楽曲が目立つ。「Blumma Apt」では Björn Flodkvist の歌唱が Ozzy Osbourne を思わせる。

Candlemass
Candlemass
🌐 スウェーデン　💿 Nuclear Blast　📅 2005

2002年以降、再び活動が休止となり2004年に『Tales of Creation』と同じラインナップで復活。その流れで2005年にリリースされた8thアルバム。レーベルを大手の Nuclear Blast へと移し、セルフタイトルを冠するなどバンドの再起を強く感じさせる。HammerFall のメンバーであり、Opeth の作品も手掛けた Pontus Norgren とバンドの共同プロデュース。2004年にまず楽器のテイクが録音され Tony Martin、Mats Levén、Doogie White といったヴォーカリストがオーディションを受けたが結果的に Messiah Marcolin がバンドに戻ることとなった。

Candlemass
King of the Grey Islands
🌐 スウェーデン　💿 Nuclear Blast　📅 2007

2007年リリースの9thアルバム。Messiah Marcolin が脱退し、Solitude Aeturnus のシンガーである Robert Lowe が加入。Leif Edling がプロデュースを担当。ストックホルムの Polar Studios でまずは楽器が録音され、カリフォルニアの Nomad Studio でヴォーカルが録音された。Solitude Aeturnus 自体が Candlemass に近い音楽性ということもあり、Robert Lowe の歌唱は違和感なくバンドのカラーに溶け込む。バンド初期のスタイルを新たな時代に向けて改めて世へ放ったかのような「Of Stars and Smoke」を筆頭に貫禄の一枚。

Candlemass
Death Magic Doom
🌐 スウェーデン　💿 Nuclear Blast　📅 2009

2009年リリースの10thアルバム。ラインナップの変更はなし。後に Pretty Maids に加入する Chris Laney がプロデュースを担当。レコーディングが前作に続き Polar Studios にて行われた。当時すでにキャリアを重ねながらもエピックドゥームのパイオニアとしての貫禄を強く放つ冒頭の「If I Ever Die」や「Hammer of Doom」が冒頭を飾る。「The Bleeding Baroness」ではモダンなプロダクションが印象的。なお当初バンド側は「Hammer of Doom」をアルバムタイトルに推していたが、同名のフェスティバル側から変更依頼があり、本作のタイトルに落ち着いた。

Candlemass
Psalms for the Dead — スウェーデン / Napalm Records / 2012

2012 年リリースの 11th のアルバム。前作からラインナップの変更はなし。オーストリアの大手 Napalm Records へと移籍。レコーディングスタジオも変更となり、B.A.M. studios で行われた。当時 Candlemass として最後の作品になるかもしれないというアナウンスがあった。結果的には本作以降もリリースを続けている。本作ではより終末観を漂わせる「The Sound of Dying Demons」「Dancing in the Temple (of the Mad Queen Bee)」といった楽曲が色彩を放つ。ラストの「Black as Time」では終わりを覚悟した渾身の演奏が鳴り響く。

Candlemass
The Door to Doom — スウェーデン / Napalm Records / 2019

2019 年リリースの 12th アルバム。初代シンガーの Johan Längquist<Vo> が復帰し、Avatarium の Marcus Jidell をプロデューサーに迎え、Deep Well と Hagaton Studio にてレコーディングされた。「Astorolus - The Great Octopus」には Tony Iommi がリードギターで参加。長年のキャリアによる円熟したバンドアンサンブルと、初期メンバー復帰による初々しさが共存し、全編で正統的エピックドゥームが展開される。1st アルバムを彷彿とさせる「The Omega Circle」やアートワークもバンドの歴史を感じる。本作の布陣で初の単独日本公演を行った。

Candlemass
Sweet Evil Sun — スウェーデン / Napalm Records / 2022

2022 年リリースの 13th アルバム。前作と同じラインナップで制作。ストックホルムの NOX studio にてレコーディングが行われた。ミキシングを Masquerade などを手掛けた Ronny Lahti を起用。MV が制作された「Scandinavian Gods」「Sweet Evil Sun」に顕著なように、自らがパイオニアとなったエピックドゥームの王道を行く楽曲が揃う。スローかつヘヴィなスタイルに独自のドラマティックな要素を入れる楽曲は不変。Leif Edling は本作について「誰もが抱える様々な闘いについてのアルバムであると同時に、衰退の一途をたどる人間性についてのアルバムでもある」と語った。

Abstrakt Algebra
Abstrakt Algebra — スウェーデン / Megarock Records / 1995

Candlemass の Leif Edling により 1994 年に結成されたテクニカルパワー／ドゥームメタルバンドの 1995 年リリースの 1st アルバム。Leif Edling<Ba>、Mats Levén<Vo>、Memory Garden の Simon Johansson<Gt>、King Diamond の Mike Weadk<Gt>、ex-Candlemass の Jejo Perković<Dr> のラインナップで制作。プログレッシヴなサウンドが特徴で人生の苦難を題材にした歌詞や、ダークな展開のソングライティングなどが映える「Stigmata」を筆頭に Leif Edling のスタイルは不変。

Avatarium
Avatarium — スウェーデン / Nuclear Blast / 2013

2012 年にストックホルムにて結成されたドゥームメタルの 2013 年リリースの 1st アルバム。Jennie-Ann Smith<Vo>、ex-Royal Hunt などの Marcus Jidell<Gt>、Candlemass の Leif Edling<Ba>、Tiamat にも在籍する Lars Sköld<Dr>、ex-Candlemass の Carl Westholm<Key> という布陣にて制作された。複数のスタジオで各パートをレコーディング後、Candlemass などを手掛ける Ronny Lahti によるミキシングが施された。Candlemass 直系の暗黒サウンドにメロウな女性 Vo が独自の世界観を演出。

Memento Mori
Rhymes of Lunacy
🌐 スウェーデン　　💿 Black Mark Production

ストックホルムにて 1992 年に結成されたエピックドゥーム／プログレッシヴ・メタルバンドの 1993 年 1st アルバム。ex-Candlemass の Messiah Marcolin<Vo>、King Diamond の Mike Wead<Gt>、Nikkey Argento<Gt>、Marty Marteen<Ba>、ex-Mercyful Fate で自伝『The Book of Heavy Metal』を著した Snowy Shaw<Dr> のラインナップで制作。Snowy Shaw がプロデュースも担当。伸びのあるヴォーカルと、伝統的なヘヴィメタルの要素が強い演奏がダークなムードのドゥームサウンドを彩る。

Nemesis
The Day of Retribution
🌐 スウェーデン　　💿 Fingerprint Records　1984

ストックホルムにて結成されたドゥームメタルバンドの 1984 年のデモ音源。Leif Edling が Candlemass を結成する前に活動させたバンドである。当時同名の電気屋から名称をめぐって訴えるとの通告があり、バンド名を変更を余儀なくされた。Nemesis 名義での楽曲の多くが後の Candlemass のアルバムに収録されている。Leif Edling<Ba>、Anders Wallin<Gt>、Christian Weberyd<Gt>、Anders Waltersson<Dr> というラインナップ。後に Metal Blade Records や High Roller Records から再発されている。

ドゥームメタルにおいて重宝されるフォントたち

ここではドゥームメタルのバンドロゴやアートワークなどに使われているフォントを紹介する。
まずはやはり Black Sabbath から『Master of Reality』のロゴを紹介する。Bloomsbury Group がデザインし、Mike Stanford がアートディレクションを担当したこのデザインは、Kabel Ultra というフォントを使った、歪んだ太めのレタリングがベースになっている。なおこちらのフォントは後年 Arctic Monkeys もバンドロゴに使用している。
続いては Electric Wizard が使用した Roberta。Robert Trogman によりデザインされた。こちらは Deep Purple の『Shades of Deep Purple』にも似たロゴが使用されている。
Sherwood は Cathedral がバンドロゴに使用したことで知られるケルト／ゴシック系のフォント。Dark Tranquillity は 1993 年から 1999 年の間 Sherwood をゆがませたような形のロゴを使用していた。Kyuss『Blues for the Red Sun』にも使用されている。
Cooper Black は Uncle Acid and the Deadbeats ほか様々なバンドが使用。読みやすくかつレトロなムードを醸し出す。有名なところでは The Beach Boys『Pet Sounds』などにも使用されている。1922 年に発案され広告、特に新聞で使用される書体として人気を博した。Manuscript Capitals は Black Sabbath が 1st アルバムで使用したものに近いフォント。Electric Wizard も 1st アルバムで似たようなフォントを使用している。Old London は Candlemass が使用したもの。こちらもゴシック系のフォントだ。

Black Sabbath 直系の伝統 & 真正ドゥームを堅持

Count Raven

🕐 1989-1998, 2003-present　　●スウェーデン ストックホルム
🎤 (Gt, Vo, Key) Dan Fondelius、(Ba) Tommy Eriksson、(Dr) Christer Pettersson、(Dr) Jens Bock 他
🎵 Angel Witch、Witchcraft、Goatess

1989 年にストックホルムにて結成。ラインナップは中心人物である Dan Fondelius<Vo, Gt, Key> のほかに Tommy Eriksson<Ba>、Christer Pettersson<Dr> のラインナップにて活動をスタート。同年に『Demo 89』『Indignus Famulus』の 2 本のデモを制作。翌 1990 年には 1st アルバム『Storm Warning』を Music for Nations 傘下のイギリスのレーベル、Active Records よりリリース。1992 年にはドイツのドゥームメタルレーベル、Hellhound Records より 2nd アルバム『Destruction of the Void』をリリース。また 1991 年には Rise Above Records によるコンピレーション『Dark Passages I』や Hellhound Records によるコンピレーション『What the Hell!』などにも参加する。1993 年には 3rd アルバム『High on Infinity』、1996 年には 4th アルバム『Messiah of Confusion』をリリース。バンドは 1998 年に活動休止となるが、2003 年には活動を再開。しばらく期間が空いたのち 2009 年には Dan Fondelius 以外のメンバーを一新、さらにはスウェーデンにて 2000 年に設立された I Hate Records より『Mammons War』をリリース。スウェーデンのドゥームバンド Griftegård とのスプリット作品『Wolfmoon / Wedded to Grief』を Ván Records をリリースするが、再びしばしの沈黙のうち 2021 年には初期の 2 作品を彷彿とさせるアートワークが印象的な 6th アルバムとなる『The Sixth Storm』をリリースした。

Count Raven
Storm Warning
Active Records / 1990

1989年にストックホルムにて結成されたドゥームメタルバンドの1990年1stアルバム。Christian Linderson<Vo>、Dan Fondelius<Gt, Key>、Tommy "Wilbur" Eriksson<Ba>、Christer Pettersson<Dr>というラインナップで制作された。スペインの画家、フアン・デ・バルデス・レアルの作品をアートワークに使用。反復ドゥームリフとユニゾンで歌われるヴォーカルメロディが陶酔感を生み出す「True Revelation」や、ミドルテンポで硬質なリフで展開される「Inam Naudemina」などを収録。

Count Raven
Destruction of the Void
Hellhound Records / 1992

1992年リリースの2ndアルバム。Christian Lindersonが脱退し、Dan "Fodde" Fondeliusがギターとヴォーカルを兼任。Zeb Kingのプロデュースの下、制作された。フアン・デ・バルデス・レアルの作品をアートワークに使用している。前作のスタイルを踏襲しつつ、より暗黒要素を増した楽曲が特徴。ダークな世界観を増強するバンドアンサンブルとDan "Fodde" Fondeliusによる狂気のヴォーカルが不穏な歌詞とともに描かれる「Until Death Do Us Part」や、語りなどを交えダークな世界観を増強させる「Leaving the Warzone」などを収録。

Count Raven
High on Infinity
Hellhound Records / 1993

1993年リリースの3rdアルバム。前作から変わらぬラインナップで制作された。Rundgang Studioにてレコーディングされ、エンジニアリングはバンド自身により行われている。MVが制作された「In Honour」は前作に比べ暗黒的な要素が増した楽曲で、紫を基調にした映像やDan "Fodde" Fondeliusの声質の影響もあり、初期のBlack Sabbathを強く彷彿とさせるサウンドを展開。シンセサイザーの調べにダークな語りヴォーカルが絡む「The Dance」や、ドゥームの王道のリフと渇愛と捉えられる歌詞が不穏なコンビネーションを見せる冒頭曲「Jen」などを収録。

Count Raven
Messiah of Confusion
Hellhound Records / 1996

1996年リリースの4thアルバム。Stormwindなどを手掛けた経験のあるThomas Ahlénがバンドとの共同プロデュースを担当。Septima Studioにてレコーディングされた。もともとはドイツのHellhound Recordsからリリースがされ、後にMetal Blade Recordsからも再発がされている。Dan "Fodde" Fondeliusによるヴォーカルとギターの自由度が増し、ハイトーンと低音を自在に操り、印象的なメロディを放つ。シンセサイザーによる「Mountains Spirit」や虚無的な歌詞とミッドテンポが交じり合う「The Lie of Life」などを収録。

Count Raven
Mammons War
I Hate Records / 2009

1998年にいったん活動を休止し、2003年から再始動した。その後2009年にリリースされた5thアルバム。レーベルをI Hate Recordsへと移している。Dan Fondelius<Gt, Vo, Key>以外のメンバーが一新し、WitchcraftやAngel Witchなどに参加するFredrik Jansson<Ba>、Jens Bock<Dr>というラインナップで制作された。バンドの特徴であるトラディッショナルなドゥームは堅持しつつ、よりモダンになったサウンドプロダクションを展開する「Mammons War」を冒頭に配置。ヘヴィさとキャッチーさが共存する「Nashira」などを収録。

Count Raven
The Sixth Storm
スウェーデン / I Hate Records / 2021

2021年にリリースされた6thアルバム。ベースがGoatessに参加するSamuel Cornelsenに変更し制作された。Mardukに在籍したキャリアがあり、GrafvitnirやOfermodなどを手掛けるDevo Anderssonがレコーディングからマスタリングまでを担当。前作に比べよりウォームでヴィンテージなサウンドプロダクションに、キャリアを感じさせる貫禄のトラディショナル・ドゥームが進展する。不気味なオルガンサウンドに導かれ、沈み込むような音階で示されるドゥームリフとDan Fondeliusによる不変のヴォーカルが暗黒世界を描く「Blood Pope」などを収録。

Count Raven インタビュー

回答者：Dan Fondelius

Q：インタビューを快諾いただきありがとうございます。
バンドの初期について教えていただけますでしょうか。
Count Ravenは1989年に結成されて『Demo 89』と『Indignus Famulus』という2つのデモを同じ年にリリースしました。そのうちの何曲は1stアルバム『Storm Warning』にも収録されています。1stアルバムの制作プロセスを教えてください。

A：素晴らしいものだったよ。俺たちはそこにたどり着くために10年間努力を重ねていたからね。そしてそれは突然起こったのさ。ライブで演奏したり、曲を書くことがスタジオ作業のプロセスをより容易なものにした。俺たちには全く新たな体験だったよ。レーベルやプロデューサーからの日々の連絡があったからね。とてもリラックスしながら1曲ずつ仕上げていった。個人的なギターテックやプロデューサーが俺にはいたことを思い出すよ。とても素晴らしい経験だった。一日中ギターやサウンドメイクについて話すなんてまるで天国にでもいる気分だったよ。
楽しい思い出もたくさんあって、俺は「Count Raven」にホラーの要素を組み込んでいた。俺はドゥーミーなストリングスを挿入したり、女が泣いたり、墓を掘り返すような効果音を試していたよ。スタジオの人間は「やりすぎじゃないか？」といった視線を俺に向けていた。でも俺は「これでいいんだ」と言った。アートと言論の自由は関連しているからね。

Q：1989年までにはいくつかのドゥームバンドはすでに活動をしていました。彼らの多くはハードコアと交わったり、エピックドゥームといったバンドが多かったですがCount Ravenに関してはダイレクトにBlack Sabbathの影響やPagan AltarやWitchfinder GeneralといったNWOBHMのダークサイドのバンドたちの影響を受けています。そういったCount Ravenの独自性に関してはどのようにお考えでしょうか。

A：基本的に俺が書く曲から始まっている。他のメンバーはそれに合う色付けをするのに時間をかけるんだ。そういった過程が特別なグルーヴを生み出すと思う。俺は全てのリフがマジカルなレベルとヴァイブに達するように取り組んでいるよ。

Q：『Storm Warning』はスペインの画家、フアン・デ・バルデス・レアルの絵画をアルバムアートワークに採用しています。また同アルバムは少女の女優であったHeather O'Rourke（1975-1988）に捧げられています。アルバムの背景についてお聞かせ願えますでしょうか。

A：あの頃はインターネットがなかったんだ。直接コンタクトしたりあったりする必要があった時代だ。俺たちはありとあらゆる図書館や役所、個人機関を訪ねたよ。想像してくれ……。
俺たちはついに国立博物館にあるその絵画についての情報を見つけた。その絵を所蔵してあるスペインのマドリッドにあるカリダード病院に、絵を使用して良いか手紙を書かなければならなかった。彼らは承諾してくれて十分な量の写真のネガを送ってくれたよ。
Heatherに捧げることに関してはオリジナル・シンガーであったChristianのアイデアだ。俺たちは全員彼女のファンだった。俺たちは彼女の出演作をリスペクトしていたからね。とても若くしてこの世から去ってしまう痛みは容易に想像がついたよ。

Q：「True Revelation」はBlack Sabbathに直接的な影響を受けている楽曲で、歌詞にも"And count in the number of the beast"といった一節が見受けられます。これはあなたが影響を受けたメタルという音楽に対してのトリビュートなのでしょうか。

A：うん、そういうことなのだろうね。俺は歌詞がなくても楽曲だけで伝わるようなものを書きたかった。リスナーには聴くことに集中してほしいんだ。

歌詞は楽曲に対して自然に響くようにしていわば現代の『ヨハネの黙示録』のようなものにしたかった。

Q：Count Raven は 1990 年代にいくつかのコンピレーションに楽曲提供をしています。それらは Rise Above や Hellhound Records といったレーベルからリリースがされています。どのようないきさつで実現したのでしょうか。

A：Rise Above Records は俺たちが 1st デモをリリースした時にとても早い段階でコンタクトしてきた。彼らがコンピレーションを出したいと言ってきて、当時こちらも「High Beliefs」をレコーディングしていた。とても古い曲で、ライブで数年演奏していた楽曲だ。
Hellhound Records のコンピレーションはまた別のタイミングでリクエストが来た。1991 年、1st アルバムと 2nd アルバムを出す間にレコーディングした楽曲で参加した。俺たちは十分に時間をかけて「Creepshow」をレコーディングした。良い時期だったよ。

Q：2nd アルバム『Destruction of the Void』は 1992 年に Hellhound Records よりリリースされました。このアルバムではあなたはヴォーカルも担当しています。あなたのヴォーカルに Ozzy Osbourne の影響が強く感じられます。またソングライティングに関しては当時同じく Hellhound Records よりリリースしていた Saint Vitus などに通じる要素があります。本作の制作プロセスを教えてください。

A：1st アルバムのリリース後とても多忙な時期を過ごした後、ヴォーカルがバンドを抜けたんだ。それで俺が歌を歌うようになったのさ。この時期はとてもピースフルでよい時期だった。リハーサルとレコーディングがしっかりかみ合っていた。自分たちのできるベストなものをやろうとしていたよ。2nd アルバムはとてもうまくいったアルバムだと思う。ある意味でこのアルバムがいまだにひな型になっているよ。ロックな要素とストリングに影響を受けたサウンドがうまく交じり合っている。何曲かロック寄りの楽曲が展開されたかと思うと、突然ピアノとストリングスが挿入されるんだ。俺はこういった要素がリスナーの心に響いているのだと思う。このアルバムでは日本盤も発売された。

Q：1990 年代の中ごろはとてもリリースのペースが早かったですよね。1993 年には『High on Infinity』を、1996 年には『Messiah of Confusion』をリリースしました。この二つのアルバムはともに Hellhound Records からリリースされています。この時期のバンド活動について教えていただけますでしょうか。

A：『High on Infinity』では再びスタジオで素晴らしい時間を過ごした。じっくり時間をかけて制作に取り組めたしすべてのプロセスがスムーズに進行したよ。
多くのファンが『High on Infinity』がお気に入りのアルバムだと言ってくれるよ。当時レコード・レーベルはレコーディング代を払ってくれていた。5 週間アルバムのレコーディングにかけることができたよ。俺はストリングのパートを書いたり録音する個人的な時間を得ることができた。その間他のメンバーはベースを録音したりしていたよ。
その時は何のプレッシャーも感じずに作業することができたんだ。でも休む暇はなかったね。毎日がハードワークだったよ。俺はバスと電車を乗り継いで毎日かなりの距離を通っていたんだ。最後の週なんてみんな疲れきっていて這うようにスタジオに向かっていたよ。それほど疲れていたのさ。なんてみじめな状況だ（笑）
さっきも言ったように、その時期はとても多作だった。5 年で 4 枚のアルバムを作ったからね。その 5 年間は毎日が音楽漬けだった。リハーサル、ツアー、レコーディングといった具合だ。『Messiah of Confusion』のレコーディングの時期は本当に疲れ切っていたんだ。その時代のアルバムセールスはバンドに支払われてなかったからね。それと同時に彼らは俺たちが他のレーベルとディールを得ることをブロックしていたんだ。
俺たちはベストを尽くしたよ。俺が知る限り Hellhound Records は「休止」と称してレーベル業務を停止して消えてしまった。俺たちはロイヤルティを支払われなかったからね。俺は 2 人のハンディキャップを抱えた娘を抱えた寡夫だ。支払われるはずのお金を使うこともできたはずさ。正義や神なんてないのさ。

Q：Count Raven は 1998 年 か ら 2003 年の間活動を休止しています。一方であなたは Doomsday Government で活動をし、Meteor City か ら『I Am Vengeance』、Black Widow Records か ら『Not of This Earth (Sci-Fi Movies Tribute)』といったコンピレーションなどに参加しています。Hawkwind や Reverend Bizarre なども参加している作品ですね。どのように実現したのでしょうか。

A：『I Am Vengeance』は元々 Ritchard A. Anasky 監督によるアメリカン・スラッシャー映画になる予定だったんだ。でも色々あってそれは実現しなかった。本来ならば完成させてリリースされるべきものだった。プロジェクトの間、俺はコンタクトを続けていたにもかかわらず、Anasky か

らは何の説明もなかった。俺は何曲かでアルバムに参加したし、アルバムはかなり売れたよ。それでも俺には一銭も支払われなかった。言わせてもらうがとても愚かなことだよ。
Hawkwindは間違いなくお気に入りのバンドだよ。俺はとても誇りに思っている！ Black Widowが俺に連絡をしてきて、古いホラー映画である『The Thing』のリメイクをしてほしいと言ってきた。オリジナルよりはわずかによくできたんじゃないかな（笑）冗談さ。でも参加できてとても光栄だったよ。
Q：他のプロジェクトとCount Ravenとで何か変化した部分はありますか。
A：実際のところないね。俺にとっては音楽はどんな楽器を演奏していても魔法のようなものだ。目を閉じればどんな目的地へも行くことができるのさ。
Q：2008年からCount Ravenの活動が再開して、アルバム『Mammons War』は2009年にI Hate Recordsからリリースされましたね。このアルバムではCount Ravenの特徴的なサウンドとスタイルが示されています。あなたのヴォーカルもよりパワフルに聴こえます。このアルバムの制作プロセスを教えていただけますでしょうか。またI Hate Recordsと契約する決め手となったのはどのような部分でしょうか。
A：実は2004年から2005年にかけてオリジ

ナル・ラインアップで活動再開を試みたがうまくはいかなかった。それで新たなメンバーを探したのさ。その時ベースプレイヤーのFredrik JanssonはWitchcraftに参加していた。彼のWitchcraftでのツアースケジュールに合わせて俺はいろいろと調整した。結果的に『Mammons War』をスタジオでレコーディングすることができたんだ。このアルバムはドイツの『Rock Hard』誌でAlbum of the Yearに選定されたよ。とても驚いたね。リリースするレーベルが必要だったから色々見ていくうちにI Hate Recordsに決めたのさ。
まずレーベル名が良かったね。それで電話で連絡をしたんだ。これは本当の話なんだけれど、Olaが電話に出たんだ。それで俺が何者で、なぜ電話をしているかを説明したんだ。そしたら彼は真っ先にCount Ravenは彼のお気に入りのバンドであると言ってきた。それで電話で契約が決まったんだよ（笑）本当の話さ！
俺たちはそのころ住んでいた場所に近いスタジオを見つけた。良い場所だったよ。若くてお腹を空かせた若い奴らが2人スタジオで働いていた。そいつらがとても良い仕事をした。どんな状況にもうまく対処していたし、俺が一緒に働いた中でもベストな奴らだった。I Hate Recordsともよい条件で仕事ができたしアルバム制作においてストレスは特に感じなかったな。とてもスムーズだったよ。

「Scream」「To Kill a Child」「A Lifetime」といった楽曲では歌詞でエモーショナルなトピックを題材にしている。「Seven Days」は Fredrik が書いた楽曲で彼の父親が亡くなったことに関して書かれた。俺はそのような楽曲で歌えたことを誇りに感じているよ。

Q：「A Lifetime」はとてもパーソナルな歌詞です。この曲は当時の心境を反映しているのでしょうか。

A：俺の祖母と母親がほぼ同時期に亡くなったんだ。祖母は俺の幼少期よく一緒に過ごしたよ。このことがあって俺は急き立てられるようにこの曲を書いた。すべての思い出と風景、そして感情が一気にあふれてきたんだ。俺の生い立ちについての楽曲と言えるね。俺はただこの曲を書くべきだと感じていたんだ。楽曲と歌詞がうまく融合しているし、俺にとって大切な楽曲だ。この曲について聞いてくれてありがとう。

Q：Griftegård との７インチでのスプリットが Ván Records からリリースされています。どのように実現したのでしょうか。Griftegård については以前から知っていたのでしょうか。

A：これは I Hate Records で働いていた Ola の提案だ。あるとき電話がかかってきたと思ったら Griftegård のリーダーからだった。I Hate Records のオーナーである Peter がスプリットを出したがっていて、それが実現したというわけさ。

Q：2021 年には『The Sixth Storm』をリリースしましたね。このアルバムは Samuel Cornelsen がバンドへ参加してからの最初の作品でもあります。彼の加入はアルバムを制作する上でどのような影響がありましたでしょうか。またアートワークには Toussaint Gelton による 1663 年の古い絵画が使用されています。あなたはこのような特定の絵画に興味があるのでしょうか。

A：興味深い質問だね。Samuel はもともとパンクバンドでギタープレイヤーだったがベースに転向したのさ。とても素早く対応してくれたよ。とてもバンドにあっているし、自然に感じるよ。新曲のリハーサルには多少時間がかかったがうまくいったよ。俺たちはスタジオに入って、ベースとドラム録音の作業を終わらせたまさにその時に俺の妻が亡くなったんだ。すべての作業を中断せざるを得なかった。俺が元通り作業できるようなるまでしばらく時間がかかった。それで俺がようやく再び準備できたと思ったら、パンデミックの最中となってしまった。スタジオに入ることさえも許されないような状況さ。幸いにも俺には小さなホームスタジオがあったので残りの作業に取り組んだよ。友人がリハーサルスペースに

ヴォーカル用のブースをつくってくれて、そこで歌録りを完了させた。ミキシングは元々のスタジオで仕上げたよ。

絵画に関しては Samuel がストックホルムの国立博物館で見つけてきたんだ。とても美しい作品だよ。こんなに良い作品が生まれていることは信じられないことさ。まるで絵の中の人物が生きているように見えるからね。

さらに象徴的なのは『The Sixth Storm』というタイトルだ。絵の中の人物はキャンドルだけをもって座っている。まるで嵐を待っていて俺たちに注意を促しているようにも見える。

さらに俺にとっては一人座っているのは自分が一人で曲を完成させる姿を想起させてこの絵とのつながりを感じるんだ。過去からの素晴らしい作品だよ。君の質問に答えるとするならば、その通り俺はこういった絵画に惹かれるよ。それは絵に限ったことではなくアート全般に言えることだけれど。

Q：日本にお気に入りのバンドはいますでしょうか。

A：振り返ると一番最初に聴いたのは Loudness だね。彼らのことは好きだったよ。彼らがまだ活動しているのは素晴らしいことだと思う。聴いていてぶっ飛んだのは Gallhammer だね。とても素晴らしいバンドさ。

それから Church of Misery、Coffins も素晴らしいエナジーを持っている。日本にはたくさんの素晴らしいバンドがいるよ。それからもちろん（君たちがしっかり音楽を聴くならば）BABYMETAL は無視できない存在だ。

俺が気が付いたのは日本には女性たちによるシーンが強力だということで、俺の国では圧倒的に足りていない部分でそこが興味深いね。

Q：ほかに言っておきたいことなどがあればお聞かせください。この度は誠にありがとうございました。

A：日本でいつか演奏したり、他のバンドを観ることが夢だよ。Fredrik は一度日本でプレイしているし、彼からたくさんの良いことを聴いているよ。それからすべての人へ、スピリットを持ち続け、興味の赴くままメタルを聴いたり演奏を続けてほしい。他のジャンルは死んでしまったものもあるがメタルはまだ生き延びている……。それにはふさわしい理由があると思うんだ。

俺たちに興味をもってくれてありがとう。君や家族のベストを願っているよ。

Ps. 本が完成したら教えてくれ。All the best!

Dan Fondelius

Count Raven インタビュー

回答者：Samuel Cornelsen

Q：こんにちは、インタビューの機会をいただきありがとうございます。
あなたは 2016 年に Count Raven に加入しましたね。そして Goatess のメンバーでもありましたね。それらのバンドに加入する過程はどのようなものでしたか？

A：俺はパンクバンドでギターを弾いていて、リハーサル室が Count Raven の部屋と同じビルにあったんだ。何年も前からよく会っていて、特に昔のベーシストの Wilbur（Tommy Eriksson）とは親しくなっていた。2016 年の初めのある日、Wilbur がいなかったので、Dan にどこにいるのか尋ねた。Dan は辞めたと言った。オーディションなどをやるつもりなのかと聞いたら、Dan は、いずれはそうなると思う、みたいなことを言ったんだ。そしてその場で、俺は加入しても良いよ言った。その 1 秒後、俺は「何てことを言ったんだろう」と思った！と思った。あの Count Raven に加入するって言ったなんて！
でも、ダンと私は電話番号を交換し、数週間後に会って 4 ～ 5 曲一緒に演奏した後、俺は仕事を得た。
Goatess の場合は違った。Count Raven の初代シンガーだった Chritus Linderson とは Facebook で友達だった（もちろん今も）。俺はその頃 Goatess にハマっていて、彼らのアルバムを何ヶ月もリピートしていた。俺は、彼らにはライブのギタリストが必要なんじゃないかと考えていたので、Chritus にそのことを訊くタイミングを待っていたんだ。この時点まで、俺たちは Facebook で時々メッセージを交わすだけで、会ったことはなかった。でもある日、彼が電話していいか聞いてきて、単刀直入にこう言ったんだ。「Goatess のベーシストが脱退して、6 週間後にヨーロッパ・ツアーがあるんだけど、バンドに挑戦してみないか？」俺はもちろん受けたよ！ すぐに加入し、彼らとアルバムをレコーディングするほど長く在籍した。でも、その頃には Chritus はバンドからいなくなっていた。まあ、それはまた別の話さ。

Q：アルバム『The Sixth Storm』はスウェーデンのレーベル、I Hate Records から 2021 年にリリースされました。このアルバムの制作と創作過程はどのようなものでしたでしょうか？

A：曲のリハーサルには何年も費やしたよ。アルバムに収録される曲の倍はあったよ。アルバムに収録できなかった 14 ～ 15 分の壮大な曲があったんだ。スタイル的には「Oden」と同じ系統の曲だ。しかしそんな曲を 2 曲もアルバムに入れるわけにはいかなかったんだ。レコーディング自体はとてもスムーズだった。ドラム、ベース、ガイド・ギターは 1 回の週末でレコーディングした。初テイクの曲もあれば、もう少し時間がかかった曲もあるけど、最長で 1 曲 3 テイクくらいだったと思う。ミキシングには時間がかかったけどね。スタジオ・エンジニアの Magnus "Devo" Andersson（当時は Marduk のベーシスト）に大いに助けてもらった。でも、俺たちが満足するまでには、7、8 回目のミックスまで行ったと思う。

Q：『The Sixth Storm』は、音楽的にも芸術的にもカウント・レイヴンの最初の 2 枚のアルバム『Storm Warning』と『Destruction of the Void』を彷彿とさせます。
1990 年代の純粋なドゥームメタルの雰囲気です。当時 Hellhound Records からリリースされた伝説的なアルバムの多くに通じるサウンドです。バンドはこのアルバムに特別な意図を持っていましたか？

A：そうでもないよ。俺らが一番合うと思った曲を使っただけさ。Dan はすでにすべての曲を書いていた。俺は、Dan が『Destruction of the Void』でやり始めたようなシンセのインストゥルメンタルをいくつか推した。「Northern Lights」とか「Europa」とか、そういう挿入歌をね。その代わり、Dan はレコーディング中に亡くなった奥さんのことを歌った「Goodbye」を思いついた。

Q：Count Raven は純粋なドゥームメタルを貫いていて、それはもちろん Black Sabbath に多少インスパイアされているかもしれませんが、スウェーデンには Candlemass のようなバンドもいて、いわばエピック・ドゥームメタルです。Count Raven も似たような雰囲気を持っていますが、強いて言えばあなたがたのスタイルは Pentagram や Pagan Altar、Witchfinder General に近いですね。言ってみれば、

NWOBHMや伝統的ドゥームメタルのダークサイドのサウンドです。バンドの音楽の進化についてどう思いますでしょうか？
A：Danのサウンドと歌詞はそれほど変わっていないと思う。進化したのは、音質と、レコードをより"全体的"に感じさせるコンセプトだと思う。コンセプト・アルバムという意味ではないんだけれど、違う雰囲気を持ちながら一緒にアルバムの中で自然に機能する曲を注意深く選んでいる。実際、『The Sixth Storm』よりも『Mammons War』の方がその意味ではうまくまとまっていると思う。『The Sixth Storm』ではいくつかの楽曲で冗長に感じられる場面があった。でも、これは個人的な意見だ。

Q：ミュージシャンとして、スウェーデンのドゥーム・シーンはどのように変化したと思いますか？あるいは、長年にわたってシーンが保ってきた特別な伝統はありますか？
A：Candlemassのように注目されているバンドもいる。俺はCandlemassが好きだけど、スウェーデンには他にも良質なドゥーム・バンドがいるんだ。例えばDauthaのようなバンドは残念ながらほとんど認知されていない。彼らのアルバム『Brethren of the Black Soil』は、俺が今まで聴いた中で断トツに最高のドゥーム・アルバムだ。SorcererやBelowのような素晴らしいバンドがいるにもかかわらず、スウェーデンのドゥーム・シーンはかなり小さい。多くの会場が閉鎖され、インフレと相まってライブを行うのが難しくなっている。長い目で見れば、小さなバンドは続けられないということだろう。俺らCount Ravenのメンバーは全員が他にも仕事をしているし、バンドだけで生計を立てる方法はないんだ。それは俺が挙げたようなバンドにとっても同じことだよ。

Q：日本の好きなバンドはありますでしょうか？
A：それは当然Church of Miseryだね。面白いのは、当初彼らが日本人だとは全く思わなかったということで、とてもヨーロッパ的、あるいはアメリカ的なサウンドだと思う。
80年代にストックホルムでLoudnessを観て好きになったんだけど、彼らのレコードは全部輸入盤で、とても高価だった！

Q：最後に日本のファンにメッセージをお願いいたします！
A：まず最初に、今でも俺たちを応援してくれている世界中のフォロワーのみんなに、最大限の感謝を伝えたい。リリースの数は決して多くはないけどサポートしてくれてありがとう。そしてこのインタビューのチャンスも光栄に思っている。
Keep it hard, keep it heavy, keep it real!

現代に 70 年代のヴィンテージ・サウンドを蘇らせる

Witchcraft

● 2000-present　●スウェーデン エーレブルー
● (Vo, Gt) Magnus Pelander、(Dr) Fredrik Jansson (2006-2012)、(Ba) Ola Henriksson (2000-2003, 2004-?) 他
● Norrsken、Troubled Horse、Bombus

1995 年に中心人物、Magnus Pelander<Gt, Vo> はスウェーデンのエーレブルーで活動したドゥームメタルバンドの Norrsken に参加しキャリアをスタート。後に Graveyard に参加するメンバーが在籍しながらも数枚のデモとシングルを残し、2000 年にバンドは解散。同年 Witchcraft として活動を開始。2003 年にはシングル『No Angel or Demon』を Primitive Art Records よりリリース。2004 年には名門 Rise Above Records より 1st アルバム『Witchcraft』をリリース。70 年代の発掘音源の再発といわれればそのまま信じてしまいそうなヴィンテージ/レトロサウンドが展開され、ヴィンテージハードロックの旗手として名を馳せる。2005 年は同ラインナップのまま 2nd アルバム『Firewood』をリリース。ドラマーを Angel Witch や Count Raven にも参加する Fredrik Jansson へとチェンジし、2007 年には『The Alchemist』をリリース。その後 The Sword とのスプリットを 2007 年にリリースした後、バンドのリリースはしばらく途絶える。2012 年にはメンバーを大々的に入れ替え、さらに大手 Nuclear Blast へと移籍して『Legend』をリリース。よりメジャーフィールドを見据えたサウンドへと舵を切った。2015 年には Nuclear Blast からの 2 作目となる『Nucleus』をリリース。再び Magnus Pelander 以外はメンバーがすべてチェンジしており、より洗練された普遍的なロックを展開。2020 年には『Black Metal』をリリース。実質的に Magnus Pelander のソロプロジェクトといえる内容で、アコースティックな世界観を展開。新たな地平を切り開いている。

Witchcraft
Witchcraft 🌐スウェーデン Rise Above Records 2004

スウェーデン中部の都市、エーレブルーにて結成されたドゥーム／サイケデリック・ハードロックバンドの 2004 年リリースの 1st アルバム。Magnus Pelander<Vo, Gt>、John Hoyles<Gt>、Jonas Arnesén<Dr> という布陣にベースは Ola Henriksson が 7 曲目「No Angel or Demon」で担当、その他の楽曲は Mats Arnesén がプレイしている。元々が Pentagram のトリビュートバンドという出自があり、特に 70 年代のスタイルにインスパイアされている。「Please Don't Forget Me」は Pentagram のマイナー曲のカヴァー。

Witchcraft
Firewood 🌐スウェーデン Rise Above Records 2005

2005 年にリリースされた 2nd アルバム。Ola Henriksson<Ba> が全曲で参加し、前作と同じラインナップで制作された。New Rising Studios にてレコーディングされた。前作でも提示された 2000 年代のバンドとは思えない 70 年代テイストのサウンドを本作でも堅持。メンバーが固まり、より一層バンドアンサンブルが強固になった。Magnus Pelander<Vo. Gt> の歌い回しや、レトロなオーヴァードライヴのギターはバンドのルーツとなる 1970 年代の Pentagram の要素を強く感じさせる。Pentagram のカヴァー「When the Screams Come」がシークレットトラックとして収録。

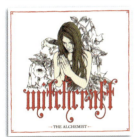

Witchcraft
The Alchemist 🌐スウェーデン Rise Above Records 2007

2007 年リリースの 3rd アルバム。ドラマーが後に Angel Witch でもプレイし、Abramis Brama や Count Raven にも在籍経歴のある Fredrik Jansson に交代。Tom Hakava がプロデュースを担当し、メロトロンやオルガンもプレイ。ストックホルムの UpandRunning Studios でレコーディングされた。全 2 作のスタイルを踏襲したヴィンテージサウンドと、Magnus Pelander による内面の苦悩を歌うメロディがバンドの特色となっている。鋭角的なギターリフで展開される前半から悠久の風を運ぶアコースティックな調べが美しい「Samaritan Burden」などを収録。

Witchcraft
Legend 🌐スウェーデン Nuclear Blast 2012

2012 年にリリースされた 4th アルバム。Magnus Pelander<Vo, Gt> と Ola Henriksson<Ba> 以外のメンバーがチェンジとなり Tom Jondelius と Simon Solomon がギターを担当。ドラマーが Oscar Johansson へ交代となった。エーレブルーの Fascination Street Studios にてレコーディング。Amon Amarth や Soilwork など多数のアーティストを手掛ける Jens Bogren がプロデュースとミキシングを担当。哀愁のメロディとトラディッショナルなヘヴィ・ハードロックサウンドが炸裂する「Flag of Fate」などを収録。

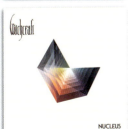

Witchcraft
Nucleus 🌐スウェーデン Nuclear Blast 2016

2016 年リリースの 5th アルバム。Magnus Pelander<Vo, Gt, etc> 以外のメンバーが総入れ替えとなり、2 Ton Predator にも在籍した T. Anger<Ba>、Shadowquest に在籍する Ragnar Widerberg<Dr> という布陣で制作された。エーレブルーの Studio Bombshelter にてレコーディングされた。Philip Per Gabriel Saxin と Magnus Pelander による共同プロデュース。前作で示したより重厚なサウンドをより深化させたサウンドが特徴。ヴィンテージな感触は残しつつプログレッシヴロックに通ずる世界観に足を踏み入れている。

Witchcraft
Black Metal — スウェーデン / Nuclear Blast / 2020

2020年リリースの6thアルバム。Magnus Pelanderのみというラインナップにて制作されたアコースティック作品。Studio Bombshelterにてレコーディングされた。本作ではスウェーデンの豊潤なアンダーグラウンド・サイケ・フォークの伝統を受け継ぐサウンドを展開。根底にあるメランコリックなメロディが浮き彫りとなる形となった。繊細に哀しみと内なる不安感を具現化した「Elegantly Expressed Depression」や穏やかなで静謐な「A Boy and a Girl」などを収録。賛否両論を巻き起こしたがMagnus Pelanderが放つ独自の空気は健在。

Norrsken
Armageddon / Little Lady — スウェーデン / Swinging Singles Club / 1999

後にWitchcraftを結成するMagnus Pelander<Gt>と、後にGraveyardへ参加するJoakim Nilsson<Gt>、Rikard Edlund<Ba>を中心にエレーブルーにて結成されたドゥーム／ストーナー／サイケデリックロックバンドの1999年リリースのシングル。バンドのホームページではBlack Sabbath、Sir Lord Baltimore、Captain Beyond、Bangなどへの言及がある。ブルージーなリフとオーガニックに響くアンサンブルが70sの雰囲気を放つ「Armageddon」と、不意を衝くメロディのフックが印象的な「Little Lady」を収録。

ドゥームメタルを代表するジャケアーティスト Branca Studio

Branca Studio スペインのPol Abranが運営。Acid MammothやAngel Witch、Beastmakerの各種アートワーク、Fu Manchu、Earthless、Church of Misery、Saint Vitus、意外なところではFoo Fighters、Sawans、Wu-Tang Clanなど錚々たるバンドのツアーポスターやTシャツデザインなどの制作で知られる。ドクロやオカルト、ホラーなどの題材をスタイリッシュでモダンなスタイルに仕立て上げる手法がシーン御用達の地位まで彼を押し上げた。使用する色数を抑えた手法によりTシャツプリントへの汎用性やアイコニックな印象を作り出すことに成功している。Instagramなどでは Branca Studioのアートワークのようなスタイルのアーティストを見る機会は多い。

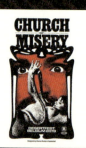

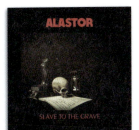

Alastor
Slave to the Grave
🌐 スウェーデン　💿 RidingEasy Records　📅 2018

2016 年に結成されたサイケデリック・ドゥームメタルの 2018 年リリースの 1st アルバム。メンバーはアルファベット 1 文字の表記である。Nekrokraft や Hazemaze などを手掛ける Joona Hassinen がミキシングとマスタリングを担当。初期の Salem's Pot に通ずるオカルト的なムードに催眠的なリフレインを効果的に聴かせる楽曲が特徴。超自然的な歌詞とメロウなヴォーカルが相乗効果を生むタイトル曲「Slave to the Grave」や、鈍く光るスローリフが発展し徐々に陶酔感を強めてゆく大作「Your Lives Are Worthless」などを収録。

Astroqueen
Into Submission
🌐 スウェーデン　💿 Pavement Music　📅 2001

ヴェストラ・イェータランドにて 1998 年に結成されたドゥーム／ストーナーバンドの 2001 年 1st アルバム。Daniel Änghede<Gt, Vo>、Daniel Tolergård<Gt>、Mattias Wester<Ba>、Johan Bäckman<Dr> といったラインナップで制作。King Diamond の Andy LaRocque がプロデュースを担当。Los Angered Recordings にてレコーディングされた。歪み切ったリフにブルージーなヴォーカルが陶酔感を煽る「Lua Vermelha」やストレートなビートが心地よい「Out of This World」などを収録。

Avatarium
Death, Where Is Your Sting
🌐 スウェーデン　💿 AFM Records　📅 2022

2022 年にリリースされた 2022 年 5th アルバム。Jennie-Ann Smith<Vo> と Marcus Jidell<Ba> 以外のメンバーが一新した。Mats Rydström<Ba>、Royal Hunt にも在籍する Andreas Johansson<Dr>、Pain of Salvation でも活動する Daniel Karlsson<Key> というラインアップ。Marcus Jidell 自身がプロデュースを担当。「God Is Silent」を筆頭に以前からの重厚なドゥームサウンドを基本としつつ「Death, Where Is Your Sting」ではポップな側面を強調。

Burning Saviours AD
Death
🌐 スウェーデン　💿 Transubstans Records　📅 2018

2003 年にエーレブルーにて結成されたドゥームメタル／ハードロックバンドの 2018 年リリースの 5th アルバム。ミキシングやマスタリング、アートワーク制作まで行う Mikael Monks<Vo, Synth, Organ> を筆頭にしたラインアップ。Mothervan Records Studio にてレコーディングされた。Pentagram の『Day of Reckoning』に収録されている「Burning Savior」からバンド名が付けられたように、初期のプロトドゥーム勢に通ずるヴィンテージな楽曲が目立つ。ブルージーなギターと 70s ハードロックの影響が色濃い「Häxnatten」などを収録。

Come Sleep
The Burden of Ballast
🌐 スウェーデン　💿 Version Studio　📅 2007

2004 年にストックホルムで結成されたドゥーム／スラッジメタルバンドの 2007 年リリースの 1st アルバム。Misha<Vo>、Thomas<Gt, Vo>、Anders<Ba>、Patrik<Dr> の布陣で制作された。Theatre of Tragedy などを手掛けた Erik Nilsson がエンジニアリングを担当。Amon Amarth や Bathory なども手掛ける Peter In de Betou がマスタリングを担当。プログレメタルに通ずるタイトなバンドアンサンブルとコズミックな雰囲気を放つ音作りが特徴。吐出し型のヴォーカルは曲ごとにエモーショナルな展開を演出する。

Gaupa
Feberdröm
🌐 スウェーデン　　🅐 Kozmik Artifactz　🕓 2020

スウェーデンのファールンにて 2017 年に結成されたサイケデリックドゥーム／ストーナーバンドが 2020 年にリリースした 1st アルバム。Emma Näslund<Vo>、David Rosberg<Gt>、Daniel Nygren<Gt>、Jerka Sävström<Ba>、Jimmy Hurtig<Dr> というラインナップで制作された。プロデュースに Erik Berglund を迎えてレコーディングされた。パワフルで歌心のある女性 Vo とヴィンテージ感あふれるドゥームサウンドが融合したサウンドを展開。レトロサイケデリックなムードとメロディアスな歌が絡み合う「Vakuum」などを収録。

Gaupa
Myriad
🌐 スウェーデン　　🅐 Nuclear Blast　🕓 2022

2022 年にリリースされた 2nd アルバム。レーベルを大手、Nuclear Blast へ移した。Alestorm や Gloryhammer を手掛ける Lasse Lammert がマスタリングを担当。MV が制作された「Diametrical Enchantress」を筆頭にアレンジの幅が広がり、ヘヴィかつサイケデリックな展開やブルージーな楽曲などが聴ける。Soundgarden からの影響が伺えるスピリチュアルな響きのバンドアンサンブルに Emma Näslund の Björk を彷彿とさせるヴォーカルが特徴の「RA」。幽玄なアコースティックの響きとスウェーデン語の歌詞が古のムードを運ぶ「Sömnen」などを収録。

Ghost
Opus Eponymous
🌐 スウェーデン　　🅐 Rise Above Records　🕓 2010

スウェーデンのリンシェーピングにて結成されたヘヴィメタル／ロックバンドの 2010 年リリースの 1st アルバム。Repugnant や Crashdïet などに在籍した Tobias Forge<Vo, Gt> が Papa Emeritus として主導している。Nameless Ghoul こと Gustaf Lindström<Ba>、Ludvig Kennberg<Dr> はセッションミュージシャンとして参加。Septic Tank の Jaime Gomez Arellano と Tobias Forge の共同プロデュース。アートワークは『死霊伝説』からインスパイアされた。ドゥームサウンドとポップなメロディが高次元で融合した一枚。

Ghost
Infestissumam
🌐 スウェーデン　　🅐 Loma Vista Recordings　🕓 2013

2013 年リリースの 2nd アルバム。Tobias Forge（Papa Emeritus II 名義）以外のメンバーを一新して制作された。Rikard Ottoson<Ba>、Aksel Holmgren<Dr>、Simon Söderberg<Gt>、Nameless Ghoul<Key> といったリンシェーピング周辺のミュージシャンが Nameless Ghoul 名義で参加している。Rush や Alice in Chains などを手掛ける Nick Raskulinecz がプロデュースを担当。前作の音楽性を引き継ぎつつ、よりメインストリーム的なサウンドを志向した「Per Aspera ad Inferi」などを収録。

Ghost
Meliora
🌐 スウェーデン　　🅐 Loma Vista Recordings　🕓 2015

2015 年にリリースされた 3rd アルバム。Tobias Forge（Papa Emeritus III 名義）は固定で Henrik Palm<Ba, Gt>、Simon Söderberg<Gt> が Nameless Ghoul 名義で参加。Ludvig Kennberg が前作に続きドラマーとして参加している。Teddybears の創設メンバーである Klas Åhlund がプロデュースを担当した。古巣である Rise Above Records の協力の下制作された。MV が制作された「Cirice」や「He Is」を筆頭に Tobias Forge の甘い歌声をフィーチャーしたメロディアスな楽曲を中心に収録されている。

Ghost
Prequelle
🌐 スウェーデン　💿 Loma Vista Recordings　📅 2018

2018年にリリースされた4thアルバム。Tobias Forge（Cardinal Copia）がヴォーカル、ギター、ベースを担当。ドラマーは不動でLudvig Kennbergがプレイ。OpethやTribulation、Green Lungなどを手掛けるイングランド出身のTom Dalgetyがプロデュースを担当。前作まで以上にメインストリームなサウンドが特徴で、MVが制作された「Rats」ではバンドの持ち味であるダークな世界観が分厚いハーモニーとヘヴィなリフと融合する。後にシンセを強調したディスコ調のミックスも作られたキャッチーなナンバー「Dance Macabre」などを収録。

Ghost
Impera
🌐 スウェーデン　💿 Loma Vista Recordings　📅 2022

2022年にリリースされた5thアルバム。Tobias Forge（Papa Emeritus Iv名義）がヴォーカルとベースを担当。Opethに在籍するFredrik Åkesson<Gt>、Ricard Nettermalm<Dr>、Nymphet Noodlersなどに在籍したMartin Hederos<Key, Org>らがセッションミュージシャンとして参加している。『Meliora』を担当したKlas Åhlundがプロデュースを担当。前作で示したソフトな面よりも重厚なサウンドが際立つ。「Call Me Little Sunshine」のMVにあるようにゴシックな世界観をも醸し出す一枚。

Goatess
Goatess
🌐 スウェーデン　💿 Svart Records　📅 2013

ストックホルムにて2009年からWeekend Beastとして活動し、2012年に改名したドゥーム／ストーナーバンドの2013年リリースの1stアルバム。ex-Count RavenのChritus<Vo>とNiklas<Gt>を中心としたラインナップにて制作された。Tomas RosenbergとGlen Erikssonの2人がプロデュースを担当。乾いたギターサウンドと円熟味溢れるプレイが堪能できる「Know Your Animal」でアルバムは幕を開ける。「Oracle」は2パートに分かれて壮大に展開される。「Pt. 1: The Mist」では幻想的な音世界を紡ぎ、森の奥深くに迷い込むようなムードを演出。

Godsend
A Wayfarer's Tears
🌐 ノルウェー　💿 Holy Records　📅 1997

1991年にトロンヘイムにて結成されたドゥームメタルバンドの1997年リリースの3rdアルバム。NightingaleやUnicornに在籍し、様々な作品でもプロダクションを手掛けるDan Swanöがヴォーカルとキーボードなどで全面的にゲスト参加。ex-SuffocationのGunder Audun Dragsten<Gt>、Tomas Steinscherer<Gt>、Nightingaleへも参加するErik Oskarsson<Ba>、ex-Edge of SanityのBenny Larssonというラインナップ。クリーンなアルペジオとキーボードの調べが冷たい感触を誘発するドゥームナンバーが目立つ。

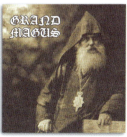

Grand Magus
Grand Magus
🌐 スウェーデン　💿 Rise Above Records　📅 2001

1996年にストックホルムでSmackとして結成され、1999年に現在のバンド名での活動を開始したヘヴィ／ドゥームメタルバンドの2001年リリースの1stアルバム。Janne<Vo, Gt>、Trisse<Dr>、Fox<Ba>という布陣で制作された。Dismemberのメンバーでもある Fred Estby がプロデュースとミキシングを担当した。ストックホルムのDas Boot Studiosにてレコーディングされた。ブルージーなドゥームリフと、野太いJanneによるヴォーカルが特徴。Coat of ArmsではFred Estbyによるメロトロンのサウンドがバンドの楽曲をより個性的なものにしている。

Grand Magus
Monument 　　　　　　　　　　　Rise Above Records　2003　スウェーデン

2003年にリリースされた2ndアルバム。前作と同じラインナップにて制作された。Janneは本作よりJB名義となった。Onemanなる人物がプロデュースを務めている。レコーディングはストックホルムのResync Studioにて行われた。ベースは前作の流れを汲むサウンドと楽曲で、本作ではさらにメタル要素とブルージーな要素の絡みが増している。キャッチーなリフから徐々にドゥーム由来のヘヴィグルーヴへ進展してゆく「Black Hound of Vengeance」や重い鐘の音がフィーチャーされた本作屈指のヘヴィチューン「Chooser of the Slain (Valfader)」などを収録。

Grand Magus
Wolf's Return 　　　　　　　　　Rise Above Records　2005　スウェーデン

2005年にリリースされた3rdアルバム。ドラマーが後にAbramis Bramaへ加入するFredrik Liefvendahlに変更した。再びResync Studioでのレコーディング。メンバーチェンジの影響で音楽性が変化。よりスピード感を増した楽曲とアメリカ南部由来のサウンドから北欧的な、より冷たさを感じさせるドゥームメタルへと変化。歌メロやギターソロの展開にはトラディッショナルなメタルの要素が多く含有されている。鋭いギターリフとJBにより勇壮なヴォーカルが印象的な「Kingslayer」や、エピック要素を取り入れたダークな新機軸「Nine」などを収録。本作はVictorから国内盤もリリースされた。

Grand Magus
Iron Will 　　　　　　　　　　　Rise Above Records　2008　スウェーデン

2008年にリリースされた4thアルバム。ドラマーにGlenn Hughesのライブサポート経験のあるSebastian "Seb" Sippolaを迎え、制作された。本作はRamtitamにレコーディングスタジオを移した。前作で示された正統的メタルの要素をさらに増大し、初期のブルージーでアメリカンなサウンドとはかけ離れたヨーロピアンテイスト溢れるエピックな作風となっている。アコースティックの切ない調べから重厚なアンサンブルへと突入する「Silver into Steel」、JBによる味わい深いヴォーカルと勇壮なギターソロが出色の「Like the Oar Strikes the Water」などを収録。

Grand Magus
Hammer of the North 　　　　　Roadrunner Records　2010　スウェーデン

2010年にリリースされた5thアルバム。レーベルをRoadrunner Recordsへ移し、前作と同じラインナップでストックホルムのStudio 301とStudio Wahnsinnにてレコーディングされた。Entombedに参加したNico Elgstrandによるプロデュース。BathoryやDissectionの作品で著名なKristian Wåhlinカバーアートを制作。MVが制作された、「At Midnight They'll Get Wise」と「Hammer of the North」に顕著なように、より一層モダンな正統派メタルサウンドを展開。JBの魂の籠ったヴォーカルが堪能できる。

Griftegård
Solemn.Sacred.Severe 　　　　　Ván Records　2009　スウェーデン

ノルヒェーピングにて2004年に結成されたドゥームメタルバンドの2009年リリースの1stアルバム。ex-BokorのThomas Eriksson<Vo>、ex-The Doomsday CultのPer Broddesson<Gt>、I Hate Recordsの共同設立者であるOla Blomkvist<Gt>、Mardukでセッションミュージシャンとしてプレイした経歴を持つJens Gustafsson<Dr>という布陣にて制作。宗教を題材とする歌詞の「Charles Taze Russel」「Punishment & Ordeal」を筆頭に悲哀をはらむ楽曲が収録されている。

Isole
Bliss of Solitude
⊕スウェーデン　　Napalm Records　2008

2008年の3rdアルバム。レーベルをオーストリアの大手メタルレーベル、Napalm Recordsへ移した。ラインナップの変更はなし。再びJonas Lindström<Dr>がバンドとの共同プロデュースを行っている。前作以上に重さに重きを置いたサウンドとダークな雰囲気が増強。引き合いに出されるCandlemass以上にシリアスでモダンな仕上がりが印象的。冒頭8分に及ぶ「By Blood」では地や死をもって救済されるというヘヴィなテーマが歌われる。ラストの「Shadowstone」ではMarie Thorneskoldによるバッキングコーラスも加わり、分厚い世界観を紡いでいる。

Isole
Throne of Void
⊕スウェーデン　　I Hate Records　2006

1991年から2004年の間はForlorn名義で活動した後、Isoleと改名し活動をするエピック・ドゥームメタルバンドの2006年リリースの2ndアルバム。Ereb Altorにかかわるメンバーが複数在籍。スウェーデンのI Hate Recordsからのリリース。ドラムを担当するほか、様々なアーティストを手掛けるJonas Lindström<Dr>がバンドとの共同プロデュースを担当。ゴシックメタルにも通ずる荘厳な雰囲気とドゥームメタル由来のダークなサウンドが融合する「Autumn Leaves」などを収録。人生、喪失、痛みや悲しみといったトピックが歌われるヴォーカルも悲哀に満ちている。

Krux
Krux
⊕スウェーデン　　Mascot Records　2002

2002年にストックホルムで結成されたエピック・ドゥームメタルバンドの2002年リリースの1stアルバム。CandlemassやAbstrakt Algebra、Yngwie Malmsteenに在籍し、後にVandenbergへ加入するMats Levén<Vo>、CandlemassのLeif Edling<Ba>、DomedagenなどのJörgen Sandström<Gt>、ex-EntombedなどのPeter Stjärnvind<Dr>の実力者4人からなる。全編でモダンなテイストのエピックドゥームを聴くことができる。7部構成の12分にも及ぶ「Lunochod」などを収録。

Left Hand Solution
Through the Mourning Woods
⊕スウェーデン　　Massproduktion　2019

ヴェステルノールランド／ニュヒェーピング出身のドゥームメタルバンドの2019年3rdアルバム。バンドは1991年に結成され、2002年に一時活動を休止。以後断続的に活動しつつ2018年に再始動し、制作されたのが本作。BehemothやHypocrisyなどを手掛けるBjörn Engelmannがマスタリングを担当。Mariana Frykman<Vo>による妖艶な歌唱とタイトかつドゥーミーなバンドアンサンブルが特徴。浮遊感のあるメロディで歌われる個人的苦悩を題材とした歌詞で迫る「And Time Went By」や、ファンタジックなムードを醸し出す「Blessed Be My Fallen Angel」などを収録。

Memory Garden
Mirage
⊕スウェーデン　　Metal Blade Records　2000

エーレブルーにて1992年に結成されたパワー／ドゥームメタルバンドの2000年リリースの3rdアルバム。Nightingaleにも参加するTom Björn<Drums, Piano>、Soilworkにも在籍するSimon Johansson<Gt>を中心としたラインナップ。その両氏がKing DiamondやBibleblackにも参加するMike Weadが共同でプロデュース。Miseria Recordingsなどにてレコーディングされた。タイトなギターリフと高い歌唱力のStefan Berglundのヴォーカルを活かしたドゥームチューン、「A Long Grey Day」などを収録。

Nekromant
Snakes & Liars 　🌐 スウェーデン　🎧 Independent　📅 2017

2012年にイェータランドにて Serpent として結成され、2016年に Nekromant へと改名されたヘヴィ／ドゥームメタルバンドの 2017 年リリースの 1st アルバム。後に Transubstans Records から再発された。冒頭「Stoned to Death, Doomed to Die」を筆頭に伝統に根差した王道ドゥームサウンドが響き渡る。続く「Funeral Worship」ではスローなリフを展開し、ミッドハイで歌われるヴォーカルは伸びやかに響くスタイルで楽曲に花を添える。キャッチーなメロディ展開もあり、ドゥームのみならず Volbeat などにも通じるサウンドを提示。

Rise and Shine
Ghosts of the Past 　🌐 スウェーデン　🎧 Plugged Records AB　📅 2006

ストックホルムにて 1993 年に結成されたドゥームメタルバンドの 2006 年リリースの 3rd アルバム。Behemoth や Katatonia などを手掛ける Thomas Eberger がマスタリングを担当。Josabeth Leidi<Vo, Gt> のビブラートを巧みに操るパワフルな歌唱がバンドの大きな特徴。アップテンポで畳みかけるようなリズムが展開される「A 100 Days Closer to Death」でアルバムはスタート。メジャーキーの楽曲などハードロックの要素が強い「I Can Love You Better than Anyone」なども収録しアルバムに独自の流れを付与させている。

Salem's Pot
Sweeden 　🌐 スウェーデン　🎧 Independent　📅 2012

2011 年に結成されたドゥーム／ストーナーバンドの 2012 年リリースのデモ。自主リリースで CD-R が販売された後に、アートワークを一新して Easyrider Records ／ RidingEasy Records から 12" レコードで複数回再発された。Knate<Gt, Vo>、Peter<Ba>、Direktörn<Dr> というラインナップで制作。old mental hospital にてライブレコーディングされた。Electric Wizard の影響が強くうかがえるドラッギーなサウンドと Knate によるサイケデリックな歌唱が特徴。2020 年代以降南米やイタリアなどの暗黒ドゥームとリンクする点も多い。

Salem's Pot
...Lurar ut dig på prärien 　🌐 スウェーデン　🎧 Easyrider Records　📅 2014

2014 年にリリースされた 1st アルバム。デモ制作時と同じラインナップ。Easyrider Records からのリリース。レコーディングとミキシングはバンドが自ら担当。マスタリングは WitchDoctor Masterin。アートワークは Dust la Rock によるもの。デモ以上にロウでイーヴルなサウンドを放つ。深くリヴァーブがかかったヴォーカルも特徴的。70 年代の B 級ホラー映画を思わせる世界観や、重さよりもレトロさやブルージーなリフに焦点を当てた点で、デモ同様に 2020 年代前後の南米勢に通ずるスタイルを放つ。幻覚を思わせる歌詞と陶酔型バンドアンサンブルで進展する「Creep Purple」などを収録。

Salem's Pot
Pronounce This! 　🌐 スウェーデン　🎧 RidingEasy Records　📅 2016

2016 年にリリースされた 2nd アルバム。前作からラインナップの変更はなし。Beastmaker や Haunt で活動する Trevor Church が「So Gone, So Dead」でバッキングコーラスで参加している。前作までのサイケデリックドゥームから大きく舵を切り、ヴィンテージハード路線へと音楽性を変化させた。以前のダークさが消え去り、妙な明るさを感じさせる「Just for Kicks (Soc i hälarna: Chevy Car Chase)」や 12 分に及ぶブルージーなナンバー「Just for Kicks (Soc i hälarna: Chevy Car Chase)」などを収録。

Skogen Brinner　　　⊕スウェーデン
1st　　　Ⓐ Subliminal Sounds　Ⓓ 2014

リンシェーピングにて結成されたヘヴィ／ドゥームメタルバンドの2014年1stアルバム。バンド名はスウェーデン語で「森が燃えている」を意味する。オルガン奏者を含むラインナップで制作された。Dissection や Within Temptation などを手掛ける Håkan Åkesson がマスタリングを担当。母語で歌われる独自の歌唱がユニークなムードを放つバンド名を冠した楽曲「Skogen brinner」が冒頭を飾る。ヴィンテージ要素の強いドゥームサウンドと浮遊感のあるメロディが乗る「Pundarvarning」やメロディックに展開されるヴィンテージトーンが郷愁を煽る「Odjurets hämnd」などを収録。

Sorcerer　　　⊕スウェーデン
In the Shadow of the Inverted Cross　　　Ⓐ Metal Blade Records　Ⓓ 2015

ストックホルムにて1988年に結成され、一時活動を休止した後に2010年より再始動したエピック・ドゥームメタルバンド。本作は2015年リリースの1stアルバム。ex-220 Volt の Anders Engberg<Vo>、Peter Hallgren<Gt>、ex-Therion の Kristian Niemann<Gt>、ex-Tiamat の Johnny Hagel<Ba>、Robert Iversen<Dr> ラインナップで制作。各々のメンバーがキャリアを持つだけに安定感のある演奏を聴かせる。「The Dark Tower of the Sorcerer」を筆頭に王道のエピックドゥームを全編で響かせる。

Sorcerer　　　⊕スウェーデン
Reign of the Reaper　　　Ⓐ Metal Blade Records　Ⓓ 2023

2023年にリリースされた4thアルバム。カナダ人ベーシスト Justin Biggs、ドラマーはデモや『Lamenting of the Innocent』(2020年) でもプレイした Richard Evensard が参加。Mezzrow の Conny Welén がプロデュースとキーボードを担当。勇壮なクワイアと洗練されたプロダクションがモダンな雰囲気を伝える「Thy Kingdom Will Come」や穏やかなトーンから広がりのあるアンサンブルへと発展する「Eternal Sleep」などを収録。「Morning Star」と「Reign of the Reaper」ではMVが制作された。

Spelljammer　　　⊕スウェーデン
Abyssal Trip　　　Ⓐ RidingEasy Records　Ⓓ 2021

ストックホルムで2007年に結成されたドゥーム／ストーナーメタルバンドの2021年リリースの2ndアルバム。Monolord に在籍し、Devil's Witches や Vokonis などを手掛ける Esben Willems がマスタリングを担当。図太いサウンドと催眠的なリズムセクションを土台に、グランジに通ずるがなり声のヴォーカルフィーチャーされる。タイトなアンサンブルと浮遊感のあるメロディが融合する「Lake」や「Bellwether」を収録。10分にも及ぶタイトルナンバー「Abyssal Trip」では緩急をつけたフリーキーなジャムのフィーリングを展開し、緩急をつけた演奏と独自のサイケデリアが交差する。

Spiral Skies　　　⊕スウェーデン
Blues for a Dying Planet　　　Ⓐ AOP Records　Ⓓ 2018

2014年にストックホルムで結成された、サイケデリック・ドゥームバンドの2018年リリースの1stアルバム。ストックホルムの Studio Radioskugga でレコーディングされ、ベルリンの Analogcut Mastering のオーナーであるイタリア人 Marco Pellegrino がマスタリングを担当。MVが制作された「Dark Side of the Cross」を筆頭に、Lucifer などに通ずるウィッチーな要素が強いヴォーカルとヴィンテージサウンドが色濃く示される。タイトなリズム展開とツインギター・リードを用いた哀愁の旋律が放たれる「Awakening」では正統派メタルに通じるスタイルを提示。

Stillborn
Necrospirituals 🌐 スウェーデン 💿 Radium 226.05 Records 📅 1989

イェーテボリにて 1984 年に結成されたゴシック／ドゥームメタルバンドの 1st アルバム。後に ex-Candlemass の Messiah Marcolin が参加し、Colossus へと改名している。Rune Johansson をプロデュースに迎え制作された。Black Sabbath 由来のリフが印象的なバンドサウンドに Kari Hokkanen によるバリトンヴォーカルが乗り、独自のゴシック／ドゥームサウンドを展開。Type O Negative や Moonspell にも通じる官能的な雰囲気を放つ「Flesh for Jesus」や「Albino Flogged in Black」などを収録。

The Doomsday Kingdom
The Doomsday Kingdom 🌐 スウェーデン 💿 Nuclear Blast 📅 2017

ストックホルムにて 2017 年に結成されたドゥームメタルバンドの 2017 年の 1st アルバム。Leif Edling<Ba, Vo>、Wolf の Niklas Stålvind<Vo>、Avatarium の Marcus Jidell<Gt>、Royal Hunt ／ Avatarium の Andreas Johansson<Dr> の布陣で制作。Angel Witch の Kevin Heybourne が「The Sceptre」でギターで参加している。Avatarium に通じるドゥームサウンドを全編で展開。ラストの「The God Particle」では Leif Edling がメインギター／ヴォーカルを担当。

The Graviators
Motherload 🌐 スウェーデン 💿 Spinning Goblin Productions 📅 2014

カールスハムンにて 2006 年に結成されたドゥーム／ストーナーバンドの 2014 年 3rd アルバム。Amon Amarth や The Quill など多くのバンドを手掛ける Berno Paulsson によるプロデュース。MV が制作された「Narrow Minded Bastards」を筆頭にヴィンテージハード勢に通じるサウンドとヘヴィなドゥームの中間を行くサウンド。冒頭を飾る「Leifs Last Breath / Dance of the Valkyrie」では王道のギターリフにブルージーで豪傑型のヴォーカルが乗り、豪快なバンドアンサンブルとダークなムードが共存する仕上がりを演出。弾きまくるギタープレイも聴きどころ。

The Order of Israfel
Red Robes 🌐 スウェーデン 💿 Napalm Records 📅 2016

2012 年にイェーテボリにて結成されたドゥームメタルバンドの 2016 年 2nd アルバム。ex-Church of Misery で、Pentagram のギターテックとしての経歴のあるオーストラリア出身の Tom Sutton<Gt, Vo> を中心とした布陣にて制作。MV が制作された「Von Sturmer」を筆頭にオーセンティックなドゥームメタルをプレイ。「Staff in the Sand」ではダークな旋律を用いたキャッチーなギターリフと、自然の描写を用いた歌詞が融合する。Count Raven にも通ずる Tom Sutton のギターとヴォーカルが堪能できる「In Thrall to the Sorceress」を収録。

Saturnalia Temple
Gravity 🌐 スウェーデン 💿 Listenable Records 📅 2020

スウェーデンのストックホルムにて 2006 年に結成されたドゥーム／ストーナーバンドの 2020 年 3rd アルバム。『Dopethrone』の Electric Wizard にも通ずるダウナーでファズを極限まで効かせた、ロウチューンのギターサウンドが炸裂するタイトルトラック「Gravity」では MV も制作された。ドゥーム的なオカルトや黒魔術、魔女狩りと言ったトピックの歌詞に加え、トリップ感覚あふれるムードも満載。気怠い歌メロが浮遊感と陶酔感を増幅させる「Saturnalia Temple」の一方で後半の「Between the Worlds」ではうめき中心の歌唱を駆使。アルバム後半はより混沌としたダークネスが渦巻く。

カルトで怪しげな世界観が特徴のフィンランド代表

Reverend Bizarre

🕙 1994-2007　🌐 フィンランド ロホヤ、トゥルク
👤 (Ba, Vo) Albert Witchfinder、(Gt) Peter Vicar、(Dr) Earl of Void
🎵 Spiritus Mortis、Lord Vicar、Friends of Hell、

1994年にフィンランドのロホヤにて結成。当時のメンバーは Albert Witchfinder＜Ba, Vo＞、Peter Vicar＜Gt＞、Juippi＜Dr＞ であった。1996年にスタジオでのリハーサルをレコーディングした『Practice Sessions』をリリース。なおこちらは Peter Vicar が唯一のコピーを所有している。1999年には 2nd デモとなる『Slice of Doom』をリリース。この音源ではドラマーが Earl of Void こと Jara Pohjonen に交代している。またバンドは 1997 年から 1998 年にかけて活動の拠点をバルト海に面するトゥルクへと移している。そして 2002 年に 1st アルバム『In the Rectory of the Bizarre Reverend』をフィンランドの Sinister Figure からリリース。2003 年には自主リリースでのデモ音源『You Shall Suffer!』を CD-R フォーマットにて限定 33 枚リリース。その後複数のスプリットや Burzum のカバーを収録した EP『Harbinger of Metal』などを挟み、2005 年には 2nd アルバム『II: Crush the Insects』をリリース。本作は本国フィンランドの他に Fono Ltd. からロシア、Season of Mist のディストリビューションでアメリカ方面へも流通している。以後もバンドは精力的にリリースを重ね 2007 年には 3rd アルバム『III: So Long Suckers』をリリース。バンドは 2007 年に活動を停止。その後もリリースは続き 2008 年には Rise Above Records より Electric Wizard とのスプリット 12" をリリースした。本音源でバンドは Beherit のカバーを披露している。

Reverend Bizarre
In the Rectory of the Bizarre Reverend
フィンランド / Sinister Figure / 2002

フィンランドのロホヤにて 1994 年に結成、2007 年に解散をしたドゥームメタルバンド、2002 年にリリースされた 1st アルバム。ex-Spiritus Mortis で Opium Warlords などに在籍する Sami Albert Hynninen<Ba, Vo>、Lord Vicar に在籍する Kimi Kärki<Gt>、Orne に在籍する Earl of Void<Dr> のラインナップにて制作。Catamenia に在籍し Poisonblack や Sentenced などを手掛ける Kari Vähäkuopus がマスタリングを担当。Saint Vitus に通じる、聴き手をじりじり追い詰めるようなドゥームを聴かせる。

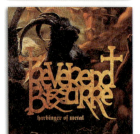

Reverend Bizarre
Harbinger of Metal
フィンランド / Spikefarm Records / 2003

1st アルバムと同様のラインアップで制作された 2003 年リリースの EP。本作でレーベルを Spikefarm Records へ移した。前作に続き Danil Venho がレコーディングを担当。Amorphis、Stam1na など多数のバンドを手掛ける Mika Jussila がマスタリングを担当。バンド自身のプロデュースでトゥルク Red House にてレコーディングされた。アートワークにはスウェーデンの芸術家、M.E. ウィンゲの作品を使用。73 分超えの内容ながら EP として位置づけられている。長尺の楽曲が複数あり、前作をさらに濃厚かつドゥーミーにした一枚。ラスト「Dunkelheit」は Burzum のカヴァー。

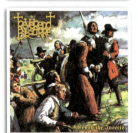

Reverend Bizarre
II: Crush the Insects
フィンランド / Spikefarm Records / 2005

前作 EP から変わらぬラインナップで制作され、2005 年にリリースされた 2nd アルバム。ふたたび Danil "Paappa" Venho がミキシング、Mika Jussila がマスタリングに起用された。バンド自身のプロデュースにてトゥルク Red House でレコーディングされた。セイラム魔女裁判を題材としたアートワークは作者不明。モノクロの印象的な MV が制作された「Doom Over the World」を筆頭によりキャッチーさを増した楽曲が目立つ。「Cromwell」では直接にオリバー・クロムウェルに言及した歌詞とバンドアンサンブル、そしてリフをなぞるスタイルのヴォーカルラインが陶酔感を生んでいる。

Reverend Bizarre
III: So Long Suckers
フィンランド / Spikefarm Records / 2007

2007 年にリリースされた 3rd アルバム。ラインナップの変更はなし。ミキシングを Danil Venho と Earl of Void<Dr, Gt> が担当。デザインレイアウトを Albert Witchfinder<Ba, Vo> が受け持っている。ジャワ島出身の画家、ヤン・トーロップの絵画をアートワークに使用。冒頭 29 分に及ぶ「They Used Dark Forces / Teutonic Witch」を筆頭にループリフをメインに様々なテンポにて表情を変える楽曲を収録。後に Svart Records から LP が、The Church Within Records から CD が再発された。CD で 2 枚分、計 2 時間超えの大作。

Reverend Bizarre
Death Is Glory... Now
フィンランド / Spikefarm Records / 2009

2001 年から 2007 年にかけてレコーディングされた音源集。スプリットに収録された音源や 7"、12" フォーマットでリリースされた音源を収録した。マスタリングを再び Count Jussila が担当。Dark Funeral や Saint Vitus なども担当した Olivier "Zoltar" Badin がライナーノーツを執筆。Impaled Nazarene や Kalmah とも仕事をした Janne Peltonen がレイアウトを担当。後に Svart Records から LP で再発がされた。Disc 2 には Saint Vitus や Pentagram、Judas Priest などのカヴァーを収録し、バンドのルーツが窺える。

Aarni
Bathos
🌐 フィンランド　🎵 Firedoom Music　📅 2004

フィンランドのオウルにて 1998 年に結成されたアヴァンギャルド・ドゥームメタルプロジェクトの 2004 年リリースの 1st アルバム。Umbra Nihil のメンバーでもある Master Warjomaa がすべてのパートと制作プロセスを担当。Umbra Nihil のメンバー Vilpir が共同プロデュースを務めている。プログレッシブかつエクスペリメンタルな要素の強いサウンドで呪詛的なヴォーカルが不安感を煽る「Squaring the Circle」や 11 分にも及ぶインストナンバー「Kivijumala」などを収録。「The Thunder, Perfect Mindfuck」での悲しく不穏な空気感は本作のハイライト。

Lord Vicar
Fear No Pain
🌐 フィンランド　🎵 The Church Within Records　📅 2008

トゥルクにて 2007 年に結成されたドゥームメタルバンドの 2008 年リリースの 1st アルバム。Ex-Count Raven のスウェーデン人シンガー Chritus<Vo>、ex-Reverend Bizarre の Peter Inverted<Gt>、Jussi "Iron Hammer" Myllykoski<Ba> らによるラインナップ。Candlemass などを手掛ける Joona Lukala がマスタリングを担当。Reverend Bizarre に通ずる伝統的なドゥームメタルチューン「Down the Nails」でアルバムはスタート。ヴィンテージ要素漂う「Pillars Under Water」と続く。

Mansion
Second Death
🌐 フィンランド　🎵 Independent　📅 2023

フィンランドのかつての首都であったトゥルクにて 2011 年に結成されたドゥームメタルバンドの 2023 年 2nd アルバム。Alma<Vo> の他オルガン、作詞担当を含む 8 人編成にて制作された。Candlemass や Pentagram なども手掛ける Joona Lukala がプロデュースをはじめとするプロダクションを担当。Noise for Fiction にて全工程が行われた。Jex Thoth や Blood Ceremony に通ずる妖艶な女性ヴォーカルをフィーチャーした楽曲が目立つ。フィンランド風さを連想させるダークな展開やゴシックの要素も盛り込む。フィンランドのキリスト教宗派、カルタノイズムを歌詞の題材とする。

Minotauri
II
🌐 フィンランド　🎵 Firedoom Music　📅 2007

アーネコスキにて 1995 年に結成されたドゥームメタルバンドの 2007 年にリリースされた 2nd アルバム。Heathen Hoof などに在籍する Ari Honkonen<Gt, Vo>、Tommi Pakarinen<Ba, Vo>、Viljami Kinnunen<Dr> というラインナップ。Morningstar なども手掛けた Teppo Seppänen がミキシングを担当。Reverend Bizarre との 7" スプリットにも収録されたラストの「Black (Magic) Triangle」を筆頭に、ロウでダウナーなドゥームメタルを展開。アンダーグラウンドなムードを色濃く発するオールドスクールな楽曲が揃う。

Seremonia
Neonlusifer
🌐 フィンランド　🎵 Svart Records　📅 2022

フィンランドにて結成されたサイケデリックドゥーム／ロックバンドの 2022 年リリースの 5th アルバム。Noora Federley<Vo, Synthesizer>、Teemu Markkula<Gt>、Ville Pirinen<Gt>、Ilkka Vekka<Ba>、Erno Taipale<Dr, Flute> といったラインナップで制作。Teemu Markkula がプロデュースも担当。フィンランド語で歌われるオカルティックな歌詞と、オルガンサウンドを前面に打ち出したヴィンテージ・ハードロックサウンドが特徴。疾走しつつ全体の印象はダウナーな脱力感の漂うタイトル曲「Neonlusifer」などを収録。

Europe

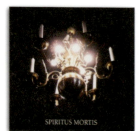

Spiritus Mortis
Spiritus Mortis
🌐 フィンランド　💿 Rage of Achilles　📅 2004

アラブス出身のドゥームメタルバンドの2004年1stアルバム。Vesa Lampi<Vo>、Jussi Maijala<Gt>、VP Rapo<Gt, Key, Flutes>、Teemu Maijala<Ba>、Jarkko Seppälä<Dr> というラインナップで制作された。Amorphis とも仕事をした経歴のある Mika Jussila がマスタリングを担当。コブシの効いたヴォーカルとじりじりと迫りくる楽器隊が緊張感を生む「Beyond」などを収録。「Tortilla flat suite No. 18」は哀愁漂うインタリュード。「Death Walking」では哀感漂うムードと悲観的な歌詞が絡み合う。

Spiritus Mortis
The Year Is One
🌐 フィンランド　💿 Svart Records　📅 2016

アラブスにて前身 Rigor Mortis が1987年に結成。フィンランド最初のドゥームメタルといわれるバンドの2016年4thアルバム。ex-Reverend Bizarre のフィンランドシーンの重鎮 Sami Hynninen<Vo> を中心としたラインナップ。Jarkko Seppälä<Dr> がミキシングも担当し、プロデュースはバンド自ら行った。Lemmy Kilmister にアルバムは捧げられている。アートワークはドイツの画家、カスパー・ダーヴィト・フリードリヒの作品を使用。コブシの効いたヴォーカルと荒涼としたサウンドスケープがフィンランドのドゥームの伝統を体現する、貫禄溢れる一枚。

Курск
Черно
🌐 フィンランド　💿 UHO Production　📅 2008

オウルにて結成されたドゥームメタルバンドの2008年リリースの1stアルバム。ex-Dreamtale の E. Seppänen<Vo>、ex-Sentenced の S.S. Lopakka<Gt>、J. T. Ylä-Rautio<Ba>、Moonspell や Theatre of Tragedy、HIM、Sentenced などのプロデュースで著名な K.H.M. Hiilesmaa<Dr> というラインナップにて制作。本作も氏のプロデュース。Stratovarius や Lordi ほかを手掛ける Juha Heininen がミキシングを担当。すべての歌詞がロシア語で歌われる沈鬱かつメロディアスなドゥームメタルをプレイ。

Курск
Зеро
🌐 フィンランド　💿 Ranka Kustannus　📅 2016

2016年リリースの4thアルバム。前作からのラインナップの変更はなし。再びフィンランドのトッププロデューサーである Hiili Hiilesmaa を起用。Coal House、Sound Supreme など複数のスタジオでレコーディングがされた。MVが制作された冒頭曲「Я свободен」（英語タイトル：「I Am Free」）を筆頭に緊張感あふれるサウンドと、シリアスな世界観と精神的な痛みが歌われる歌詞が絡み合う楽曲を収録。直接的に反露の意を表明する「Русофоб」（英語タイトル：「Russophobe」）など収録。Erkki Seppänen<Vo> はロシア語に堪能で、語学学校でインストラクターを務める。

Курск
Преступления против человечества
🌐 フィンランド　💿 Ranka Kustannus　📅 2023

2023年リリースの5thアルバム。前作から変わらぬラインナップで制作された。再び Hiili Hiilesmaa のプロデュース。アートワークには2022年から2023年にかけて従軍記者やウクライナ市民によって撮影された写真が使用されている。ex-Dreamtale の Seppo Kolehmainen、ex-Masterstroke の Jussi Kulomaa がバッキングヴォーカルで参加。アルバムタイトルは英語で「Crimes Against Humanity」を意味する。冒頭「Ты испортил всё」（英語タイトル：「You Ruined Everything」）を筆頭に沈鬱なムードが全体を支配する。

High Priest of Saturn
High Priest of Saturn 🌐 ノルウェー　　Svart Records　2013

2013 年にリリースされた 1st アルバム。収録曲のうち、「Protean Towers」と「Crawling King Snake」の 2 曲は 2011 年のデモ曲の再録。2nd アルバムでメンバーとして参加する Ole Kristian Malmedal がセッションプレイヤーとしてキーボードをプレイ。Merethe Heggset<Vo> によるメロディックに漂うヴォーカルに、反復ドゥームリフがバックで鳴り響くオルガンと絡み合う。ラスト 12 分にも及ぶ「On Mayda Insula」ではオルガンソロが挿入され、ヘヴィなサウンドの中に 70s の要素を感じさせる。Acid King や Windhand に通ずるムードが窺える。

High Priest of Saturn
Son of Earth and Sky 🌐 ノルウェー　　Svart Records　2016

2011 年にトロンヘイムにて結成されたドゥーム／ストーナーメタルバンドの 2016 年リリースの 2nd アルバム。Aura Noir などを手掛ける R.K.V. こと Kristian Valbo がアートワークを担当。冒頭 10 分超えの「Aeolian Dunes」を筆頭に、オルガンサウンドをフィーチャーしたサウンドに気怠いヴォーカルが乗る。続く「Ages Move the Earth」ではヴィンテージ感覚あふれるオルガンの音色に導かれ、メロディックで柔らかなメロディが展開され、後半では徐々に熱を帯びるインプロヴィゼーションを聴かせる。その後も「Son of Earth and Sky」など幻想的なナンバーが並ぶ。

Devil
Gather the Sinners 🌐 ノルウェー　　Soulseller Records　2013

2009 年にノルウェーのヴィーケン県にて結成されたドゥームメタルバンドの 2013 年リリースの 2nd アルバム。Vesen にも在籍する Thomas Ljosåk<Ba> と Ronny Østli<Dr> を含むラインナップにて制作された。Solstice なども手掛けるアルゼンチン人アーティスト Adrian Coven がアートワークを担当。Witchfinder General に通ずる NWOBHM の香りを感じさせるオールドスクールなドゥームが堪能できる「Beyond the Gate」や、泥臭いムードを強く漂わせ、ブルージーな要素も含有する「Southern Sun」などを収録。

Dunbarrow
Dunbarrow III 🌐 ノルウェー　　Blues for the Red Sun Records

ハウゲスンにて結成されたドゥームバンドの 2021 年リリースの 3rd アルバム。Anathema や Circus Maximus、Leprous 他多数のバンドを手掛ける Christer-André Cederberg がミキシングを担当。初期の Pentagram や Witchcraft に通ずる、ヘヴィさの中に幽玄さを伴うスタイルを提示する「Death That Never Dies」が冒頭を飾る。「Turn in Your Grave」ではクリーントーンで紡がれるサウンドと物悲しい歌詞が融合する。「In My Heart」では王道のドゥームリフとシャッフルのリズムが陶酔感を煽る仕上がり。

Kal-El
Echosphere 🌐 ノルウェー　　Argonauta Records　2015

ノルウェーはスタヴァンゲルにて 2012 年に結成されたドゥーム／ストーナーバンドの 2015 年リリースの 2nd アルバム。当初自主リリースされた後に 2019 年にイタリアはジェノヴァの Argonauta Records から CD と LP で再発された。Voetman art がアートワークを担当。ストレートなファズトーンとブルージーなリフにミッドハイのヴォーカルがキャッチーなメロディを乗せる「Astrogate」で幕を開ける。ダウナーな歌メロとスローなテンポがオルタナティブロックに通ずる雰囲気を醸す「Nexus」や、ブルージーなリフをベースに浮遊感のあるメロウなヴォーカルが乗る「Shockblast」などを収録。

Kal-El
Dark Majesty
🌐 ノルウェー　🅐 Majestic Mountain Records　🄫 2021

ノルウェーはスタバンゲルのドゥーム／ストーナーバンドの 2021 年リリースの 5th アルバム。Captain<Vo>、Doffy<Gt>、Josh<Gt>、Johnsen<Ba>、Bjudas<Dr> のラインアップ。アートワークに Steven Yoyada を起用。Ruben Willem がミキシングとマスタリングを担当。SF を題材としつつ求道的な側面もうかがえる歌詞と、エスニックな香りの漂うイントロから、一気にヘヴィサウンドへ進行する流れが絡み合う「Temple」で幕を開ける。「Cometa」ではミドルテンポでファズの効いたサウンドが強調され、キャッチーなコーラス部分が印象的に響く。

Karavan
Unholy Mountain
🌐 ノルウェー　🅐 Evil Noise Recordings　🄫 2023

ノルウェーのイェーレンにて 2019 年に結成されたサイケデリックドゥーム／ストーナーメタルバンドの 2023 年リリースの 1st アルバム。ミキシングに Ørjan Kristoffersen Lund、マスタリングに Satyricon などを手掛ける Steven Grant Bishop を起用。アートワークは Hypnotist Design が担当。サイケデリックかつスラッジーな展開を見せる冒頭「Throne」ではテンポチェンジなどを盛り込み、後半はブラックメタルに通ずる荒涼とした雰囲気を提示。ラストの「Unholy Mountain」では静と動のスパイスが効いたフューネラルな展開を見せる。

Kryptograf
The Eldorado Spell
🌐 ノルウェー　🅐 Apollon Records　🄫 2022

ベルゲンにて結成されたドゥーム／サイケデリックロックバンドの 2022 年 2nd アルバム。Iver Sandøy のプロデュースの下制作された。初期の Witchcraft を強く彷彿とさせる混じりけなしのオカルト／ヴィンテージサウンドを全編で展開。妖しげなムード漂う旋律を紡ぐ乾いたギターリフと、幻想的に揺蕩うヴォーカルが融合する「Asphodel」がアルバム冒頭を飾る。「Cosmic Suicide」ではブルージーなドゥームサウンドにヴォーカルラインを活かしたバンドアンサンブルが特徴。リズムチェンジを多用し、ジャムフィーリング漂うアンサンブルで展開されるメロウな「The Well」がアルバムを締めくくる。

Lamented Souls
The Origins of Misery
🌐 ノルウェー　🅐 Duplicate Records　🄫 2004

オスロで 1991 年に結成されたドゥームメタルバンドの 2004 年リリースのコンピレーション。1 〜 7 曲目が 1997 年に Endless Studios にて、8 〜 11 曲目が 1995 年に Stovner Rockefabrikk にて、12 〜 13 曲目は 1996 年に Lydskolen、そして 14 曲目が 1993 年に Hølet にてレコーディングされた。Arcturus や Borknagar などにも在籍する ICS Vortex<Vo, Gt> や Aura Noir にも在籍する Apollyon<Gt> を中心としたラインナップ。ノルウェー風情漂う荒涼として冷たいドゥームサウンドにメロウなヴォーカルが交じり合う楽曲を収録。

Purple Hill Witch
Celestial Cemetery
🌐 ノルウェー　🅐 The Church Within Records　🄫 2017

オスロにて 2010 年に結成されたドゥームメタルバンドの 2017 年リリースの 2nd アルバム。Aura Noir などを手掛ける Kristian Valbo がアートワークを担当。力まない浮遊感のあるヴォーカルがサイケデリックな感覚を増強させる「Ghouls in Leather」でアルバムはスタート。王道のドゥームリフにワウを絡ませたタイトル曲「Celestial Cemetery」や分厚いギターサウンドと情感あふれるメロディが交差する「Harbinger of Death」などを収録。アップテンポかつ哀愁の漂うコード進行を用いる「Menticide」では Pentagram に通じるムードを醸し出す。

Sahg
Born Demon
🌐 ノルウェー　　Drakkar Entertainment GmbH

2010年にベルゲンにて結成されたドゥームメタルバンドの2022年リリースの6thアルバム。Napalm Death や At the Gates なども手掛ける Russ Russell がミキシングとマスタリングを担当。正統派メタルの要素が強いリフを軸に、ストレートにメロディを紡ぐヴォーカルが炸裂する「Fall into the Fire」でアルバムはスタート。ダンサブルなビートとドゥーム由来のヘヴィネスが融合する「House of Worship」や、スローで暗黒要素の強いリフを主軸にアルペジオなども駆使し展開される「Born Demon」などを収録。「Heksedans」では MV が制作された。

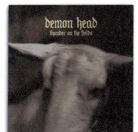

Demon Head
Thunder On The Fields
🌐 デンマーク　　The Sign Records　2017

コペンハーゲンにて2012年に結成されたドゥームメタル／ハードロックバンドの2017年リリースの2ndアルバム。Ferreira Larsen<Vo> らによるラインナップにて制作。初期の Pentagram や Witchcraft に通じる70s要素の強いドゥームメタルをプレイ。浮遊感のあるヴォーカルと枯れたサウンドを効かせたギターを筆頭としたバンドアンサンブルが聴き手をタイムスリップさせる「Menneskeæderen」が冒頭を飾る。どこか土着的なムードを漂わせた哀愁漂うメロディを主軸に進行する「We Are Burning」や、泥臭いギターリフとダウナーなヴォーカルを聴かせる「Gallow's Omen」などを収録。

Demon Head
Viscera
🌐 デンマーク　　Metal Blade Records　2021

ラインナップの変更なく2021年にリリースされた4thアルバム。Metallica、Morbid Angel などとも仕事をした名手 Flemming Rasmussen 所有のスタジオである Sweet Silence Studio にてレコーディングされた。荒涼としたデンマークの冬を連想させるラストナンバー「The Triumphal Chariot of Antimony」を筆頭に、ドゥームの定型からは離れたサウンドながら、ダークな世界観は維持。どこか Robert Smith を彷彿とさせる Marcus Ferreira Larsen<Vo> の歌唱がゴシックメタル的なもの悲しさを演出する。

Friends of Hell
Friends of Hell
🌐 多国籍　　Rise Above Records　2022

ギリシャのタトゥーアーティストで、Satan's Wrath や ex-Electric Wizard のキャリアを持つ Tas Danazoglou<Dr> を中心に2021年に結成されたドゥームメタルバンドの2022年リリースの1stアルバム。ex-Reverend Bizarre、ex-Spiritus Mortis の Albert Witchfinder<Vo>、ex-Impaled Nazarene、ex-Sentenced の Taneli Jarva<Ba> など錚々たる布陣で制作。Witchfinder General のアルバム名からバンド名を冠していることからも分かるように、王道のドゥームサウンドを炸裂させている。

Friends of Hell
God Damned You to Hell
🌐 多国籍　　Rise Above Records　2024

2024年にリリースされた2ndアルバム。新たに Nifelheim などでも活躍する Per "Hellbutcher" Gustavsson<Vo>、キプロス出身の Nikolas "Sprits" Moutafis<Gt>、Mystifier でもプレイするブラジル出身の Beelzeebubth<Gt> の5人編成で制作。前作で示された真正のドゥームメタルサウンドが本作でも炸裂し、猛者たちが奏でるアクの強いサウンドが味わえる。怪しげでイーヴルな歌唱と不穏なスケール感を持つギターリフが絡みあう「Gran Inquisidor」、NWOBHM のダークサイドへの憧憬にあふれた「Gran Inquisidor」などを収録。

Europe

妖艶な女性シンガー率いるヴィンテージ・ハードロックサウンド

Lucifer

🕒 2014-present　🌐 ドイツ ベルリン、イギリス ロンドン、スウェーデン ストックホルム
👤（Vo）Johanna Platow Andersson、（Gt, Dr）Nicke Andersson、（Gt）Martin Nordin、（Gt）Linus Björklund、（Ba）Harald Göthblad、（Ba）Diccon Harper、（Gt）Gaz Jennings、（Dr）Andrew Prestridge　他
🎵 The Oath、Cathedral

2014 年に ex-The Oath の Johanna Platow Andersson<Vo> を中心に結成された。前身となる The Oath はライブミュージシャンとして ex-Angel Witch で Warning や 40 Watt Sun でも活動する Andy Prestidge<Dr> が参加しており、そのまま初期の Lucifer へも参加している。なお The Oath は一枚のアルバムを残し解散。2015 年に Rise Above Records より 7" フォーマットで 1st シングル『Anubis』をリリース。同年に 1st アルバムとなる『Lucifer I』をリリース。このタイミングで Cathedral や Acid Reign の活動で知られる Gaz Jennings<Gt> が加入している。2018 年には所属レーベルをドイツ大手 Century Media Records へ移し 2nd アルバム『Lucifer II』をリリース。本作より Entombed や The Hellacopters、Imperial State Electric の活動で著名な Nicke Andersson<Gt, Dr> が加入。また Saturn でも活動する Robin Tidebrink<Gt> も加入している。2020 年には 3rd アルバム『Lucifer III』をリリース。本作では Dead Lord でも活動するスウェーデン出身の Martin Nordin<Gt> などが参加。2021 年には 4th アルバム『Lucifer IV』をリリース。また同時期 Blues Pills の Elin Larsson<Vo> とのコラボレーションで 7" シングル『Gone With The Wind Is My Love』をリリース。2024 年には Nuclear Blast へと移籍し、通算 5 作目となる『Lucifer V』をリリース。

Lucifer
Lucifer I
🌐 ドイツ　　🎵 Rise Above Records　📅 2015

ベルリン出身の Johanna Platow Andersson<Vo> とイングランド出身のメンバーで結成され、現在はストックホルムを拠点に置くヘヴィ／ドゥームメタルバンドの 2015 年 1st アルバム。Johanna Sadonis、ex-Cathedral、Acid Reign の Gary Jennings<Gt>、Dino Gollnick<Ba>、ex-Angel Witch の Andy Prestidge によるラインナップ。ベルリンの Candy Bomber Studio にてレコーディングされた。妖艶なヴォーカルと伝統的なドゥームサウンドが融合し、1st アルバムにしてバンド独自の個性を確立した。

Lucifer
Lucifer II
🌐 ドイツ　　🎵 Century Media Records　📅 2018

2018 年リリースの 2nd アルバム。レーベルを Century Media Records へ移した。Johanna Sadonis<Vo> 以外のメンバーが一新され、Entombed、The Hellacopters などの Nicke Andersson<Gt, Dr>、Saturn の Robin Tidebrink が新たに参加。Johanna Sadonis と Nicke Andersson がプロデュースとアートディレクションを担当し、Tribulation なども手掛ける Ola Ersfjord がミキシングを受け持った。メンバーチェンジの影響か、より 70s ヴィンテージ感覚が強まったサウンドへと変化した。

Lucifer
Lucifer III
🌐 ドイツ　　🎵 Century Media Records　📅 2020

2020 年リリースの 3rd アルバム。Nicke Andersson がドラムに専念し、Dead Lord にも在籍する Martin Nordin<Gt>、VOJD の Linus Björklund<Gt> が新たに参加。Nicke Andersson がミキシングとプロデュースを行い、Johanna Platow Andersson はプロデュースとアートディレクションを手掛けている。Cult of Luna のメンバーで Entombed のリマスターを手掛けた Magnus Lindberg がマスタリングを担当。MV が制作された「Midnight Phantom」を筆頭によりヴィンテージ色を強めた楽曲が並ぶ。

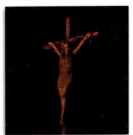

Lucifer
Lucifer IV
🌐 ドイツ　　🎵 Century Media Records　📅 2021

2021 年リリースの 4th アルバム。前作と同様のラインナップに新たにスウェーデン出身の Harald Göthblad<Ba> が加入。引き続き Johanna Platow Andersson と Nicke Andersson Platow がプロデュースなどを担当。マスタリングは再び Magnus Lindberg。ストックホルムの Studio Ryssviken と The Honk Palace にてレコーディングが行われている。MV が制作された「Bring Me His Head」と「Crucifix (I Burn for You)」を筆頭にヴィンテージ色溢れるハードロック／ドゥームサウンドを展開。

Lucifer
Lucifer V
🌐 ドイツ　　🎵 Nuclear Blast　📅 2024

Nuclear Blast へ移籍してリリースされた 2024 年の 5th アルバム。前作からのラインナップの変更はなし。よりロック本来の原始的な衝動を感じさせる楽曲が並ぶ一枚。ストレートなハードロックサウンドを聴かせる「Fallen Angel」でアルバムはスタート。ヴィンテージ要素が香るリフとブルージーな歌唱から懐かしさを醸すキャッチーなコーラスが展開される「At the Mortuary」が続く。MV が制作された「Slow Dance in a Crypt」では、新機軸といえるムーディーでブルース感覚を色濃く展開するバンドアンサンブルと、Johanna<Vo> による深みのある濃厚な歌唱が堪能できる。

The Oath
The Oath
●ドイツ
Rise Above Records ● 2014

ベルリンで結成されたヘヴィ／ドゥームメタルバンドの1stアルバム。2012年に結成され2014年に解散を表明した。後に Lucifer を結成する Johanna Sadonis<Vo>、ex-Sonic Ritual でスウェーデン出身の Linnéa Olsson<Gt>、Kadavar の Simon Bouteloup<Ba> のラインナップ。Angel Witch にも在籍した Andy Prestidge がドラマーで参加。Tribulation に在籍する Martin "Konie" Ehrencrona がプロデュース、ミキシングを担当。冒頭「All Must Die」を筆頭にキャッチーかつ妖艶なドゥームをプレイする。

Lucifer インタビュー

回答者：Johanna Platow Andersson

Q：最新アルバム『V』をリリースした後、あなたは多くのツアーや公演をこなしてきました。LUCIFER's SATANIC PANIC TOUR 2024 や Woodrock Festival、Sweden Rock Festival などでプレイしていますね。また、長いツアーを快適にこなすコツは何でしょうか？

A：Lucifer はいつもアルバムを引っさげてツアーをたくさんしてきたけど、ライブをすること自体が大好きなの。旅をするのも、異文化を見るのも大好き。だからウィンウィンなの。ノイズキャンセリング・ヘッドフォンをお勧めするわ。賑やかな場所では、特に私のような引きこもりには救世主だわ。

Q：『V』はノルウェーのチャートで1位を獲得しました。その成果をどのように見ていますか、またその結果を楽しんでいますか？
このアルバムの創作とレコーディングのプロセスはどうでしたでしょうか？

A：もちろん、世界中で好評を博していることに感謝しているわ。とても謙虚な気持ちになる。創作とレコーディングのプロセスは、過去4枚のアルバ

ムで変わっていない。作曲とレコーディングは自宅のスタジオ、Honk Palace で行っている。スタジオでひとりでエンジニアリングや編集ができるのが気に入っている。時間に追われることなく、気が向いたときに仕事ができるのは贅沢な気分ね。

Q：「At The Mortuary」や「Maculate Heart」のような曲には力強いメロディーがあります。これらの曲のインスピレーションは何でしょうか？
「Slow Dance In A Crypt」は美しくメランコリックな曲ですが、この曲のインスピレーションについて教えてください。

A：メランコリーは私のミドルネームなの！（笑）「At The Mortuary」はアルバムに収録される予定ではなかった。Nicke は私が作ったデモがあまりにも奇妙だと思ったんだけど、いくつかの部分をアレンジすることに同意して、私はこれをシングルにすると約束したわ。それで実際にシングルになったの！ この曲はアルバムの中で一番好きな曲だし、今ライブで演奏している曲でもある。「Maculate Heart」は、Lucifer にはとても珍しい曲。ある意味、もっとストレートなロックの曲。「Maculate Heart」以外の Lucifer のアルバムの歌詞はすべて私が書いた。この歌詞は Nicke が書いたわ。Nicke が提案した「Bring It On」というタイトルはあまりに病的な要素がないから「Maculate Heart」というタイトルにしたの（笑）。「Slow Dance In A Crypt」はこのアルバムで2番目に好きな曲。愛する人を死から目覚めさせたいという願いが込められている。なんて言ったらいいんだろう、私は絶望的なロマンチストなんだわ！

Q：この3曲のミュージックビデオも制作されましたね。現在のバンドの奥ゆかしい一面や、とてもアクティブな一面を見ることができます。あなたのお気に入りはどれですか？ また、これらのビデオの制作過程はどのようなものでしたでしょうか？

A：「At The Mortuary」と「Slow Dance In

A Crypt」の2つのビデオは死者を目覚めさせるというテーマに沿っているので、1つのストーリーでつながっているの。両方のビデオを1日で撮影したわ。ストーリーの成り立ちはこんな感じ。ある日、車を運転しながらゾンビのことを考えていて思いついた。ゾンビがあなたを追いかけてきたらどうだろう、殺すためではなく、彼はあなたの死んだ恋人で、あなたとまた一緒にいたいと思っているのだけれど、あなたは最初彼がわからなかっただけなのだ、と。もちろん、これは皮肉でもある！ ゾンビ役には、Nifelheim の Erik Gustavsson を選んだわ！ 完璧に役をこなしてくれた！
「Maculate Heart」のビデオでは、昨年ルクセンブルクで行われた Ghost との初のアリーナ・ツアーでのライブを撮影した。Lucifer は情熱的なライブ・バンドで、これまでライブ映像がなかったので、それをフィーチャーすることも重要だと思ったの。

Q：『V』のリリース後、あなたは Nuclear Blast に移籍しました。彼らとの仕事はどうですか？

A：Nuclear Blast は素晴らしい仕事をしてくれている。実は、Century Media で3枚のアルバムを制作したときと同じチームで仕事をしているんだ。彼らは NB に移籍したので、私たちは忠実に彼らについて行ったわ。

Q：Lucifer は2022年に南米ツアーを行いました。その経験はどうでしたか、また印象に残る出来事はありましたか？
ヨーロッパの観客と南米の観客の違いはありますでしょうか？

A：南米の観客はとても温かく、歓迎してくれるので、彼らのために演奏するのはとても楽しい！ 実は来週の火曜日から2度目のラテン・アメリカツアーへ出発するの。

Q：では、Lucifer の初期についてお聞きします。Lucifer を始めたとき、バンドとしての特定の音楽スタイルや目標といったヴィジョンはありましたか？

A：ビジョンは、私が好きなものすべてを組み合わせることだった。私が好きなさまざまな音楽、ビジュアル、衣装、歌詞。すべての感覚に対応できるように、そして私の情熱すべてのための創造的な出口を持つこと。目標は良い音楽を作ること、そして自分の芸術に対して真剣で誠実であること。それだけよ。

Q：1st アルバムは後のアルバムに比べて、より魔女的、儀式的、オカルト的な雰囲気があります。1st アルバムで目指した方向性はどのようなものでしたでしょうか？

A：これらのテーマは Lucifer の全アルバムで見られるが、もちろん『LuciferII』以降はその幅を広げた。1st アルバムは70年代への頌歌になるはずだった。しかし、Gaz と私が作曲を始めたとき、曲はもっとドゥーム的で、70年代のヘヴィ・ロックの要素は私が最初に思い描いていたよりも後

回しになっていたの。
Q：2ndアルバム『Lucifer II』ではNickeが加入しました。曲作りのスタイルは変わりましたか？　このアルバムの曲は、よりヴィンテージで70年代にインスパイアされたストレートなハードロックが聴かれる一方「Before the Sun」はオーセンティックなバラードの要素を持っています。また、Century Mediaとの契約はどのように決まったのですか？
A：コラボレーションの方法はGazと同じだけど、他のミュージシャンと一緒に作曲すると、もちろん音楽的DNAは変わるわ。Nickeは私の狙いを理解しているし、私たちはハードロック、プロト・ヘビーメタル、ドゥーム、サイケデリア、ソウル、そしてデスメタルのリフまで組み合わせることができる。本当に限界はないの。私たちは2人とも多様な音楽を愛しているし、一緒に曲を書くときに自分たちの嗜好を共有し、自分たちを制限しないことにとても感謝している。

Century Mediaは素晴らしいレーベルで、Rise Aboveとのひどい熾烈な契約から抜け出す手助けをしてくれた。『Lucifer I』の契約にサインしたとき、私はとても世間知らずで、サインする前に弁護士を連れて契約書を読まなかった。私はすぐに信頼する状態だったからだわ。それは私の致命的なミスだった。結局、多くの忍耐と度胸とお金と優秀な弁護士によって、私はようやく自由になり、再び音楽をリリースすることを許された。

Century Mediaはその後の3枚のレコードで素晴らしい仕事をしてくれた。この有害な状況から私を解放してくれた人たち、特にJens Prüter（私のA&R）、Nicke、そして弁護士には一生感謝し続けるでしょうね。不幸中の幸いだったのは、その悲惨な状況をもとにして何曲か書いたことだわ。
「Faux Pharaoh」は私の最初の復讐の曲だった。
Q：3rdアルバム『Lucifer III』は、「Ghosts」などの楽曲において前作で提示されたヴィンテージな感触を保ちつつ、リフで複雑なうねりを作り、オルガンや他の楽器を効果的にフィーチャーしています。曲作りはどのように進められたのですか？
A：Nickeがリフを書き、私がヴォーカル・メロディと歌詞を書き、一緒にアレンジするのが一般的だけど、『Lucifer II』の「Before The Sun」や「Mausoleum」のように私がすべて書いた曲も例外ね。また、過去2枚のアルバムでは、Linusと私が一緒に何曲か書いた。曲が良ければ何でもありだわ！
Q：タイトル曲「Lucifer」は、往年のハードロック、特にScorpionsを彷彿とさせるメランコリックなメロディを持っています。バンド内で特に影響を受けたものはありますか？
A：私は70年代のScorpionsが大好きだわ！「Lucifer」で特に曲として影響を受けたわけではないんだけど、そろそろタイトル曲にふさわしい曲が必要だと思っていたわ！

Q：4thアルバムは、「Crucifix」や「Nightmare」など、Luciferの初期を彷彿とさせるドゥーミーな曲が多いです。歌詞やアートワークもよりダークになっています。このアルバムの制作過程やインスピレーションはどのようなものだったのでしょうか？
また、「Crucifix」のミュージックビデオについても教えてください。インパクトに溢れています。

A：どのアルバムにも暗さがなかったわけではないけど、まさに私はLuciferをもう少し不吉な角度に戻したかった。おそらくパンデミックとスウェーデンの長い冬が影響している。「Crucifix」のビデオは、「Bring Me His Head」と同じ日に撮影された。ここでまた、2つのビデオのストーリーをつなげるアイデアが浮かんだわ。「Bring Me His Head」は70年代の映画『キャリー』をベースにしている。「Crucifix」のビデオは、キャリーが血まみれのドレスを着てどこへ行くのかを探るもので、彼女は自分の力に足を踏み入れたの。このために80年代のビデオカメラを借りたわ。とてもシンプルで気に入っている。

Q：Luciferは現在のドゥーム＆ハードロック・シーンを代表するバンドのひとつで、約10年の間に5枚のアルバムをリリースし、数多くのライブツアーを行ってきました。この10年で成し遂げたことを振り返っていかがでしょうか？

A：この5枚のアルバムをとても誇りに思っているし、音楽が人々の心を動かしたと思うと感慨深いものがあるわ。また、すべての経験、旅した国々、出会うことができた人々にとても感謝している。すべては本当に特権であり、死が私を連れ去る前に、できる限りこれを楽しみたいと思う。

Q：あなたが最も影響を受けた10枚のアルバムを教えてください。

A：100枚のアルバムがあれば、それを説明するのはもっと簡単だけど、ここでは、私に何らかの衝撃を与えたアルバムを、思いつくままに10枚挙げてみるわ：
The Rolling Stones『Beggar's Banquet』
Fleetwood Mac『Rumours』
Black Sabbath『Black Sabbath』
Ramones『Brain Drain』
ZZ Top『Tres Hombres』
Mountain『Climbing!』
Pentagram『First Daze Here』
Trouble『Trouble』
Danzig『Danzig III: How The Gods Kill』
Dead Can Dance『Within The Realm of A Dying Sun』

Q：最もインスピレーションを受けた歌手やバンドは？　また、あなたのライブパフォーマンスは際立っています。お手本になるパフォーマーはいますでしょうか？

A：私は自分のスタイルでやっているだけだと思う。

Q：Luciferでのキャリアを通じて、あなたは一貫したイメージとスタイルを保ってきました。どのようにして自分のスタイルを確立したのでしょうか？

A：たいていの場合、10代の頃からずっと好きだったものと、その過程で拾ったいくつかのアイデアを、どうにかして自分自身を特定できるような形で組み合わせているだけ。

Q：Blues PillsのElin Larssonをフィーチャーしたカバー曲「Gone With The Wind Is My Love」を手がけましたね。レコーディングはいかがでしたでしょうか？　その曲を選んだ理由は？

A：60年代のソウルが大好きで、何年も前にコンピレーションでこの曲を聴いたわ。ずっとカバーしたいと思っていたんだけど、友人でもあるElinはビッグなソウル・ボイスでこの曲を歌うのにぴったりの人だった。一緒にレコーディングしてとても楽しかった。彼女は週末を私たちの家で過ごし、レコーディングをし、食事をし、たくさん笑った。

Q：日本の好きな部分はどのようなことでしょうか。

A：私は日本の文化、自然、おもてなしが大好き。人々がお互いに敬意を持って接する姿がね。西洋文化で暮らしていると、時々それが恋しくなる。

Q：日本のファンにメッセージをお願いします。

A：日本の堕天使たちよ、Luciferの心は君たちのものだ。
Thank YOU! :)

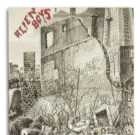

Alien Boys
The Seeds of Decay 🌐ドイツ　　Ⓐ Rave Records　Ⓒ 1990

ハンブルクにて 1987 年に結成されたドゥームメタル／グランジバンドの 1990 年リリースの 2nd アルバム。Saint Vitus などを手掛ける Stephan Gross がミキシングとプロデュースを担当。初期の Soundgarden を彷彿とさせるざらついたアンサンブルとプリミティブなグルーヴが特徴。ミッドテンポで突き進むドラムとブルージーなリフが陶酔感を煽る「Alien Boy」「Cloud Cuckooland」などを前半に配置。ファンキーに展開されるリズムセクションと、フリーキーに進行するリズミカルな歌唱が独自の空気感を生む「I Am Your Brain Surgeon」などを収録。

Atlantean Kodex
The White Goddess (A Grammar of Poetic Myth) 🌐ドイツ　　Ⓐ Ván Records　Ⓒ 2013

フィゼックにて 2005 年に結成されたエピック／ヘヴィ・ドゥームメタルバンドの 2013 年 2nd アルバム。ドイツのロマン主義画家、カスパー・ダーヴィト・フリードリヒの作品をアートワークに使用した。Candlemass のエピック要素と Manowar や Bathory に通じる勇壮な雰囲気が融合した楽曲を収録する一枚。意表を突く分厚いハーモニーと、正統派メタルの勇壮な世界観を含有し進行する「Sol Invictus」でアルバムは幕を開ける。ツインリードが交差し緩急をつけながら、歴史や神話に基づく歌詞が壮大なバンドアンサンブルと融合して展開される「Twelve Stars and an Azure Gown」などを収録。

Dark Suns
Swanlike 🌐ドイツ　　Ⓐ Independent　Ⓒ 2002

1997 年にライプツィヒで結成されたドゥーム／プログレッシヴ・メタルバンドの 2002 年リリースの 1st アルバム。Niko Knappe<Dr, Vo>、Maik Knappe<Gt>、Tobias Gommlich<Gt>、Michael Beck<Ba>、Thomas Bremer<Piano> のラインナップで制作。Victorius などを手掛ける Alexander Lysjakow がミキシングとマスタリングを担当。バンドは後にプログレッシヴな要素を増やしていくが、本作ではドゥームメタルの要素も大いに感じられる。後に Prophecy Productions から再発がされた。

Doomshine
Thy Kingdoom Come 🌐ドイツ　　Ⓐ Iron Glory Records　Ⓒ 2004

ルートヴィヒスブルクにて 2000 年に Sleep with the Devil として結成され、2001 年に改名したエピック・ドゥームメタルバンド。2004 年リリースの 1st アルバム。冒頭から重くのしかかるギターリフとタイトなバンドアンサンブルが融合し、抒情的なギターソロと歌メロが展開される「Where Nothing Hurts But Solitude」でアルバムはスタート。クリーントーンが不穏な調べを強調する「Venus Day」、アルペジオの浮遊感のある調べとヘヴィなサウンドがファンタジックな世界観な歌詞と絡み合う「Light a Candle for Me」などを収録。

Fvneral Fvkk
Carnal Confessions 🌐ドイツ　　Ⓐ Solitude Productions　Ⓒ 2019

ハンブルクにて 2015 年に結成されたエピック・ドゥームメタルバンドの 2019 年リリースの 1st アルバム。ex-Crimson Swan で Voidhaven にも在籍する Cantor Cinaedicus<Vo> らからなるラインナップにて制作された。Ophis などを手掛ける Oliver Carell がプロデュースを担当。冒頭のイントロ「Omnia ad Dei Gloriam」を経て、My Dying Bride に通じる陰鬱なエピックドゥームを聴かせる「Chapel of Abuse」でアルバムはスタート。メロディアスな歌唱と荘厳なムード提示する「A Shadow in the Dormitory」などを収録。

Mirror of Deception
Shards
⊕ドイツ Cyclone Empire 2006

エスリンゲンにて結成されたドゥームメタルバンドの 2006 年 3rd アルバム。Count Raven のライナーノーツを担当した経験のある Jochen Fopp<Gt> を含むラインナップにて制作。Warning や 40 Watt Sun に通じるモダンなドゥームサウンドを展開。哀しみ、渇望や絶望を題材とする歌詞と陰鬱なムードの楽曲を提示。哀愁の漂うコード展開に導かれる、伸びのある歌唱がフィーチャーされる「Haunted」を冒頭に配置。呪われた運命を連想させる歌詞と重く沈み込むサウンドが絡む「Ghost」へと続く。王道のギターリフが主導し、変化をつけたリズムを採用した「The Capital New」などを後半に収録。

Mountain Witch
Burning Village
⊕ドイツ This Charming Man Records 2016

ハンブルクにて 2008 年に結成されたドゥーム／ストーナーバンドの 2016 年 3rd アルバム。Hauke Albrecht がレコーディングからマスタリングまでを担当。Wytch Hazel、Paradise Lost など多くのアーティストを手掛けるスペインの Branca Studio がアートワークを担当。70s の要素をふんだんに取り込んだ楽曲とオカルトに言及した歌詞が絡み合う楽曲が特徴の一枚。不穏なオルガンサウンドに導かれ、ヴィンテージ臭を強く放つギターリフが楽曲を主導する「The Dead Won't Sleep」では NWOBHM に通じる浮遊感のあるヴォーカルが乗る。

Naevus
Heavy Burden
⊕ドイツ Meta Matter Records 2016

1991 年にビーティッヒハイム＝ビッシンゲンにて結成されたドゥームメタルバンドの 2016 年リリースの 2nd アルバム。一時 Mystic Prophecy へも在籍した Mathias Straub<Dr> らを含むラインナップで制作。Wino なども手掛けた Stefan Brüggemann がマスタリングを担当。Trouble や The Obsessed を彷彿とさせる伝統的なドゥームリフと、それに乗るメロウな歌唱が融合するタイトルトラック「Heavy Burden」でアルバムはスタート。派手さはなくともうねるグルーヴと、ダークなムードが分厚いサウンドをベースとした王道の展開を見せる「Black Sun」などを収録。

Noekk
The Water Sprite
⊕ドイツ Prophecy Productions 2005

2004 年にバイエルン州にて結成されたプログレッシヴドゥーム／メタルバンドの 2005 年リリースの 1st アルバム。Empyrium に在籍する Funghus Baldachin<Vo, Gt, Key> と F. F. Yugoth<Dr, Gt, Ba> の二人のラインナップで制作。F. F. Yugoth の本名である Markus Stock 名義でレコーディングとミキシングを担当。Empyrium の流れを汲みつつ、本作ではさらにプログレッシヴメタル寄りの展開が強い。穏やかなアコースティックギターの調べから始まり、一気に広がりのあるアンサンブルへと展開する「The Watersprite」などを収録。

Wheel
Wheel
⊕ドイツ Eyes like Snow 2010

ヴェストファーレンにて 2006 年に Etherial Sleep として結成され、その後 2009 年から現在の名義で活動しているドゥームバンド。2010 年リリースの 1st アルバム。Sodom や Dew-Scented などを手掛ける Klaus Spangenberg がミキシングを担当している。Delain などを手掛ける Eroc がマスタリングを担当。伝統的なドゥームを土台により沈鬱な雰囲気を強調した楽曲が並ぶ一枚。スローで暗黒要素のあるリフが主導しじわじわと聴き手を追い詰めるようなバンドアンサンブルと、切迫感を生み出すメロディックな歌唱が特徴の「Mills of God」などを収録。

Celtic Frost
Monotheist
🌐 スイス　　　　　　　　　　　　　　　　　　　　　　　　　　　　Ⓒ Century Media Records　Ⓨ 2006

ドゥームのみならず、ブラックメタル、デスメタル、スラッシュメタル等の派生ジャンルにおいて、多大な影響を与えたパイオニアとして知られるスイスのレジェンドバンドの2006年5thアルバム。一時L.A.メタルにも通ずる方向に舵を切ったバンドであるが、本作では1984年EP『Morbid Tales』や『To Mega Therion』など、バンドが元来有していた神秘的かつダークなムードをモダンなプロダクションの下、世に問うた意欲作。初期の暗黒要素はそのままに、よりドゥームメタルにも接近した楽曲群が出色。結果的にアルバムはシーンで熱狂的に受け入れられ、同年リリースに伴うツアーでは各国フェスでヘッドライナーを務めた。

Serpentcult
Weight of Light
🌐 ベルギー　　　　　　　　　　　　　　　　　　　　　　　　　　　Ⓒ Rise Above Records　Ⓨ 2008

メンバーが2006年に児童虐待容疑で逮捕され、実刑判決を受け活動休止を余儀なくされた、Thee Plague of Gentlemenの他メンバーにより同年結成されたドゥームメタルバンド。2008年にリリースされた1stアルバム。Frédéric Caure<Gt>、Steven Van Cauwenbergh<Ba>、Frederik "Cozy" Cosemans<Dr> に加え、後にDeath Penaltyに参加するMichelle Nocon<Vo>という布陣にて制作。伸びやかで艶やかな歌唱を活かした王道のドゥームサウンドが展開されるタイトルトラック「Weight of Light」などを収録。

Conviction
Conviction
🌐 フランス　　　　　　　　　　　　　　　　　　　　　　　　　　　Ⓒ Argonauta Records　Ⓨ 2021

2013年にジゾーにて結成されたドゥームメタルバンドの2021年1stアルバム。Temple of Baalにも在籍するOlivier Verron<Gt, Vo>、Corrosive Elementsに在籍するRachid "Teepee" Trabelsi<Dr> などによるラインアップにて制作された。人生の苦難を描いた歌詞と呼応するような重く沈みこむドゥームサウンドが特徴。不吉なムードの中メロディックな歌唱をフィーチャーし展開される「Voices of the Dead」や、アップテンポなビートと往年のハードロックなスタイルも感じさせる「Curse of the Witch」などを収録。

Ecclesia
De Ecclesi Universalis
🌐 フランス　　　　　　　　　　　　　　　　　　　　　　　　　　　Ⓒ Aural Music　Ⓨ 2020

2016年に結成されたドゥーム／ヘヴィメタルバンドの2020年1stアルバム。オルガン奏者を含むラインナップにて制作がされた。CandlemassやSolitude AeturnusなどにインスパイアされたエピックドゥームにManilla Roadなどの正統派メタルの要素を感じさせる楽曲を収録。儀式のような怪しいムードのイントロ曲「Excommunicamus」に導かれ、鋭角的なギターリフと疾走感を伴って高い歌唱力を駆使し、伸びやかに歌われるボーカルが楽曲を牽引する「Vatican III」でアルバムはスタート。不穏なクワイア「Ite Missa Est」でアルバムが締めくくられる。

Rising Dust
Rising Dust
🌐 フランス　　　　　　　　　　　　　　　　　　　　　　　　　　　Ⓒ Final Chapter Records　Ⓨ 2005

2003年にパリにて結成されたドゥームメタルバンドの2005年リリースの1stアルバム。ex-Dark WhiteのDavid<Gt, Vo>、Steff<Ba>、Malek Baali<Dr> のトリオ編成で制作。ミッドテンポのオーソドックスなドゥームサウンドにややハイピッチで歌い上げるヴォーカルが耽美要素を醸し出す。ブルージーなギターソロと自在なテンポチェンジで心地よい揺れを体現する「Hell of Witchfinder」が冒頭を飾る。粘り気のあるリフとグルーヴが展開される「Doom Revelation」へと続く。2008年にEmanes Metal RecordsからLPで再発された。

Black Lotus
Sons of Saturn
🌐 スペイン　　🅐 Inverse Records　📅 2018

バルセロナにて 2015 年に結成されたドゥームバンドの 2018 年リリースの 1st アルバム。Of Darkness やスペインの Graveyard などに在籍し Anathema なども手掛ける Javi Bastard / Javi Félez がレコーディングとミキシングを担当。Sadist や Hell in the Club、Elvenking などを手掛ける Luca Solo Macello がカバーアートを担当している。ドゥーム由来のヘヴィリフに正統派メタルに通じるエピックな要素を溶かし込んだ楽曲が特徴。タイトな演奏が緊張感を生む「Sons of Saturn」や 11 分にも及ぶ大作「The Sandstorm」などを収録。

Red Eye
Tales from the Days of Yore
🌐 スペイン　　🅐 Alone Records　📅 2019

スペインのアンダルシア州アンテケラにて 2016 年に結成されたサイケデリック・ドゥーム／ストーナーバンドの 2019 年リリースの 1st アルバム。Sleep の『Dopesmoker』を思わせるヘヴィリフとテンポ感、ヴォーカルから徐々に高みへ上るようなジャム展開で豊かな自然描写を持つ歌詞で歌われる「Encounter」でアルバムは幕を開ける。続く「BHC」では陶酔感を煽る歌唱が "black horse carriage" というダークなイメージで描かれる。8 分以上にわたる「Azathoth」「Hall of the Slain」で濃厚な世界観を示し、「Yagé」ではアトモスフェリックな側面も披露。

1782
1782
🌐 イタリア　　🅐 Heavy Psych Sounds　📅 2019

サルデーニャ島にて 2018 年に結成されたオカルトドゥーム／ストーナーメタルバンドの 2019 年リリースの 1st アルバム。魔女に言及した歌詞と近年のイタリアン・ドゥームの潮流である陶酔的なムードを前面に打ち出したサウンド。スローで引きずるようなテンポに吐き捨てつつも、気怠い雰囲気をまとうヴォーカルが乗るスタイル。Electric Wizard や Saint Vitus を彷彿とさせる魔術的なリフが次々と放たれる「Night of Draculia」「She Was a Witch」などを収録。ゲストプレーヤーである Nico Sechi のオルガンのプレイが効果的にアルバムを締めくくる。

1782
From the Graveyard
🌐 イタリア　　🅐 Heavy Psych Sounds　📅 2021

2021 年にリリースされた 2nd アルバム。前作のスタイルを踏襲しつつ、より密教的な雰囲気が増大した作風。スローかつダークなオカルト要素はそのままにカルトな表現が増大している。月やグレイヴヤード、死者に関しての直接的な表現が見られる歌詞とも相まって、暗黒度を極限まで顕著にした「Bloodline」や「The Chosen One」を主軸にアルバムは幕を開ける。LP での B 面ではロックフィーリングを強く感じさせるリフが印象的な「Inferno」「Priestess of Death」から不気味なクワイアをフィーチャーした「In Requiem」がアルバムに余韻を残す。

1782
Clamor Luciferi
🌐 イタリア　　🅐 Heavy Psych Sounds　📅 2023

2023 年リリースの 3rd アルバム。彼らの他の作品同様サルデーニャ島の RKS Studios にてレコーディングされている。持ち前のスローで背徳的なドゥーム楽曲は健在。Forgotten Light に在籍する Nico Sechi によるオルガンプレイが美しくもダークな世界観を放つ「A Merciful Suffering」で幕を開ける。続く「Succubus」では濃厚な音世界を体現する。ドゥームの根底にあるロックフィーリングを強く感じさせるリフで主導する「Black Rites」で A 面を締めくくる。B 面では緩急をつけつつ密教的なサウンドが支配する「Devil's Blood」などを筆頭に暗黒的な世界観を提示する。

オカルトや神秘主義など歌詞のテーマから見るドゥームの精神性と世界観

Saint Vitus の大半の楽曲の作詞・作曲を担当する、Dave Chandler

ドゥームメタルの歌詞の範囲は多岐に渡る。一般的なイメージであるオカルト、ホラーなどのテーマはもちろん、人生そのものや自らの思想・信条などを歌うもの、神秘主義などに感化されたものなど一概に断定するのは難しい。ここではいくつかの曲の歌詞を例に挙げながら歌詞から見られるドゥームメタルの精神性を探っていきたい。また The Metal Archives では各バンドの主要な歌詞テーマの項目もあるのでぜひ参照していただきたい。

まずは Black Sabbath。ドゥームの誕生に直接的な影響を与えたアーティストとして名高いが、歌詞の面でもすぐれた作品を多く世に送り出している。興味深いのはベーシストの Geezer Butler が歌詞を担当している点だろう。楽曲の良さのみならず歌詞の点からも多大なインスピレーションを後世に伝えている点が彼らへのリスペクトを強大なものにしている。Geezer Butler の歌詞の世界観としてはイギリスの作家デニス・イェーツ・ウィートリーが影響を与えている。彼はスリラー小説やオカルト小説の多作により、1930 年代から 1960 年代にかけて世界のベストセラー作家の一人だ。彼の著作『The Satanist』は 1960 年に出版された黒魔術／ホラー小説。サスペンスとミステリーと魔術に満ちた内容をエンターテインメントとして展開した。反共産主義のスパイをテーマにしているのが特徴の本作は 1960 年代の人気小説の 1 つとして知られている。1934 年に出版された『The Devil Rides Out』は黒魔術とオカルトの不穏な物語を語る内容で、悪魔崇拝のカルト教団や儀式、4 次元空間などダークなトピックで展開される。1934 年にデイリー・メール紙に連載が開始され 1968 年にはハマー・フィルム・プロダクションによって映画化もされている。なおこちらの映画版のアートワークは Electric Wizard が『Witchcult Today』のモチーフとしている。映像として現代の目でもレトロ／ホラーな世界観がドゥームメタルのイメージにピッタリである。またオカルト以外のテーマとしては反戦も挙げられる。『Paranoid』収録の「War Pigs」はダイレクトにおそらく当時のベトナム戦争に反対の意を示す内容であり、元々アルバム自体が当初『War Pigs』となるはずで、ジャケット・アートもそのタイトルを意識してデザインされたが、レコード会社が反対したため、『Paranoid』というタイトルに変更されたというい わくつきの楽曲だ。

次に挙げたいのは個人の哲学や信条だ。Saint Vitus の『Born Too Late』のタイトルトラックでは自らの音楽シーンでの立ち位置と信条を交差させた内容をダイレクトに綴っている。「Every time I'm on the street /People laugh and point at me/They talk about my length of hair/ And the out of date clothes I wear」（道を歩くたびに／人々は笑って私を指さす／私の髪の長さについて／時代遅れの服を着ていると）などのフレーズは当時のハードコアシーンとの関連やファンションや髪型が自身の属するシーンと密接にコネクトしていた当時の潮流を示唆しており、生々しいドキュメントと言える内容だ。また Trouble が起死回生をかけて制作に取り組んだ『Manic Frustration』収録の「'Scuse Me」でも「'Scuse me - for the clothes I wear/'Scuse me - how long is my hair」と同じような内容の歌詞があり、自身のアイデンティティーを表明している。Dave Chandler のインタビューからも確認できる通り、当時のシーンでは今よりももっとドゥームメタルへの理解が乏しい状況の中で、いかに彼らが自己を表現するために歌詞を通して意思を表明したかが垣間見える。

Abysmal Grief
Abysmal Grief
🌐 イタリア
🔘 Black Widow Records　◎ 2007

1996 年にジェノヴァにて結成されたドゥームメタルバンドの 2007 年リリースの 1st アルバム。Paul Chain Violet Theatre を彷彿とさせる脱力系、かつゴシック要素も感じさせるヴォーカルと、光の見えない楽曲が特徴。Type O Negative にリンクする場面も散見される。超能力的な占いや神秘主義に根差した歌詞が随所で確認でき、ホラーの要素も強いムードが支配する。冒頭 11 分にも及ぶ「The Necromass: Always They Answer」から SE 的なインスト曲「Dirges」を挟み、キーボードが不穏な和音感を演出する「Cultus Lugubris」などを収録。

Black Hole
Land of Mystery
🌐 イタリア
🔘 City Record　◎ 1985

イタリアのベローナにて結成されたドゥーム／プログレッシヴロックバンドの 1985 年リリースの 1st アルバム。"The Mysterious Future" Robert<Ba, Vo, Key, etc> を中心としたラインアップにて制作。Black Sabbath 影響下にあるサウンドを基調とし、薄暗く魔術的な雰囲気を放つキーボードの音色などが独自性を際立たせる。Paul Chain Violet Theatre や Pagan Altar に通じる、地下臭をより増幅させた味わい。技術よりも怪しさを醸すことを優先したヴォーカルがより不安感を煽る。超常現象やオカルト、秘教といったテーマの歌詞もサウンドと強くリンクする。

Black Oath
The Third Aeon
🌐 イタリア
🔘 I Hate Records　◎ 2011

ミラノで 2006 年に結成されたドゥームメタルバンドの 2011 年リリースの 1st アルバム。Candlemass をルーツとするエピックメタルのアプローチに Abysmal Grief や Black Hole などのイタリア勢の伝統を汲むオカルティックな音楽性が特徴。エソテリシズムやオカルトに言及した歌詞とメロウなヴォーカル、キーボードを効果的に配置したドゥームサウンドが炸裂する「Death as Liberation」でアルバムはスタート。不安感を煽る静謐なパートから一気にヘヴィに展開する「Evil Sorcerer」、本作屈指のヘヴィチューン「Horcell the Temple」などを収録。

Black Spell
Black Spell
🌐 イタリア
🔘 Independent　◎ 2020

北イタリアで 2020 年に結成されたサイケデリック・ドゥームメタルバンドの 1st アルバム。2020 年末に自主でデジタルリリースされた後に様々なレーベルから再発がされている。光の一切見えない暗黒的要素を多く含有するドゥームサウンドが特徴。反復リフを多用し、催眠的なリズムセクションが楽曲を引き立てる。沈み込むギターリフと怪しく響くエフェクトを多用したヴォーカルが響き渡る「Visions from the Dark Side」、シャッフルリズムを用いつつ往年のロックの要素とドゥームを融合させた「Mefistofele」などを収録。明日の叙景などを手掛けるロシア出身の B.M. がマスタリングを担当。

Black Spell
The Purple Skull
🌐 イタリア
🔘 Independent　◎ 2021

2021 年リリースの 2nd アルバム。前作で提示した陶酔感溢れるドゥームサウンドをベースとしたサウンドを基調とする。よりタイトさと自由度が増したリズムセクションと、オルガンが強調されたバンドアンサンブルが、ドゥーム由来の暗黒性とストーナーの酩酊感覚をバランスよく提示。ブルージーなギターソロと往年のロック的感覚を強く匂わせるリフで進行する「Walpurgis Night」や、フリーキーなオルガンサウンドが求心力を放つ「Dark Priest of Hell」などを収録。MV が制作された「Holy Incense」では反復される暗黒リフがイタリアンドゥームの伝統を伝える。

Europe　89

Black Spell
Season of the Damned
⊕ イタリア　　　Helter Skelter Productions　2022

メインレーベルをスウェーデンの Helter Skelter Productions へ移し制作された2022年リリースの 3rd アルバム。前作までの流れを汲みつつ、妖艶なムードが強調されたバンドアンサンブルが特徴。ドゥームの根底にある 70s ハードロックの要素やジャムフィーリングあふれるフレーズが印象的。冒頭 7 分を超える「Satanic Majesty」では生々しいサウンドプロダクションを活かした層の厚いギターリフを提示。「Witches Brew」では新機軸と言える原始的なロックフィーリングあふれるリフが楽曲を主導し、アートワークでも示される官能的なグルーヴが聴き手に迫ってくる。

Caronte
Wolves of Thelema
⊕ イタリア　　　Ván Records　2019

2011 年にイタリアのパルマにて結成されたドゥーム／ストーナーメタルバンドの 2019 年リリースの 3rd アルバム。Septic Tank に所属し、Cathedral や Insomnium なども手掛けたコロンビア出身の Jaime Gomez Arellano がプロデュースを担当。陰鬱なサウンドと冷たい感触のバンドアンサンブルが特徴。ヴォーカルはメロディとシャウトを織り交ぜるスタイルで、神秘主義やオカルトを題材とする歌詞を展開。ヘヴィサウンドと性急なリズムに不穏な響きのアルペジオがゴシック的な響きをも見せる「333」や、ロウなヴォーカルが Danzig にも通じる「Wolves of Thelema」を収録。

Death SS
...in Death of Steve Silvester
⊕ イタリア　　　Metalmaster Records　1988

イタリアのペーザロにて 1977 年に結成されたヘヴィ／ドゥームメタルバンドの 1st アルバム。Steve Sylvester<Vo> を中心としたラインナップで彼がプロデュースも行っている。Mercyful Fate に通じるイーヴルでホラーな世界観をシアトリカルな手法で仕上げたサウンドが特徴。邪悪かつどこかコミカルにも響くヴォーカルと切れのあるバンドアンサンブルが絡みつく「Vampire」で幕を開ける。続く「Death」では切ないアルペジオの調べから哀愁漂うヘヴィメタルサウンドへ展開する。オオカミの遠吠えをフィーチャーし、視覚的要素も充実した 8 分超えの「Terror」はバンドの真骨頂を感じさせる。

Death SS
Black Mass
⊕ イタリア　　　Metalmaster Records　1989

1989 年リリースの 2nd アルバム。Marc Habey<Ba>、Kevin Reynolds<Gt> が新たに加入。シアトリカルかつイーヴルな楽曲はそのままに、よりヘヴィメタルの王道に近づいたサウンドが特徴。バンドの特色でもあるファニーな要素を感じさせ、コーラスではキャッチーな展開をも見せつける。直線的なビートと Steve Sylvester のヴォーカルがキレ良く乗り、ギターソロがメロディアスに響く「Kings of Evil」でアルバムは幕を開ける。後に Steve Sylvester が設立した Lucifer Rising Records などから LP で再発されている。

Death SS
Heavy Demons
⊕ イタリア　　　Contempo Records　1991

1991 年にリリースされた 3rd アルバム。Steve Sylvester 以外のメンバーが総入れ替えとなり制作された。Coroner や Gamma Ray、Kreator なども手掛けたドイツ人 Sven Conquest が共同プロデュースとミキシングを行っている。体制が一新され、サウンドも変化。バンドの持ち味であるイーヴルな要素は不変ながら、よりキャッチーになった歌メロとヘヴィメタルの様式的な快感を追求したアンサンブルを提示。ソリッドなリズムセクションとギターリフを主軸に展開する「Heavy Demons」、新機軸といえるバラード調からスタートする「Family Vault」などを収録。

Paul Chain Violet Theatre
In the Darkness
🌐 イタリア　　Minotauro Records　1986

Death SS に 1977 年から 1984 年にかけて参加し、その後に本名義にて 1986 年にリリースされた 1st アルバム。音源は 1978 年から 1986 年にかけて録音されたものを収録。Paul Chain<Gt, Vo, Key> を中心にしたラインナップで、Death SS の Claud Galley<Ba>、ex-Death SS の Thomas Hand Chaste<Dr> が参加している。The Black や Death SS などを手掛けた Marco Melzi がエグゼクティブプロデューサーとして参加。全編を通して脱力しきったヴォーカルと演奏が特徴で、時にトリッピーに時に暗黒的要素と狂気を忍ばせる楽曲を収録。

Paul Chain
Violet Art of Improvisation
🌐 イタリア　　Minotauro Records　1989

Paul Chain 名義でリリースされた 1989 年 2nd アルバム。CD で 2 枚組のヴォリュームとなるタイトル通り即興中心の音源集。Disc 1 には Death SS の Claud Galley<Ba>、Thomas Hand Chaste<Dr> が参加。エグゼクティブプロデューサーである Marco Melzi がオーナーを務める Minotauro Records からリリース。不穏なナレーションやループするベースラインにフリーキーなギターソロが中毒性を生む「Tetri teschi in luce viola」では、30 分にもわたりドラッギーな世界が展開。クラウトロックなどをも飲み込んだ常軌を逸した楽曲に息を飲む。

DoomSword
Resound the Horn
🌐 イタリア　　Dragonheart Records　2002

イタリアのガララテにて 1997 年に結成されたエピックドゥームメタルバンドの 2002 年リリースの 2nd アルバム。Candlemass に通じるエピックドゥームの王道的なサウンドと Manilla Road やヴァイキングメタル期の Bathory なども彷彿とさせる勇壮な世界観が特徴。3 曲目「The DoomSword」では勇敢に歌い上げるシンガロングパートとファンタジックな歌詞が独自の雰囲気を提示。8 分超えの大作「Resound the Horn: Odin's Hail」では緊迫感溢れるバンドアンサンブルと Valhalla などへの言及もある、熱気あふれる歌唱と歌詞が融合し、アルバムを見事に締めくくる。

DoomSword
Let Battle Commence
🌐 イタリア　　Dragonheart Records　2003

2003 年リリースの 3rd アルバム。Fury n Grace などにも在籍した Wrathlord<Dr> が新たに参加。前作に比べよりエピックメタル、正統派メタルの要素が強くなった印象で、手数の多いドラムプレイとともに楽曲がより自在に展開。勇壮なクワイアや変則的なリズムチェンジ、メロディアスなギターソロなど聴きどころの多い「Heathen Assault」で幕を開ける。ファンタジックかつ歴史にも言及した歌詞が視覚的要素を聴き手に感じさせる。オーディン、剣、ヴァイキングなども飛び出す「In the Battlefield」、8 分を超える大作「The Siege」「Blood Eagle」など濃密な世界観を示す一枚。

DoomSword
My Name Will Live On
🌐 イタリア　　Dragonheart Records　2007

2007 年リリースの 4th アルバム。前作からメンバーチェンジがあり、Sacred Heart<Gt>、Geilt<Ba> が新たに加入。基本路線は前作の流れを汲みつつ、より練られたツインリードが勇壮な世界観をさらに強調する。Manowar を彷彿とさせる勇壮な歌唱がさらにプッシュされ、勇敢な騎士の生き様をドラマティックに描く「Death of Ferdia」、フォークロア的なアコースティックによる歌に誘われ、徐々にヘヴィに展開する「Gergovia」で幕を開ける。Iron Maiden を思わせるリズムと泣きのツインリードが心を揺さぶる「Claidheamh Solais (Sword of Light)」などを収録。

Epitaph
Crawling Out of the Crypt
🌐 イタリア　　🅗 High Roller Records　📀 2014

1987年にイタリアのベローナにて結成され、2012年に再始動したドゥームメタルバンドの2014年1stアルバム。Black Holeにもかつて在籍したNicola Murari<Ba>とMauro Tollini<Dr>のリズム隊を含むラインナップにて制作。Pagan Altarなどの地下トラディッショナルドゥームに通じるサウンドに、イタリア勢らしいオカルト的要素を増大させたムードが特徴。不穏なSEに始まりタイトかつ王道のドゥームリフを軸に進行する「Beyond the Mirror」でアルバムはスタート。鏡に映る自分がカオナシになるというホラーな歌詞が恐怖心を煽り、ダイレクトにバンドサウンドを聴き手に伝える。

Epitaph
Claws
🌐 イタリア　　🅗 High Roller Records　📀 2017

2017年にリリースされた2ndアルバム。前作からラインナップの変更はなし。イーヴルな雰囲気を強く放つドゥームリフと、甲高い声質で歌われるメロディが印象的。ストレートなメタルリフで進行し、後半は不穏かつシアトリカルな語りが絡む「Gossamer Claws」にてアルバムは幕を開ける。続く「Waco the King」ではヘヴィなベースサウンド主導で、暗黒成分を含有するギターリフがうねりを生む。11分超えの大作「Wicked Lady」はBlack Sabbathからの影響を隠さずに曲に溶かし込む姿勢が見え隠れしつつ、バンド独自のスタイルである演劇的要素を前面に打ち出した作風。

Messa
Belfry
🌐 イタリア　　🅐 Independent　📀 2016

2014年にチッタデッラにて結成されたドゥームメタル／アンビエント・ドローンバンドの2016年リリースの1stアルバム。レジア湖の水没した14世紀の教会の写真をアートワークに使用。ex-Bottomless、ex-Restos Humanosの経歴を持つSara Bianchin<Vo>の表現力豊かなヴォーカルと緩急や強弱を自在に操るバンドアンサンブルが特徴。寄せては返すヘヴィなドゥームリフとインディーポップやオルタナティブロック勢にも通じるヴォーカルをフィーチャーした「Babalon」、静謐なムードとクリーンなアルペジオからハードロックサウンドへ展開する「Hour of the Wolf」などを収録。

Messa
Feast for Water
🌐 イタリア　　🅐 Aural Music　📀 2018

2018年リリースの2ndアルバム。BottomlessやRestos Humanosにも在籍したSara<Vo>を軸にしたラインナップ。MVが制作された「Leah」を筆頭に妖艶なヴォーカルと陰鬱なドゥームサウンドが融合。ギターソロではブルージーなフレーズも聴ける。インディーポップにも通じる親しみやすいメロディと、ドゥーム由来のヘヴィネスが邂逅する「Snakeskin Drape」やジャジーなヴォーカルとジャムフィーリング漂うバンドアンサンブルが味わい深い「The Seer」などを収録。一貫してダークな歌詞が綴られており、ドゥームが本来持つ破滅的な側面を封じ込めている。

Messa
Close
🌐 イタリア　　🅐 Svart Records　📀 2022

2022年にリリースされた3rdアルバム。レーベルをフィンランドのSvart Recordsへ移している。AssumptionやSergeant Hamsterに在籍するGiorgio Trombinoがサックスなどでゲスト参加。Paul Chainにも参加経歴のあるMatteo Bordinがマスタリングを担当。前作までの流れを汲みつつよりヴィンテージなサウンドへ舵を切っている作風。自在なリズムチェンジとダークなリフ、そしてキャッチーな歌メロが融合する「Dark Horse」、幽玄な表情を見せる歌唱と独自のスケール間で楽曲を彩るギタートーンが印象的な「Rubedo」などを収録。

Obake
Draugr
🌐 イタリア　💿 RareNoise Records　📅 2016

イタリアで 2011 年に結成されたエクスペリメンタル・ドゥームメタルバンドの 2016 年 3rd アルバム。プログレッシヴメタルにも通じる硬質な響きのバンドアンサンブルとシャウトを中心に野太く展開するヴォーカルが特徴。リズムチェンジを多用し、メロディックな響きを聴かせる。「Hellfaced」ではブラストビートやクリーンボイス、アルペジオを使用した和音展開などバンドの持つ振れ幅の広さを提示。タイトル曲である「The Augur」では Tool を思わせる浮遊感のあるベースラインと、空間系エフェクトを多用したギタートーン、歌い上げるヴォーカルなどが融合し、独自の世界観を聴き手に共有している。

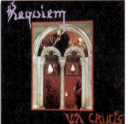

Requiem
Via Crucis
🌐 イタリア　💿 Minotauro Records　📅 1990

イタリアのペスカーラにて 1985 年に結成されたドゥーム／ヘヴィメタルバンドの 1990 年 1st アルバム。The Black に在籍する Mario Di Donato<Gt> を中心としたラインナップ。Death SS や Black Hole に通じるイタリアンドゥームの特徴であるオカルト要素を強く感じさせるスタイル。悪夢や血が流れるといった表現が多用される歌詞とおどろおどろしい雰囲気を持った「Vindication」、哀愁のギターソロとバンドの持つシアトリカルな楽曲展開が融合する「Ora Pro Tenebris」などを収録。ロウなプロダクションが往年の伝統的ドゥームをダイレクトに伝える。

The Black
Refugium Peccatorum
🌐 イタリア　💿 Black Widow Records　📅 1995

1988 年にイタリアのペスカーラにて結成されたヘヴィ／ドゥームメタルバンドの 1995 年リリースの 3rd アルバム。イタリアのシーンでは最古のドゥームバンドの一つに数えられる。Requiem や Unreal Terror にも在籍した Mario Di Donato<Gt, Vo> を中心としたラインナップ。ロウで地下臭があふれつつ、エピックな要素も感じさせる「Mortalis Silentium」でアルバムは幕を開ける。カトリックのダークサイドに言及した歌詞がダークなドゥームサウンドと重なり合い、説得力溢れる楽曲が並ぶ。厳かなキーボードの響きや効果的に配置されたインストナンバーも収録。

The Black
Ars Metal Mentis
🌐 イタリア　💿 Black Widow Records　📅 2020

2020 年にリリースされた 9th アルバム。Cristiano Lo Medico<Ba, Vo> と Gianluca Bracciale<Dr> が新たに加入。Mario "The Black" Di Donato の呪詛的でユニークな歌唱はそのままに、より現代風にアップデートされたプロダクションが印象的。パイプオルガンやチャイムの音色に導かれる「Praesagium」からアルバムはスタートし、ストレートなドゥーム／ヘヴィメタルナンバー「Marius Donati」へ雪崩れ込む。アルバム全体のカラーとしてやや明るいイメージを展開。ただ一筋縄ではいかないどこか陰りのある雰囲気が、狂気を感じさせるアートワークともリンクする。

ThunderStorm
Sad Symphony
🌐 イタリア　💿 Northwind Records　📅 2000

ベルガモにて 1992 年に結成されたエピック・ドゥームメタルバンドの 2000 年リリースの 1st アルバム。Dark Moor や Labÿrinth、Secret Sphere などとも仕事をしてきた Luigi Stefanini がレコーディングを担当。Candlemass や Solitude Aeturnus を直接連想させるようなエピック・ドゥームメタルを展開。ダークかつどこか超自然的なムードが漂う歌詞とサウンドが相乗効果を生み、アルバムは進行。呪詛的なヴォーカルと死に言及する歌詞が特徴の「Vision of Death」やクリーンなアルペジオとヘヴィサウンドのコントラストを強調する「Sad Symphony」などを収録。

ThunderStorm
Witchunter Tales
🌐 イタリア　　　Northwind Records　2002

2002年リリースの2ndアルバム。新たにSandro Mazzoleni<Gt>が加入。ex-DrakkarのChristian Fioraniがサポートでドラムをプレイ。再びLuigi Stefaniniがプロデュースを担当。前作に比べプロダクションが向上したサウンドを展開。伸びのあるヴォーカルとバンドの特徴であるエピックドゥームサウンドに加え、Dio期のBlack Sabbathにも通じるような格調高い楽曲を提示。リズムチェンジや様々なドゥームリフの波が響き渡る「Witchunter Tales」や、スローなテンポにメロウなパートを流し込む「Parallel Universe」などを収録。

ThunderStorm
Nero Enigma
🌐 イタリア　　　Dragonheart Records　2010

2010年にリリースされた5thアルバム。新たにAttilio Coldani<Dr>が参加している。歳月を経てよりモダンになったサウンドを提示。自在に変化していくドゥームリフやメロディアスな歌唱などは健在。冒頭「Nero Enigma (The Beginning)」や「When April Dies」では前作までのスタイルをさらにブラッシュアップさせたエピックドゥームサウンドを披露。アップテンポなリズムにメジャーキーなども取り込んだ「5o25 (Roman Goddess)」や、抒情的なコード進行とミドルテンポによる演奏の「Shallow」が新機軸を感じさせる。

Wizard Master
Phasmatis
🌐 イタリア　　　Interstellar Smoke Records　2022

ローマにて2019年に結成されたドゥーム／ストーナーメタルバンドの2022年リリースの1stアルバム。Electric Wizardを彷彿とさせるオーセンティックなドゥームサウンドと、Mephistofelesを中心とする近年南米からの新たな潮流ともリンクするサウンドを提示。甲高くエコーを多用し、陶酔感を表現するヴォーカルとイタリアのバンドの特色であるシアトリカルな展開も付随させ、バンド独自のスタイルを構築。ストレートに自身のルーツを表明する「This Is Black Sabbath」や冒頭7分を超えるナンバー、「Know the Wizard」などを収録。

Wizard Master
Ablanathanalba
🌐 イタリア　　　Electric Valley Records　2023

2023年リリースの2ndアルバム。サルデーニャ島のドゥーム／ストーナーレーベル、Electric Valley RecordsからLPがリリースされている。前作の流れを汲んだ王道のドゥームサウンドを本作でも展開。生々しいサウンドプロダクションも相まってヴィンテージ要素をも醸し出す。冒頭8分を超える「Hell Riders」では序盤王道のフレーズで展開し、後半はシアトリカルなオルガンサウンドとナレーションに導かれ、ドラマティックにそして抒情的に場面転換する新機軸を披露。ジャムフィーリングあふれるクリーントーンからサイケデリックなヘヴィパートへと雪崩れ込む「Tested by Death」などを収録。

Forsaken
Pentateuch
🌐 マルタ　　　Mighty Music　2017

マルタ南東部の町、フグラにて1990年にBlind Alleyとして結成され1991年より現名義で活動するエピック・ドゥームメタルバンドの2017年リリースの5thアルバム。不気味なナレーションとエスニックな香りを放つ「The Banishment」に導かれ、本作屈指のヘヴィチューン「Primal Wound」へと雪崩れ込む展開が構成美の巧みさを示す。Solitude AeturnusやCount Ravenなどに通ずるトラディッショナルなサウンドの中に独自のスケール感を埋め込み、ユニークな世界観を演出。3部構成からなるラスト15分にも及ぶ「Apocryphal Winds」まで濃厚な聴きごたえで迫る。

楽器・歌詞だけでなくアイデンティティでも密接なドゥームとハードコア

Saint Vitus の Dave Chandler

Black Flag の Greg Ginn

Saint Vitus の Dave Chandler、また Scott "Wino" Weinrich のインタビューでも見ていただける通り、当時の西海岸シーンにおいてドゥームとハードコアは密接にかかわっていた。いや、もはや「ハードコアシーンそのもの」というべき状況であった。これもインタビューで語られたことだが、Saint Vitus は当時 SST Records と契約するためにレーベルオーナーで Black Flag のギタリストでもある Greg Ginn が直接契約のオファーをしていた。また背景として当時時代はまさに L.A. メタルがシーンを席巻していた時期であり、Mötley Crüe や Ratt のようなバンドやいわゆる Top 40 系のバンドのカバー楽曲が求められていた。Saint Vitus のような硬派なドゥームメタルバンドはそういったシーンでは全く評価されず、おのずとハードコアのシーンとの親和性を深めてゆく。

また南カリフォルニアで結成された Black Flag もアメリカンハードコアの先駆者であると同時に Black Sabbath に強く影響を受けたバンドであった。特に 1984 年にリリースされた 2nd アルバム『My War』のB面は 70 年代の Black Sabbath の影響をフリージャズに通ずる奔放さを用いて拡大解釈したような内容で、Saint Vitus との接点を色濃く示す好例のみならず後にスラッジメタルやグランジの形成に大きな影響を及ぼしている点も重要だ。このハードコアと Black Sabbath が融合したようなサウンドは Melvins、Soundgarden、Nirvana などに受け継がれる。特に Soundgarden の 1st フルアルバム『Ultramega OK』は SST からリリースされており、その契約の陰では Saint Vitus のメンバーから Greg Ginn への働きかけもあった。Soundgarden と Saint Vitus のメンバーが当時から友人関係であったことからも、SST Records を軸としたハードコア〜ドゥーム〜グランジのシーンの交流がシームレスに浮かび上がってくる。使用楽器においても当時の 80s ドゥームとハードコアでは共通点が見られる。こちらはワシントン D.C. のバンドであるが Fugazi の Ian MacKaye は Wino、Dave Chandler らと同じ SG を使用している。Wino に関しては Guild S-100 Polara というギターを使用しているが、SG に形が似ている。また Soundgarden の Kim Thayil も Guild S-100 Polara の使用で有名だ。当時ワシントン D.C. のバンドが SG を選んだ理由としては攻撃的なシェイプと軽さと機動力、レスポールに比べ、安めの価格設定、さらに乾いた中音域という点に加え、彼らが初めてギタリストとして衝撃を受けたミュージシャンに Tony Iommi が存在していることも理由に挙げられる。また両者には歌詞にも共通点が見られる。先述の L.A. メタルなどの典型的なイメージであるパーティー的な歌詞ではなく社会的孤立、ノイローゼ、貧困、パラノイア（Black Flag）、薬物、孤独、うつ病、薬物乱用、死、精神疾患（Saint Vitus）といったダークでリアルな題材を取り入れている。「Black Sabbath の歌詞にある社会への否定的な反映や人間性への不満の多くは、Black Flag や Discharge のようなバンドの心を打った」という Lee Dorrian の発言にもあるように、きらびやかな世界にノーを突きつけ、自身のアイデンティティやダークな心象風景を描いたという点でドゥームとハードコアは切っても切れない関係であった。

Fugazi の Ian MacKaye

2020 年以降の南欧ドゥームシーンのトップバンド

Acid Mammoth

◐ 2015-present　**●** ギリシャ アテネ

👤（Gt, Vo）Chris Babalis Jr.、（Gt）Chris Babalis Sr.、（Ba）Dimosthenis Varikos、（Dr）Marios Louvaris

♬ Black Path、Dragotherion

2015 年に Chris Babalis Jr.<Gt, Vo> と Dimosthenis Varikos<Ba> により結成。二人はハイスクール時代の友人で Black Sabbath やその他のヘヴィな音楽に対する共通の愛情があった。その直後にやはり友人である Marios Louvaris<Dr> と Chris Babalis Jr. の実父である Chris Babalis Sr.<Gt> が加入。2025 年現在不動のラインナップであり、バンドメイトを越えた家族的なつながりを重視している。2016 年の後半にレコーディングに入り、2017 年に 1st アルバム『Acid Mammoth』を自主リリース。その後すぐに 2nd アルバムの制作準備に取り掛かる。2019 年 9 月にはイタリアの Heavy Psych Sounds と契約が成立し 2020 年 1 月に 2nd アルバム『Under Acid Hoof』が同レーベルよりリリースされた。本作は 2020 年 1 月度の Doom Charts で 2 位を記録。自他ともに認めるバンドにとってのエポックメイキングな作品となった。2020 年には同レーベルから『Doom Sessions Vol. 2』をイタリアの暗黒ドゥームバンド 1782 とのスプリットの形でリリース。2021 年には 3rd アルバム『Caravan』、2024 年には 4th アルバム『Supersonic Megafauna Collision』と順調にリリースを重ねる。また 3rd アルバムリリース後には活発なツアーを続けており 2022 年、2023 年にはヨーロッパツアーを敢行し、Desertfest London、Desertfest Antwerp、SonicBlast Fest などへの出演を果たす。またアルバムアートワークには一貫してスペインの Branca Studio を起用し、イメージ面での一貫性も大切にしている。

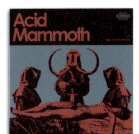

Acid Mammoth
Acid Mammoth
🌐ギリシャ　　Heavy Psych Sounds　2017

2015年にアテネで結成されたドゥーム／ストーナーメタルバンドの2017年リリースの1stアルバム。後にイタリアのHeavy Psych Soundsから再発されている。Chris Babalis Jr.<Gt, Vo>、Chris Babalis Sr.<Gt>の親子を含むラインナップ。陶酔感溢れるドゥームリフとホラーやウィッチクラフトに言及した歌詞で展開される魔術的な世界観が特徴。ヴォーカルメロディは甘い歌声で進行し、Ghost B.C.をも彷彿とさせるポップな展開も交わる。14分近くにも及ぶ「Eternal Sleep」では展開らしい展開はなく、ほぼ一つのリフとメロディで揺蕩うバンドの真骨頂を提示。

Acid Mammoth
Under Acid Hoof
🌐ギリシャ　　Heavy Psych Sounds　2020

2020年にリリースされた2ndアルバム。アートワークにAngel WitchやBongzillaを手掛けるスペインのBranca Studioを起用。前作の路線を踏襲し、さらにソリッドになったバンドサウンドが特徴。DemonsやWitchesという単語が散見されるイーヴルなムードと、巧みに韻を踏んだ歌詞がドゥームリフと交わり展開する「Them!」でアルバムは幕を開ける。ファズギターで充満したリフと硬質なドラムサウンドがグルーヴする「Tree of Woe」、本作屈指のダークな展開と終末論的な歌詞が交差する「Tusks of Doom」などを収録。全5曲ながらかなり聴きごたえのある一枚。

Acid Mammoth
Caravan
🌐ギリシャ　　Heavy Psych Sounds　2021

2021年リリースの3rdアルバム。前作までの基本路線の延長にある作風。本作ではややサイケシーかつジャムフィーリングあふれる展開を採用。伝説的な古代のノルウェー人戦士を題材とした「Berserker」ではストーリーテリング的な手法を用い、ドゥームサウンドへと溶け込ませる試みが垣間見える。続く「Psychedelic Wasteland」は約9分にも及ぶ大作で、スローに始まる序盤から催眠的なビートと歌い上げるヴォーカルが退廃的な言葉で世界観を構築。「Caravan」は11分超えの大作であり、ツインギターのハモりなども導入し、アートワークでも示されるMammoth Caravanに関して歌われる。

Acid Mammoth インタビュー

回答者：Chris Babalis Jr.

Q：現在のラインナップはChris Babalis Jr.<Vo>、Chris Babalis Sr.<Gt>、Dimosthenis Varikos<Ba>、Marios Louvaris<Dr>で間違いないでしょうか。

A：そうだね。そして、フルメンバーでのバンドになってからはずっとこの4人でやっている。今のところラインナップの変更はないし、最初からこの4人でやってきたからこそ、今のサウンドに進化したのだと強く信じている。俺たちは、人間として、ミュージシャンとして、お互いのことを本当によく知っている。

Q：Acid Mammothは2024年の春にかけてヨーロッパツアーを行うなど精力的に活動しています。また、アルバム『Supersonic Megafauna Collison』をリリースしましたね。これまでのところ、世界中の反応はどうですか？

A：反応は素晴らしいよ。新しいアルバムを聴いてくれた人、買ってくれた人に本当に感謝している。俺たちの新曲はとても評判がよく、スタジオ・バージョンの曲も、ライブで演奏したときの反応も、とても好意的だった。これ以上嬉しいことはない！

Q：このヨーロッパ・ツアーで印象に残っている出来事やショーがあれば教えてください。ボローニャではHeavy Psych Sounds Fest Italyも開催されました。そのことについて詳しく教えてください。

A：Heavy Psych Sounds Fest Italyはワイルドだった。一般的に、すべてのHeavy Psych Soundsフェスは独自のオーラを持っていて、いつもパーティーなので、演奏するのがとても楽しい。イタリアでもスイスでもドイツでも、Heavy Psych Soundsフェスはいつもマジカルな雰囲気なんだ。今回のボローニャは特にクレイジーだった！　ボローニャで演奏するのは3回目で、TPOというとても大きな会場で、他の

素晴らしいバンドと一緒に演奏したんだ。
Q：ロンドンで開催された Stoomfest では、Nebula や Green Leaf のようなパワフルなアクトがたくさんいました。どんなフェスティバルでしたか？
A：素晴らしい雰囲気、素晴らしい人々、そしてたくさんのビールがあったよ！ Stoomfest に参加できたことをとても誇りに思っている。ロンドンで演奏するのはいつも楽しいし、ヘヴィ・ミュージックへの深い愛を分かち合える美しい人たちに囲まれていればなおさらだ。
Q：ツアーを通じて、現在のヨーロッパのドゥーム／ストーナー・シーンをどう見ていますか？
A：かなりポジティブに捉えているよ。より多くのバンドが登場し、新しいものをもたらし、シーンが成長しているように感じる。ドゥーム／ストーナーのシーンは、ロック／メタル界でベストとまではいかなくても、素晴らしいシーンのひとつだと思う。シーンのマインドセットとしてみんな友好的なんだ。また、非常にポジティブな兆候として、若い人たちがたくさんライブに来てくれている。それは将来的に新たな息吹がシーンに現れる可能性を示唆している。
Q：『Supersonic Megafauna Collison』は、2024 年 4 月のドゥーム・チャートで1位を獲得しましたね！ アルバム全体を通して、パワフルなドゥーム・リフとメロディアスなヴォーカルが特徴的です。このア

ルバムのレコーディング過程について教えてください。
A：まず Ritual Studio でドラムを録音し、次に Descent Studio でギター、ベース、ヴォーカルを録音した。ミキシングとマスタリングも同じスタジオで行った。今回は、ロックダウンや世界的なパンデミックに邪魔されることもなく、クリエイティブなプロセスは前回よりもずっと容易で、とても楽しかった。今回は時間をかけてじっくり取り組んだよ。作曲からレコーディングまでの全過程を楽しみたかったからだ。
Q：「Fuzzorgasm（Keep On Screaming）」はとてもオカルト的な雰囲気と儀式的な雰囲気が特徴の楽曲です。また、「Tusko's Last Trip」はとても重厚で、即興のヴァイブスがとても強烈です。あなたのインスピレーションの源を教えてください。
A：歌詞のインスピレーションはいろいろなところから得ている。俺たちは映画が大好きなので、昔のホラー映画は私たちの音楽に雰囲気を与えてくれて、間違いなく役立っている。「Fuzzorgasm」は映画「Haxan」にインスパイアされたもので、「Tusko's Last Trip」は、実験中に科学者に殺されたゾウの悲劇を歌っている。この曲で俺たちは動物実験に反対することを宣言した。
Q：アートワークと楽曲の雰囲気がとてもよく合っていますね。アートワークは Branca Studio が担当

しました。どのようなインスピレーションを得て、どのようなスタイルを目指したのですか？

A：Branca Studio はいつもバンドのために素晴らしい仕事をしてくれている。彼の作品はバンドの楽曲をまさに補完している。彼が手がけてくれるアートワークはどれも、再生ボタンを押した瞬間にリスナーを待ち受けているものを示す素晴らしい指標となる。彼のアートワークの美学は、まるでヘヴィなリフを内包したアルバムのためにあるようだ。俺たちにとってはいつもそうで、視覚的な面でもこのヘヴィネス感を伝えたいと思っていたんだ。俺たちの音楽をキャンバスに表現するのに、これ以上ふさわしい人はいないよ。

Q：ありがとうございます。それではバンドの初期について教えてください。Acid Mammoth は 2015 年にアテネで結成されました。バンドとして最初に目指したコンセプトやスタイルは何ですか？ また、どのようなバンドから影響を受けていますか？

A：最初は、このバンドがどこにつながるのか見当もつかなかった。俺たちには、ドゥームメタル・プロジェクトやバンドに導入できそうなリフがいくつかあった。最初のアルバムは、大きな期待も計画もなくレコーディングした。俺たちが影響を受けてきたのは、明らかに Black Sabbath だ。また、現代的なストーナー／ドゥーム／サイケ・バンドもよく聴いていて、例えば Uncle Acid and the Deadbeats、Conan、Pallbearer など、無意識のうちに俺たちのサウンドに影響を与えているのは確かだ。

Q：2016 年に Chris Babalis Sr. がバンドに加入しました。どのようにして実現したのですか？ Acid Mammoth には実の親子がいて、とてもユニークです。

A：俺の父は、バンド結成の数ヵ月後に本当に加入した。ある日、俺は父のところに行って、「やあ、父さんはバンドをやっているんだよ」と言っただけだった。話し合いも誘いもなく、ただ宣言しただけだった！ 彼は最初からその気になっていたし、正直言って正しい選択だった。リード・ギタリストは彼以外に考えられないし、彼の 70 年代フィーリングを取り入れたギター・プレイは、特に俺たちのファジーなサウンドと組み合わせると、俺たちのサウンドに素晴らしい効果をもたらしてくれる。

Q：2017 年に 1st シングル「Black Rites」をリリースしました。後に 1st アルバムにも収録されましたね。この曲はユニークでヘヴィなギターリフとホラーでオカルト的な歌詞が特徴です。それだけでなく、この曲にはメロディックなヴォーカルや、大量に拡張されたジャムパートも含まれています。あな

たたちはすでに自分たちのスタイルを確立しているようですね。このシングルのレコーディングと創作過程について教えてください。

A：シングルの「Black Rites」は、俺たちが初めて世に問うた曲だった。デビュー・アルバムをレコーディングした後、俺たちは曲を世に出したいと思った。だから、アルバムの中で一番長い、18 分のゴリゴリの曲を選んだんだ。俺たちは「Black Rites」が大好きだ。Black Sabbath 的なジャムのようなドゥーミーな瞬間もあれば、ゆっくりとしたオカルト的な瞬間もある。その創作過程はシンプルだった。俺たちはリフの大群をセットし、それらをうまく結合して曲の基本骨格を形成した。その後、ソロとヴォーカルで曲を最終形に仕上げ、すぐに他のデビュー曲と一緒にレコーディングした。

Q：セルフタイトルの 1st アルバムは 2017 年にリリースされましたね。当初は自主制作でリリースされ、その後 2021 年に Heavy Psych Sounds Records から再発されました。アルバムのレコーディング過程や当時の反響について教えてください。

A：このアルバムのレコーディング・プロセスはいつもと違っていた。スタジオに入って一気にレコーディングしたわけではない。当時はギターも少なく、ヴォーカルも少なかった。ドゥーミーなレコーディングは初めての試みだったから、ゆっくり進めたんだ。ドゥーム・サウンドの初歩のステップだった。このアルバムのレコーディング中はドラマーがいなかったが、レコーディング後にドラマーの Marios が加入した。このアルバムのドラムは、俺たちの親友の Vasilis がレコーディングしたんだ。現在、デビュー・アルバムの再レコーディングに取り組んでいるんだ。デビュー・アルバムに誇りを持っていて、その内容も気に入っているが、その後にリリースされたアルバムと聴き比べると、サウンド面で顕著な違いがあるように感じている。今のバンドの状態で 1st アルバムの楽曲がどうなるかとても興味があるね。

Q：このアルバムのポスト・プロダクションは、いくつかのバンドでも活躍していた Dionysis Dimitrakos が担当していますね。どのように実現したのでしょうか？

A：Dionysis は俺たちの 10 代からの友人なんだ。彼は素晴らしい人間であり、俺たちのサウンドと美学を理解する素晴らしいサウンド・エンジニアでもある。彼はエクストリーム・メタル界で活躍しているが、レコードをドゥーミーなサウンドにする方法を知っている。俺たちはいつもすべてのアルバムで彼と仕事をしてきたし、今後のアルバムでも彼

と仕事を続けていくつもりだ！
プロセスは本当に単純明快だ。すべてを録音し、ミックスし、マスターする。それぞれの段階で、アルバムの特定の部分を輝かせることに集中し、ヘヴィに仕上げることに集中するだけさ！

Q：1st アルバムが Heavy Psych Sounds から再発された際、アートワークが現在のあなたのスタイルに近いものに変更されました。これは誰のアイデアでしょうか？

A：デビュー作のオリジナル・アートワークはとても気に入っているものだが、一貫性を持たせるために、それに続くアルバムと同じ美学を持った新しいアートワークが必要だと感じていた。俺たちはアートワークに一貫性を持たせるのが大好きで、すべてのアルバムを隣り合わせに置いて一緒に見るというアイデアが大好きなんだよ。Branca Studio による私たちのデビュー作の再構築は素晴らしく、音楽とアルバムの雰囲気を大いに反映している。

Q：1st アルバムをリリースした後の時期について教えてください。アルバムを引っさげてのライブやツアーはありましたでしょうか？

A：1st アルバムではツアーを行わず、2017 年と 2018 年に地元アテネで数回ライブを行っただけだった。正直に言うと、最初は演奏するショーが見つからなかったし、一緒に演奏するバンドも見つからなかった。そのため、ライブはほとんどなく、すぐにセカンド・アルバムの制作に集中し、最終的に 2020 年にリリースした。その後、不幸にも COVID-19 のパンデミックに見舞われ、ライブができなくなり、3 枚目のアルバムをレコーディングすることにしたよ。ツアーを始めるチャンスを得たのは、3rd アルバムの後からだね。

Q：2nd アルバム『Under Acid Hoof』が Heavy Psych Sounds から 2020 年にリリースされました。サウンド・プロダクションは Dionysis Dimitrakos が担当していますが、よりクリアなサウンドになっています。アルバムのレコーディング・プロセスについて教えてください。

A：このアルバムの制作を始めた時点で、すでに 1 枚のドゥームメタル・アルバムを制作した経験があった。2 枚目のアルバムでは、あらゆる面で前作を上回るものを作りたかった。リフ面、サウンド面、プロダクション面、歌詞面、あらゆる面で目標を達成したと感じる。ギターの膨大な量のファズも、このアルバムをよりヘヴィーに聴かせるのに大きな役割を果たしたと思う。また、ドラムも前作から大きくレベルアップしている。要するに、自分たちのサウンドを発見したアルバムなんだ。

Q：「Them!」のような曲は、オーセンティックなドゥーム・リフとキャッチーなメロディが特徴的で、曲の構成も洗練されています。何か特別な方向性があったのでしょうか？

A：「Them!」は基本的に、山の頂上で行われる魔女の儀式について語っている。神聖でない弟子たちが火の周りで踊り、邪悪な誰かを火の中から呼び出す、そんな魔女のようなフィーリングを音楽で表現したかった。音楽的には、この曲を書くときに特に方向性を決めていたわけではなく、一晩のひらめきの中で出てきたものなんだ。

Q：このアルバムは Doom Charts で 2 位を記録し、数多くの素晴らしい評価を得ています。アルバムに対する反応はどうでしたでしょうか？

A：俺たちをドゥーム・シーンの地図に実質的に登場させたアルバムだ。最も聴かれたアルバムでもある。ストーナーやドゥームメタル界からの評判は非常に良く、俺たちはその反応に唖然とし、また多くの人々がこのアルバムを聴き、それについて語ってくれた。このアルバムがもたらした状況は俺たちにとって新しいもので、俺たちと同じようにこのアルバムを楽しんでくれる人たちがいることにとても興奮したよ。

Q：3rd アルバム『Caravan』が 2021 年に再び Heavy Psych Sounds からリリースされました。このアルバムでは Dionysis Dimitrakos がレコーディングからマスタリングまでを担当していますね。

A：そう、いつものように Dionysis が 3rd アルバムのサウンド・エンジニアを務めてくれた。彼は俺たちのサウンドを知り尽くしている。特に『Caravan』のポスト・プロダクションが大変だったことを考えるとね。一般的に、俺たちはリリースするたびに、いつも同じ人たちと仕事をしたいと思っている。同じバンド・メンバー、同じスタジオ、同じサウンド・エンジニア、同じジャケット・アーティスト、同じレーベル。同じ人たちとのコラボレーションを模索するだけでなく、一貫性を保つことがとても好きなんだ。ファミリーを築いているような

気分なんだ。
Q：本作も基本的には前作と同じようなスタイルですが、リフがよりバラエティに富み、特に「Berserker」という曲ではギターソロが多くなっています。アルバムのレコーディング過程について教えてください。
A：前作『Under Acid Hoof』がよりアグレッシブで、より生々しく、よりヘヴィだったのに対し、『Caravan』はよりメランコリックでメロディックなエッセンスが強く、俺たちのサウンドにより悲しげなトーンを提示したと感じている。COVID-19が世に出た直後で、当時の俺たちのフラストレーションや不安は、このアルバムの曲の中にすべて含まれている。アルバムのレコーディング・プロセスは、前作とほとんど同じだった。唯一の違いはミキシングで、COVIDのロックダウンのために遠くから行わなければならなかった。このアルバムの仕上がりには本当に満足している。俺たちを取り巻く世界のクレイジーさにもかかわらず、俺たちは自分たちに本当に語りかけてくるものを作り上げることができた。
Q：1782とのスプリット・アルバム『Doom Session Vol.2』は、2020年にHeavy Psych Soundsからリリースされました。その経緯を教えていただけますでしょうか？
A：Heavy Psych SoundsがDoom Sessionsというスプリット・シリーズを始めたんだ。彼らは1782とのスプリットのアイデアを俺たちに提案してくれて、俺たちは即座にイエスと答えたんだ。1782は素晴らしいオールドスクールなオカルト・ドゥーム・バンドで、俺たちはこの組み合わせは素晴らしいものだと感じた。彼らのサウンドは、1970年代のホラー映画から飛び出してきたような、ヴィンテージ・ホラー的な美学を持っている。俺たちのサウンドはもっとモダンでウールっぽい。この組み合わせはうまくいったと思うし、このリリースはレコードの各面の流れが素晴らしい。
Q：Acid Mammothは現代のドゥーム／ストーナー・シーンを代表するバンドのひとつです。実際、ギリシャのドゥーム／ストーナー・メタル・バンドは他にあまり聞いたことがありません。最近のギリシャの音楽シーンについて、あなたの考えを聞かせてください。
A：ギリシャのストーナー・ロック・シーンは巨大だ。Nightstalkerや1000modsのようなバンドは、ギリシャ国内外で大成功を収めている。しかし、ドゥーム・シーンは違っていて、もっとアンダーグラウンドでひっそりとしている。そ
れは悪いことではないが、ストーナー・シーンよりもオーディエンスが少ないのは明らかだ。より多くの人がストーナー・ドゥームにハマるにつれて、シーンは成長し、より多くのバンドが出てくるようになった。ギリシャのバンドでチェックすべきは、Seer of the Void、Bus (Bus the Unknown Secretary)、Sadhus the Smoking Communityだ。
Q：好きな日本のバンドや日本文化への思いはありますか？
A：もちろん！ Church of Misery、Boris、Acid Mothers Temple、Hebi Katana、Flower Travellin' Band。そしてもちろん、俺たちは日本文化も、その歴史を読むことも大好きだ。日本料理も大好きだ。しかし最も重要なのは、日本映画に恋していることだ。黒澤明、小津安二郎、溝口健二。彼らは本当に素晴らしい傑作を撮った！
Q：最後に日本のファンに向けてのメッセージをお願いいたします！
A：インタビューありがとう。いつかお会いできることを本当に楽しみにしている。成功を祈っているよ！ Cheers!

Bus the Unknown Secretary　　　⊕ギリシャ
The Unknown Secretary　　　Ⓐ Twin Earth Records　Ⓒ 2016

2013年にアテネにて結成されたヘヴィ／ドゥーム／ハードロックバンドの2016年1stアルバム。アメリカのTwin Earth Recordsからリリースされた後にイタリアのHeavy Psych Soundsからリイシューがされた。PentagramやUncle Acid and the Deadbeatsを彷彿とさせるイーヴルなコード展開と、ハードロック、ストーナー由来のカラッとしたサウンドプロダクションが独自のスタイルを提示。歌詞はホラーやオカルトなどを題材としている。スローな反復リフとタイトなバンドアンサンブルでライブ感を強く感じさせる「Don't Fear Your Demon」などを収録。

Bus the Unknown Secretary　　　⊕ギリシャ
Never Decide　　　Ⓐ Riding Easy　Ⓒ 2019

2019年にリリースされた2ndアルバム。Riding Easy Recordsへと移籍し制作された。前作に続きストーナー由来のカラッとしたサウンドメイクにイーヴルな進行を多用する楽曲が融合した独自のサウンドを模索。王道のリフとキャッチーなコーラスが60sから70sにかけてのロックの原始的なスタイルを彷彿とさせる「You Better Come In You Better Come Down」やヴォーカルのトーンがGhost B.C.を彷彿とさせ、様々なリフとリズムパターンで組み立てられるドゥームチューン、「The Hunt」などを収録。オカルトロックやNWOBHM、ドゥームが融合したスプーキーな世界観を提示する。

Stonebride　　　⊕クロアチア
Inner Seasons　　　Ⓐ Setalight Records　Ⓒ 2008

クロアチアのザグレブにて2005年に結成されたサイケデリック・ドゥーム／ストーナーバンドの2008年リリースの1stアルバム。かつてPorn (The Men Of) やMelvinsに在籍し、Acid KingやBuzzov•en他多数のアーティストを手掛けるBilly Andersonがミキシングとマスタリングを担当。反復／陶酔型リフから一転、水中を漂うかのような浮遊感で展開される「To Follow」などを収録。タイトなリズム隊とブルージーなヘヴィリフがKyussを彷彿とさせる「Mr.Plow Is Growing Hop」では根底にあるロックスピリッツと後半のジャム的展開でバンドの特徴を示す。

Backbone　　　⊕ポーランド
Embracing Dissolution　　　Ⓐ Independent　Ⓒ 2022

2012年にワルシャワで結成されたドゥーム・ポストメタルバンドの2022年リリースの1stアルバム。ポストメタル由来の尖った質感と、ドゥームメタル本来の重いサウンドがアトモスフェリックな要素とブレンドされ、独自のスタイルを提示。精神的な模索とともに社会的な視点を持つ歌詞が絡み展開される。骸骨への巡礼という意味深な表現を用いて、一貫としてヘヴィなムードをバンドサウンドで体現する「Pilgrimage」、怒りにあふれたようなヴォーカルとそれに呼応する楽器陣の渾身の演奏、そして現代社会に警鐘を鳴らすかのような歌詞がバンドの強烈な問題意識を想起させる「Modernity」などを収録。

Evangelist　　　⊕ポーランド
In Partibus Infidelium　　　Ⓐ PsycheDOOMelic Records　Ⓒ 2011

ポーランドのクラクフにて2008年に結成されたエピック・ドゥームメタルバンドの2011年リリースの1stアルバム。CandlemassやSolitude Aeturnusらといった先達のエッセンスをもとに十字軍やロバート・E・ハワード、ハワード・フィリップス・ラヴクラフトといった題材を用いた歌詞と緩急をつけたサウンドが特徴。「Funeral Mounds」ではアルペジオを用いた静かなイントロから、動のパートへスムーズに流れ、悲観的な歌詞が絡む。抒情性を巧みに溶かし込んだ「Doommonger」ではバーバリズム礼賛という形で現代文明を批判するかのような描写が印象的。

Moonstone
Moonstone
⊕ポーランド　　Ⓖ Galactic SmokeHouse　Ⓒ 2019

ポーランドのクラクフにて 2017 年に結成されたドゥーム／ストーナー・メタルバンドの 2019 年リリースの 1st アルバム。ポーランドの Galactic SmokeHouse から CD、LP がリリース、同じくポーランドの Three Moons Records からカセットがリリースされている。Tortuga などに通じるプログレッシヴな質感と強い陶酔感を醸し出す楽曲が特徴。Black Sabbath の「Into the Void」を思わせるリフと緩急をつけたバンドアンサンブルが融合する「Mushroom King」、10 分にも及ぶダークながら求道的な側面を示す歌詞が融合する「Pale Void」などを収録。

Moonstone
Growth
⊕ポーランド　　Ⓖ Galactic SmokeHouse　Ⓒ 2023

2023 年リリースの 2nd アルバム。新たにウクライナ出身の Volodymyr Lyashenko<Gt> が参加。『Growth』と銘打たれているだけあり、前作からの飛躍を感じさせる。陰鬱なトーンとクリーンなアルペジオが感情に訴える「Harvest」を筆頭に、「Bloom」などの楽曲でも内面的苦悩とやはり求道的な姿勢を感じさせる歌詞を展開。深化したバンドアンサンブルとともに情念のように響く。アトモスフェリックなサウンドが時にトランス的感覚を催す「Sun」、OM 的な瞑想感覚を醸し出す「Night」、絶望の中から光を希求するかのような荘厳な精神性を提示する「Emerald」などを収録。

Schema
Pierwsze zauroczenie
⊕ポーランド　　Ⓖ Independent　Ⓒ 2021

ワルシャワにて 2001 年に結成されたドゥームメタルバンドの 2021 年リリースの 1st アルバム。Weird Tales などを手掛ける Marcin Klimczak がミキシング、マスタリングを担当。ウィリアム・ジョン・ヘネシーの作品をアートワークに使用している。ポーランド語による歌詞とタイトに整備されたサウンドプロダクションが硬質なムードを伝え、初期の Trouble からも参照できる荘厳な響きのドゥームメタルを形成。風景描写を巧みに用いつつ、自身の暗黒的な面を抉り出すかのような歌詞表現とダークな音像がもの悲しさを醸す「Katedralny pył（英語タイトル：Cathedral Dust）」などを収録。

Crepuscularia
Buried and Forgotten
⊕ロシア　　Ⓖ Anthropocide Productions　Ⓒ 2005

2000 年にモスクワにて結成されたドゥームメタルバンドの 2005 年リリースの 1st アルバム。初期の Katatonia や Anathema などを彷彿とさせるダークでスローなドゥームメタルをプレイする。基本的にはインストゥルメンタルではあるが、「Dirge」では随所でデスヴォイスとノーマルなバリトンヴォイスを切り替えるヴォーカルと、陰鬱な旋律を多用するギターリフが絡み合う。緩急をつけた楽曲展開、ダークなムード、そしてフューネラルドゥームにも通じる厭世観が醸し出される。「Lovelorn Rhapsody / They Die」は Anathema のカヴァー。

Grave Disgrace
Rest in Peace
⊕ロシア　　Ⓖ Independent　Ⓒ 2020

サンクトペテルブルグにて 2008 年に結成されたドゥーム／ストーナーバンドの 2020 年リリースの 4th アルバム。Acrimony や Conan などを手掛けるアメリカ出身の James Plotkin がマスタリングを担当。後にチリの Burning Coffin Records からカセット、アメリカの The Swamp Records より CD がリリースされている。Electric Wizard や Reverend Bizarre を思わせるロウでイーヴルなドゥームメタルをプレイ。アクセント、声質ともに強く Ozzy Osbourne を彷彿とさせるヴォーカルとホラーを基調とした歌詞が中心の楽曲を展開。

Moanhand
Present Serpent   ⊕ロシア   Independent   2021

モスクワにて結成されたエクスペリメンタル・ドゥーム／スラッジメタルバンドの 2021 年リリースの 1st アルバム。スラッジやポストメタル由来のモダンな質感のサウンドに、シャウトと甘い声を使い分けるハイスキルなヴォーカルをフィーチャーした楽曲が特徴。ゆったりとしたキャッチーなメロディとファズの効いたヘヴィなリフが絡み合う「Serpent Soul (A Tale of Angels' Slaughter)」では自身の内面的苦悩を巧みなヴォーカル表現で描写。「Nightwings」では感傷的な歌詞で歌われるポストグランジ勢に通じる王道のロックバラードを聴かせる。

Scarecrow
Scarecrow II   ⊕ロシア   Narcoleptica Productions   2021

ロシアの都市ペルミにて結成されたヘヴィ／ドゥームメタル／ハードロックバンドの 2021 年リリースの 2nd アルバム。カザフスタンの Narcoleptica Productions、アメリカの Wise Blood Records からそれぞれ CD がリリースされている。Black Sabbath 直系のブルース要素の強いドゥームをベースに、様々なジャム的パートを差し込んでくる楽曲が特徴。弾きまくるギター、Geddy Lee を思わせる甲高いヴォーカルが異色。グルーヴィーなリズム隊と王道のギターソロが絡み合い、高次元のヴィンテージハードの解釈も可能な「Spirit Seducer」などを収録。

Scald
Will of Gods Is a Great Power   ⊕ロシア   MetalAgen   1997

ロシアのヤロスラブリにて 1993 年に結成されたエピック・ドゥームメタルバンドの 1997 年リリースの 1st アルバム。本作レコーディングの直後に亡くなってしまった Agyl<Vo> の Dio に匹敵するカリスマティックなヴォーカルをフィーチャーした王道のエピックドゥームが特徴。Solstice や Bathory、そして Candlemass に通じるサウンドでさらに荘厳な雰囲気や孤高さを強調した楽曲が並ぶ。スカンディナヴィアやスラヴの神話に言及した歌詞と 9 分に及ぶ構成美を堪能できる「Night Sky」で幕を開ける。後に High Roller Records や Hammerheart Records などから再発されている。

Александр Невский
Русью вскормлен   ⊕ロシア   OldWise Records   1988

モスクワにて 1987 年に結成され、1990 年に解散したヘヴィ／ドゥームメタルバンドの 1988 年リリースの 1st アルバム。バンド名はアレクサンドル 1 世よりとられた。2021 年にロシアの OldWise Records より CD がリイシューされている。Ария や Коррозия Металла などを手掛けた Evgeny Trushin がプロデューサーを務めている。Iron Maiden や Pentagram、Trouble などに通じる音楽性にロシア語により歌われる独特のヴォーカルを乗せたスタイル。正統派メタルのスタイルと初期のドゥームメタルの要素が融合したキャッチーな展開の楽曲を多く含む。

Варяг
Память   ⊕ロシア   Othal Productions   2006

トムスクにて 2003 年に NS ブラックメタルバンド Аркона（モスクワのペイガンフォークメタルとは別）として結成されたのち、本名義にて 2005 年から活動するドゥーム／ペイガンメタルバンドの 2006 年 1st アルバム。NS ／極右系バンドである。RAC 系やヘイトコアをリリースするロシアのレーベル、Othal Productions からのリリース。Wewelsburg などでも活動をする Hort がほとんどの楽器を担当。Д.И.В. などで活動をする Sergey Taydakov がミキシングとマスタリングを担当。物悲しいタイトル曲「Память（英語タイトル：Memory）」はインストゥルメンタル曲。「Lost Wisdom」は Burzum のカバー。

Камни
Чуччхе
🌐 ロシア ⦿ Independent ⦿ 2016

モスクワ出身のドゥーム／ストーナーバンドの 2016 年リリースの 1st アルバム。Dopelord や Gaupa に通じるオルタナティブロックの要素を含有したドゥーム／ストーナーサウンドに気怠く甘いヴォーカルをフィーチャーした楽曲が特徴。エスニックなフレーズを導入し、サイケデリックなムードと捻じれたコード展開が Soundgarden などにも通じる「В аду（英語タイトル：In Hell）」、メロウなコード進行とロシア語による浮遊感のあるヴォーカルが Teenage Fanclub や Weezer からの影響を感じさせる「Главная Цель（英語タイトル：Main Intention）」などを収録。

ドゥーム情報のポータルサイトとして唯一無二の Doom Charts

　Doom Charts は月に一回、その月にリリースされた作品にランキングをつけレビューと共に紹介されるサイトである。「A one-stop shop for the best new heavy albums in the world...」（世界最高のヘヴィー・アルバムの新譜をワンストップで……）をコンセプトに、ドゥームのみならずヘヴィロック、ストーナーメタル、スラッジメタルなど幅広く紹介している。また、メジャー系アーティストから新人、アンダーグラウンド問わず紹介し、世界中のリスナーが新たな音楽と出会う機会を提示している。サイト内では主に Bandcamp のリンクが貼っており、気になる音源はそのまま試聴できる作りが利便性を生んでいる。サイト内のレビューはコントリビュータと言われるウェブジン／ブログや Podcast、レーベルなどを運営する有志によるもので、ネットワークは強固だ。また Facebook グループとのつながりもあり、Stoner Rock Army は日々ファン同士がお気に入りの音源や動画などをシェアしている。
　通常のランキング以外にも各コントリビューターのその月のお気に入りを紹介する DOOM CHARTS PERORATION や Bandcamp のコード（指定された URL にコードを入力すると音源が無料でダウンロードできる）を広める目的で散布する FRIDAY FREEBIE や FESTIVE FREEBIE、さらには年間トップアルバム 100 選、The Doom Charts top 100 など様々な施策を展開している。
　また掲載されるアルバムも広く募集しており、stonerdoomcharts@gmail.com に直接連絡するかまたは、各コントリビューターを通しての申請となる。Doom Charts 自体は英語のウェブサイトのため、どうしても掲載作品は欧米のタイトルが中心にはなるが、近年は南米、日本含むアジアのバンドも掲載されており、シーンの最新状況をつかむためにはとても有益なサイトである。

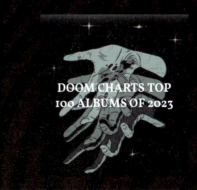

DOOM CHARTS TOP
100 ALBUMS OF 2023

ドゥームで使用される定番の楽器や機材

一口にドゥームメタルのミュージシャンたちがどのような楽器を使用しているか、というのは一概に断定するのは難しいものの、ある程度の一般的なイメージは定着している。ここではミュージシャンの使用楽器を紹介するウェブサイト、Equipboard（https://equipboard.com/）を参照しながら、代表アーティストが使用する楽器を見ていきたい。

①ギター

・Gibson Custom SG Special Electric Guitar

先述のTony IommiがBlack Sabbath初期からメインとして使用したことから、ドゥーム系ではGibson SGを使用するギタリストが多い。SG Specialはロックンロールの王道モデルとして知られ、世代や音楽のジャンルを越えて愛された往年のサウンドとクラシックなデザインを踏襲している。スリムテーパー・マホガニーネックとローズウッド・フィンガーボードを採用し、スムースなフィンガリングが可能。そしてやはり特徴的なのは2基のP-90ピックアップ。いわゆるシングルコイル・ピックアップながらドライブ時にはファットでありながら粒立ちの良い煌びやかなサウンドが特徴で、ドゥームサウンドに不可欠な分厚い歪みサウンドを作り出すのに適している。

・Epiphone SG G-400

Electric WizardのJus Obornが『Come My Fanatics...』や『Dopethrone』などの初期作品で使用していたことで知られる。後にGibson SG Standardを使用していることから、おそらく当時は価格の安いギターということで選ばれた可能性が高い。

・EPIPHONE SG Special (P-90)

これはGibson Custom SG Specialの廉価版ギターであるが、ドゥームサウンドの特徴であるロウでチープなサウンドにはこのようなギターがあっている場合がある。MephistofelesのGabriel Raveraが『Whore』で使用した。また彼はビグスビーを別途装着。実際のプレイでは使用せず、あくまでルックスの好みの面で採用したとのことだ。

・ESP Edwards E JR

こちらはUncle Acid and The DeadbeatsのKevin Starrsの使用で知られる。シングル・ピックアップの潔さ、1ボリューム1トーンによるシンプルな操作性などが特徴。そしてやはりP-90を搭載している点は特筆に値する。なお彼はGibson Les Paul Jr Doublecut Cherry Redも使用。こちらは主にスタジオ録音で使用しているようだ。

②アンプヘッド

Orange Matamp、Laney Supergroup LA100BL (Original)、Marshall JCM 2000 DSL 50、Sunn Model T Amplifier Headなどのアンプヘッドが使用されている。いずれも激しいドライブを得られるサウンドが特徴でドゥームメタル特有の深い歪みを作り出している。

Epiphone SG G-400

アンプヘッド Orange Matamp

Chapter 2
North America

Pentagram、Trouble、Saint Vitus、The Obsessed など、レジェンドを多数輩出するアメリカが、やはり強大な存在感を誇る。地域別ではIron Manや、ドゥーム界の最重要人物、Scott "Wino" Weinrichの出身地であるメリーランド、Acid KingやSaint Vitusを生んだカリフォルニア、Yobを生んだオレゴンなどが挙げられる。Pallbearerの出身地、アーカンソーや、Khemmisの出身地コロラドも、注目すべきエリアだ。カナダからは、Blood Ceremonyなどのヴィンテージ要素の強いバンドも出てきている。

1970 年代から活動を続けるアメリカ大陸のドゥーム・パイオニア

Pentagram

● 1971-1972, 1972（as Macabre）, 1972-1977, 1978-1979, 1983-2005, 2008-present　⊕ワシントン D.C.
● （Vo）Bobby Liebling、（Gt）Victor Griffin、（Ba）Greg Turley、（Dr）Minnesota Pete Campbell、（Gt）Norman Lawson、（Dr）Joe Hasselvander、（Gt）Tony Reed 他
● Place of Skulls、Death Row、Macabre

Saint Vitus、Trouble、Witchfinder General と並び Black Sabbath 影響下の最初のドゥームメタルバンドの一つとして挙げられる。バンドの結成は 1971 年にまで遡る。結成時からのメンバーである Bobby Liebling<Vo> を中心に 1971 年に活動をスタート。1972 年には Macabre と一時的に改名し、Intermedia Productions より 7 インチシングルをリリースしている。1974 年には The Rolling Stones のカバー『Under My Thumb』を収録した 7 インチシングルを Gemini よりリリース。70 年代はメンバーの出入りもあり、断続的な活動を続ける。Victor Griffin<Gt> を中心に 1980 年に結成された Death Row は Bobby Liebling が参加した 1981 年から 1983 年にかけて、実質的な前進バンドである。1982 年にリリースされたデモ音源『All Your Sins』は曲順は変わっているものの全く同じテイクが 1st アルバムへ収録された。1985 年に 1st アルバム『Pentagram』をリリース。以後バンドは 1987 年に 2nd アルバム『Day of Reckoning』を Napalm Records よりリリース。1993 年には 1st アルバムが『Relentless』として Peaceville Records よりリイシューされた。1994 年には 4th アルバム『Be Forewarned』をリリース。以後もレジェンドとしての存在感を示しつつ活動を展開。2024 年には、イタリアの Heavy Psych Sounds との契約がアナウンスされた。Mos Generator のメンバーらを含む、新たなラインアップで制作された『Lightning in a Bottle』が 2025 年にリリースされた。

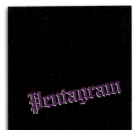

Pentagram
Pentagram
🌐 ワシントン D.C. 　　💿 Pentagram Records　📅 1985

1971年にワシントンD.C.にて結成されたドゥームメタルバンドの1985年リリースの1stアルバム。前身的なバンドであるDeath Row時代にリリースした1982年のデモ「All Your Sins」用にレコーディングされたテイクをリミックスし、曲順を変えて完成させた一枚。Bobby Liebling<Vo>、Victor Griffin<Gt>、Martin Swaney<Ba>、Joe Hasselvander<Dr>のラインナップでヴァージニアのGismo Studiosでレコーディングされた。地下臭にあふれ、70sハードロックの香りも充満させた楽曲が並ぶマスターピースだ。

Pentagram
Day of Reckoning
🌐 ワシントン D.C.　　💿 Napalm Records　📅 1987

1987年にリリースされた2ndアルバム。Death Rowへも参加していたStuart Roseが「Burning Savior」以外の楽曲でプレイ。前作での地下臭漂うサウンドメイクからは一転、ツインリードも散見されるプロダクションへと変化。リッチになったバンドサウンドの中、Bobby Lieblingによる妖しげな歌唱とVictor Griffin<Gt>による名リフの数々が荘厳な雰囲気をも付与している。シンプルなリフにメロディックな要素とイーヴルな歌詞と世界観が共存したドゥームメタルの原型をレジェンドとして存分に提示する「Wartime」「Broken Vows」など名曲を多数収録。

Pentagram
Be Forewarned
🌐 ワシントン D.C.　　💿 Peaceville Records　📅 1994

1993年に1stアルバムのリイシューである『Relentless』をリリースした後に1994年にリリースされた4thアルバム。Bobby Liebling<Vo>、Victor Griffin<Gt>、Marty Swaney<Ba>、Joe Hasselvander<Dr>のラインナップは変わらず制作された。At the Gates、Carcassなど多数のアーティストを手掛けるイギリス出身のNoel Summervilleがマスタリングを担当。暗黒要素よりも独自のメロディアスな展開が光る「Too Late」、エピック的な香りとロマンティックとすら言える詩情溢れる「Vampyre Love」などを収録。

Pentagram
Review Your Choices
🌐 ワシントン D.C.　　💿 Black Widow Records　📅 1999

1999年リリースの5thアルバム。Bobby Liebling<Vo>とJoe Hasselvanderがすべての楽器を担当する形で制作された。クレジットはされていないもののJoe Hasselvanderは後年、本作では実質のプロダクションを行ったと主張している。前作とは異なる、1stアルバムの時期を彷彿とさせるドゥーミーな仕上がりが特徴。不穏な歌詞と地下臭溢れるリフが共存し、NWOBHMテイスト溢れる哀愁のサウンドへと発展する「Change of Heart」、鋭いドラムロールとオリジネイターとしての重みを醸し出すムードが堪能できる「Living in a Ram's Head」などを収録。

Pentagram
Sub-Basement
🌐 ワシントン D.C.　　💿 Black Widow Records　📅 2001

2001年リリースの6thアルバム。前作に続きBobby Liebling<Vo>とHasselvanderがすべての楽器を担当する形で制作された。Internal VoidやMelvins、Iron Manなども手掛けるChris Kozlowskiがプロデュースとミキシングなども行っている。同ラインナップでの制作が馴染んできたかのような余裕のあるサウンドを聴かせる。実験的なサウンドアプローチと疾走するリズムが絡み合い、バンドの不変のスタイルを味わえる「Drive Me to the Grave」、インターリュードを挟み、初期を彷彿とさせる暗黒感が出色のタイトル曲「Sub-Basement」などを収録。

Pentagram
Show 'Em How 　　　　　　　　　　🌐 ワシントン D.C.
💿 Black Widow Records　📀 2004

2004 年にリリースされた 7th アルバム。Bobby Liebling<Vo> 以外のメンバーが一新され Internal Void の Kelly Carmichael<Gt>、Adam S. Heinzmann<Ba>、Dream Death や Penance などの Mike Smail<Dr> のラインナップで制作された。前作までの重厚な暗黒サウンドは抑えられ、70s ハードロック的なサウンドを展開。スカスカなサウンドの中に出汁の効いたひねりがある「Starlady」では、初期にカヴァーした 60 年代の Rolling Stones 的な香りも。ウェットな香りが味わい深く聴き手に印象を残すラストの「Last Days Here」などを収録

Pentagram
Last Rites 　　　　　　　　　　🌐 ワシントン D.C.
💿 Metal Blade Records　📀 2011

2011 年にリリースされた 8th アルバム。大手メタルレーベル、Metal Blade Records へ移籍し制作された。Victor Griffin<Gt> が復帰し Place of Skulls なども手掛けた Travis Wyrick がプロデュースを担当。前作までと比べ、モダンなサウンドプロダクションが特徴。すでに当時結成 40 年を数えるバンドの円熟味を感じさせる楽曲が印象的。重厚かつ伝統を感じさせるギターリフと情熱的に歌い上げるヴォーカルが高次元でぶつかり合う「Last Rites」、ドゥーミーかつメロディックなリフとギターソロが独自の世界を描く「Walk in the Blue Light」などを収録。

Pentagram
Curious Volume 　　　　　　　　　　🌐 ワシントン D.C.
💿 Peaceville Records　📀 2015

2015 年にリリースされた 9th アルバム。Minnesota Pete Campbell<Dr> が新たに参加して制作された。Darkest Hour なども手掛ける Mattias Nilsson がプロデュース、ミキシングを担当している。初期の頃の邪悪な雰囲気は控えめながら、熟練の技を感じさせるオーセンティックな楽曲が特徴。いきなり歌から入る導入がインパクト大なハードロック／ドゥームチューン「Lay Down and Die」では Victor Griffin<Gt> の弾きまくるソロを堪能できる。「Curious Volume」では沈み込むようなリフから唯一無二の節回しで展開する「Curious Volume」などを収録。

Pentagram
Lightning in a Bottle 　　　　　　　　　　🌐 ワシントン D.C.
💿 Heavy Psych Sounds　📀 2025

2025 年にリリースされた 10th アルバム。Bobby Liebling<Vo> 以外のメンバーがすべてチェンジした。Mos Generator などでも活動する、Tony Reed<Gt> と Scooter Haslip<Ba>、Saint Vitus にも在籍する Henry Vasquez<Dr> の布陣で制作された。Tony Reed がプロデュースとミキシングを担当した。円熟味と衰えを知らぬエネルギーが、バランスよく注入された楽曲が特徴。70s ハードロックやブルースに通じる王道のリフと、Bobby の独特の歌唱、そして意表を突くクリーントーンなど、充実の展開を聴かせる「In the Panic Room」などを収録。

Pentagram
First Daze Here Too 　　　　　　　　　　🌐 ワシントン D.C.
💿 Relapse Records　📀 2006

2006 年にリリースされた初期音源集。1971 年から 1976 年の間にレコーディングされた音源で構成されている。Bobby Liebling<Vo> を軸にしたラインナップ。1985 年に 1st アルバムが発売されるが、そこへ至るまでの苦悩と挫折が透けて見えるような楽曲が印象的。サウンド的にはイーヴルな要素もあるが基本的には 70s ハードロックの王道といえるもので、Bobby Liebling の歌唱もストレートに聴こえる。「Under My Thumb」や「Little Games」のカヴァーではバンドが本来志向していたであろうブリティッシュな香りも垣間見られ、資料的音源として価値は高い。

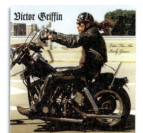

Victor Griffin
Late for an Early Grave
🌐 テネシー　　🎵 Outlaw Recordings　📅 2005

Pentagram、Place of Skulls などの活動で著名な Victor Griffin のソロプロジェクト。2005 年にリリースされた 1st アルバム。Steppenwolf、Motörhead、The Dead Boys のカヴァーを含む収録曲。ドゥームよりもストーナーの要素が強い王道のアメリカンハードロックを感じさせるムードが特徴。ストレートかつ男の哀愁的な切ない旋律を含有する「Late for an Early Grave」では Kiss などを彷彿とさせる展開が印象的。カヴァー曲を含め、彼が Pentagram へ持ち込んだ要素をじっくりと味わえる興味深い一枚。

Place of Skulls
Nailed
🌐 テネシー　　🎵 Southern Lord Recordings　📅 2001

テネシー州ノックスビルにて 2000 年に結成されたドゥームメタルバンドの 2001 年リリースの 1st アルバム。Pentagram の Victor Griffin<Vo, Gt> を中心としたラインナップにて制作。Black Sabbath に色濃く影響を受けたオーセンティックなサウンドが特徴、程よくコンパクトにまとまった楽曲を収録。Victor Griffin によるヴォーカルは派手さはないものの、実直にメロディを歌うスタイルでバンドアンサンブルとよく絡み合い、良質な楽曲を展開。「Don't Let Me Be Misunderstood」は Nina Simone の異色なヘヴィなカヴァー。

Place of Skulls
With Vision
🌐 テネシー　　🎵 Southern Lord Recordings　📅 2003

2003 年にリリースされた 2nd アルバム。新たにドゥーム界におけるレジェンド Wino<Gt, Vo> が参加した。Pentagram にも参加する Greg Turley<Ba> も本作で新たに加入している。Pentagram を担当する Travis Wyrick がプロデュースとエンジニアリングを担当。やはり Wino の加入により彼のスタイルが色濃く反映された作風で、リフの独自のスケール感などは The Obsessed に通じるスピリチュアルな装いが印象的。内省的で洞察にあふれる歌詞が印象的なドゥームナンバー「With Vision」や、自在にグルーヴを変化させ円熟の演奏を聴かせる「Willfully Blind」などを収録。

Place of Skulls
The Black Is Never Far
🌐 テネシー　　🎵 Exile on Mainstream Records　📅 2006

2006 年にリリースされた 3rd アルバム。Wino が前作で脱退し、Victor Griffin<Gt, Vo> が再びメインヴォーカルで制作された。Revelation などに在籍したキャリアを持つ Dennis Cornelius<Ba> が参加。1st と 2nd アルバムを経てよりストレートに展開される。バンドアンサンブル自体はオーセンティックでヴィンテージ臭溢れる味わい深いスタイルで展開される。スローでドゥーミーなリフが主導する「Sense of Divinity」、ブルージーなアコースティックサウンドに導かれスピリチュアル展開を見せるタイトルナンバー「The Black Is Never Far」などを収録。

Death Row
Alive in Death
🌐 テネシー　　🎵 Black Widow Records　📅 2009

2009 年に Black Widow Records よりリリースされた 1981 年から 1983 年にかけてのライブやデモを収録した音源集。Disc 1 には後に Pentagram の 1st アルバムに収録される楽曲のライブバージョンを聴くことができる。よりロウな質感と録音状況の悪さが効果的に働き、本来持っているイーヴルで危険な要素が強調されている。「All Your Sins」や「Death Row」ではアレンジなどほぼ固まっており、スタジオ録音とほとんど変わらない完成度となっている。Disc 2 は 1981 年の Death Row での初めてのリハーサルが収められている。歌はまだ乗っていないが貫禄溢れるドゥームリフに溢れている。

North America　111

ドゥーム界の最重要人物、Wino 率いるメリーランドの重鎮

The Obsessed

🕐 1976-1980(as Warhorse), 1980-1986, 1990-1995, 2011-2013, 2016-present　🌐メリーランド州
🎸(Gt, Vo) Scott "Wino" Weinrich、(Dr, Vo) Brian Costantino、(Ba) Chris Angleberger、(Gt) Jason Taylor ex-Members、(Ba) Scott Reeder、(Dr) Greg Rogers、(Ba) Guy Pinhas 他
🔗 Saint Vitus、Spirit Caravan、The Hidden Hand ほか

1976 年に Warhorse 名義にて活動を開始。1980 年からは現名義にて活動をスタートしている。アメリカ大陸において最初期の Black Sabbath 影響下のドゥームメタルのバンドである。1980 年当時のメンバーは Wino の他、Unorthodox でも活動した Mark Laue<Ba> が名を連ねている。1980 年に 1st デモ『Demo 1980』、1982 年には 2nd デモ『Demo 1982』をリリース。1st アルバム『The Obsessed』は 1985 年にレコーディングされたものの、Wino が 1986 年に Saint Vitus へ加入するためリリースは 1990 年に Hellhound Records からリリースされるまで待たれることとなった。1991 年に Wino は Saint Vitus を脱退。同時期に The Obsessed を再始動させた。後に Kyuss へ加入する Scott Reeder<Ba>、Goatsnake の Greg Rogers<Dr> を迎えて 2nd アルバム『Lunar Womb』をリリース。バンドはヨーロッパを中心に支持を固め、Sony 系列のメジャーレーベル Columbia Records と契約。1994 年に『Streetside』『To Protect and to Serve』の 2 枚のシングルをリリース後、同年 3rd アルバム『The Church Within』をリリース。1995 年にバンドは再び活動を停止。以後レア音源集『Incarnate』のリリースなどはあるも、活動は断続的となる。2016 年より再びコンスタントな活動を再開。2017 年にはメンバーを一新し、4th アルバム『Sacred』をリリース。2024 年には新たにカリフォルニアの新鋭レーベル Ripple Music と契約し、5th アルバム『Gilded Sorrow』をリリースした。

The Obsessed
The Obsessed
🌐 メリーランド　💿 Hellhound Records　📅 1990

1976年にWarhorseとして結成され1980年から現名義で活動するレジェンド。1990年にリリースされた1stアルバム。Wino<Gt,Vo>、Unorthodoxへも参加するMark Laue<Ba>、Ed Gulli<Dr>といったラインナップで制作された。Saint Vitusなどとも仕事をしたStephan Grossがエンジニアリングを担当。バンドの大きな特色である豪快ながらも内省的な世界観と散文詩調の歌詞、じっくりと歌い上げるヴォーカルが高次元で融合した一枚。特徴的なトーンでドゥームメタルとしてもユニークな存在感を示す「Tombstone Highway」で幕を開ける。実際の録音は1985年に行われている。

The Obsessed
Lunar Womb
🌐 メリーランド　💿 Hellhound Records　📅 1991

1991年にリリースされた2ndアルバム。Saint Vitusを脱退したWino<Gt, Vo>、後にKyussに参加する名手Scott Reeder<Ba>、後にGoatsnakeでプレイするGreg Rogers<Dr>というラインナップで制作。Eternal Elysium、Goatsnake、Sunn O)))ほか多数との仕事で著名なドイツ人Mathias Schneebergerがエンジニアとプロデュースを担当。ドゥーム史上屈指の名盤にしばしば挙げられる一枚で、各メンバーの演奏はケミストリーを強く感じる。「Bardo」などで聴かれる性急なリズムはキャリアの中で醸成されたハードコアとの邂逅が滲み出る。

The Obsessed
The Church Within
🌐 メリーランド　💿 Hellhound Records　📅 1994

1994年リリースの3rdアルバム。供給をSony Music傘下のColumbia Recordsが担当。後にAcid KingやGoatsnakeへと参加するGuy Pinhas<Ba>が加入。Avril Lavigne、Lady Gagaなどとも仕事をするJoshua Sarubinがエグゼクティブプロデューサーを務めた。サウンド面はより洗練されたものとなり、硬質な要素を増強した。MVが制作された「Streetside」を筆頭にメジャー感を演出するサウンドメイクが功をなし、新鮮な音像を築き上げている。一方で楽曲自体はポップな方向へは向かわず、あくまでWino印のユニークな節回しを堪能できる。

The Obsessed
Sacred
🌐 メリーランド　💿 Relapse Records　📅 2017

2017年にリリースされた4thアルバム。23年の沈黙を破りリリースされた一枚。US大手のRelapse Recordsからのリリース。Wino<Gt, Vo>、EarthrideでもプレイするDave Sherman<Ba>、Spirit CaravanでもプレイしたBrian Costantino<Dr>の編成で制作された。Black Lung、Borrachoなどを手掛けるFrank Marchand IIIが録音を担当している。Motörhead的な疾走感を聴かせる「Punk Crusher」、1stアルバムで聴かせた独自の和音感で奏でるリフが炸裂するタイトルチューン、「Sacred」などを収録。

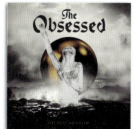

The Obsessed
Gilded Sorrow
🌐 メリーランド　💿 Ripple Music　📅 2024

2024年リリースの5thアルバム。カリフォルニアのドゥーム／ストーナー系レーベルRipple Musicからのリリース。Jason Taylor<Gt>が新たに参加しツインギター体制に。Frank Marchand IIIがプロデュースを担当。イギリス出身のモダン・コラージュアーティストCharlie Elmsがジャケットアートを担当。2023年のツアーでも披露された先行シングル「It's Not OK」は往年のスタイルを継承する無骨なサウンドと怒りをあらわにした姿勢を示す楽曲。「Stoned Back to the Bomb Age」ではより円熟味を増した歌声と新編成での分厚いサウンドを堪能できる。

Spirit Caravan
Jug Fulla Sun
メリーランド ／ Tolotta Records ／ 1999

メリーランド州にて 1995 年に Shine として結成され、1997 年から現名義で活動をするドゥーム／ストーナーバンドの 1999 年リリースの 1st アルバム。Wino<Gt, Vo>、後に The Obsessed へ合流する Dave Sherman<Ba, Vo>、Pentagram などでもプレイする Gary Isom<Dr, Vo> というラインナップで制作された。Melvins や Pentagram などを手掛ける Chris Kozlowski によるプロデュース。The Obsessed で展開されたサウンドをよりカラッとドライにした音像が特徴で、肩の力が抜けた分、よりオーガニックなサウンドを志向。

Spirit Caravan
Elusive Truth
メリーランド ／ Tolotta Records ／ 2001

2001 年リリースの 2nd アルバム。前作と同じ布陣で制作された。The Obsessed が 1999 年にリリースしたコンピレーション、『Incarnate』に収録の「Spirit Caravan」で幕を開ける。Wino のサイケデリックかつトリッピーな側面を強調したギターサウンドが堪能できる。ハネのあるバンドアンサンブルと濃厚なレイヤーで展開されるリッチなギターサウンド、ブルージーなヴォーカルが反復されるバンドサウンドで陶酔感を煽る「Retroman」、ダークなリフとスローなリズムパートが Saint Vitus 時代の姿を思わせる「Futility's Reasons」などを収録。

Wino
Forever Gone
メリーランド ／ Ripple Music ／ 2020

Scott "Wino" Weinrich のソロプロジェクト。本作は 2020 年にリリースされたアコースティックアルバム。Frank "The Punisher" Marchand III と Wino のプロデュース。The Obsessed 時代から示してきたスピリチュアルな要素がアコースティックの調べとともに押し出され、元来放っている幽玄な世界観を提示。雄大なアメリカの大地を思わせるカントリー／フォーク調の「No Wrong」、異色の Joy Division のカヴァー曲「Isolation」では原曲の持つ狂気の部分を Wino なりのソウルフルな解釈で展開。豊潤で深み溢れる一枚だ。

YouTube のドゥームメタル・キュレーター 666MrDoom

ドゥームメタルがジャンルとして定着してゆく中で、YouTube などの動画メディアでもキュレーターのように様々なバンドや音源を紹介するメディアが増えている。ここでは数々のチャンネルの中でも存在感を発揮している 666MrDoom を紹介しよう。@666MrDoom ／ チャンネル登録者数 28.1 万人 ／ 1.6 万 本の動画 ／ギリシャ出身という以外には素性が伏せられている。ドゥームはもちろん、ストーナー、スラッジ、サイケ、デザートロック、ドローン、70s ハード、アシッドロックなど多岐に渡るジャンルをカバー。アルバムの他、気軽に見れるショート動画、インタビューや Podcast や日々の投稿など様々な角度からシーンの情報をコンパイルしている。また PayPal、Ko-Fi やマーチ購入などによりチャンネルをサポートできる。各種メッセンジャーなどでのチャンネル掲載のリクエストも受け付けている。近年は欧州のレーベル中心にプロモーションの一環でチャンネルにて先行配信するなどの動きもあり、今後の新たな活用にも注目である。

The Obsessed インタビュー

回答者：Scott "Wino" Weinrich

Q：まずは2024年にリリースされたアルバム『Gilded Sorrow』についてお聞かせください。2016年にリリースされた『Sacred』から7年が経過しています。『Gilded Sorrow』の制作のプロセスはどのようなものでしたでしょうか。何か興味深い出来事などはありましたでしょうか。

A：いくつかの曲は新しく書かれたもので、何曲かはすでに演奏したことのある曲だった。『Gilded Sorrow』の楽曲の歌詞はすでに以前から書かれていたものもあった。このアルバムでは今まで俺が書いた中で最もヘヴィな楽曲を収録しようと考えていて、歌詞もとても重要だったからそれに見合うような楽曲を書くのに時間を費やしたよ。そんな中でも新たなメンバー、Chris AnglebergerとJason Taylorの影響はうまく作用した。Jason、ChrisそしてBrianはみなアレンジに関して素晴らしいアイデアを持っていて、俺が持ち込んだ未完成のアイデアをJasonが手伝って完成にこぎつけた。

レコーディング・プロセスで俺たちが新たにやっているのは、俺とJasonが一緒にホームデモをつくることだ。俺はそういうやり方で取り組んだことなんて全くなかった。歌詞やソロのアイデアに関してても同じだよ。そのやり方は楽しかっただけでなく、スタジオでトラックを仕上げる時には大いに役に立った。もちろんエンジニアであるFrank Marchandのスタジオなしでは成し遂げられなかったけどね！

Q：The ObsessedはRelapse RecordsからRipple Musicに移籍しましたね。Ripple Musicは2010年に設立と比較的新しいレーベルです。契約を決めた理由を教えていただけますか。レーベルオーナーのTodd氏はSNSに自身の動画などをアップしていますね。とても気さくな方のように見えます。

A：彼はとても良い奴で音楽に関してとても詳しい。それに彼の音楽の好みがハードでヘヴィなものだったから彼と仕事をするのはとても理にかなっていた。彼は音楽を信じているし、俺も彼と彼のレーベルのことを信じているよ。Toddは2020年にすべてが止まってしまったときに連絡をしてきてくれた。俺のアルバム『Forever Gone』は彼の働きかけがなければ永遠に消えた（Forever Gone）可能性がある。でも彼は俺に連絡してくれてすべてをもともと予定していた通りに進めることができた。そういった経緯があり彼は俺にとってヒーローだ。

Q：今のバンド編成はギタリストが2人いて4人編成ですね。The Obsessedは以前3ピースでも活動していました。バンドにもう一人のギタリストがいることはどんな影響がありますか。やはりケミストリーのようなことも期待できるのでしょうか。

A：とても素晴らしいよ。ケミストリーのようなことも多少はある。Jasonはギターの名手だし、音楽理論にも精通している。成熟は2人ギタリストがいる場合とても重要だ。チームプレイヤーになる必要があるし、ボリュームのことなどでエゴが出すぎないようにする必要がある。

Q：ありがとうございます。それではバンドの初期の活動について教えてください。The ObsessedはWarhorse名義で1976年に活動を開始しましたね。当時はどのような音楽をプレイし、影響を受けていたのでしょうか。またあなたがSaint Vitusに加入する以前のThe Obsessedの活動についても教えてください。

A：Warhorseと名乗っていたのは1回のギグでのみだった。それからはThe Obsessed名義だ。一番初期の頃はVanceというパンクロックのシンガーが在籍していたけど、俺が歌えるとわかってから3ピースの編成になっている。そのころのバンドの核は俺とMark LaueとDave Floodだ。その後俺たちがプロフェッショナルな活動を開始した時John Reeseというギタリストが参加していた。Reese氏は俺にクールなジャズな手ほどきをしてくれたよ。彼からCharlie Parkerやクールなジャズスタイルのハードバップなどを教えてもらったんだ。

俺たちの最初のプロフェッショナルなギグはDCのダウンタウンにあるワインセラーで行われた。毎晩45分セットを3回プレイする必要があった。俺たちは時間を埋めるためカバー曲を含むすべての持ち曲をやった。俺の記憶が正しければ当時の

観客は俺たちのことを特殊な組み合わせのセットリストだと思ったと認識している。The Beatlesの「Yer Blues」からLittle Richard、それに「Decimation」「Blind Lightning」といったオリジナル曲まで幅広く演奏していたからね。その当時に演奏したオリジナル曲は後にアルバムに収録されることになる。

Q：1980年代当時の西海岸のドゥームメタルシーンはどのようなものでしたでしょうか。Saint VitusがBlack FlagのギタリストであるGreg Ginnが設立したレーベルであるSST Recordsからリリースしています。ハードコアのシーンに近いものだったのでしょうか。

A：近いどころかそれはハードコアのシーンそのものだったよ。俺がSaint Vitusに参加してSST Recordsからアルバムを出したころ、俺はSaint Vitusのライブを観れてなかった。まさにBlack Flagとツアーをしていた時だ。彼らはSpinal Tapのような存在で色々な話が広まって恐れられていた。まあ俺もその後を追っていたけれども。

だがゆっくりだが確実に人々は受け入れていった。GregもChuckもSaint Vitusが大好きだった。それが俺たちがレーベルと契約した理由さ。ヘヴィな時期だったよ。極左のスキンヘッズとナチ寄りのスキンヘッズがいがみ合っていて、誰もが長髪を忌み嫌っていた。俺にとってとても大きな衝撃をもたらした。

Q：The Obsessedは1986年から1990年まで活動を休止しています。何がSaint Vitusに加入する決め手となりましたでしょうか。またどうしてThe Obsessedを再始動しようと決めたのでしょうか。

A：まず俺がSaint Vitusへの加入を決めたのはThe ObsessedのドラマーDaveがアートスクールに行くのを決めたからだ。それでもバンドは前に進むと決めていた。俺のメンターでありThe Obsessedの共同設立者であるMark Laueはツアーを楽しめなくなっていた。それで俺は何か違うことをする必要を感じた。俺は最初からSaint Vitusに受け入れられたわけではない。それでも俺は粘り強くDaveに俺を加入させるように説得した。しかしながらThe Obsessedは常にとって優先事項だったよ。Saint Vitusで一時期ギターを弾くようになってもね。結局Saint Vitusでは俺はヴォーカルに専念し歌い方を学んでいった。

Hellhound RecordsがThe Obsessedのセルフ・タイトルアルバムをリリースした時、俺はDave Chandlersにアルバムをプロモートするためにツアーをしてもよいか聞いた。俺はそのころまだSaint Vitusに在籍していた。最初彼は「いいよ」と言ったが後々問題になってきた。そ

れで俺はバンドを Saint Vitus を抜ける決心をした。その後も短い期間 Saint Vitus には戻ったが『COD』のリハーサルの時にバンドを抜けている。多くの人が気づいてないが Dave Chandler は「Bitter Truth」「Looking Glass」といった楽曲を除きほとんどの Saint Vitus の楽曲を書いている。それでも「Born Too Late」や「Dying Inside」といった曲には彼の影響を感じられるよ。いずれにせよ『COD』の素材には手間取った。

Q：どのようにして Hellhound Records からのリリースが実現したのでしょうか。ミキシングはベルリンで行われましたよね。アメリカのプロダクションとはやはり異なるものでしたでしょうか。

A：先にも述べたけど、俺はまだ Saint Vitus に在籍していてフルの海外ツアーをやりつつ『V』のレコーディングも行っていた。俺は The Obsessed のセルフタイトルのオーディオテープを持って行ったよ。当初はフル・レングスをリリースする Metal Blade とのディールがあったが破棄された。それで俺たちはレコーディング費用を自分で負担して、音源の権利も自分で所有している。俺が Hellhound の連中に聴かせたら、リリースしたいと言ってきた。それで Saint Vitus としてツアーをやり切って『V』のレコーディングをした後、俺はもう少し残って The Obsessed の 1st アルバムのミックスを行った。俺たちがツアーを終えて『V』のレコーディングを終えたまさにその日がベルリンの壁が崩壊した日だった。とても記憶に残る時期だ。

Q：1990 年代は The Obsessed として『The Obsessed』『Lunar Womb』『The Church Within』といった名盤をつくってきました。『The Church Within』はメジャーレーベルである Columbia Records からリリースされています。The Obsessed としての活動を振り返る時に 1990 年代について印象に残っていることを教えていただけますでしょうか。

A：その頃俺たちはロサンジェルスにいて、Brutal Truth の Kevin Sharp が Earache Records の Jim Welch に回して Columbia の Josh Sarubin の手に渡った。俺たちはニューヨーク・シティで Columbia のオーディションを受けて契約書にサインしたのさ。残念ながら俺たちは飾り気のないパワートリオ・ロックバンドだったから Columbia は俺たちをマーケティングするのが難しかった。俺たちには専任のリードシンガーもいなかったしね。だから『The Church Within』の後俺たちは Columbia を去った。その後俺たちはサンフェルナンド・バレーにプロフェッショナルなスタジオを持っている Pat という友人と持ち曲をレコーディングしていった。それらのほとんどの楽曲は Columbia からリリースされるはずだった 2 枚目のアルバムに収録される予定だったがそれは結局実現しなかった。そこで Greg Anderson がそれらの楽曲の擬似デモ・レコーディングを『Incarnate』としてリリースした。いくつかの楽曲は Spirit Caravan の『Jug Fulla Sun』にも収録されている。

Q：『Sacred』は長い活動休止を経てリリースされました。なぜ The Obsessed としての活動を再開しようと思ったのでしょうか。あなたは 2000 年代 The Hidden Hand、Spirit Caravan、Place of Skulls といったバンドで活動していました。Saint Vitus にも一時期復帰しています。あなたにとって The Obsessed の何が特別なのでしょうか。

A：The Obsessed は俺にとって常に俺の赤ん坊のようなものなんだ。俺の楽曲だし、俺のビジョンでやっているから。今までにたくさんの素晴らしいミュージシャンと楽しい経験やコラボレーションをさせてもらっているけれど、いつも The Obsessed に戻ってくるんだ。

Q：The Obsessed は 2020 年に来日公演を行っています。Church of Misery と Kadavar と共演しています。その時のお話を聞かせていただけますでしょうか。またいつか日本に来ていただけますか。

A：素晴らしい体験だったよ！ 俺たちは同じ会場で 2 公演プレイした。もっとほかの都市でもプレイできたらと思っている。とても楽しかったし両バンドとも素晴らしい人たちだった。また日本に戻りたいよ。

Q：この度はありがとうございます。最後にメッセージをお願いいたします。

A：質問をありがとう。またロードで会おう！

North America　117

"黒いアイオミ"の異名も持つ黒人ギタリストが率いた重要バンド

Iron Man

● 1988-2018　● メリーランド州ゲイザースバーグ
● (Gt) Al Morris III、(Ba) Louis Strachan、(Vo) Dee Calhoun、(Dr) Jason "Mot" Waldmann、(Dr) Dex Dexter、(Dr) Gary Isom、(Vo) Joe Donnelly 他
● Force、Rat Salad

中心人物である Alfred Morris<Gt> はメリーランドにて 1976 年より Force での活動を開始。後に Iron Man にも参加する Larry Brown<Ba> を含めるラインアップで活動をした。その後 Force でのセットリストに混ぜた Black Sabbath 楽曲のトリビュートバンドである Rat Salad を結成。この Rat Salad が Iron Man の原型となる。当時 Rat Salad に参加した Cheri Blade が在籍していた Chained Lace はワシントン D.C. のドゥームバンドで、1970 年代の Pentagram や 1982 年あたりの初期 The Obsessed にも参加した Norman Lawson<Gt> が在籍していことでも知られる。さて Iron Man であるが 1988 年、1992 年にそれぞれデモ音源を発表。数年空いているのは Force での 1st アルバム『Force』(1991 年) も関係しているだろう。Alfred Morris は Force、Rat Salad での活動を通して長年かけて築き上げ、温めてきたリフの膨大なカタログを活用し、組み合わせながら曲作りを続けた。そして 1993 年にドイツの伝説的なドゥームメタルのレーベル Hellhound Records と契約を果たし、1st アルバム『Black Night』をリリース。翌年には 2nd アルバム『The Passage』を早くもリリース。Alfred Morris III のアイコニックな写真をフィーチャーしたアートワークが印象的な本作は後に日本の Leaf Hound Records や Shadow Kingdom Records からも再発された。1999 年の『Generation Void』以降はリリースが途絶えるが、2009 年には復帰作と位置付けられる『I Have Returned』をリリース。健在アピールした。2013 年には名門 Rise Above Records と契約を果たし、『South of the Earth』をリリース。2018 年に糖尿病の合併症で Alfred Morris III は帰らぬ人となってしまう。そのままバンドは消滅。

Iron Man
Black Night 🌐 メリーランド 💿 Hellhound Records 📅 1993

アメリカメリーランド州にて 1998 年に結成されたドゥームメタルバンドの 1993 年リリースの 1st アルバム。ドイツの Hellhound Records からのリリース。ロッカビルの Hit and Run Studios にてレコーディングとミックスが行われた。プロデュースに Dying Fetus なども手掛ける Steve Carr 起用。惜しくも 2018 年に亡くなってしまったカンザス出身の黒人ギタリス Alfred Morris III の Tony Iommi 直系のギターサウンドが、バンドの強烈な個性として展開される。Rob Levey のヴォーカルもアドリブに近い感触が特徴でブルージーに響く。

Iron Man
The Passage 🌐 メリーランド 💿 Rise Above Records 📅 1994

前作よりメンバーチェンジがあり、ヴォーカルは Dan Michalak に、ドラムが後に Pentagram、Spiral Caravan などでプレイする Gary Isom へ変更されている。前作に続きプロデュースは Steve Carr が担当、レコーディングも Hit And Run Studios にて。70s テイストを盛り込んだ Tony Iommi 直系のサウンドメイクは健在で、冒頭から王道のドゥームサウンドを展開する「The Fury」、儚げなアルペジオから一転してヘヴィなリフが先導する「Unjust Reform」、リズムチェンジで曲に起伏をつけて展開する「Harvest of Earth」などを収録。

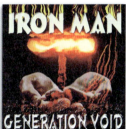

Iron Man
Generation Void 🌐 メリーランド 💿 Brainticket Records 📅 1999

1999 年にリリースされた 3rd アルバム。Solitude Aeturnus の作品などもリリースした Brainticket Records からのリリース。後に Shadow Kingdom Records から再発がされている。Ginger Ghoulie<Ba>、Vic Tomaso<Dr> にリズム隊がチェンジしている。基本路線は前 2 作と共通しており、よりロック由来の要素が強く感じられるサウンドが特徴である。2018 年に惜しくも糖尿病の合併症により他界してしまった Alfred Morris III<Gt> の演奏は、メリーランド界隈のドゥームのパイオニアと謳われるだけあり、緩急を巧みに使い分けたプレイが俊逸。

Iron Man
I Have Returned 🌐 メリーランド 💿 Shadow Kingdom Records 📅 2009

前作から 10 年のスパンの後にリリースされた 2009 年の 4th アルバム。Shadow Kingdom Records と新たに契約を果たしリリースされた。Al Morris III <Gt> 以外のメンバーが一新しており、Black Sabbath のトリビュートバンドでも歌う Joe Donnelly<Vo>、現在は Spiral Grave で活動する黒人ベーシスト Louis Strachan<Ba>、かつて Force でプレイしていた Dex Dexter<Dr> という布陣にて制作。タイトルからもうかがえるようにバンドの再起を宣言するような内容で、モダンなプロダクションとキャリアを通して醸成された重みが凝縮された一枚。

Iron Man
South of the Earth 🌐 メリーランド 💿 Rise Above Records 📅 2013

2013 年にリリースされた 5th アルバム。Alfred Morris III の逝去によりバンドはそのまま解散となってしまったため、本作がバンドとしての実質的なラストアルバムである。レーベルを Rise Above Records に移しリリースされた。メリーランド出身のシンガー Screaming Mad Dee<Vo>、後に Spiral Grave に参加する Mot Waldmann<Dr> へと新たにメンバーチェンジが行われた。Screaming Mad Dee の魂を揺さぶる歌唱がバンドがまだまだ発展段階にあることを示し、改めてバンドとしての凄みを感じる「South of the Earth」でアルバムはスタート。

世界中のドゥーム音源をBandcampで配信し続けるWeedian

　Weedianは世界中のドゥーム、ストーナー、スラッジメタルなどの音源を主にBandcampにてコンパイルし、定期的にリリースしているアカウントである。「Praise Iommi.」という自己紹介のみで詳細は公表されていない。Weedian個人が好きな音源を集めて公開している趣が中心であったが、徐々に国、アメリカは州ごとのバンドの音源をリリースするようになる。2025年1月現在でFacebookのフォロワーが25万人とシーンで存在感を示している。リスナーとしてもなかなかエリアごとに音源を聴くことは少ないので、このような分け方は斬新であるし、地域ごとのサウンドの傾向やバンドの特徴をつかむことができ、新たな発見がある。また例えば特定の地域にツアーを企画するバンドであれば、Weedianを参考にバンドにコンタクトしツアーを実現するということも視野に入れられる。

　なおWeedianの第一弾コンピレーション『Volume I』は2019年1月にリリースされている。Bandcampには次のようなコメントが掲載されている。そのまま今に続くWeedianのステイトメントとも捉えることができる。「Weedianは、私が音楽、特にアンダーグラウンド・ミュージックを愛しているから始めたんだ。自分と同じ音楽の趣味を持つ人たちと、クールなバンドを見つけて共有できる方法が欲しかったんだ」「そして、Blues Funeral Recordingsが素晴らしいパートナーになってくれた。これらのバンドを選んだのは、私が最近よく聴いているバンドだからだ。かなりドゥームに傾いているが、ストーナーや他のスタイルのバンドも入っている。音楽と、最近素晴らしい作品を作り続けているBrouemasterによる素晴らしいアートワークを楽しんでほしい」このようにBlues Funeral Recordingsなど有力なレーベルを巻き込みつつ、ファンベースを気づいている点が特徴である。『Volume I』には1782、Mephistofelesなどの現代を代表するドゥームバンド、WarlungなどのストーナーCバンド、さらに日本からはBlackLabが参加している。

　同年9月には早くも『Volume II』がリリースされた。ここではこのような下記のようなコメントが掲載された。「Vol Iと同様、私が最近気に入っているバンドたちだ。この巻では、ほぼ半分の曲がインストゥルメンタルであることにお気づきだろう。Electric Wizardの影響を強く受けたストーナー・ドゥームが好きで、それを強調したボリュームにしようと思ったんだ。最後にBlack RainbowsのGabrieleのサイド・プロジェクトであるThe Pilgrimの曲で締めくくった。彼らはストーナー・ドゥームではない—実際、このアルバムはアコースティック・アルバムだ—が、今年最も気に入ったアルバムのひとつだ。Blues Funeralは今回もとてもクールで、僕とのパートナーシップを続けてくれることになった。みんなが僕と同じように曲を楽しんでくれることを願っているよ。— Weedian」。

　その後何作かリリース後、国に焦点を当てた1作目『Trip to Argentina』を2020年末にリリース。Mephistofelesからスタートするこのコンピは、奇しくも南米勢が世界的にファンからの注目を集めた時期とも重なっている。2022年7月には『Trip to Ukraine』をリリース。こちらはまさにウクライナ戦争の真っただ中で平和を願って、現地のレーベルRobustfellowと協力体制の下編集された。Bandcampにはこのようなコメントが掲載された「ウクライナでは戦争が続いている。この困難な時期に、ウクライナのサイケデリック・ギター・ミュージックで近年何が起きているのかをお伝えするために、ウクライナのシーンの概要をまとめた」-Alexandr Hodosevych (Mist Tower)。

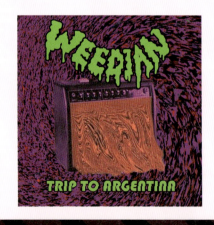

Ogre
Seven Hells
🌐 メイン　　🎵 Leaf Hound Records　📅 2006

メイン州にて1999年に結成されたドゥーム／ハードロックバンドの2006年リリースの2nd アルバム。Blood Farmers の Eli Brown がマスタリングを担当。ギュスターヴ・ドレの作品がアートワークに使用されている。Sir Lord Baltimore や初期 Rush のような荒々しいダイナミズムで展開されるハードロック要素の強いサウンドを展開。巧みな楽曲展開とタイトな演奏が絡み合い、ジャム的なパートではサイケデリックな要素を強く打ち出す「Dogmen (of Planet Earth)」や、Jimi Hendrix 的なフリーキーな展開が味わえる「Soldier of Misfortune」などを収録。

Ogre
Plague of the Planet
🌐 メイン　　🎵 Leaf Hound Records　📅 2008

2008年リリースの3rd アルバム。1曲約38分という実験的な内容で全11章に区切られる。Ed Cunningham<Ba, Vo> による Ozzy Osbourne を意識したヴォーカル、Ross Markonish<Gt> による70s 要素を強く感じさせるリフがコンセプチュアルな楽曲を作り上げる。Will Broadbent<Dr> は派手さはないものの、じっくりと腰の据わったグルーヴを提供。随所に差し込まれるオルガンサウンドとリズムチェンジ、そして縦横無尽に弾きまくるギターソロが往年のプログレッシヴロックにも通じる豊かなサウンドを構築。終盤にかけてのエピックで優雅なジャムパートは恍惚感を聴き手にもたらす。

Come To Grief
When the World Dies
🌐 マサチューセッツ　　🎵 Translation Loss Records　📅 2022

マサチューセッツ州にて2014年に結成されたスラッジ／ドゥームメタルバンドの2022年リリースの1st アルバム。ex-Grief の経歴を持つ Chuck Conlon<Dr>、Terry Savastano<Gt> を中心としたラインナップで制作された。Isis や Torche、High on Fire など数多くのアーティストを手掛ける Kurt Ballou がプロデュースやミキシングを担当。Grief 直系の厭世観や人間不信を前面に打ち出した歌詞を叫ぶ歌唱と、無機質なスケールでプレイされるダークかつヘヴィなリフが特徴の「Life's Curse」でアルバムは幕を開ける。

Fórn
The Departure of Consciousness
🌐 マサチューセッツ　　🎵 Vendetta Records　📅 2014

マサチューセッツ州ボストンにて2012年に結成されたドゥーム／スラッジメタルバンドの2014年リリースの1st アルバム。Autopsy に参加し、Hyperdontia や Necrot などを手掛ける Greg Wilkinson がエンジニアで参加。Primitive Man や Bell Witch などに通じる圧殺感のある拷問のようなサウンドを展開。デスヴォイス中心に組み立てられる暗黒世界を描く「Dweller on the Threshold」、静謐なアルペジオから奈落の底に突き落とされそうなアンサンブルと、切なげなコード感を含有する「Suffering in the Eternal Void」などを収録。

Fórn
Rites of Despair
🌐 マサチューセッツ　　🎵 Gilead Media　📅 2018

2018年リリースの2nd アルバム。レーベルをアメリカの Gilead Media へ移している。Cult of Luna に在籍し Entombed や Lucifer なども手掛ける Magnus Lindberg がマスタリングを担当。エスニックな響きの歌声をフィーチャーしたイントロ曲「塗地」に導かれ、トレードマークでもあるデスヴォイスをフィーチャーした刹那的な響きのヘヴィサウンドが紡がれる「Manifestations of the Divine Root」でアルバムは幕を開ける。ギターを中心に紡がれる切ない響きのハモリパートはより洗練され、荘厳ともいえる響きを有している。

Magic Circle
Journey Blind 　🌐 マサチューセッツ　　💿 20 Buck Spin　📅 2015

2015 年にリリースされた 2nd アルバム。Bongzilla や Boris などを手掛ける Carl Saff がマスタリングを担当。Motörhead のロゴを作成したことで知られる Joe Petagno がジャケットアートワークを担当。Witchfinder General などの NWOBHM や、初期の Trouble を彷彿とさせるスピード感あふれるバンドアンサンブルとハイトーンで迫るヴォーカルが特徴。ファンタジックな歌詞とエピックな雰囲気を持つ楽曲が絡み合う「Journey Blind」、ドゥーミーなリフとエピックメタルな要素も感じる歌唱がバンドのスタイルとして提示される「The Damned Man」などを収録。

Magic Circle
Departed Souls 　🌐 マサチューセッツ　　💿 20 Buck Spin　📅 2019

マサチューセッツ州ボストンにて 2011 年に結成されたヘヴィ／ドゥームメタルバンドの 2019 年リリースの 3rd アルバム。デスメタルを多くリリースする 20 Buck Spin からのリリース。Pagan Altar へも参加する Brendan Radigan<Vo> を含むラインナップで制作。Black Sabbath の一連のリマスタリングを行うイギリス人 Andy Pearce がマスタリングを担当。やはり Pagan Altar を彷彿とさせる NWOBHM ともリンクするドゥームサウンドとハイスキルなヴォーカルが絡み合う。ヴィンテージなギタートーンが光る「Departed Souls」などを収録。

Upsidedown Cross
Upsidedown Cross 　🌐 マサチューセッツ　　💿 Taang! Records　📅 1991

マサチューセッツ州ボストンにて 1989 年に結成されたスラッジ／ドゥームメタルバンドの 1991 年リリースの 1st アルバム。Dinosaur Jr. の J. Mascis がドラムを務めるラインナップにて制作された。同年に Roadrunner Records からもリリースされている。アートワークにはイギリスのオカルティスト、アレイスター・クロウリーの写真が使用されている。ジャンクなムードと音階を多用したカオティックな酪酊サウンドが特徴で、奔放に展開するシャウト型ヴォーカルがアクセントとなっている。ドラッギーな展開とじっくりと聴き手をめまいに誘うかのような煙たい音像が特徴の「Kill for Satan」などを収録。

Balam
Days of Old 　🌐 ロードアイランド　　💿 Independent　📅 2015

ロードアイランド州ニューポートにて 2012 年に結成されたドゥームメタルバンドの 2015 年リリースの 1st アルバム。ブルース色の強いオーセンティックなドゥームサウンドをベースにロックンロール、シューゲイズ、デザートロックの要素を併せ持つハイブリッドなサウンドを展開。泥臭さよりも洗練されたスタイリッシュな展開を持つ楽曲とメロウなヴォーカルラインが融合する。現代文明への視点と宗教に関しての歌詞が興味深い 11 分に及ぶ「Days of Old」、キャッチーなリフを引きずるような重いドラムが楽曲を引っ張る「With the Lost」などを収録。

Pilgrim
Misery Wizard 　🌐 ロードアイランド　　💿 Metal Blade Records　📅 2012

ロードアイランド州ニューポートにて 2010 年に結成されたドゥームメタルバンドの 2012 年リリースの 1st アルバム。Septic Tank でコロンビア出身の Jaime Gomez Arellano がマスタリングを担当。Reverend Bizarre を彷彿とさせるオカルティックかつ原始的なドゥームメタルをプレイ。王道のドゥームリフが主軸となって進行する「Misery Wizard」ではファンタジックな歌詞が相まってオカルトな雰囲気が表出する。ループを多用し、反復の中でさらなる陶酔感を模索するアンサンブルの「Quest」では 1782 などの現行オカルトドゥームの潮流ともリンクする。

Pilgrim
II: Void Worship
🌐 ロードアイランド　💿 Metal Blade Records　📅 2014

2014 年にリリースされた 2nd アルバム。前作に続きロンドンにて Jaime Gomez Arellano がマスタリングを担当。Bell Witch や Hooded Menace なども手掛ける Adam Burke がアートワークを担当。前作のオカルトで沈みこむようなサウンドをさらに推し進めた作風が特徴。10 分にもわたり暗黒的なドゥームリフが反復し、超自然的な歌詞がダイレクトにリンクする「Master's Chamber」、彼らとしては疾走感あふれる王道のドゥーム・シャッフルナンバー「The Paladin」などを収録。ダークな雰囲気をまとうインストナンバーなどを交えてアルバムは進行。

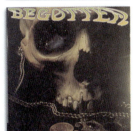

Begotten
Begotten
🌐 ニューヨーク　💿 Man's Ruin Records　📅 2001

ニューヨークにて 1997 年に結成されたドゥームメタルバンドの 2001 年リリースの 1st アルバム。アメリカの伝説的なストーナー／ドゥームレーベル、Man's Ruin Records からのリリース。Karma to Burn や Overkill など数多くのアーティストを手掛ける Roger Lian がマスタリングを担当。Pentagram、Iron Man などに通じる往年のトラディッショナルなドゥームを展開。大きな場面展開はなくループ中心のリフで攻める。オーヴァーダブを極限まで排した生々しいトーンと脱力系のヴォーカルが牽引する「Electric Hell」などを収録。

Blood Farmers
Permanent Brain Damage
🌐 ニューヨーク　💿 Leaf Hound Records　📅 1991

ニューヨーク市にて 1989 年に結成されたドゥームメタルバンドの 1991 年リリースのデモ。当時 100 本にも満たない本数がカセットでリリースされ、2004 年に Leaf Hound Records より CD がリリースされた。その際にヴォーカルのみが再録されたとされている。後に Church of Misery へも参加する Dave Depraved<Gt>、Eli Brown<Vo> を中心とするラインアップで制作された。Church of Misery や Saint Vitus に通じる王道のドゥームサウンドに James Hetfield を彷彿とさせる節回しのヴォーカルが乗り、独自のサウンドを確立した。

Blood Farmers
Blood Farmers
🌐 ニューヨーク　💿 Hellhound Records　📅 1995

1995 年にリリースされた 1st アルバム。ドイツの Hellhound Records からのリリース。Eli Brown と Dave Depraved がプロデュースも務めている。基本的には 1991 年のデモを踏襲するようなスタイルで、バンド名の由来となった映画、『Invasion of the Blood Farmers』の B 級ホラー的世界観を前面に押し出し、カルト的な人気を誇る。猟奇的な香りをまといながら、サウンドはオーソドックスなドゥームを軸にプレイ。Black Sabbath のカバーバンドからスタートしたという経歴もあり、王道のドゥームサウンドとメロウなヴォーカルが光る。

Blood Farmers
Headless Eyes
🌐 ニューヨーク　💿 Resurrection Productions　📅 2014

2014 年にリリースされた 2nd アルバム。Eli Brown<Vo>、Dave Szulkin<Ba, Gt> は不動で、Toxik でプレイした経歴のある Tad Leger<Dr> を迎えたラインアップで制作された。Dream Theater や Mastodon など多数のアーティストを手掛けるスロヴァキア人 Vlado Meller がマスタリングを担当。アルバムタイトルは 1971 年の同名映画に因んでつけられている。派手さはないもののじっくりとコクのあるアンサンブルを展開する「Headless Eyes」、David Hess の異色のカバー、「The Road Leads to Nowhere」などを収録。

Clouds Taste Satanic
Your Doom Has Come
🌐 ニューヨーク　🅐 Kinda Like Music　🅓 2015

ニューヨーク市にて2013年に結成されたインストゥルメンタル・ドゥームメタルバンドの2015年リリースの2ndアルバム。Alabama Thunderpussy や Whitechapel 他多数のアーティストを手掛ける Alan Douches がマスタリングを担当。Sleep、Karma to Burn などといったストーナー勢の要素とドゥーミーな展開が混在するサウンドが特徴。ゆったりとしたリズムとタイトなバンドアンサンブルが絡み合い、様々なリフが押し寄せる。時にコズミックでスペーシーな旋律を聴かせる単音フレーズや、複数のリズムチェンジを含有してグルーヴを作り出す手法が堪能できる一枚。

Clouds Taste Satanic
Tales of Demonic Possession
🌐 ニューヨーク　🅐 Majestic Mountain Records　🅓 2023

2023年リリースの7thアルバム。自主でデジタルリリースされた後、スウェーデンのストーナー／ドゥームレーベル Majestic Mountain Records から LP と CD がリリースされた。Angel Witch や Acid Mammoth を手掛けるスペインの Branca Studio がアートワークを担当。表現力を増したバンドアンサンブルと楽曲構成にじっくりと聴かせる。ヴィンテージ寄りにシフトしたサウンドメイクと独自のトーンを紡ぐギターサウンドが印象的な「Flames and Demon Drummers」、サイケデリックなジャムや強烈なワウサウンドが炸裂する「Sun Death Ritual」などを収録。

Naam
Naam
🌐 ニューヨーク　🅐 Tee Pee Records　🅓 2009

ニューヨーク州にて2008年に結成されたサイケデリック・ドゥーム／ストーナーメタルバンドの2009年リリースの1stアルバム。LSDなどドラッグ感覚を彷彿とさせるテーマを扱う歌詞と、それをサウンドで表したかのようなサイケデリックな音像が特徴。静謐なパートでは Om などの瞑想感覚、ヘヴィパートでは Electric Wizard にも通じる酩酊感覚を強く催すサウンドで展開される「Kingdom」は冒頭16分にもわたる大作。「Skyling Slip」ではブルージーな要素を感じさせる王道リフが炸裂。続く「Fever If Fire」では尋常ではないエフェクトが施され、リスナーを強烈なトリップへといざなう。

Naam
Vow
🌐 ニューヨーク　🅐 Tee Pee Records　🅓 2013

2013年にリリースされた2ndアルバム。ブルックリンを拠点にする Jeff Berner をプロデュースに迎え、制作された。Red Fang なども手掛ける Alex De Turk がマスタリングを担当。サイケデリックな SE「Silent Call」に導かれ前作以上にトリップ感覚を増したサウンドで、重いギターリフよりも様々なエフェクトで LSD 体験を音にしたようなタイトル曲「Vow」で幕を開ける。レトロなオルガンサウンドをフィーチャーし、陶酔感覚を煽る「On the Hour」では60sのムードも香らせる。浮遊感溢れる静謐なムードで展開されるメロウな「Skyscraper」では果てしないダウナー感覚に襲われる。

Occultation
Three & Seven
🌐 ニューヨーク　🅐 Profound Lore Records　🅓 2012

ニューヨーク市ブルックリン区にて2010年に結成されたサイケデリックドゥームメタルバンドの2012年リリースの1stアルバム。Air Raid や Tiamat ほか数多くのアーティストを手掛けるドイツ人 Patrick W. Engel がマスタリングを手掛ける。Seremonia や Blood Ceremony に通じるアンニュイな魅力を放つフィーメールヴォーカルを主軸に、浮遊感のあるバンドサウンドとオカルト要素の強いサウンドが個性を提示。予測不可能な楽曲展開が不気味さを誘う冒頭の「The Sea of Snakes and Souls」、密教の儀式を思わせる「Dreamland in Flames」などを収録。

Occultation
Silence In The Ancestral House
🌐 ニューヨーク　　Ⓐ Profound Lore Records　Ⓒ 2014

2014年にリリースされた2ndアルバム。引き続きブラックメタルやデスメタルを中心に先鋭的なリリースが目立つカナダのProfound Lore Recordsからのリリース。後にアイルランドのInvictus Productionsからもリリースがされた。前作をよりメタル方面にブラッシュアップさせたサウンドで、オカルトで妖しげなムードはそのままによりタイトなアンサンブルを志向。引き続きアンニュイなヴォーカルが牽引し、ゴシック的な要素をもまとう特異な「Laughter in the Halls of Madness」などを収録。「Intermission」は幻想的で美しいインストナンバーでアルバムに陰影を生む。

Orodruin
Epicurean Mass
🌐 ニューヨーク　　Ⓐ Cruz del Sur Music　Ⓒ 2003

ニューヨーク州ロチェスターにて1998年に結成されたドゥームメタルバンドの2003年リリースの1stアルバム。Reverend Bizarreなどの暗黒感の強いドゥームサウンドとCandlemassスタイルのエピック要素を併せ持つサウンドが特徴。じりじりと精神的に追い詰めるような歌詞と、それを体現するヘヴィリフが一丸となってイーヴルな世界観を聴き手に提示する「Peasants Lament」でアルバムはスタート。悲観的な歌詞とメロウなコード展開、ヘヴィサウンドが交差する「Pierced by Cruel Winds」、エピック要素を強めメロディアスなギターが意表を突く「War Cry」などを収録。

Sabbath Assembly
Quaternity
🌐 ニューヨーク　　Ⓐ Svart Records　Ⓒ 2014

ニューヨーク州出身のサイケデリックロック／ドゥームメタルバンドの2014年リリースの3rdアルバム。Hammers of Misfortuneなどでも活動するJamie Myers<Vo>による妖艶な歌唱をフィーチャーした楽曲と、アコースティックなムードとオカルトの要素が融合したサウンドが特徴。冒頭3曲では穏やかなムードが展開され、「I, Satan」で突如邪悪なヘヴィサウンドへと雪崩れ込む展開は恐怖心を煽る。U2などに通じる宗教的なムード漂う「Lucifer」ではじっくりと歌われる讃美歌のような美しさが出色。荘厳な雰囲気をまとう18分にも及ぶ「The Four Horsemen」でアルバムは幕を閉じる。

Sabbath Assembly
A Letter of Red
🌐 ニューヨーク　　Ⓐ Svart Records　Ⓒ 2019

2019年リリースの7thアルバム。Dysrhythmiaで活動するKevin Hufnagel<Gt>、Kayo Dotにも在籍していたRon Varod<Gt>らを含むラインナップで制作。Burning WitchやBorisなどを手掛けるRandall Dunnがプロデュースを担当。Jex ThothやBlood Ceremonyに通じるヴィンテージ色の強いドゥーム／ハードロックを展開。張り上げることなくゆったりとしたトーンで歌われるヴォーカルと、時折ヘヴィに展開するバンドアンサンブルがラテン語タイトルの「Solve et Coagula」を筆頭に独自の雰囲気をまとう。

Silvertomb
Edge of Existence
🌐 ニューヨーク　　Ⓐ Long Branch Records　Ⓒ 2019

ニューヨーク市にて2017年に結成されたドゥーム／ヘヴィメタルバンドの2019年リリースの1stアルバム。DanzigやQuiet Riotでプレイし、ex-Type O Negativeの経歴を持つJohnny Kelly<Dr>を含むメンバーで制作された。Killswitch Engageなどを手掛けるAlan Douchesがマスタリングを担当。SoundgardenやAlice in Chainsといったグランジ勢にも通じるコマーシャルなサウンドメイクとダークでメロウな楽曲が特徴。ストレートな想いが歌われた「Love You Without No Lies」などを収録。

Danzig
Danzig ⊕ニュージャージー ◉ Def American Recordings ◉ 1988

Misfits のシンガーである Glenn Danzig を中心に 1983 年に Samhain として結成され、1987 年に現名義にて活動をスタートしたドゥーム／ヘヴィメタル／ロックバンドの 1988 年リリースの 1st アルバム。James Hetfield がバッキングヴォーカルで参加しているほか、Def American Recordings を主宰する Rick Rubin がプロデュースを担当。Type O Negative や Alice in Chains などに通じるメロディアスなヘヴィロックが全編で展開される名盤。ストレートな楽曲の中にも特有のゴシックで暗黒な根底を示す楽曲がドゥーム成分を醸成。

Danzig
Danzig II - Lucifuge ⊕ニュージャージー ◉ Def American Recordings ◉ 1990

1990 年にリリースされた 2nd アルバム。再び Rick Rubin プロデュースの下 Hollywood Sound Recorders などでレコーディングされている。Trouble や Soundgarden、Slayer、Mastodon など多くの著名アーティストと仕事をする Brendan O'Brien がエンジニアで携わっている。前作に続きストレートなロックを展開する、ヴィンテージ感あふれる作風となっている。アートワークからも窺える The Doors への憧憬を隠さない「Long Way Back from Hell」から、ドゥーミーなリフが炸裂する「Snakes of Christ」へと展開する流れが俊逸。

Danzig
Danzig III: How the Gods Kill ⊕ニュージャージー ◉ Def American Recordings ◉ 1992

1992 年リリースの 3rd アルバム。Glenn Danzig がプロデュースも担当し、Rick Rubin がエグゼクティブプロデューサーとして携わっている。Corrosion of Conformity、Motörhead、Deep Purple なども手掛ける Jason Corsaro がミキシングを担当。Record Plant でレコーディングされている。カバーアートは H.R. Giger によるもの。前 2 作よりもヘヴィかつドゥーミーになったサウンドが特徴。7 分近くにも及ぶ「Godless」ではシリアスな内面的苦悩がうかがえる歌詞と、暗黒的世界観を示すバンドアンサンブルが一体となり、聴き手を襲う。

Type O Negative
World Coming Down ⊕ニューヨーク ◉ Roadrunner Records ◉ 1999

1990 年にニューヨーク市ブルックリン区で結成されたゴシック／ドゥームメタルバンドの 1999 年リリースの 5th アルバム。稀代のアイコニックなシンガー／ベーシストである Peter Steele 率いる編成で、ドゥーム界隈のみならずゴシックメタルへの影響力が絶大な彼ら。本作ではバンドの特徴であるメロディアスでゴシックな世界観を中心とし、随所で Black Sabbath の憧憬にあふれたドゥームリフ満載。「Into the Void」を彷彿とさせるリフからバンドの特色であるダークかつゴシックなメロディ展開で魅せる「Pyretta Blaze」や、「Iron Man」を彷彿とさせる「White Slavery」など名曲を多数収録。

Type O Negative
Dead Again ⊕ニューヨーク ◉ Steamhammer ◉ 2007

ドイツの Steamhammer へ移籍しリリースされた 2007 年リリースの 7th アルバム。Peter Steele が 2010 年に逝去したことによりラスト・スタジオアルバムとなった。バンド独自のスタイルである、ドゥーミーなリフとバリトンヴォイスで展開される暗黒かつ耽美な世界観は堅持しつつ、より様々なアプローチを模索する意欲作。エピックドゥーム勢に通じる荘厳なムードから、一転アップテンポなリズムと絶望を歌う歌詞が融合したタイトルチューン、「Dead Again」やオルガンサウンドと甘美なメロディ、ゴシックな歌唱が持ち前のドゥーミーなリフと融合する「September Sun」などを収録。

Argus
Boldly Stride the Doomed — ペンシルベニア / Cruz del Sur Music / 2011

ペンシルベニア州出身のエピックメタルバンドの2011年2ndアルバム。Penance などにも在籍する Butch Balich<Vo> を中心に据えたラインナップ。Grand Magus や DoomSword などに通じる、正統派メタル要素の非常に強い音楽性で、時折差し込まれるツインリードや勇壮な歌唱が世界観を引き立てる。「Durendal」ではファンタジックな歌詞世界と巧みな楽曲展開が聴ける。「A Curse on the World」ではIron Maiden にも通じるリズム展開とやはり勇壮な歌唱が絡み合い、ダークな歌詞とともにストーリーを紡ぐ。

Argus
From Fields of Fire — ペンシルベニア / Cruz del Sur Music / 2017

2017年リリースの4thアルバム。Amorphis や Angra などを手掛けるスウェーデン出身の Tony Lindgren がマスタリングを担当。前作までのサウンドよりヘヴィにし、ドゥームとエピック要素の両面が強化された屈強なサウンドが特徴。インストナンバーから導入し、キャッチーなクワイアを含み疾走していく「Devils of Your Time」で幕を開ける。よりタイトになったヘヴィサウンドが炸裂し、バンドの特色である宗教観に基づいた歌詞がシリアスに訴えてくる「As a Thousand Thieves」などを収録。Place of Skulls なども手掛ける Brad Moore がアートワークを担当。

Crypt Sermon
Out of the Garden — ペンシルベニア / Dark Descent Records / 2015

2013年にペンシルベニア州フィラデルフィアにて結成されたエピック・ドゥームメタルバンドの2015年にリリースされた1stアルバム。Cirith Ungol や Cro-Mags、Power Trip、Xibalba なども手掛ける Arthur Rizk がエンジニアリングとマスタリングを担当。「Jericho」や「Nazareth」といったワードが現れる宗教的な歌詞と、正統派メタルに通じるエピックなムードを携えた勇壮な世界観が特徴。Dio にも通じる力強い歌唱とストーリーテリングに寄り添うかのようなダイナミックなバンドアンサンブルが味わえる「Into the Holy of Holies」などを収録。

Crypt Sermon
The Ruins of Fading Light — ペンシルベニア / Dark Descent Records / 2019

2019年にリリースされた2ndアルバム。再び Arthur Rizk をエンジニアリングに迎えて制作された。勇壮なクワイアとより表現力を増したヴォーカル、ファンタジックかつ宗教的なムードを具現化するバンドアンサンブルが一体となる「The Ninth Templar (Black Candle Flame)」で幕を開ける。続く「Key of Solomon」では繊細なメロディとよりタイトになったアンサンブルがシリアスな世界観を描く。Brooks Wilson 自身によるアートワークを体現するようなインスト曲「Epochal Vestiges」からディープな宗教観を叫ぶ「Christ Is Dead」への展開は息をのむ。

Dream Death
Journey into Mystery — ペンシルベニア / New Renaissance Records / 1987

USピッツバーグ出身のドゥーム・スラッシュ・メタル1987年の1stアルバム。Black Sabbath の影響を打ち出したスラッシュメタルという異色の音楽性で局所的に熱狂的に受け入れられ、カルト系スラッシュのリリースで知られるNew Renaissance Records からのリリースが実現。後に Cathedral 『Forest of Equilibrium』や Pentagram 『Show 'Em How』でもプレイする Mike Smail<Dr>、後に Blackfinger に参加する Terry Weston<Gt> を含むラインナップで制作。沈み込むドゥームリフとスラッシュ由来の性急さが共存する奇跡的な内容。

Heavy Temple
Lupi Amoris 　　　　　　　　　　　　🌐 ペンシルベニア　　Ⓐ Magnetic Eye Records　🅓 2021

ペンシルベニア州フィラデルフィアにて 2012 年に結成されたサイケデリックドゥームメタルバンドの 2021 年リリースの 1st アルバム。Ghoul や Iron Reagan などを手掛ける Dan Randall がマスタリングを手掛ける。High Priestess NightHawk こと Elyse Mitchell による妖艶でブルージーな歌唱を軸に、ハードロック要素の強いギターリフが鳴り響く。Blues Pills や Jex Thoth、Gaupa にも通じるヴィンテージ感を放つ「A Desert Through the Trees」で幕を開ける。

High Reeper
High Reeper 　　　　　　　　　　　　🌐 ペンシルベニア　　Ⓐ Heavy Psych Sounds　🅓 2018

ペンシルベニア州フィラデルフィアにて 2016 年に結成されたドゥーム／ハードロックバンドの 2018 年リリースの 1st アルバム。Black Sabbath 直系のドゥームサウンドに、Sir Lord Baltimore などのハードロックのダイナミズムを取り入れ、現代的に解釈したようなサウンドが特徴。酩酊感覚よりもバンドアンサンブルのタイトさを強調している。キャッチーなドゥームリフと、ユニゾンするようなヴォーカルラインが一丸となって進行する「Die Slow」で幕を開ける。MV も制作されたロックンロールに肉薄するストレートなナンバー「Chrome Hammer」は伸びやかな歌と息の合ったアンサンブルが炸裂する。

High Reeper
Higher Reeper 　　　　　　　　　　　🌐 ペンシルベニア　　Ⓐ Heavy Psych Sounds　🅓 2019

2019 年リリースの 2nd アルバム。Band of Spice や Black Rainbows などを手掛ける Solo Macello がアートワークを担当。前作をよりヘヴィにし、ドゥームの要素が増大したサウンド。ドロドロしたテイストではなく、カラッと乾いたハードロック由来のサウンドが特徴。リヴァイアサンに言及したヘヴィブルース「Eternal Leviathan」でアルバムはスタート。ヘヴィなドゥームリフと、甲高く浮遊感のあるスタイルへと発展したヴォーカルがより深く絡み合い、沈み込むグルーヴを演出する「Buried Alive」、小気味よい刻みのリフがアルバムに起伏を提供する「Bring the Dead」などを収録。

Penance
Parallel Corners 　　　　　　　　　　🌐 ペンシルベニア　　Ⓐ Century Media Records　🅓 1994

ペンシルベニア州ピッツバーグにて 1989 年に結成されたドゥームメタルバンドの 1994 年リリースの 2nd アルバム。イギリス人シンガー Lee Smith と Dream Death でもプレイし、ex-Cathedral ／ ex-Pentagram の経歴を持つ Mike Smail<Dr, Key> を含むラインナップで制作された。ヴォーカルの響きや厚みのあるリフが Cathedral を彷彿とさせる楽曲が特徴。人生における絶望感を叫ぶ「Born to Suffer」、静謐な雰囲気と不穏なトーンが交差する「Destroyed by One」、とぐろを巻くようなドゥームリフがうねる「Visions」などを収録。

Pale Divine
Thunder Perfect Mind 　　　　　　　　🌐 ペンシルベニア　　Ⓐ Game Two Records　🅓 2001

ペンシルベニア州グレンミルズにて 1995 年に結成されたドゥームメタルバンドの 2001 年リリースの 1st アルバム。Dream Theater や X Japan なども手掛ける Paul Falcone がプロデュースを担当。Melvins などを手掛けた Chris Kozlowski がミキシングを行った。王道ドゥームサウンドと Grand Magus や Argus に通じる勇壮なエピック感覚を併せ持つサウンドが特徴。様々なドゥームリフを繰り出し、一筋縄ではいかない楽曲展開を示す「Amplified」などを収録。「20 Buck Spin」は Pentagram のカヴァーで Bobby Liebling<Vo> がゲスト参加。

Stinking Lizaveta
Journey to the Underworld
🌐 ペンシルベニア　　💿 Translation Loss Records　🕐 2017

ペンシルベニア州フィラデルフィアにて 1994 年に結成されたインストゥルメンタル／ドゥーム／ストーナーメタルバンドの 2017 年リリースの 8th アルバム。Down や Eyehategod などを手掛ける Stephen Berrigan がエンジニアリングとミキシングを担当。Pig Destroyer や Toxic Holocaust などを手掛ける Mike Wohlberg がアートワークを担当。ソリッドなリズム隊に不協和音や宇宙的な音色を彷彿とさせるエフェクティブなギターサウンドが融合。一筋縄ではいかない独自のサウンドスケープを提示する。異国情緒を掻き立てる「A Stranger's Welcome」などは新鮮。

Asylum
3-3-88
🌐 メリーランド　　💿 Shadow Kingdom Records　🕐 2018

メリーランド州シルバー・スプリングにて 1981 年に結成され、1992 年からは Unorthodox 名義で活動するドゥームメタルバンドの 1988 年録音作。2018 年に Shadow Kingdom Records より発掘されリリースに至った。Pentagram なども手掛ける Chris Kozlowski がマスタリングを施した。Pentagram、The Obsessed らに共通するトラディッショナルなドゥームメタルをプレイ。タイトなリズムに弾きまくるギター、そして一本調子ながら的確に世界観をつむぐヴォーカルが融合する。時にリズムチェンジを行い、様々な渋いリフを随所に差し込む「Mystified」などを収録。

Black Lung
See the Enemy
🌐 メリーランド　　💿 Noisolution　🕐 2016

メリーランド州ボルチモアで 2014 年に結成されたサイケデリックドゥームメタルバンドの 2016 年リリースの 2nd アルバム。Snakefeast などでも活動する Dave Cavalier<Gt, Vo> を軸にしたラインナップ。The Hidden Hand や The Sword なども手掛ける J. Robbins がプロデュース、ミキシングなどを担当。Witchcraft などを彷彿とさせるオーソドックスな音作りと、独自の空間系サウンドを織り交ぜた楽曲が特徴。ブルージーにがなるヴォーカルと、一体感のあるアンサンブルが炸裂する「See the Enemy」、王道のリフとモダンなテイストの歌唱が融合する「Ichor」などを収録。

Black Lung
Ancients
🌐 メリーランド　　💿 Ripple Music　🕐 2019

2019 年リリースの 3rd アルバム。カリフォルニアの Ripple Music へ移籍してリリースされた。前作に続き Frank Marchand がプロデュースを担当。Iron Man なども手掛ける Mike Monseur がマスタリングを担当。より洗練されたロックテイスト溢れるサウンドが特徴で、歌の比重が高くなり詩情あふれる歌詞とともに新時代のスタイリッシュなドゥームを提示。スローに揺蕩うかのようなコクのあるバンドサウンドとメロウに歌い上げるヴォーカルが情熱的なムードを刺激する「Mother of the Sun」や The Doors などの 60s の先達に肉薄する官能的な「The Seeker」などを収録。

Black Lung
Dark Waves
🌐 メリーランド　　💿 Heavy Psych Sounds　🕐 2022

2022 年にリリースされた 4th アルバム。ローマのストーナー／ドゥーム系レーベル、Heavy Psych Sounds へと移籍してリリースされた。Darkest Hour や Floor、Hamlet などを手掛ける Kurt Ballou がミキシングを担当。より余裕を感じるサウンドプロダクションと、手堅く固めた演奏が楽曲の世界観をダイレクトに伝える。オーガニックでアーシーな感触も感じられるリフが主導する「Demons」でアルバムは幕を開ける。おどろおどろしい MV が制作された「Death Grip」では女性ヴォーカルをフィーチャーし、イーヴルな歌詞が絡み合い展開する。

Earthride
Taming of the Demons
🌐 メリーランド　　💿 Southern Lord Recordings　🕒 2002

メリーランド州フレデリックにて 1997 年に結成されたドゥームメタルバンドの 2002 年リリースの 1st アルバム。The Obsessed や Spirit Caravan にも参加していた David Sherman<Vo> を中心としたラインナップ。Chris Kozlowski がエンジニア＆プロデュースを務めている。Wino 周辺のバンドの音楽性に通じる王道のドゥームサウンドとより酩酊要素を感じさせるムードが特徴。ドラッグに直接的に言及した歌詞が衝撃的なヘヴィチューン「Valium 10」や、ブルージーな要素と極限までヘヴィさを追求したサウンドに泥酔したかのようなガナり、ヴォーカルが聴き手を煽る「Mr. Green」などを収録。

Earthride
Vampire Circus
🌐 メリーランド　　💿 Southern Lord Recordings　🕒 2005

2005 年にリリースされた 2nd アルバム。Corrosion of Conformity の Mike Dean がエンジニア＆プロデューサーを務めている。前作のスタイルを踏襲した作風で、より豪傑な雰囲気を増強させた David Sherman の歌唱と、Kyle Van Steinburg<Gt> によるブルージーかつワウを聴かせた粘り気のあるリフが強調される。フロアを意識したようなリズムチェンジは、体に直接訴えかける「Fighting the Devils Inside You」では Down に通じるサザンテイストを醸し出す。繊細なアコースティック「Interlude」を挟み、アルバム全体に起伏と陰影を加えている。

Force
Force
🌐 メリーランド　　💿 Doom Records　🕒 1991

メリーランド州にて 1976 年に結成されたドゥームメタルバンドの 1991 年リリースの 1st アルバム。ex-Iron Man の Alfred Morris<Gt>、Larry Brown<Ba> を主軸にしたラインナップで制作された。やはり Iron Man に通じるオーセンティックなドゥームサウンドをベースに、独自のファンキーなアンサンブルが耳を引く。Simona Queen による R&B のカラーを持つ歌唱がバンドの特徴となり、「Not Today」ではブルージーな展開を見せる。「Two Bit Romance」ではクリーンのアルペジオとファズトーンが交差し、切ないメロディとともに紡がれる。

Internal Void
Standing on the Sun
🌐 メリーランド　　💿 Hellhound Records　🕒 1993

メリーランド州フレデリックにて 1987 年に結成されたドゥームメタルバンドの 1993 年リリースの 1st アルバム。Saint Vitus が『C.O.D.』リリースに伴い行ったツアーに帯同する経歴を持つバンド。一時期 Pentagram に在籍した経歴のある Kelly Carmichael<Gt> と Adam S. Heinzmann<Ba> を中心としたラインナップで制作された。Saint Vitus や Blood Farmers、さらには Hellhound Records の一連のバンドに通じるオーセンティックなドゥームサウンドを全編に展開。キャッチーなリフとダウナーなヴォーカルで迫る「Warhorse」などを収録。

Nitroseed
Molt
🌐 メリーランド　　💿 Independent　🕒 2006

メリーランド州ローレルにて 2002 年に結成されたドゥーム／ストーナーメタルバンドの 2006 年リリースの 1st アルバム。Pentagram や Spirit Caravan、Unorthodox などでもプレイした経歴のある、Gary Isom<Dr> を含むラインナップで制作された。グランジを通過したタイトなアンサンブルと浮遊感のあるスケールを用いたギターフレーズが特徴。キャッチーなリフとタイトかつグルーヴィーなドラムが絡み合い、世界観を形成する「Barbarian Test Tube」でアルバムは幕を開ける。地を這うような展開がジャムフィーリングを色濃く醸し出す「Power the Sun」などを収録。

Premonition 13
13
🌐 メリーランド
🔴 Volcom Entertainment ⓒ 2011

メリーランド州にて 2010 年から 2012 年にかけて活動をしたドゥームメタルバンドの 2011 年リリースの 1st アルバム。Scott "Wino" Weinrich<Gt, Vo, Ba> を中心に Wino のソロでもプレイする Jim Karow<Gt>、Matthew Clark<Dr> が脇を固める。他の Wino の参加したバンドに通じるオーセンティックなドゥームメタルが全編で展開される。サイケデリックな音響から酩酊間のあるヘヴィリフへと展開する、「B.E.A.U.T.Y.」で幕を開ける。メタリックな音像と息の合ったアンサンブルを聴かせる「Hard to Say」などを収録。

Revelation
Salvation's Answer
🌐 メリーランド
🔴 Rise Above Records ⓒ 1991

メリーランド州ボルチモアにて 1986 年に結成されたプログレッシヴ・ドゥームメタルバンドの 1991 年リリースの 1st アルバム。John Brenner<Vo, Gt> を中心としたラインナップ。Hideous Mangleus や Penance などを手掛けた Bob McCutcheon がエンジニアリングを担当。デザイン・レイアウトは Lee Dorrian が手掛けている。90 年代初頭独自の生々しいプロダクションが特徴。絶望を嘆くような歌詞がまさにドゥームの神髄を伝える「Lost Innocence」や様々なリズムが複雑に絡み合う「Salvation's Answer」などを収録。

Revelation
Never Comes Silence
🌐 メリーランド
🔴 Hellhound Records ⓒ 1992

1992 年にリリースされた 2nd アルバム。ドイツの Hellhound Records へ移籍して発売された。後に日本の Leaf Hound Records やアメリカの Shadow Kingdom Records から再発がされている。Hellyeah や Linkin Park などとも仕事をする Drew Mazurek がプロデュースとミキシングを担当。前作のスタイルを踏襲し、よりドゥーム要素を強めた楽曲が特徴。やはり絶望や悲しみを表現した歌詞で展開される「Against Nature」では息苦しさが写実的に描かれ、それに呼応するバンドサウンドも真正ドゥームサウンドといえる地下臭を放っている。

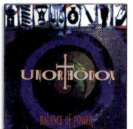

Unorthodox
Balance of Power
🌐 メリーランド
🔴 Hellhound Records ⓒ 1994

1992 年にシルバー・スプリングにて結成され、その後テネシー州ナッシュビルへ拠点を移したドゥームメタルバンドの 1994 年リリースの 2nd アルバム。ex-Asylum のメンバーがそのままラインナップに連ねている。Iron Man、The Obsessed らに通じる王道の 90s ドゥームサウンドを展開。巧みな場面展開とドゥームサウンドを融合させた「To Kill a Monster」が印象的。不協和音や複雑なリフで組み立てられる異色のインストナンバー「The Zombie Dance」や、シンプルながら独自のコード感と空気感をまとい、浮遊感のあるヴォーカルが味わえる「Standstill」などを収録。

Wretched
Life Out There
🌐 メリーランド
🔴 Hellhound Records ⓒ 1993

1992 年にメリーランド州シルバースプリングにて結成されたドゥームメタルバンドの 1993 年リリースの 1st アルバム。ドイツの Hellhound Records よりリリースされた。後に Spirit Caravan や The Obsessed にベースとして参加する Dave Sherman<Vo> を中心としたラインナップ。The Obsessed や Iron Man、Borracho などを手がける Frank Marchand III がプロデュースを担当。いかにも Hellhound Records を代表するサウンドといえる、ブルージーでアメリカンテイスト溢れるドゥームをプレイ。

Wretched
Psychosomatic Medicine
🌐 メリーランド　　🅒 Hellhound Records　📅 1994

1994年にリリースされた2ndアルバム。前作から短いスパンでのリリースながらバンドサウンドは重さ一辺倒ではなく、アルペジオの和音感を活かした独自なものへと変化。ヘヴィグルーヴを演出するリズム隊と、時にメロディアスなフレーズを溶かし込むギターに導かれ、エフェクトを駆使した脱力系ヴォーカルが乗る。物悲しいアコースティックギターの調べからバンドサウンドに発展し、ハートブレイキングな歌詞が異色な組み合わせを見せる「Blind Commitment」、ドラッギーかつメロディアスなポップナンバー「Peace Run」では70sの香りをまといながら壮大なジャムパートが堪能できる。

Yatra
Death Ritual
🌐 メリーランド　　🅒 Grimoire Records　📅 2019

メリーランド州オーシャン・シティにて2018年に結成されたスラッジ／ストーナー／ドゥームメタルバンドの2019年リリースの1stアルバム。Black LungやSpiral Graveなどを手掛けるNoel Muellerがミキシングとマスタリングを担当。ConanやHigh on Fireに通じるスラッジ風味が強いサウンドに、リフはオーセンティックなドゥームサウンドが乗る。酩酊するようなグルーヴと野太い怒号系ヴォーカルが絡み合い、人間の苦悩などを題材とした歌詞が紡がれる。ヘヴィな音像の中にもどこか温かみを感じさせるヴィンテージ感をにじませる「Smoke is Rising」などを収録。

Bedemon
Child of Darkness: From the Original Master Tapes
🌐 ヴァージニア　　🅒 Relapse Records　📅 2005

バージニア州アーリントンにて結成され後にカリフォルニア州で活動するドゥームメタルバンドの2005年リリースのコンピレーション。PentagramのBobby Lieblingがヴォーカルを務める、プロト・ドゥーム／メタルといえる内容で、70年代の音源を中心に収録している。幾度となくブートレグとして流通していたが、オリジナルマスターテープからリマスターがなされた。Pentagramに1976年まで在籍したGeof O'Keefeがライナーノーツ、リミックスを手掛ける。1973年から1974年にかけての倉庫でのセッションが印象的で、ロウな音質ながら楽曲の魅力がダイレクトに伝わる史料的価値の高い音源。

Satan's Satyrs
Wild Beyond Belief!
🌐 ヴァージニア　　🅒 Trash King Productions　📅 2012

2012年にリリースされた1stアルバム。Clayton Burgessがすべての楽器を担当。後にAt War with False NoiseやBad Omen Recordsなどから再発がされている。Electric WizardやSaint Vitusなどに通じる沈み込むようなヘヴィリフと、疾走感のあるパンキッシュな要素を融合させた独自のサウンドを展開。縦横無尽に駆け回るバンドアンサンブルがカオスを演出する「Sadist 69」、極限までファズサウンドを効かせた演奏と吐き捨て型のヴォーカルが酩酊感覚をもたらす「Electric Witchwhipper」などを収録。

Satan's Satyrs
The Lucky Ones
🌐 ヴァージニア　　🅒 Bad Omen Records　📅 2018

2009年にヴァージニア州ハーンドンにて結成されたヘヴィ／ドゥームメタルバンドの2018年4thアルバム。Rise Above Recordsでも仕事をしていたWill Palmerが運営するBad Omen Recordsからのリリース。Wytch Hazelなどを手掛けるイギリス人Terry Wakerがマスタリングを担当。パンキッシュな要素のあるロックンロールとドゥームが融合したサウンドが特徴。ストレートにロールする「Thrill of the City」、メロウなコード感とスピード感あふれるアンサンブルが融合し、サイケデリックな装いのヴォーカルが乗る「The Lucky Ones」などを収録。

Valkyrie
Shadows 🌐 ヴァージニア
💿 Relapse Records ⓘ 2015

バージニア州ハリソンバーグにて2002年に結成されたドゥームメタル／ハードロックバンドの2015年リリースの3rdアルバム。Blood Ceremony や Buzzov•en などを手掛ける Sanford Parker がプロデュースを担当。The Sword や Orchid、Witchcraft に通じるヴィンテージ要素の強いドゥーム／ハードロックサウンドが特徴で、哀愁の漂うツインリードがバンドの固有スタイルを主張。Winterhawk にも肉薄する構成美とギターソロでの場面展開を含有する「Mountain Stomp」、ミドルテンポで自在にグルーヴしながら進行する「Golden Age」などを収録。

Valkyrie
Fear 🌐 ヴァージニア
💿 Relapse Records ⓘ 2020

2020年にリリースされた4thアルバム。ex-Baroness のメンバーでもある Peter Adams<Gt, Vo> を中心としたラインナップ。前作に続きツインリードを効果的に配置したヴィンテージ感覚あふれるサウンドをプレイ。享楽的かつ哲学的な含蓄にあふれた歌詞がバンドの姿勢を示す「Feeling So Low」で幕を開ける。壮大なジャムパート的な展開で空間の広がりを演出するバンドアンサンブルが披露される。内面的苦悩を繊細な演奏で包み込む切ないトーンが刺さる「Afraid to Live」では、ドゥームサウンドを基調としながらより深い精神世界を垣間見ることができる。

While Heaven Wept
Sorrow of the Angels 🌐 ヴァージニア
💿 Eibon Records ⓘ 1998

バージニア州デール・シティにて1991年に結成されたエピックパワー／プログレッシブ／ドゥームメタルバンドの1998年にリリースされた1stアルバム。イタリアのメタルレーベル Cruz del Sur Music の A&R も務める Tom Phillips<Gt, Vo> を中心としたラインナップ。Bulldozer や Esoteric なども手掛けるイタリア人、Mauro Berchi がエグゼクティブプロデューサーを務めた。悲哀に満ちたメロディアスなヘヴィチューン「Thus with a Kiss I Die」でアルバムは幕を開け、クラシックの素養を身に着けた Tom Phillips の歌唱が豊かに溶け合い展開する。

世界各地で開催されるドゥームを含めたメタルフェスティバル

Hellfest は欧州最大級のメタルフェスで、Candlemass、Saint Vitus、The Obsessed、Electric Wizard、Church of Misery、Pentagram など代表バンドが多数参加している。Maryland Doom Fest は「ドゥーム、グルーヴ、そして全能のリフの歓喜の祭典のために、世界中のヘヴィ・アンダーグラウンドやステージからメリーランド州フレデリックに集結する」というコンセプトの下、2015年から開催されている。今までに The Skull、Unorthodox、Spirit Caravan、Iron Man、The Obsessed らが出演。10周年を迎えた2024年には Cirith Ungol も出演を果たした。規模は小さいながらも、アンダーグラウンドでのつながりを大切にしている。

Desertfest はアントワープ、ベルリン、ロンドン、ニューヨーク、オスロで毎年開催されるドゥーム／ストーナー系のイベントである。第1回は2012年に開催され、Church of Misery や Orange Goblin らが出演。

最後に Keep It Low Festival を紹介する。「極上のヘヴィ・ロック、ドゥーム、スラッジ、サイケが2日間に渡って繰り広げられる。3つのステージ、野外ビアガーデン、アフターショー DJ など！」というコンセプトで開催され、2016年には Salem's Pot が出演。2017年には Elephant Tree、Saint Vitus、Church of Misery が出演を果たした。

2010年代以降の新たな潮流をつくりだす「棺桶担ぎ人」

Pallbearer

🕐 2008-present　⬤ アーカンソー州リトルロック
👥（Ba, Vo）Joseph D. Rowland、（Gt, Vo）Devin Holt、（Vo, Gt）Brett Campbell、（Dr）Mark Lierly
🔗 Deadbird、Deadeyejack

2008年にアーカンソー州にて結成。結成時のメンバーは Joseph D. Rowland<Ba, Vo>、Devin Holt<Gt, Vo>、Brett Campbell<Vo, Gt>、David Dobbs<Dr>。2009年に Zach Stine<Dr> へとドラマーが交代。2010年には 1st デモ『2010 Demo』を自主リリース。2012年には先鋭的なサウンドのリリースが目立つカナダの Profound Lore Records から 1st アルバム『Sorrow and Extinction』をリリース。当初は CD でのリリースのみであったが、同年の夏にアメリカの 20 Buck Spin から LP がリリースされ、バンドの知名度は向上する。Pitchfork や Spin 誌など数々のメディアにて年間ベスト作に挙げられるなどセンセーショナルに取り上げられる。翌 2013 年には Boris の US ツアーでオープニングを務めるなど数多くのツアーを敢行。2014年には再び Profound Lore Records より 2nd アルバム『Foundations of Burden』をリリース。本作もまた Decibel Magazine にて年間ベストのトップに選出される。2015 年には初来日公演を敢行。以降もコンスタントに EP やシングルのリリースを重ね、2017 年には Nuclear Blast Entertainment と契約をし 3rd アルバム『Heartless』をリリース。発売前より Decibel Magazine の表紙を飾るなどこちらも話題を集めてのリリースとなった。2020 年には Nuclear Blast より 4th アルバム『Forgotten Days』をリリース。2024 年には 5th アルバム『Mind Burns Alive』がリリースされた。

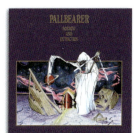

Pallbearer
Sorrow and Extinction
🌐 アーカンソー　　💿 Profound Lore Records　📅 2012

アーカンソー州リトルロックにて2008年に結成されたドゥームメタルバンドの2012年にリリースされた1stアルバム。カナダのProfound Lore Recordsからリリースされた後、20 Buck Spinからも何度か再発がされている。Blood IncantationやMortiferumなどを手掛けるDan Lowndesがマスタリングを担当した。Khemmis、40 Watt Sunに通じるモダンでスピリチュアルなムードを醸し出す楽曲が特徴。冒頭12分にも及ぶ「Foreigner」では哀感溢れるメロディと壮大なサウンドスケープが展開され、幻想的な歌詞と相まってバンドの個性を作り上げている。

Pallbearer
Foundations of Burden
🌐 アーカンソー　　💿 Profound Lore Records　📅 2014

2014年にリリースされた2ndアルバム。ドラムがMark Lierlyに交代し制作された。レコーディングとミキシングはBilly Andersonが担当。マスタリングはJustin Weisという布陣で制作された。MVが制作された「Watcher in the Dark」を中心に悲哀に満ちた歌詞と楽曲進行が交わりあい、より重厚なアンサンブルを聴かせる楽曲が揃う。結成当初からのメンバーであるBrett Campbell<Vo, Gt>による伸びのある歌唱がメロディックに響く。10分超えの大作が中心の中で、「Ashes」のような静謐なバラードを挿入歌的に入れ込むあたり、バンドの表現力の強さを感じ取ることができる。

Pallbearer
Fear & Fury
🌐 アーカンソー　　💿 Profound Lore Records　📅 2016

2016年にリリースされた3曲入りのEP。Billy Andersonがミキシングとプロデュースを担当し、サウンドづくりに関わっている。冒頭「Fear & Fury」はBrett Campbell<Gt, Vo>による甘美なメロディを放つヴォーカルと悲哀に満ちた美しいメロディが融合し、バンドのユニークなスタイルを提示。続く「Over and Over」はBlack Sabbathのカヴァー。原曲の持つ雰囲気を保ちながら彼ら流のアレンジが効いている。「Love You to Death」はType O Negativeの代表曲のカヴァー。ほぼ原曲通りの演奏で、彼らのルーツの意外な一面を垣間見る。

Pallbearer
Heartless
🌐 アーカンソー　　💿 Nuclear Blast Entertainment　📅 2017

2017年にリリースされた3rdアルバム。Nuclear Blast Entertainmentからリリースされ、アメリカでは引き続きProfound Lore Recordsがリリースを担当した。Alice in ChainsやBlack Sabbathなど様々なアーティストを手掛けるDave Collinsがマスタリングを担当した。Daymare Recordingsから国内盤もリリースされている。MVが制作された「I Saw the End」では前作までのモダンな空気をまとうドゥームメタルをさらにメロディックに発展させたサウンドが特徴で、ハーモニーの大胆な導入が印象的。

Pallbearer
Forgotten Days
🌐 アーカンソー　　💿 Nuclear Blast　📅 2020

2020年にリリースされた4thアルバム。Nuclear Blastへと移籍してリリースされた。Chaos Reignsより国内盤もリリースされている。EarthやKayo Dot、Sunn O)))を手掛けるRandall Dunnがプロデュースを担当。前作までの特徴であった詩的で幻想的なムードを残しつつ、よりヘヴィさに重きを置いたリフが展開される「Forgotten Days」でアルバムはスタート。徐々に持ち味である甘美なメロディを前面に押し出す姿勢は変わらず。本作ではアートワークでも示される有形無形の喪失をテーマにした精神的なヘヴィネスが全編を貫き、シリアスな世界観を構築している。

アメリカ大陸におけるエピック・ドゥームメタルのパイオニア

Solitude Aeturnus

🕐 1987-1988 (as Solitude) , 1988-2011, 2023-present 🌐 テキサス州アーリントン
👤 (Gt) John Perez、(Dr) Lyle Steadham、(Gt) Edgar Rivera、(Vo) Robert Lowe、(Dr) John "Wolf" Covington、(Ba) Steve Moseley、ex-Member (Ba) 、(Dr) Steve Nichols 他
🎵 Candlemass、Concept of God

1987 年にテキサス州アーリントンにて結成。1987 年から 1988 年にかけては Solitude として活動。1988 年以降は現名義にて活動をしている。なおバンド名の Solitude Aeturnus は英語で "Eternal Solitude" または "Eternal Loneliness" の意である。バンドは 1988 年から 1989 年にかけてデモを数本リリース。1991 年には Suffocation、Immolation、Pestilence といったバンドと共にプロモ／スプリット音源『Breaking Barriers Vol. 5』に参加。本作は Roadrunner Records よりリリースされている。同年 Roadracer Records より 1st アルバム『Into the Depths of Sorrow』をリリース。1992 年には早くも 2nd アルバム『Beyond the Crimson Horizon』をリリース。1994 年には Pavement Music へと移籍し、3rd アルバム『Through the Darkest Hour』をリリース。1996 年には続けて 4th アルバム『Downfall』をリリースしている。1998 年には Massacre Records より 5th アルバム『Adagio』をリリースするも、その後は長いブランクを経て 2006 年にようやく 6th アルバム『Alone』をリリースした。2011 年にバンドは活動を休止。同年には Massacre Records より Solitude 名義時代の初期音源集『In Times of Solitude』をリリース。2023 年からはバンドは活動を再開した。また関連バンドの Concept of God は実質的に John Perez<Gt> のみが不在のラインナップである。こちらは 2007 年にアルバムを一枚リリースしている。

Solitude Aeturnus
Into the Depths of Sorrow
◉ テキサス　 ◉ Roadracer Records　 ◉ 1991

テキサス州アーリントンにて 1987 年に Solitude として結成され、1988 年から本名義にて活動するエピック・ドゥームメタルバンドの 1991 年リリースの 1st アルバム。2006 年～ 2012 年まで Candlemass へも在籍した Robert Lowe<Vo> を中心としたラインナップで制作。Bitches Sin や Genocide Nippon なども手掛けた Phil Baker がエグゼクティブプロデューサーとして携わっている。Candlemass や Solstice に連なる王道のエピックメタルをプレイ。「Dream of Immortality」では起伏の多い様々なパートを組み合わせ、プログレッシブな一面も提示。

Solitude Aeturnus
Beyond the Crimson Horizon
◉ テキサス　 ◉ Roadracer Records　 ◉ 1992

1992 年にリリースされた 2nd アルバム。前作に続き Roadrunner Records からリリースされている。Far East Metal Syndicate から国内盤もリリースされた。前作からの流れを汲むエピックドゥームはそのままに、よりタイトになったアンサンブルと、伸びのある Robert Lowe<Vo> によるハイトーンが正統派メタルに肉薄する「Seeds of the Desolate」でアルバムはスタート。ギターソロではテクニカルな場面が印象的。続く「Black Castle」ではドゥーミーなギターソロとタイトなアンサンブルが一体となり、大きなうねりを生み出す。

Solitude Aeturnus
Through the Darkest Hour
◉ テキサス　 ◉ Pavement Music　 ◉ 1994

1994 年にリリースされた 3rd アルバム。Benediction や Cathedral、Electric Wizard なども手掛けるイギリス人 Paul Johnston がプロデュースとエンジニアリングを担当。大きなうねりとエピックメタル由来のダークなムードが融合し、キャッチーな要素も確認できる冒頭「Falling」でアルバムはスタート。ドゥーミーなリフが主導する「Haunting the Obscure」ではスローなグルーヴの中、伸びやかに歌われるメロディが印象的。絶望的な思いを綴る歌詞と、ツーバスを駆使するバスドラが緊迫感を作り出す「The 9th Day: Awakening」などを収録。

Solitude Aeturnus
Downfall
◉ テキサス　 ◉ Pavement Music　 ◉ 1996

1996 にリリースされた 4th アルバム。Devourment などを手掛ける Dave Osbourn がプロデュースとエンジニアリングを担当。より硬質になったバンドアンサンブルとバンドのカラーを決定づけている Robert Lowe のヴォーカルが伸びやかに響く。エスニックなテイストの歌メロが新機軸を感じさせる「Phantoms」でアルバムはスタート。モダンなプロダクションにより肝要のリフがより鮮明に浮かび上がるアレンジが印象的。儀式的で怪しいイントロから発展し、ヘヴィなサウンドへと続く「Midnight Dreams」など楽曲の展開の幅が広がっている。Christian Death のカバー「Deathwish」を収録。

Solitude Aeturnus
Alone
◉ テキサス　 ◉ Massacre Records　 ◉ 2006

2006 年にリリースされた 6th アルバム。ドイツの Massacre Records からのリリース。King Diamond や Volbeat など様々なアーティストを手掛ける J.T. Longoria がエンジニアとミキシングを担当。バンドの持ち味であるオーセンティックなドゥームリフは健在で、さらに憂鬱で甘美な魅力に満ちたメロディが支配する楽曲が特徴。聴き手にじわじわ浸透するような「Scent of Death」でアルバムはスタート。きらびやかなソロがダークな楽曲と絡み合い、Alice in Chains 彷彿とさせるハーモニーと展開される「Waiting for the Light」などを収録。

Bloody Hammers　　　🌐 ノースカロライナ
Bloody Hammers　　　🅢 Soulseller Records　⊙ 2012

ノースカロライナ州シャーロットにて 2012 年に結成されたドゥームメタル／ハードロックバンドの 2012 年リリースの 1st アルバム。Anders Manga がすべてのパートを担当。また彼自身がレコーディングとマスタリングを担当している。Ghost や Witchcraft に通じるメロディを重視したヴィンテージ型のドゥームサウンドが特徴で、そこにオカルトやホラーに言及する歌詞が乗るスタイルが展開される。ストレートなサウンドとキャッチーなコーラスが楽曲を引っ張る「The Last Legion of Sorrow」、モダンな音運びのメロディがダークなコード進行と絡み合う「Say Goodbye to the Sun」などを収録。

Bloody Hammers　　　🌐 ノースカロライナ
The Summoning　　　🅢 Napalm Records　⊙ 2019

2019 年にリリースされた 5th アルバム。Angra や Amorphis などを手掛ける Tony Lindgren がマスタリングを担当している。Anders Manga がヴォーカル、ギター、ベースを担当し Devallia がオルガン、ピアノなどを担当。バンドの特徴であるメロウでハードロック要素の強いサウンドは健在で、オカルトやホラーなどに根ざしたムードも変わらず展開される。「The Summoning」では The Cure などに通じる冷ややかな感触が展開され、新機軸を伝える。MV が制作された「Now the Screaming Starts」ではモダンでメロディックなサウンドが展開される。

Confessor　　　🌐 ノースカロライナ
Condemned　　　🅢 Earache Records　⊙ 1991

ノースカロライナ州ローリーにて 1986 年に結成されたテクニカル・ドゥームメタルバンドの 1991 年リリースの 1st アルバム。Annihilator や Karma to Burn などを担当する Chris Gehringer がマスタリングを担当している。Abstrakt Algebra や Cynic、さらには Rush などと通じるテクニカルなバンドアンサンブルが最大の特徴で、Watchtower にも過去に在籍した Scott Jeffreys<Vo> の驚異的なハイトーンが強烈な個性を放っている。スラッシュメタルのように切れのある演奏を聴かせる「Condemned」などを収録。1992 年には日本盤もリリースされた。

Confessor　　　🌐 ノースカロライナ
Unraveled　　　🅢 Season of Mist　⊙ 2005

2005 年にリリースされた 2nd アルバム。大手 Season of Mist からリリースされた。Southern Lord Recordings から LP がリリースされている。Corrosion of Conformity などを手掛けた Dick Hodgin がプロデュースとミキシングを担当。前作で示した特異なサウンドはやや後退し、Scott Jeffreys<Vo> の歌唱もより深みのあるトーンへとシフト。バンドが本来放った一筋縄でいかないダークな曲展開は健在。Alice in Chains にも通じるキャッチーなコーラスが意表を突く「Cross the Bar」、MV が制作された「Wig Stand」などを収録。

Starchild　　　🌐 ジョージア
Born into Eternity　　　🅢 Twin Earth Records　⊙ 2006

ジョージア州ウェークロスにて 2002 年に結成されたドゥームメタルバンドの 2006 年にリリースされた 2nd アルバム。Black Pyramid や Mastodon などを手掛ける Matt Washburn がレコーディングを担当。ヨーロッパにおける流通は PsycheDOOMelic Records が担当した。Spirit Caravan に通じる乾いたサイケデリアが根底にあるサウンドを展開し、自在にグルーヴする楽曲が特徴。キャッチーな歌メロとキレのある演奏が特徴で、単音リフのみならずギターの細かなコード感でざらついた独自の質感を展開する「Rising Star」「Love」などを収録。

Floor
Dove
🌐 フロリダ
💿 No Idea Records! 　 2002

フロリダ州ハイアリアにて 1992 年に結成されたドゥーム／ストーナーメタルバンドの 2002 年リリースの 1st アルバム。バンドは 2004 年に一度解散し、Steve Brooks<Gt, Vo> らを中心とし Torche を結成することになる。Melvins や Boris などに通じる様々なスタイルを内包するヘヴィサウンドが特徴で、先鋭的なサウンドを提示する。Buzzov•en などを手掛ける Jeremy Dubois がレコーディングを担当した。一筋縄ではいかない展開が寓話的な示唆に言及した歌詞と相まって独自の世界観を形成する。「I Remember Nothing」は Joy Division のヘヴィなカヴァー。

Floor
Oblation
🌐 フロリダ
💿 Season of Mist 　 2014

2014 年にリリースされた 4th アルバム。前作リリース後バンドは活動を停止。本作は 2010 年の再集結を経てリリースされた。レーベルも Season of Mist へ変更となり、Daymare Recordings からは国内盤がリリースされている。Converge に在籍し Darkest Hour なども手掛ける Kurt Ballou がミキシングを担当。Torche でも示した Steve Brooks<Vo, Gt> によるポップでキャッチーな陽性の歌メロディーが特徴。タイトなアンサンブルで楽曲の輪郭を鋭く提示する「Rocinante」「Find Away」などを収録。

Rainbows Are Free
Believers in Medicine
🌐 オクラホマ
💿 Guestroom Records 　 2010

オクラホマ州ノーマンにて 2007 年に結成されたドゥーム／ストーナー・ロックバンドの 2010 年リリースの 1st アルバム。Goatess や Mammoth Mammoth などに通じるストーナー要素の強いドゥームメタルを展開。いかにもアメリカンなムードの豪傑サウンドを全編で展開。歌詞のテーマもドラッグやアルコールについて言及されたものが中心で、難しいことは考えずに聴かせる力を持つ。ギター単音フレーズとブルージーなヴォーカルが絶妙に交わりグルーヴを演出する「Last Supper」、一体感のあるキメフレーズを多用するバンドアンサンブルとコクのある味わい深いヴォーカルが展開される「Sinking Ship」などを収録。

Kirk Windstein
Dream in Motion
🌐 ルイジアナ
💿 eOne 　 2020

ルイジアナ州ニューオーリンズにて 2017 年に始動したドゥームメタルプロジェクトの 2020 年リリースの 1st アルバム。Crowbar や Down でも活動する Kirk Windstein のソロプロジェクト。Kirk Windstein 自身がヴォーカル、ギター、ベースを担当。Exhorder などのレコーディングを手掛ける Duane Simoneaux がドラムとキーボードを担当している。MV も制作された冒頭「Dream in Motion」に顕著なようにヘヴィなサウンドとメロディに比重を置いた楽曲展開が特徴。悲哀なアルペジオと内省的な歌詞が意外な側面をリスナーへと提示する「Hollow Dying Man」などを収録。

Floodgate
Penalty
🌐 ルイジアナ
💿 Roadrunner Records 　 1996

ルイジアナ州ニューオーリンズにて 1994 年に Penalty として結成され、1996 年より現名義で活動するドゥーム／ストーナーメタルバンドの 1996 年リリースの 1st アルバム。Trouble や Exhorder、Alabama Thunderpussy などで活動する Kyle Thomas<Vo, Gt> を中心とするラインナップで制作。Motörhead や Marty Friedman との仕事で知られる Ryan Dorn がレコーディングを手掛け、Alice in Chains なども手がけた Eddy Schreyer がマスタリングを担当。ハネのあるグルーヴと絡みつくキャッチーなメロディが全編で展開される。

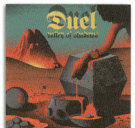

Duel
Valley of Shadows
🌐 テキサス　　Heavy Psych Sounds　2019

テキサス州オースティンにて 2016 年より活動するサイケデリック・ドゥーム／ストーナーメタルバンドの 2019 年リリースの 3rd アルバム。イタリアのストーナー系レーベル大手 Heavy Psych Sounds からリリースがされている。Danzig などに通じる歌メロに重点を置いた煙たくヘヴィな音像が特徴。ドゥームメタルを基盤としつつハードロック的でストレートなサウンドを志向する。キャッチーなコーラスが印象的なナンバー「Black Magic Summer」でアルバムはスタート。キャッチーで小気味の良いテンポと泥臭いファズサウンドが融合する「Red Moon Forming」などを収録。

Duel
In Carne Persona
🌐 テキサス　　Heavy Psych Sounds　2021

2021 年にリリースされた 4th アルバム。前作に続きイタリアの Heavy Psych Sounds からリリースされた後、Cosmic Peddler Records からカセットがリリースされている。本作では前作で提示したハードロック要素の色濃いドゥーム／ストーナーサウンドをよりヴィンテージ感覚あふれるスタイルへとアップデートした。王道のリフとメロディ、そしてツインリードなども織り交ぜ、展開される「Children of the Fire」でアルバムはスタート。スピード感あふれるブルージーな展開がバンドの新たな側面を宣言する「Bite Back!」や、抒情的な「Blood on the Claw」などを収録。

From Beyond
The Band from Beyond
🌐 テキサス　　Candlelight Records　2018

テキサス州ヒューストンにて 2011 年に結成されたサイケデリック・ドゥーム／ストーナーメタルバンドの 2018 年にリリースされた 1st アルバム。イギリス大手の Candlelight Records からリリースされた。The Sword を手掛けた Stuart Sikes がレコーディングを担当。こちらも The Sword を手掛けた Dan Coutant がマスタリングを担当。モダンでスタイリッシュなサウンドが特徴で、ラヴクラフトを題材にした歌詞が乗るスタイル。FX を駆使する近未来的なサウンドと、ドゥーム／ストーナー由来の酩酊感あふれるサウンドが融合する「The Slip」などを収録。

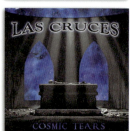

Las Cruces
Cosmic Tears
🌐 テキサス　　Ripple Music　2022

テキサス州のサン・アントニオにて 1994 年に結成されたドゥームメタルバンドの 2022 年リリースの 4th アルバム。カリフォルニアの Ripple Music からリリースされた。Cathedral に通じるヘヴィサウンドをベースにハードロック的なハイトーンを駆使したオーセンティックなサウンドを提示する。インストゥルメンタル曲「Altar of the Seven Sorrows」を経てメリハリの効いた展開とブルージーにワウが唸るソロが展開される「Cosmic Tears」でアルバムはスタート。力強く歌われるヴォーカルがエピックな香りを放つ「Stay」「Wizard from the North」などを収録。

Low Flying Hawks
Kōfuku
🌐 テキサス　　Magnetic Eye Records　2016

テキサス州アースにて結成されたドゥーム／ポストメタルバンドの 2016 年リリースの 1st アルバム。40 Watt Sun、SubRosa などに通じる冷たい感触のヘヴィサウンドと厭世的なムードが特徴。Mr. Bungle の Trevor Dunn がベースで、Melvins の Dale Crover がドラムで参加。Helmet や Melvins を手掛ける Toshi Kasai がプロデュースを務める。Kōfuku と銘打ち、日本語のタイトルが印象的で楽曲には直接的でないにしろ、侘び寂びに通じる世界観が構築されている。独自の浮遊感漂うサウンドスケープとダウナーな空気感が融合する「Fading Sun」などを収録。

Low Flying Hawks
Fuyu
🌐 テキサス　　Ⓜ Magnetic Eye Records　🕛 2021

2021年にリリースされた3rdアルバム。前作に続きEHA<Gt, Vo>、AAL<Gt, Vo>が正規ラインナップで、再びDale Crover<Dr>、Trevor Dunn<Ba>という布陣で制作された。BaronessやDozerなどを手掛けるJohn Goldenがマスタリングを担当。前作までと同様に日本語のタイトルが付けられた楽曲が複数あり、独自の世界観を形成。アートワークにも漢字が採用されている。より硬質なサウンドと冷気を帯びたヘヴィサウンドが鋭く響く「Subatomic Sphere」でアルバムはスタート。タイトルトラック「Fuyu」ではトリッピーなアンサンブルが炸裂する。

Spirit Adrift
Enlightened in Eternity
🌐 テキサス　　Ⓜ Century Media Records　🕛 2020

テキサス州オースティンにて2015年に結成されたドゥームメタル/ヘヴィメタルバンドの2020年リリースの4thアルバム。Neon Nightmareでも活動し、ex-Gatecreeperの肩書を持つ、Nate Garrett<Gt, Ba, Vo>を中心としたラインナップにて制作。正統派メタル譲りのエピックなムードと硬質なサウンドが特徴で、そこにヘヴィなリフが差し込まれ楽曲が展開される。スピード感あふれる「Harmony of the Spheres」、ゆったりとしたリズムにメロウな歌メロとドゥーミーなグルーヴが溶かし込まれたラスト10分以上に及ぶ「Reunited in the Void」などを収録。

The Well
Samsara
🌐 テキサス　　Ⓜ RidingEasy Records　🕛 2014

テキサス州オースティンにて2011年に結成されたサイケデリックドゥーム/ストーナーメタルバンドの2014年にリリースされた1stアルバム。Uncle Acid and the DeadbeatsやBudgieなどに通じるハードロック由来のサウンドと酩酊感覚を煽るヘヴィサウンドがバランスよく融合し、展開する楽曲が特徴。ブルージーな要素を忍ばせるリフとジャムフィーリングあふれる演奏がスリリングな展開を生む「Mortal Bones」でアルバムはスタート。脱力系のメロディと催眠的なリフがバンドの持ち味を示す「Trespass」「1000 Lies」などを収録。「Lucifer Sam」はPink Floydのカバー。

Venomous Maximus
Beg upon the Light
🌐 テキサス　　Ⓜ Occulture Records　🕛 2012

テキサス州ヒューストンにて2010年から2018年まで活動したドゥーム/ヘヴィメタルバンドの2012年リリースの1stアルバム。ex-Eternal ChampionのBongo B. Brungardt<Dr>などからなるラインナップで制作された。Grand Magusに通じる正統派メタルの要素が強いドゥームメタルが特徴で、屈強な要素を増強したサウンドを展開。ダークなリフと勇壮に叫ぶメロディのヴォーカルが楽曲を牽引。タイトなリズム隊がカッチリとしたアンサンブルを作り出している。スローにじっくりとグルーヴする「Moonchild」、静謐な調べが奥行きを与える「Mothers Milk」などを収録。

Thunder Horse
After the Fall
🌐 テキサス　　Ⓜ Ripple Music　🕛 2023

2023年にリリースされた3rdアルバム。前作と同じくRipple Musicからリリースされている。腰の据わったリズムセクションと豪快なギターリフとヴォーカルという基本路線は前作と大きく変わらず、より洗練されたサウンドプロダクションと楽曲展開を提示する。キャッチーなコーラスと緩急をつけたヴァースが魅力的なフックを持つ「After the Fall」「Monolith」といった楽曲が冒頭を飾る。「Apocalypse」から始まるB面ではより多彩な音色とスピリチュアル、かつ内面的な領域へと勇敢に踏み出している。「Aberdeen」でのギタートーンは出色。本作はDoom Chartの2023年8月度で見事1位に輝いた。

North America　141

クリスチャンメタルからサイケまでドゥームの可能性広げるレジェンド

Trouble

🕐 1978-present　📍イリノイ州シカゴ

👤（Gt）Rick Wartell、（Gt）Bruce Franklin、（Vo）Kyle Thomas、（Ba）Rob Hultz、（Dr）Garry Naples ex-Member（Vo）Eric Wagner、（Ba）Ron Holzner、（Dr）Barry Stern、（Dr）Jeff Olson

💿 Blackfinger、The Skull、Lid、Supershine、Eric Wagner

結成は 1978 年。1980 年から 1983 年にかけて複数のデモ音源をリリース。1981 年にはバンドのイメージを決定づける Eric Wagner<Vo> が加入。1984 年には Metal Blade Records よりシングル『Assassin / Tales of Brave Ulysses』をリリースした後、1st アルバム『Trouble』をリリース。翌 1985 年には 2nd アルバム『The Skull』をリリース。1987 年に『Run to the Light』をリリースした後、バンドは Rick Rubin がプロデュースする Def American Recordings へと移籍。1990 年には 4th アルバム『Trouble』をリリース。1992 年には 5th アルバムとなる『Manic Frustration』をリリース。その後 1995 年にはイギリスの Bullet Proof Records から 6th アルバム『Plastic Green Head』をリリース。1997 年には Eric Wagner が脱退。以後バンドのリリースは長らく途絶えることとなる。1990 年代の後半は Alabama Thunderpussy や Exhorder で活動する Kyle Thomas<Vo> を迎え数本のライブを行うに留まった。その後 2000 年には Eric Wagner が復帰。2006 年にはバンドの貫禄のライブ映像が味わえる『Live in Stockholm』をリリース。バンドは新たにスウェーデンの Escapi Music と契約し、2007 年に 7th アルバム『Simple Mind Condition』をリリース。2008 年には再び Eric Wagner がバンドを脱退してしまう。Kyle Thomas を再びラインナップに迎え 2013 年には 8th アルバム『The Distortion Field』を発表した。

Trouble
Trouble 🌐 イリノイ
💿 Metal Blade Records ⓒ 1984

イリノイ州シカゴにて結成されたドゥームメタルバンドの 1984 年リリースの 1st アルバム。Eric Wagner<Vo>、Rick Wartell<Gt>、Bruce Franklin<Gt>、Sean McAllister<Ba>、Jeff Olson<Dr> の布陣で制作された。Metal Blade Records の設立者でオーナーである Brian Slagel がプロデュース、Armored Saint などを手掛ける Bill Metoyer がエンジニアを担当。Judas Priest に通じる硬質なサウンドとダークでドゥーミーなサウンドとキレのあるヴォーカルが融合した一枚。後に『Psalm 9』としてリリース。

Trouble
The Skull 🌐 イリノイ
💿 Metal Blade Records ⓒ 1985

1985 年リリースの 2nd アルバム。Alice in Chains、Danzig 他多数のアーティストを手がける Eddy Schreyer がマスタリングを担当。前作で示した硬質なドゥームメタルサウンドをより推し進めた作風で、独自の妖しさや暗黒的な要素が強化されている。ダークなリフと低音を駆使したヴォーカルが、この時期バンドが放った黒い側面を提示。シンプルなワードで深遠な意味を描き出す歌詞も相まって独自性を描く。事件的なサウンドエフェクトと疾走感で煽る「Fear No Evil」、11 分に及び緩急に富んだ様々な楽曲展開を見せる「The Wish」などを収録。「The Skull」で聴けるバラード調の展開も新鮮。

Trouble
Run to the Light 🌐 イリノイ
💿 Metal Blade Records ⓒ 1987

1987 年リリースの 3rd アルバム。のちに The Skull に参加する Ron Holzner<Ba>、Chastain などでもプレイする Dennis Lesh<Dr> が新たに加入。Crowbar や Barren Cross なども手がける Jim Faraci がプロデューサーを務めた。リズム隊がチェンジしたことによりサウンド面も変化。硬質なアンサンブルからよりロックフィーリングを漂わせる方向へシフト。シャッフルのリズムが新境地を感じさせる「Thinking of the Past」、信仰心の告白とも取れる歌詞と後のスタイルを予兆させるサウンドのタイトル曲「Run to the Light」などを収録。

Trouble
Trouble 🌐 イリノイ
💿 Def American Recordings ⓒ 1990

1990 年リリースの 4th アルバム。新たに Barry Stern<Dr> が加入し制作された。Black Sabbath や Metallica、Slayer との仕事で著名な Rick Rubin のプロデュースの下制作された。レーベルも彼が設立した Def American Recordings へと移籍した。MV の制作された「At the End of My Daze」「Psychotic Reaction」を筆頭により肉感的でグルーヴに重きを置いた楽曲が特徴で、70s の雰囲気をまとうブルージーな要素と 1st から示してきた硬質なアンサンブルが高次元で融合した一枚。長らく廃盤となっていたが 2018 年以降再発がされている。

Trouble
Manic Frustration 🌐 イリノイ
💿 Def American Recordings ⓒ 1992

1992 年にリリースされた 5th アルバム。前作からラインナップの変更はなく制作された。Soundgarden、AC/DC、Stone Temple Pilots などとの仕事で著名な Brendan O'Brien がエンジニアリングを担当。前作で提示した肉感的なグルーヴをさらに推し進めストーナーメタルの原型とも言えるサウンドを提示。モダンかつギターサウンドが特徴的なサウンドを構築、さらに曲間を詰めたアルバム構成でスピード感を演出。後に Church of Misery もカバーする「Come Touch the Sky」、スピード感あふれる「'Scuse Me」「The Sleeper」などを収録。

Trouble
Plastic Green Head
🌐 イリノイ　💿 Bullet Proof Records　🕓 1995

1995年にリリースされた6thアルバム。イギリスのBullet Proof Recordsへ移籍しリリースされた。Låäz RockitやAngel Witchのマネジャーの経歴のあるJeff Wellerがエグゼクティブプロデューサーを務めた。前作で提示したダイナミックで肉感的なグルーヴを維持し、さらに初期の頃のダークな音像をやや復活させたような作風。ヘヴィでモダンなリフとリズム隊のグルーヴにEric Wagnerの粘り気を増したメロウな歌唱が溶け込み、バンドの深化したアンサンブルを提示する。「Tomorrow Never Knows」はThe Beatlesのカバーで、サイケかつスモーキーな味わい。

Trouble
Simple Mind Condition
🌐 イリノイ　💿 Escapi Music　🕓 2007

2007年にリリースされた7thアルバム。BlackfingerやThe Skullにも参加するChuck Robinson<Ba>が新たに加入させ制作された。Kreator、Machine Headなどを手掛けるVincent Wojnoがプロデュース、エンジニアリングを担当。より重心の低くなったサウンドと90年代以降提示してきた肉感的なグルーヴが融合し、オルタナティヴロックの香りを放つEric Wagnerによる歌唱が個性を発揮する一枚。ヘヴィな音像にポジティヴな側面を併せ持ち、湿り気のあるメロディと融合する「Mindbender」「Pictures of Life」などを収録。

Trouble
The Distortion Field
🌐 イリノイ　💿 FRW Music　🕓 2013

2013年にリリースされた8thアルバム。Alabama ThunderpussyやExhorderにも参加するKyle Thomas<Vo>、Mark Lira<Dr>を迎え、制作された。ヴォーカルの印象が変わり、Ronnie James DioやChris Cornellあたりを彷彿とさせるハイトーンで楽曲を彩る。冒頭、疾走感のあるリフがバンドの独自のグルーヴを示す「When the Sky Comes Down」でアルバムがスタート。続く「Paranoia Conspiracy」ではサザンメタルに通じるギタートーンと楽曲展開が新鮮。モダンな解釈のプロダクションもあり、アルバム単体としての完成度は高い。

Blackfinger
Blackfinger
🌐 イリノイ　💿 The Church Within Records　🕓 2014

イリノイ州シカゴとペンシルベニア州ピッツバーグ出身のメンバーからなる2012年に結成されたサイケデリック・ドゥーム/ロックバンド。2014年リリースの1stアルバム。ex-TroubleのEric Wagner<Vo>を中心としたラインナップ。ミキシングとプロデュースはEricが務め、John Scripがマスタリングを担当。Troubleの4thアルバム『Trouble』を彷彿とさせるオーガニックな音像に、より深みを感じさせるヘヴィサウンドが特徴。ワウを使用したギタートーンがヴィンテージ感を漂わせる「Yellowood」、エスニックな響きの歌メロと求道的な歌詞が魅力を放つ「Why God」などを収録。

Blackfinger
When Colors Fade Away
🌐 イリノイ　💿 M-Theory Audio　🕓 2017

2017年にリリースされた2ndアルバム。プロデュースを再びEric Wagnerが務めている。リリックビデオが制作されたタイトル曲「When Colors Fade Away」では浮遊感のあるコードとじわじわと聴き手を追い詰めるような緊張感にあふれており、一聴して彼とすぐ分かるEric Wagnerの歌唱が楽曲に陰影を与える。サイケデリックかつ宗教的な含蓄を聴き手に与える歌詞が一貫しており、徐々にドゥーミーな要素を増してゆく楽曲と相乗効果を生む。前作に比べリフが際立つ楽曲が目立ち、「All My Sorrow」では意表を突くベースのテーマから低音でゴシックなムードをも投下するヴォーカルが味わい深く展開していく。

The Skull
For Those Which Are Asleep — Tee Pee Records / 2014 / イリノイ

イリノイ州シカゴで結成されたドゥームメタルバンドの 2014 年リリースの 1st アルバム。Eric Wagner<Vo>、Sacred Dawn などの Lothar Keller<Gt>、Pentagram へも参加した Matt Goldsborough<Gt> などによるラインナップで制作された。Trouble へも一時期参加していた Chuck Robinson がアートワークを担当している。初期の Trouble を彷彿とさせるダークな楽曲とアップテンポなリフ、そして Eric Wagner のヴォーカルはハイトーンを抑え、よりメロディに重きを置いたもので、スピリチュアルな要素も放つ。

The Skull
The Endless Road Turns Dark — Tee Pee Records / 2018 / イリノイ

イリノイ州シカゴで結成されたドゥームメタルバンドの 2018 年リリースの 2nd アルバム。Eric Wagner<Vo>、Sacred Dawn の Lothar Keller<Gt>、Witch Mountain に参加した Rob Wrong<Gt> らによるラインナップで制作された。Manowar なども手掛けた John Scrip がマスタリングを担当。Candlemass に通じるエピックな要素も感じられるヘヴィな音像に、Eric Wagner による独自の粘り気を含有するヴォーカルが響く。モダンな音運びとメロディが Trouble とはまた異なる魅力を放つ「Ravenswood」などを収録。

Eric Wagner
In the Lonely Light of Mourning — Cruz del Sur Music / 2022 / イリノイ

惜しくも 2021 年に亡くなってしまった Eric Wagner が早すぎる死の 1 ヶ月前に完成してたという一枚で、Pentagram の Victor Griffin<Gt> やその他 Trouble に関係のあるミュージシャンというラインナップで制作された。陰鬱な曲調の中に独自の宗教的観点から光を見出すかのような歌詞が響き渡る「Rest in Place」でアルバムは幕を開ける。派手さはないが、熟練のプレイを聴かせる演奏陣と、唯一無二のヴォーカルが溶け合う。独自の妖艶な低音から特徴的なミッドハイ〜ハイトーンを駆使するドゥームチューン「Maybe Tomorrow」ほか、集大成といえる一枚。

コロナで死去した Trouble 結成メンバー Eric Wagner の功績

Eric Wagner は 1959 年 4 月 24 日に生誕、2021 年 8 月 22 日に COVID-19 により惜しまれつつこの世を去った。 Trouble の結成メンバーである。1984 年に Trouble 『Psalm 9』は真のドゥームメタルの最初のリリースのひとつとして広く知られている。ヘヴィな作品であるにもかかわらず、垣間見えるキリスト教のテーマにより、一部のリスナーは最終的に「ホワイト・メタル 」(クリスチャンメタル) と呼ぶようになった。これらのテーマは、彼がカトリック教徒として育ったことと、宗教が彼の初期の歌詞に与えた影響によるところが大きい。

1997 年に Trouble を脱退。その後 Anathema の創設メンバーである Daniel Cavanagh と Lid を結成した。Lid『In the Mushroom』は軽快で陽気なものが多く、グランジ勢のヘヴィで重層的なキャッチーさとメランコリックなポップ・ロックの間を漂いながら The Beatles のルーツをさらけ出した音楽性で活動を続けるも、商業的成功を得るのに苦労した。

その後 Trouble に戻り、2007 年には『Simple Mind Condition』をリリース。2008 年に再びバンドを脱退。その後は Blackfinger や The Skull などでリリース活動をした。2021 年夏 The Skull は Psycho Vegas への出演をキャンセル。その際の声明で COVID 陽性の結果と入院中というアナウンスがされた。残念ながら、回復することができず 2021 年 8 月 22 日曜日に他界した。氏は影響力の大きい作品群を複数残し、ドゥームメタルの礎を築いた。その後も過去の栄光を背負いつつも現行のバンドとして活動していた。特徴的なハイトーンでメロディックでキャッチーな姿勢を保った。また自身の信仰をダイレクトに歌詞で表現する手法や、歌心溢れるバラードを差し込むパイオニア精神も評価されるべきだ。Eric Wagner よ、安らかに眠れ。

Doctor Smoke
The Witching Hour
🌐 オハイオ　　🔴 Totem Cat Records　📀 2014

オハイオ州ミンゴ・ジャンクションにて 2012 年に結成されたドゥーム/ハードロックバンドの 2014 年リリースの 1st アルバム。Cryptic Abuse などへも参加する Matt Tluchowski<Vo, Gt> を中心とするラインナップにて制作。Agalloch なども手掛ける Gus Elg がマスタリングを担当。Uncle Acid and the Deadbeats に通じるメロディアスなドゥームに、アメリカンなカラッと乾いたサウンドを身の上とする。時折挟むワウの効いたギターサウンドにはブルージーな一出汁が効いており、泥臭さが絶妙なさじ加減で演出される。

Doctor Smoke
Dreamers and the Dead
🌐 オハイオ　　🔴 Ripple Music　📀 2021

2021 年にリリースされた 2nd アルバム。レーベルをカリフォルニアの Ripple Music へ移している。前作リリースからかなりの期間が経過したが、サウンド面では大きな変化はなく、ハードロック要素の強いドゥームメタルをプレイ。苦悩に満ちた歌詞と程よい哀愁を感じさせるメランコリックなメロディが展開される「Reborn into Darkness」でアルバムは幕を開ける。湿ったメロディとシャッフルリズムで攻める「Been Here Forever」や、ストレートなビートとリフが牽引し、オーセンティックなハードロック要素がさらに色濃く示される「Vexed」などを収録。

Frayle
1692
🌐 オハイオ　　🔴 Aqualamb Records　📀 2020

オハイオ州クリーブランドにて 2017 年に結成されたアトモスフェリックドゥーム/ポストメタルバンドの 2020 年にリリースされた 1st アルバム。Gwyn Strang<Vo> を中心としたラインナップにて制作。Black Math Horseman らポストメタル勢の硬質さに Blackwater Holylight などのドゥーム/ストーナー的な酩酊感覚を含有したサウンドが特徴。破滅的かつ耽美的な世界観が垣間見られる歌詞と、気怠い女性ヴォーカルが融合する。アンニュイなムードとヘヴィなバンドサウンドがアンバランスなようでいて、奇跡的な調和を図る「God of No Faith」「Darker than Black」などを収録。

Frayle
Skin & Sorrow
🌐 オハイオ　　🔴 Aqualamb Records　📀 2022

2022 年にリリースされた 2nd アルバム。前作のスタイルは踏襲しつつ、より緩急をつけた展開が色濃く表現されているのが特徴。よりけだるさを増したウィスパーヴォイスが妖艶な魅力を放ち、ヘヴィに攻めるバンドアンサンブルと溶け合う。怨念にも似た感情を彷彿とさせる「Treacle and Revenge」でアルバムは幕を開ける。静謐なパートと轟音で奏でられるメインリフの対比がメロウなコード展開と重なり合う「Bright Eyes」、様々なエフェクトを駆使し実験的な音像で迫る「All the Things I Was」などを収録。独自のアートワークをフィーチャーした別冊の冊子を付属するエディションも発売されている。

Robot Lords of Tokyo
Virtue & Vice
🌐 オハイオ　　🔴 Independent　📀 2013

オハイオ州コロンバスにて 2004 年に結成されたドゥーム/ストーナー/ヘヴィメタルバンドの 2013 年にリリースされた 3rd アルバム。Arch Enemy や Firewind、Grand Magus など様々なアーティストを手掛けるスウェーデン人 Rickard Bengtsson によりマスタリングが施された。ブルージーかつハードロック色の強いサウンドを展開し、サザンメタルに通じる泥臭さを持ち合わせるサウンド。熱く歌い上げるコーラスとタイトなバンドアンサンブルが溶け合う「Keepers of the Night」、グルーヴの力技で押し切る漢臭い「Two in the Belly (One in the Head)」などを収録。

Apostle of Solitude
Of Woe and Wounds 🌐 インディアナ　　💿 Cruz del Sur Music　📅 2014

インディアナ州インディアナポリスにて 2004 年に結成されたドゥームメタルバンドの 2014 年リリースの 3rd アルバム。The Gates of Slumber に関連する Chuck Brown<Gt, Vo> と Steve Janiak<Gt> を中心とするラインナップで制作。Electric Wizard や Saint Vitus も手掛ける Tony Reed がマスタリングを担当した。適度にモダンなエッセンスを取り込んだ楽曲が特徴。絶望的にダウナーな歌唱が響く王道のドゥームチューン「Blackest of Times」、ヘヴィなベースからスタートしグルーヴをつくる「Whore's Wings」などを収録。

Goliath
The Gate 🌐 インディアナ　　💿 The Music Cartel　📅 2001

インディアナ州テレ・ホートにて 1999 年にリリースされたドゥーム／ストーナーメタルバンドの 2001 年リリースの 1st アルバム。野太いヴォーカルと分厚いギターサウンドで彩られる骨太なドゥームリフが特徴で、広大なアメリカを思わせる大陸的なサウンドが特徴。グランジの香りも残す歌唱がアメリカンなムードを色濃く提示する「Hurricane」でアルバムは幕を開ける。ブルージーな装いを見せる「The Gate」「I Am」ではタイトなアンサンブルが高い演奏力を見せる。ポート・ワシントンのサザンメタル／ストーナー系レーベル、The Music Cartel から CD がリリースされた。

The Gates of Slumber
Suffer No Guilt 🌐 インディアナ　　💿 I Hate Records　📅 2006

インディアナ州インディアナポリスにて 1997 年に The Keep として結成され、1998 年から本名義で活動するドゥームメタルバンドの 2006 年にリリースされた 2nd アルバム。Jack Starr's Burning Starr や Manowar を手掛ける Ken Kelly がアートワークを担当。Saint Vitus や Reverend Bizarre に通じる光の見えないオーセンティックなドゥームメタルをプレイ。キャッチーな要素がなく、ひたすらにダークかつ単調なリフがメインで、その中に独自の怨念をも感じさせるムードを漂わせる。勇壮な世界観と様々な楽曲展開が交差する 14 分超えの「Suffer No Guilt」などを収録。

The Gates of Slumber
The Wretch 🌐 インディアナ　　💿 Rise Above Records　📅 2011

2011 年リリースの 5th アルバム。エンジニアリングとプロデュースに Septic Tank の Jaime Gomez Arellano を迎えて制作された。Bongzilla や High on Fire なども手掛ける Arik Roper がアートワークを手掛けている。サウンド的には前作までのサウンドを受け継いでいる。本作ではサウンドプロダクションがよりクリアになり、各楽器の分離が向上。長尺のギターソロが意表を突き、ストーリー性を演出する「Bastards Born」でアルバムは幕を開ける。勇壮なムードとドゥーミーなリフが交差する「The Scovrge ov Drvnkenness」などを収録。

Wolftooth
Wolftooth 🌐 インディアナ　　💿 Napalm Records　📅 2018

バージニア州リッチモンドにて 2017 年に結成されたドゥーム／ヘヴィメタルバンドの 2018 年リリースの 1st アルバム。90 年代初頭にデモのみを残し解散したデスメタルバンド、Darknes のメンバーであった Chris A. Sullivan<Vo, Gt> を中心にしたラインナップで制作された。正統派／エピックメタル要素もあるドゥームメタルをプレイ。実直な歌唱でファンタジックな歌詞を紡ぐ「Blackbirds Call」などを収録。当初自主リリースされたが後に Cursed Tongue Records、Ripple Music さらには大手 Napalm Records からもリリースされた。

Wretch
Wretch
🌐 インディアナ　　💿 Bad Omen Records　📅 2016

インディアナ州インディアナポリスにて 2013 年に結成されたドゥームメタルバンドの 2016 年リリースの 1st アルバム。The Gates of Slumber の創設者である Karl Simon<Gt, Vo> を中心としたラインナップにて制作された。アイコニックなアートワークはスペインの Branca Studio が担当。冒頭「Running Out of Days」は酩酊感覚のあるドゥームサウンドが特徴で、2014 年にヘロインのオーヴァードーズで亡くなってしまった ex-The Gates of Slumber の Jason McCash へ捧げられている。ラストの「Drown」まで沈み込むようなサウンドを堪能できる一枚。

Wretch
Bastards Born
🌐 インディアナ　　💿 Independent　📅 2017

2017 年にリリースされた EP。全 3 曲入りで、うち 2 曲は The Gates of Slumber のカヴァー曲である。Karl Simon<Vo, Gt> と Chris Gordon<Dr> は実際に The Gates of Slumber に在籍していた時期もあるため、メンバーたちにとってはなじみの曲だったのではと推察される。Wytch Hazel などを手掛ける James Atkinson がエンジニアリング、Angel Witch や Wytch Hazel を手がける Terry Waker といったイギリス人布陣によるプロダクションが行われた。アートワークはシーン御用達の人気デザイナー、Branca Studio が手掛けた。

Mount Salem
Endless
🌐 イリノイ　　💿 Metal Blade Records　📅 2014

イリノイ州シカゴにて 2012 年に結成されたサイケデリックドゥーム／ロックバンドの 2013 年リリースの 1st EP。当初自主でデジタルリリースされた後に、大手である Metal Blade Records よりリリースが実現している。Blood Ceremony や Jex Thoth らに通じる女性ヴォーカルとレトロなオルガンをフィーチャーしたヴィンテージ寄りのサウンドで、妖艶かつブルージーな要素を含む Emily Kopplin の歌唱がバンドの個性となっている。なお Metal Blade Records からリリースされた際には 2 曲が追加され、フルレングス扱いとなっている。

Rezn
Chaotic Divine
🌐 イリノイ　　💿 Independent　📅 2020

2016 年にイリノイ州シカゴにて結成されたサイケデリック・ドゥームメタルバンドの 2020 年リリースの 3rd アルバム。Bongzilla や Boris を手掛ける Carl Saff がマスタリングを担当。アトモスフェリックかつ宇宙的なサウンドの広がりを見せるアンサンブルが特徴で、繊細なアルペジオとシューゲイズ的な轟音を併せ持つ楽曲を展開。ソフトな歌声がシュールな歌詞と相まって世界観を表出させる「Carl Saff」、美しいメロディとサックスがアダルトなムードを醸し出す「Garden Green」などを収録。自主で CD やレコードのカラー盤などがリリースされている。

Rezn
Solace
🌐 イリノイ　　💿 Independent　📅 2023

2023 年にリリースされた 4th アルバム。前作同様スペーシーかつアトモスフェリックなサウンドとヘヴィな轟音が融合し、独自の世界観を演出。Acid King、Old Man Gloom などを手掛ける Zach Weeks がマスタリングを担当。前作ではソフトな面での探求が目立ち、ヘヴィな音像は控えめであったが本作では「Possession」「Reversal」を中心に轟音が響き渡る。哲学的ともとれる意味深長な歌詞と一筋縄でいかない展開が緊張感を生む一枚。水の中を揺蕩うかのような浮遊感を演出する「Faded and Fleeting」などでは、より深化した世界観を提示する。

Witchcross
Witchcross
🌐 イリノイ　　　🔴 Battle Cry Records　🕙 1993

1992年にイリノイ州シカゴにて結成されたヘヴィ／ドゥームメタルバンドの1993年リリースの1stアルバム。同名のデンマークのWitch Crossとは同名異バンドである。前身であるNocturnal Doom名義でデモ音源を数本リリースした後、Bill Jannusch<Vo>を中心としたラインナップにて制作された。Witchfinder General直系のカルトな魅力を放ちつつもキャッチーかつ地下臭溢れるサウンドが特徴。独特の浮遊感が表現される「Together (We'll Get High)」などを収録。後年Battle Cry RecordsやI Hate Recordsなどから再発がされている。

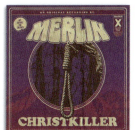

Merlin
Christkiller
🌐 ミズーリ　　　🔴 Independent　🕙 2014

ミズーリ州カンザスシティにて2012年に結成されたドゥームメタルバンドの2014年リリースの2ndアルバム。自主リリースされた後にPoisoned Mind Recordsより再発がされた。黒魔術などを題材とした怪しげなリリックにPentagramやSleepなどを彷彿とさせるサウンドに、独自の浮遊感漂うサイケデリックなヴォーカルを追加した作風。不穏なアルペジオと悪魔に言及したテーマが背徳的なイタリア勢にも通じるムードを演出。歌に主軸を置きつつ適度な重さが心地よい「Execution」、ファズサウンドで主導するドゥームリフが響き渡る「Deal with the Devil」などを収録。

Merlin
The Wizard
🌐 ミズーリ　　　🔴 The Company　🕙 2018

2018年にリリースされた4thアルバム。Ghost B.C.やさらにはMercyful Fate、Witchfinder Generalなどにも通じるオーセンティックかつイーヴルな要素を醸し出すサウンドへ変化した一枚。オルガンやサクソフォーンなどを取り入れたヴィンテージなドゥームサウンドで、音作りから個性を表出させている。呪詛的なヴォーカルとホーンのサウンドがより怪しい世界観を展開する「Sage's Crystal Staff」などがヘヴィチューンの合間に挿入され、アルバムを通しての構成を堪能できる。「Tarantula Hawk」は早めのテンポとディストーションサウンドが独自の絡みを見せる。

Merlin
The Mortal
🌐 ミズーリ　　　🔴 The Company　🕙 2019

2019年にリリースされた5thアルバム。カンザスシティのThe Companyよりリリースされた。ドゥームの根底にある70sの香りをさらに色濃く展開したサウンドが特徴で、静謐なムードをまとうイントロダクションから「Tower Fall」は昔ながらのブルースと色気のあるホーンが融合し、往年のプログレッシヴロックに通じる深みを演出。アコーディオンなどの一風変わった楽器とヴィンテージ色の強いディストーションサウンドが融合し、ダークな世界観を描く「Chaos Blade」、美しいサウンドスケープで描かれるインストゥルメンタル「Ashen Lake」など、実験的な側面が強調された一枚。

Alice in Chains『Dirt』トリビュートアルバム

ニューヨークのMagnetic Eye Recordsからグランジの代表的バンドであるAlice in Chainsのトリビュートアルバム『Dirt (Redux)』が2020年にリリースされた。Khemmisは「Down in a Hole」のカバーで参加。2010年代以降のモダンなフレームワークを踏襲した洗練されたドゥームサウンドを提示。The Otolithは「Would?」のカバーで参加。こちらも原曲に忠実ではあるが、バンドの個性を存分に投影させた注目の仕上がりとなっている。このように2010年代以降の特にアメリカのドゥームメタルバンドへ、グランジ勢が与えた影響は小さくない。

2010年代以降、新たなフレームを作り出した伝統的ドゥーム

Khemmis

🕐 2012-present　🌐 コロラド州デンバー

👤 (Vo, Gt) Phil、(Vo, Gt) Ben、(Dr) Zach、(Ba) David Small ex-Member (Ba) Dan、(Dr) Dan Barnett

2012年にコロラド州デンバーにて結成された。2013年に1stEP『Khemmis』をリリース。2015年にピッツバーグのデス／ドゥーム系レーベル 20 Buck Spin より 1st アルバム『Absolution』をリリース。本作はバンドのアンダーグラウンドでの評価を決定づける一枚となった。翌2016年には2nd アルバム『Hunted』を再び 20 Buck Spin よりリリースした。本作ではさらにファンベースを拡大することに成功し、Decibel Magazine や Rolling Stone にて年間ベストなどに挙げられている。本作をリリースの後バンドはヨーロッパ、北米ツアーを継続し、支持の地盤をさらに強固なものにしてゆく。2017年年に Spirit Adrift とのスプリット音源『Fraught with Peril』をアメリカの War Crime Recordings からリリース。2018年には3rd アルバム『Desolation』をリリースした。同年の後半には Nuclear Blast との契約をアナウンス。2020年には Nuclear Blast より Misfits や Lloyd Chandler のカバーを収録した EP『More Songs About Death Vol. 1』をリリース。また同年 Magnetic Eye Records が主導する Alice in Chains のトリビュートアルバムに参加。「Down in a Hole」のカバーバージョンで参加している。2021年には Nuclear Blast から初のフルアルバムのリリースとなる 4th アルバム『Deceiver』をリリースした。2023年には再び Nuclear Blast より EP『Where the Cold Wind Blows』をリリース。

Khemmis
Absolution — 🌐 コロラド　💿 20 Buck Spin　📅 2015

コロラド州デンバーにて2012年に結成されたドゥームメタルバンドの2015年リリースの1stアルバム。Cattle Decapitation、Nightbringerなどを手掛けるDave Oteroがミキシング、マスタリングを担当。古代エジプトの都市名にちなんでつけられたバンド名やPallbearer、Baronessらに通じるモダンな次世代型ドゥームなどデビュー作ながらすでにスタイルを確立。数多くのリリースを手掛ける20 Buck Spinよりリリースが実現した。タイトな演奏と親しみやすいヴォーカルラインが個性を演出する「Ash, Cinder, Smoke」など聴きどころは多い。

Khemmis
Hunted — 🌐 コロラド　💿 20 Buck Spin　📅 2016

2016年にリリースされた2ndアルバム。前作から短いスパンで制作された。Dave Oteroがミキシング、マスタリングとプロデュースまでを担当。前作で提示したモダンなドゥームメタルは維持しつつ、本作ではエピック要素を溶かし込んだオーセンティックなサウンドを展開。CandlemassやThe Swordにも通じる質感が新たな武器として加わった印象。長尺のツインリードや、ファンタジックなムードを含有する演奏と、壮大なストーリーを描く歌詞が光る「Above the Water」でアルバムは幕を開ける。沈み込むようなドゥームリフと、メインストリームメタルに通じる美しい歌メロが幽玄な世界観を描く「Candlelight」などを収録。

Khemmis
Desolation — 🌐 コロラド　💿 20 Buck Spin　📅 2018

2018年にリリースされた3rdアルバム。再びDave Oteroがプロデュースを担当。前作以上にツインリードや勇壮でエピックな世界観がフィーチャーされており、正統派メタルの要素が増大したサウンドが特徴。緻密なリズムチェンジと詩的表現に富んだ歌詞が融合する「Bloodletting」でアルバムは幕を開ける。駆け抜けるようなリズムと印象的な泣きツインリード、そして現代的な音運びと抒情的なメロディラインなどバンドの深化を描く「Isolation」「Flesh to Nothing」へと続く。ラストは9分を超える大作「From Ruin」で〆られ、暗黒の中にも光を渇望するバンドのアティテュードが示される。

Khemmis
Deceiver — 🌐 コロラド　💿 Nuclear Blast　📅 2021

2021年にリリースされた4thアルバム。もともとドゥームメタルとしてはメジャー志向なサウンドを展開していたが、本作は大手Nuclear Blastへ移籍してリリースされた。より洗練されたサウンドメイクと、ドゥームの重さと正統派メタル的な勇壮さが合わさったサウンドを展開。プロダクションもより洗練されたものとなっている。スラッシーなパートも盛り込み、より様々な要素を溶け込ませた冒険心がうかがえる「Avernal Gate」でアルバムはスタート。MVが制作された「Living Pyre」では美しい歌メロが押し出される。Ward Recordsより日本盤もリリースされた。

Khemmis
Where the Cold Wind Blows — 🌐 コロラド　💿 Nuclear Blast　📅 2023

2023年にリリースされたEP。デジタルフォーマットと7インチレコードでリリースされている。アメリカのトラディショナル・フォークソングである「In the Pines」をカヴァーしている。こちらのバージョンは原曲に忠実ながらそれまでにバンドが培った緩急の付け方やエピック的な要素をふんだんに取り込んだ意欲作で、今までのバンドの立ち位置を総括するとともに、より深い表現をもって今後の指標にもなりうる仕上がりに。続く「Sigil」では従来のドゥームとはかけ離れたスピード感溢れるナンバーで、バンドの持ち味である美しい歌メロとエピック／正統派メタル的なエッセンスがふんだんに収められている。

ドゥーム・クイーン Lori S. 主導、バンド名は US の猟奇殺人犯から

Acid King

🕒 1993-present　🌐 カリフォルニア州サンフランシスコ

🎸（Gt, Vo）Lori S.、（Gt, Key）Jason Landrian、（Ba）Bryce Shelton、（Dr）Jason Willer ex-Members（Dr）Joey Osbourne、（Ba）Guy Pinhas、（Ba）Brian Hill 他

💿 Gross National Product、Bhang Revival、Buzzov•en、Porn（The Men Of）

1993 年に中心メンバーである Lori S.<Gt, Vo> によって結成。彼女はもともとイリノイ州シカゴの出身である。当時パンクシーンと関わりを持っていた彼女はギターをプレイし始め、自身のバンドを結成するビジョンを得る。1982 年から 1984 年にかけて Gross National Product といった男女混成のハードコアパンクバンドや、女性メンバーのみで構成された Bhang Revival などでいくつかのシングルをリリース。1990 年代に入りそれらのバンドの活動が停止すると彼女はサンフランシスコへ移住し、Acid King を結成。バンド名はティーンエイジャーのドラッグ売人で、トリップ状態で友人を殺害した"Ricky Kasso, the Acid King"に因んでつけられている。1993 年に 1st デモ『Acid King』をカセットでリリース。1995 年には 1st アルバム『Zoroaster』をオリンピアの Sympathy for the Record Industry からリリース。1999 年には 2nd アルバム『Busse Woods』を Frank Kozik が運営した Man's Ruin Records よりリリース。2005 年には新たにデトロイトの Small Stone Recordings と契約し、3rd アルバム『III』をリリース。2006 年には日本の Leaf Hound Records より初期音源集『The Early Years』をリリースした。2015 年には新たにフィンランドの Svart Records と契約を果たし、4th アルバム『Middle of Nowhere, Center of Everywhere』、2023 年には Blues Funeral Recordings と契約し、5th アルバムとなる『Beyond Vision』をリリースした。

Acid King
Zoroaster
🌐 カリフォルニア　💿 Sympathy for the Record Industry　📅 1995

カリフォルニア州サンフランシスコにて 1993 年に結成されたドゥーム／ストーナーメタルバンドの 1st アルバム。イリノイ州パラタイン出身でバンドの創設者である Lori S.<Gt, Vo>、Peter Lucas<Ba, Vo>、Joey Osbourne<Dr> のラインナップで制作。Neurosis、Swans、Sleep 他を手掛ける名手 Billy Anderson がレコーディングとプロデュースを担当した。もともとはパンク／ハードコアのシーンで活動したという Lori S. のパンキッシュなヴォーカルと煙たいドゥームサウンドが融合し、新鮮な音像を作り出している。名曲「Evil Satan」を収録。

Acid King
Busse Woods
🌐 カリフォルニア　💿 Man's Ruin Records　📅 1999

1999 年にリリースされた 2nd アルバム。Buzzov•en にも在籍していた Brian Hill<Ba> が新たに加わった布陣で制作された。Melvins の Dale Crover がゲスト参加している。再び Billy Anderson がエンジニアリングを担当。Frank Kozik が創設した伝説的なレーベル、Man's Ruin Records からのリリースでレイアウトも彼が手掛けている。バンド屈指の名作と謳われ、以後何度も様々なレーベルから再発がされている。よりアンニュイかつ陶酔感を醸し出す Lori S による歌唱とループを中心としながら、聴き手を酩酊的感覚へといざなう「Electric Machine」などを収録。

Acid King
III
🌐 カリフォルニア　💿 Small Stone Recordings　📅 2005

2005 年にリリースされた 3rd アルバム。老舗ストーナー／ドゥーム系レーベル Small Stone Recordings よりリリースされた。同タイミングで日本の Leaf Hound Records からもリリースされた。引き続き Billy Anderson がプロデュース、ミキシングなども担当。「Bad Vision」で見せるファズサウンドとトライバルなリズムと旋律の融合、「2 Wheel Nation」などで示されるハネのあるリズムなど、ドゥームを軸としつつユニークなサウンドを展開する。12 分に及ぶ「War of the Mind」の陶酔感はアメリカの広大な大地を思わせる仕上がり。

Acid King
Middle of Nowhere, Center of Everywhere
🌐 カリフォルニア　💿 Svart Records　📅 2015

2015 年にリリースされた 4th アルバム。フィンランドの Svart Records からのリリース。新たに Fought upon Earth などで活動する Mark Lamb<Ba> が加入。プロデュースとミキシングは再び Billy Anderson が担当。Agalloch や High on Fire などを担当する Justin Weis がマスタリングを担当。MV が作られた「Red River」を筆頭に前作までに比べ、ヴィンテージ要素が増した楽曲が特徴で、エスニックかつワンコードで展開される催眠的なグルーヴが、より推し進められている。サイケデリックな歌詞と酩酊感覚を増強させた、Lori S. の歌唱が魅惑的。

Acid King
Beyond Vision
🌐 カリフォルニア　💿 Blues Funeral Recordings　📅 2023

2023 年にリリースされた 5th アルバム。Blues Funeral Recordings からのリリース。Lori Joseph<Gt, Vo> 以外のメンバーは一新され、High Tone Son of a Bitch の Bryce Shelton<Ba> などが加入。Billy Anderson がミキシング、メンバーである Jason Landrian<Gt, Key> がプロデュースを担当。それまでの酩酊感あふれるドゥーム／ストーナーサウンドは堅持し、さらにアンニュイな感覚を増したヴォーカルと温かみを感じさせるファズサウンドが鳴り響く。「Electro Magnetic」などのインスト曲では多彩なサウンドを体感できる。

ハードコアとも深い関係のアメリカで最古のドゥームバンドの一つ

Saint Vitus

- 1978-1981（as Tyrant）, 1981-1991, 1992-1996, 2003, 2008-present　●カリフォルニア州 ロサンゼルス
- （Vo）Scott Reagers、（Gt）Dave Chandler、（Dr）Henry Vasquez、（Ba）Pat Bruders ex-Members（Vo）Scott "Wino" Weinrich、（Ba）Mark Adams、（Dr）Armando Acosta 他
- The Obsessed、Tyrant、The Skull

最初期のドゥームメタルバンドの一つ。バンド名は Black Sabbath の楽曲「St. Vitus Dance」から採用された。1978 年に Tyrant として活動をスタート。当時のメンバーは Scott Reagers<Vo>、Dave Chandler<Gt>、Mark Adams<Ba>、Armando Acosta<Dr>。同年にデモ音源『Rehearsal（1978）』をリリースした後 1981 年より現名義で活動を開始した。1984 年には Black Flag の Greg Ginn が設立した SST Records より 1st アルバム『Saint Vitus』をリリースした。1985 年には 2nd アルバム『Hallow's Victim』をリリース。同年に EP『The Walking Dead』をリリース。1986 年には The Obsessed での活動を休止していた Scott "Wino" Weinrich<Vo> にヴォーカルが交代。同年に 3rd アルバム『Born Too Late』をリリース。Wino がヴォーカルの編成で 1988 年に『Mournful Cries』、1990 年にはドイツの Hellhound Records へ移籍し『V』をリリース。本作を最後に Wino は The Obsessed の活動を再始動するためにバンドを脱退。後任には Count Raven での活動で知られる Christian Linderson<Vo> を迎え、1992 年に『C.O.D.』をリリース。以後は活動が断続的となるが 2008 年以降はコンスタントにリリースを重ねる。2012 年には Wino を再び迎え Season of Mist より『Lillie: F-65』をリリース。2015 年にはオリジナルシンガーである Scott Reagers が復帰し、2019 年には『Saint Vitus』をリリースした。

Saint Vitus
Saint Vitus
🌐 カリフォルニア　💿 SST Records　📀 1984

カリフォルニア州ロサンゼルスにて 1978 年に Tyrant として結成され、1981 年より現名義で活動をスタートした、ドゥームレジェンドの 1984 年リリースの 1st アルバム。Scott Reagers<Vo>、Dave Chandler<Gt>、Mark Adams<Ba>、Armando Acosta<Dr> の布陣にて制作された。Black Flag に在籍していた Spot がエンジニアリングとプロデュースを担当。オーヴァーダヴなしで録音された生々しいサウンドと狂気を感じさせる演奏が特徴。コーラスでのシンガロングがメタル的恍惚を誘発するバンド名を冠した「Saint Vitus」などを収録。

Saint Vitus
Hallow's Victim
🌐 カリフォルニア　💿 SST Records　📀 1985

1985 年にリリースされた 2nd アルバム。前作と同様のラインナップにて制作された。Black Flag の Greg Ginn により創設され、Soundgarden や Black Flag や Sonic Youth などをリリースしてきた SST Records からリリースされた。独特の籠ったサウンドとじわじわと沈み込むようなドゥームメタルサウンドは変わらず、時にアップテンポのハードコア的突進も見せる一枚。Church of Misery がカバーした「War Is Our Destiny」やアップテンポかつ陶酔感のあるリフがリピートされる「White Stallions」などを収録。

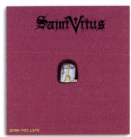

Saint Vitus
Born Too Late
🌐 カリフォルニア　💿 SST Records　📀 1986

1986 年にリリースされた 3rd アルバム。新たに The Obsessed の活動などで知られる Scott Weinrich（Wino）<Vo> が加入。当時 SST Records の共同オーナーであった Joe Carducci がプロデュースを務めた。前任者とは異なる野太い歌唱で色濃いキャラクターを加える Wino と、バンドの特色である籠った音像が相乗効果を生み、ドゥームのメタルの名盤として語り継がれている。バンドのアティテュードを歌詞に乗せた冒頭「Born Too Late」ではハードコアの精神性も見え隠れする。Dave Chandler<Gt> によるユニークで狂気を感じるギタープレイが冴えわたる。

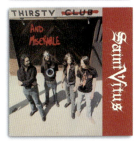

Saint Vitus
Thirsty and Miserable
🌐 カリフォルニア　💿 SST Records　📀 1987

1987 年にリリースされた EP。1986 年リリースの『Born Too Late』と同じ布陣でレコーディングされ、サウンドもその延長線上にある。「Thirsty and Miserable」は SST Records の創設者 Greg Ginn が在籍する Black Flag の 1981 年の 1st アルバム『Damaged』に収録されている楽曲のカバーで、両者のつながりや当時のハードコアシーンとの関係を窺える仕上がり。比較的原曲に忠実な演奏で、フリーキーな転調などはその他の楽曲にもインスピレーションを感じることができる。12 インチ LP、カセットなどでのリリースがなされた。

Saint Vitus
Mournful Cries
🌐 カリフォルニア　💿 SST Records　📀 1988

1988 年にリリースされた 4th アルバム。前作とラインナップの変更はなし。楽曲によっては Scott Weinrich（Wino）がギターもプレイすることにより、サウンドはより分厚く進化した。再び Carducci がプロデュースを担当。Vicious Rumors や Chastain なども手掛ける Lionel Baker II がアートワークを担当。SST Records の Naomi Petersen がフォトグラファーで関わっている。冒頭からスピード感あふれる「The Creeps」で幕を開ける。その後はスローナンバー中心で Wino のカラーが色濃く噴出し、後の The Obsessed へと通じるムードも感じられる。

Saint Vitus
V
🌐 カリフォルニア　⊙ Hellhound Records　◉ 1990

1990年にリリースされた5thアルバム。ドイツのHellhound Recordsへ移籍してリリースされた。ラインナップの変更は前作からなし。後にThe Obsessedも手掛けるドイツ人Stephan Grossがプロデュース、Eternal Elysiumとの仕事で知られるMathias Schneebergerがエンジニアとして参加。バンドの個性的なサウンドは不変ながら、プロダクション布陣の変化により音質は変化。ヘヴィチューンはもちろん、「When Emotion Dies」のようなアコースティックと女性ヴォーカルをフィーチャーした「When Emotion Dies」など新機軸への挑戦が垣間見える。

Saint Vitus
C.O.D.
🌐 カリフォルニア　⊙ Hellhound Records　◉ 1992

1992年にリリースされた6thアルバム。Winoが脱退し、新たにex-Count Ravenのスウェーデン人Christian Linderson<Vo>が参加。DokkenのDon Dokkenが異色の組み合わせでプロデュースを担当。ドラムスを中心によりメジャー感を増したサウンドに仕上がり、バンドの個性的なアンサンブルは堅持しつつ、新たな試みを感じさせる。「Children of Doom」でのコード感はDave Chandler<Gt>が積み上げてきたスタイルがダイレクトに伝わる。ほとんどの楽曲がギタリスト主導で始まることが特徴となっている。後に大手Season of Mistなどから再発が行われている。

Saint Vitus
Die Healing
🌐 カリフォルニア　⊙ Hellhound Records　◉ 1995

1995年にリリースされた7thアルバム。オリジナルシンガーであるScott Reagersが再度バンドへ戻り、『Hallow's Victim』までの頃のラインナップが再び集結して制作された。SodomやCeltic Frostなども手掛けるドイツ人、Harris Johnsがプロデュースとエンジニアリングを担当。当初はDave Chandler<Gt>がヴォーカルも兼任する形で準備が進められたがScott Reagersを説得する形で呼び戻した経緯がある。予想通り初期のサウンドへとカムバックするサウンドが特徴で、作品リリースを積み重ねたからこその説得力がサウンドから感じられる。

Saint Vitus
Lillie: F-65
🌐 カリフォルニア　⊙ Season of Mist　◉ 2012

2012年にリリースされた8thアルバム。前作リリース以降活動休止状態となり、2008年からようやく活動を再開、再びScott "Wino" Weinrich<Vo, Gt>がカムバックし、Spirit CaravanやLuciferのライブサポートで知られるHenry Vasquez<Dr>が新たに加入し制作された。レーベルをフランスの大手Season of Mistへと移しリリースされている。『Born Too Late』で提示した独創的な作風を蘇らせた楽曲が特徴で、Electric Wizardなども手掛けたTony Reedのプロデュースがモダンなテイストも付与している。

Saint Vitus
Saint Vitus
🌐 カリフォルニア　⊙ Season of Mist　◉ 2019

2019年にリリースされた9thアルバム。1stアルバム『Saint Vitus』に続く2作目のセルフタイトルアルバムである。オリジナルシンガーであるScott Reagersが再び舞い戻り、Downに在籍し、CrowbarやGoatwhoreへも在籍したPatrick Bruders<Ba>が新たに加入し制作された。前作で提示した往年のバンドのサウンドとモダンなアプローチがバランスよく交じり合ったサウンドが特徴で、Scott Reagersの歌唱も『Die Healing』で示した過去をなぞるスタイルというよりは、現時点でのスタイルを提示。40年のキャリアが凝縮された濃厚なアンサンブルが味わえる一枚。

Saint Vitus インタビュー

回答者：Dave Chandler

Q：2019 年に Saint Vitus をリリースした後、どのように過ごしていますか。何か活動はしていましたか？

A：ぼちぼちだよ。2019 年 5 月のライブの後は活動を休止している。今これを書いている時点では特に予定もないね。

Q：アルバム『Saint Vitus』はバンドの伝統的なスタイルとモダンにアップデートされたアプローチが取られています。またセルフタイトルということも特徴ですね。この作品の背景や意図などを教えていただけますか。

A：2019 年の Saint Vitus はラストアルバムとして計画されていて、それでデビューアルバムと同じセルフタイトルにしたんだ。循環を意図しているよ。不運なことに Mark Adams が病に倒れてアルバム制作には参加できなかったんだ。アルバムアートも終焉を意識して灰色に施した。それによって黒が年月を経て灰色になり（そう、まさに人生のように）最後の安息の地へ行き着くのを意味しているる。

Q：Pat Bruders が 2016 年にバンドへ加入しました。彼の加入はバンドにどのように影響しましたか。

A：Pat は上手くハマって、よくやってくれた。俺がバンドの大変な時期を迎えている時に助けてくれたよ。アルバムにおける彼の仕事はベストと言えるしライブでの演奏もかけがえの無いものだ。「Wormhole」は彼が書いた曲だし、アルバムの中でもベストな楽曲だ。彼は俺にとっては Mark に代わる唯一の選択肢だったし今でもそれは変わらないよ。

Q：Saint Vitus は 40 年を超える歴史があります。バンドとしてユニークな点は何でしょうか。あなたのバンドは Black Sabbath に影響を受けた最初のドゥームメタル・バンドの一つとされています。

A：バンドとして Saint Vitus にはユニークな点というのはなかったな。Mark、Armando そして俺がやりたかったのは音楽をプレイすることで生活をしていくことで、それが自分たちが好きで聴いていたものに通じる部分だからね。俺たちは他の誰もがやっていないような音楽をプレイした時点でユニークではあったな。なにせ全てのヘアメタルバンドやパンクロックの連中が嫌っていたものだからね。でもそんな状況は Black Flag の連中が俺たちのライブを観て SST Records と契約してから変わったよ。

奴らはカリフォルニアのサウスベイエリアで最もハードなパンクスとのステージに俺たちを組み合わせた。その荒れた数年間のツアーの後、他のハードコアパンクのバンドとも共演したよ。パンクの連中は俺たちを受け入れてくれた。やがて俺たちはパンクスが唯一リスペクトを表すメタルバンドになったわけだ。まあそれも Motörhead がアメリカに進出するまでではあるけれども。そういったことが俺たちの存在をユニークにしたし、今日に至るまで俺たちはまさにパンクロックに深くルーツを持つ唯一のメタルバンド、と声を大にして言えるバンドなんだ。メタルがルーツではなくてね。俺はそれを誇りに思うし、素晴らしいことだよ。

俺たちが Black Sabbath を除いてドゥームをプレイする最初のバンドの一つと定義されているのは、その時代に Black Sabbath の歩んできた道のりをフォローしていたのはごく一握りのバンドだけだったからさ。

事実、1985 年に Pentagram や Trouble のことを知るまでは他のバンドがドゥームという音楽をやっているなんて聴いたことがなかった。ドゥームメタルという言葉すらなかったんだからね。最初に俺がドゥームメタルという言葉を聞いたのは 1989 年のことで、当時のレーベル、Hellhound Records が俺たちのことをドゥームのゴッドファザーといった触れ込みでツアーポスターで宣伝していたからなんだ。俺たちは Hellhound Records の連中に「ドゥームメタルって何だ？」と訊いたよ。そしたら奴らは「まさに君たちがプレイする音楽さ！」と言ってきたんだ。俺たちは「なるほど、OK。まあ言い得て妙か」と言った感じだったね。

Q：それではバンドの初期の活動について教えてください。Saint Vitus は 1978 年に Tyrant 名義で結成されました。当時のメンバーは Scott Reagers（vocals）、Dave Chandler（guitars）、Mark Adams（bass）、and Armando Acosta（drums）ですね。その後 1981 年に Saint Vitus と改名しました。これは Black Sabbath の楽曲「St. Vitus Dance」に因んでつけられたという認識でよろしいでしょうか。

A：概ねそのとおりだね。1978 年にリハーサルを開始した時は俺がリードギターとヴォーカルを兼任して Mark がリズム・ギターを Armando がドラムを担当していたよ。Mark の姪がベースを演奏する友人を知っていてそいつがリハーサルを見学した後加入した。彼の名は Michael Quercio だ。彼は少しの間在籍して The Salvation Army というバンドを結成するためにすぐにバンドを抜けたよ。その後 The Three 'O'clock' と改名してポッ

North America **157**

プ・パンクのシーンで成功を収めている。
それで Armando が Mark にベースを弾くように提案した。Mark は翌日にベースを買ってきて俺たちはパワートリオになったわけだ。俺はその時まだヴォーカルを担当していたよ。それから Armando の友人のヴォーカルと一緒にやるようになった。そいつの名は Howard と言ったが、How weird（奇妙な、風変わりな）から来ているんだ。なぜなら彼は Rob Halford みたいに歌えたからさ。彼は 1979 年の俺たちの最初のライブまで在籍した。上手くはいかなかった。それでまた俺がヴォーカルを担当しトリオ編成に戻ったわけだ。Scott がバンドに入りたいと思ったことはないよ。俺が彼に話してバンドに加入するように言ったんだ。レコードに合わせて一緒に歌っていた仲だったからね。それに俺は奴が良い声の持ち主だと知っていた。

Q：どうして「St. Vitus Dance」に因んでバンド名を決定したのですか？

A：Tyrant というバンド名はすでに別のバンドが使用してアルバムもリリースしていたことが分かったので Saint Vitus へ改名したんだ。メンバーの全員が「St. Vitus Dance」が好きだった。そんな訳で Saint Vitus という言葉に何かネガティブな意味がないかなどを確認した。調べていくうちに Saint Vitus はカトリックではエンターテイナーやコメディアン、さらに犬を象徴する守護聖人であることが判明して正式にバンド名として決定した。

Q：ありがとうございます。1984 年に 1st アルバムをリリースする前の時期についてもう少し聞かせていただけますか？

A：その時期は話がくる限りどこででも、いつでもライブをこなしていった。ハウスパーティやクラブでのギグなどたくさん演奏した。大抵演奏後はもう戻って来るなというフィードバックがあったよ。あまりにも遅くラウドで当時人気のあったトレンドを全くフォローしていなかったからね。SST Records が俺たちと契約した時にはパンクのクラブにブッキングしたんだ。大抵南カリフォルニアの外から来たバンドと一緒にやったね。アルバムがリリースされた後はそう言った連中とロードに出たわけさ。俺たちの最初のツアーは 1984 年の冬、Black Flag のサポートとしてだった。

Q：1983 年のデモは 1st アルバムにも収録の楽曲ですね。このデモの制作プロセスを教えてください。

A：実はこれはデモではない。ハウスパーティでのライブレコーディングでブートレグだ。完全にバンドの了承を得ていない代物だ。俺たちは Howard のヴォーカルで 4 曲入りのデモを録った。何人かがレーベルに送るからと言ったので録ったものの、奴らは結局送らなかったよ。奴らは俺たちの金を盗んで消えたのさ。それから俺はそのデモを聴いてな

い。
一体誰がその君が言うデモを流しているかわからないけど、話を聞いた事はある。いずれにせよバンドを体現しているとは言い難い代物だよ。

Q：当時の西海岸シーンの状況を教えてください。

A：さっきも話した部分と重複するけど、Van Halen や Mötley Crüe みたいなルックスやサウンドでない限りメタルバンドにとっては酷い状況だった。さもないとギャラが支払われるどころか、すごい演奏をしてもこちらが金を支払うような状況さ。唯一良かったのはパンクシーンだけさ。当時のつながりは強固だったね。

Q：1st アルバム『Saint Vitus』は SST Records からリリースされました。Black Flag のギタリスト、Greg Ginn が立ち上げたレーベルですね。何が彼と一緒にやっていこうと思うきっかけになったのですか？

A：俺たちは Overkill という SST Records からシングルを出していたバンドと一緒にライブをする予定だった。Overkill のメンバーに Black Flag の連中をライブに招待してほしいと頼んだよ。俺と Mark が彼らの大ファンだったので、彼らが俺たちの音楽をどのように思うか知りたかったんだ。言わずもがな彼らはライブを気に入ってくれたし SST Records からレコードを出したいか聞いてきたんだ。

俺たちは即座にそのオファーを受け入れたよ。メタルバンドなんて SST Records にいなかったのも決め手だった。それに他に俺たちのレコードをリリースしたいようなレーベルもないとは知っていたからね。彼らと仕事ができて嬉しかったよ。それにツアーやレコーディング、それに音楽ビジネスがいかに厳しいものかをたくさん教えてくれたんだ。彼らのアドヴァイスがなければ俺たちはこんなにも長くサヴァイヴできなかっただろうね。

Q：SST は Soundgarden の『Ultramega OK』をリリースしていることでも知られています。Henry Vasquez が Soundgarden の T シャツを着用しているのをインターネットで拝見しました。これはあなた方のバックグラウンドへのトリビュートなのでしょうか。

A：Yes であり No だね。初めに言っておきたいのは Soundgarden のメンバーたちは、俺たちがあったその日から今日に至るまでずっと良い友人たちなんだ。実際のところ、Mark と俺は彼らが SST Records と契約にこぎつけられるように手助けしたんだ。俺たちは彼らの音楽がとても好きだったからね。それに他の連中が Soundgarden の T シャツを着ているのを見るのは良いことさ。

着ることによってそのバンドを宣伝していることになるだろう。がしかし Henry に限っては周囲を感心させようとして T シャツを選んでいるのさ。

Q：『Hallows Victim』は 1985 年に再び SST Records よりリリースされました。このアルバムは「War Is Our Destiny」や「White Stallions」といった名曲を収録しています。このアルバムの制作プロセスなどを教えてください。

A：『Hallows Victim』に収録されている楽曲と EP『The Walking Dead』に収録されている楽曲は「Prayer for the (M) Asses」「Hallows Victim」「The Walking Dead」を除いてレコーディングされる前の数年間にすでに書かれて、ライブでも演奏していた。

「The Sadist」「White Stallions」「Mystic Lady」は 1st アルバムのセッション時にレコーディングされたけど。1 枚のレコードに収まらないので次のアルバムに回したんだ。だから『Hallows Victim』『The Walking Dead』のレコーディング・セッションはそんなに多くの曲を録音しないで良かったから気楽だったよ。「War is our Destiny」は同時期にプロモビデオも作った。

Q：『Born Too Late』は 1986 年に Scott Weinrich（Wino）をヴォーカルに迎えてリリースされました。彼の加入はバンドにどのような影響をもたらしましたか？

A：Wino、シンガーというよりはボーカリストという存在。奴はよりラフで鋭角な要素をバンドにもたらしたし、俺がよりハードな楽曲を書くことの手助けになったよ。ファンにも受け入れられたしね。奴は Saint Vitus の声として広く知られているし、俺も同意していると言わざるを得ない。

Q：『V』は 1990 年に発売されてその際にドイツの Hellhound Records へ移籍しましたね。どのようにして実現したのでしょうか。

A：1989 年の最初のヨーロッパツアーの後、どれだけ多くの人が俺たちのレコードを欲しがっているのに、それを手に入れることができていないのを目の当たりにした。SST Records はそれほど良いディストリビューションを持ってなかったし、俺たちは新たなレコードをつくる契約がなかった。そういう状況もあって俺たちは Hellhound Records からのオファーを受け入れることにした。結局 3 枚のスタジオアルバム『V』『COD』『Die Healing』で彼らと仕事した。それから最初のライブアルバムだ。俺たちは 1995 年初頭の『Die Healing』ツアーの時に Wino がバンドを抜けたタイミングでレーベルのみならずシーンから離脱した。

Q：『Die Healing』のリリース後、バンドは活動休止します。あなたは Debris Inc で活動していましたね。Trouble の Ron Holzner をベースに、Jimmy Bower をドラマーとして迎えています。彼らとはどのようにして知り合ったのでしょうか。

A：Ron とは 1985 年に奴が Trouble のローディーだったころに出会った。Jimmy とは同じ年にニューオーリンズで一緒にプレイした時に出会った。当時は奴のバックヤードに滞在した記憶がある。

Q：Saint Vitus は 2008 年に活動再開した後、2012 年に『Lillie: F-65』をリリースしていますね。この時期のことを教えていただけますか。

A：2009 年にオランダの Roadburn Fest と Season of Mist が所在するフランスの Hellfest に出演した。ライブはうまくいったよ。それでリユニオンツアーをヨーロッパでやろうと決めたんだ。そのツアーでいくつかのレーベルからニューアルバムをリリースしないかと打診を受けた。その一つが Season of Mist だった。一番良い条件でオファーしてくれたのが Season of Mist のように思えたので彼らとアルバム 2 枚分の契約を交わしたんだ。
ヨーロッパとアメリカをツアーした。ちょうどその頃は「Lillie F-65」の楽曲を書いていたんだ。もう一つよく覚えているのは 2011 年のアメリカツアー「Metal Alliance」だね。Helmet と Crowbar と一緒だったよ。

Q：『Live Vol. 2』は 2016 年に再び Season of Mist からリリースされました。どのようにつながったのでしょうか。

A：俺たちは Season of Mist からもう 1 枚新たなアルバムを出す契約が残っていたのさ。新曲を書いている間レーベルが『Live Vol. 2』を出した。2012 年にリリースされた『Live』には収録されていない楽曲がほとんどだった。それで新譜を出すまでの間を持たせる意味でのリリースでもあった。

Q：2015 年にはオリジナル・シンガーである Scott Reagers がバンドにカムバックしましたがどのようにして実現したのでしょうか。また彼と再び仕事することはどのような体験でしたか。

A：2014 年に Wino が逮捕されてしまってその時俺たちは Season of Mist との間にアルバムを出す契約がまだ残っていた。それで Scott に連絡をしたのさ。バンドとして最後の作品にするつもりだった。Scott とまた作品を作ることに対しては特に問題はなかったよ。でも Mark がいなかったし Wino との作業に慣れていたからとてもやりづらかった。それでも Scott はよくやってくれたし、それが重要なことさ。

Q：Saint Vitus の歌詞はユニークです。ドラッグや孤独、絶望といったダークな題材が多いです。また「Born Too Late」といった楽曲では生き様やアイ

デンティティに関して歌われています。歌詞はどのようなインスピレーションがありますか。

A：大体俺自身の経験に基づいているよ。「Clear Windowpane」「The Lost Feeling」「I Bleed Black」それに「Dying Inside」といった楽曲は実際の話に基づいている。それとファンタジーや道のものに対する興味から歌詞を書くこともあるよ。「Sloth」「The Troll」「Burial at Sea」「Zombie Hunger」「Mystic Lady」などがその例さ。

基本的に俺の歌詞は真実に基づいているし、自分の人生の中で興味を持ったものをベースにしている。そういう意味で俺の歌詞は全てパーソナルなものであるとも言える。

Q：40年を超える活動の中で成し遂げてきたことで一番大きなことは何でしょうか。
またあなたは自身がドゥームメタルまたはパンク・ロックを演奏していると考えますか。

A：俺たちはロックを演奏しているんだよ。パンクもドゥームも事実上同じさ。同じアティテュードで同じ心情や倫理だ。ただスピードと見た目が違うだけさ。

俺たちは成し遂げてきたことで一番大きなこと、それは幸運にも世界中で音楽を演奏できたことだ。それに学校の授業で読んだ場所に行ったり、世界中で一番素晴らしいロックンロールのファンに出会ったこと、しかもそれを通してたくさんの人と友人になったことさ。Saint Vitusのファンはどこに行っても最も忠実で強烈な人間たちだ。俺は彼らの全てに感謝している。さらに幸運だったのは歴史的瞬間にも立ち会えたことさ。

1989年にベルリンの壁が崩壊したのを目撃したんだ。人生で一度しか訪れることはないだろう素晴らしい時だった。

しかし俺とMarkにとって一番大きな出来事は2009年のHellfestだった。さっきも言ったけれど、俺たちは2009年にRoadburn Festに出演した。そこにその年のHellfestのプロモーターがいてあるバンドの代わりにプレイできるか聞いてきた。そのバンドは2ndメイン・ステージに日中出演する予定だったが、出演をキャンセルしたんだ。

俺たちは承諾したけど問題はArmandoの体調が悪くライブで演奏することが出来なかった。

俺はMarkとWinoにその公演だけHenryにヘルプしてもらうのは良いか聞いた。HenryとはDebris incで一緒にやっていたし、Saint Vitusの曲もいくつか知っていたから。それでOKということになり俺たちはそのHellfestのプロモーターに出演を確定させた。俺たちが会場に着いた時、Saint Vitusの出演が決まってチケットがソールドアウトになったと聞かされたよ。そうしたら2ndステージのヘッドライナーに格上げになった。

それはちょうどメインステージのHeaven and Hellが終わったすぐ後でMötley Crüeが演奏する直前だった。奴らはその日の最後のアクトだった。クレイジーだったよ。カリフォルニア・ロミータの小さなメタルバンド、しかも全てのメタラーが嫌っていた場所で南海岸のパンクシーンで揉まれていたバンドがメジャーなヨーロッパの巨大フェスティバルでメインステージの一つでヘッドライナーをやっている。それも巨大なライトと機材、巨大なスクリーン、PA、さらに多くの観客。それらは俺たちが経験したことのないものだった。

その時照明が観客を照らしたんだ。宙に突き上げられたたくさんの拳が見えたし、観客の切れ目がわからなかったくらいさ。言葉ではあの感覚は言い表せないな。ショーが終わった後プロモーターから87000人の観客が集まったと聞かされた。そのことを思い出すと今でも鳥肌が立つ。

Q：あなた方が日本に来る可能性はありますか。

A：残念ながら今の時点では可能性はない。いつか行けたらとは思う。でも今はSaint Vitusを沈黙し休止させている。

North America 161

スピリチュアル・ドゥームメタルの代表格、西海岸における広い人脈

Yob

- 1996-2006, 2009-present　●オレゴン州ユージーン
- (Vo, Gt) Mike Scheidt、(Ba) Aaron Rieseberg、(Dr) Dave French、(Ba) Isamu Sato、(Dr) Travis Foster、(Ba) Lowell Iles ほか
- Middian、The Lumbar Endeavor、H.C. Minds、Geistus

バンドの中心人物 Mike Scheidt<Vo, Gt> は元々 Chemikill、Dirty Sanchez、H.C. Minds といったハードコア、クロスオーヴァー系のバンドでベーシストとして活動をしていた。その後ギターとヴォーカルに転向し、1996 年にベーシストの Lowell Iles とドラマーの Greg Ocon と共に Yob を結成した。2000 年に Mike Scheidt がヴォーカル、ギター、ベースを兼任し、Greg Ocon<Dr> と共に 1st デモを制作。なおこちらのアートワークは後にベーシストとして加入する Isamu Sato が手がけた。その後メンバーチェンジを行い、Lowell Iles<Ba>、Gabe Morley<Dr> の編成で 2002 年に 1st アルバム『Elaborations of Carbon』をリリース。2003 年には Abstract USA から 2nd アルバム『Catharsis』をリリース。このアルバムからベースが先述の Isamu Sato<Ba>、ドラム が Travis Foster<Dr> へと変更された。その後の『The Illusion of Motion』『The Illusion of Motion』は大手レーベル Metal Blade Records からのリリースが実現した。順調に活動を続けるかと思われた矢先に 2006 年初頭に Mike Scheidt は Yob の解散を発表し、新たに Middian をメインに活動すると表明した。しかしウィスコンシン州で活動する Midian というグループからバンド名の使用中止を要求する訴訟を起こされ、バンドは徐々に疲弊。Mike Scheidt は 2009 年に Yob を復活させる。復活作となった『The Great Cessation』では Profound Lore Records と新たに契約をし、リリースが実現。シーンでの評判も良く、バンドは順調なツアー活動のチャンスを得る。その後も順調に、リリースを重ねる。2017 年、Mike Scheidt が命に関わる大病を患うも見事回復し、その経験にインスパイアされた『Our Raw Heart』を Relapse Records よりリリースした。

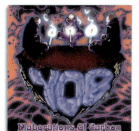

Yob
Elaborations of Carbon
🌐 オレゴン 　🅐 12th Records 📀 2002

オレゴン州ユージーンにて 1996 年に結成されたドゥーム／ストーナーバンドの 2002 年にリリースされた 1st アルバム。High on Fire などもリリースするワシントンのレーベル 12th Records からリリースされ、後に Relapse Records からも再発がされた。バンドの中心人物 Mike Scheidt<Gt, Vo>、Corrupted にも在籍経験のあった Lowell Iles<Ba>、現在はヒップポップ系のソロプロジェクト、Web The Free Range Human を稼働させる Gabe Morley<Dr> という布陣にて制作された。バンドの特徴である求道的なムードがすでに確立している一枚。

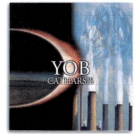

Yob
Catharsis
🌐 オレゴン 　🅐 Abstract USA 📀 2003

2003 年にリリースされた 2nd アルバム。レーベルを Abstract USA へ移してリリースされた。こちらも後に Profound Lore Records や Relapse Records からの再発がされている。メンバーチェンジがあり、ボリビア生まれの日本人ベーシスト Isamu Sato<Ba>、Travis Foster<Dr> に変更となっている。ラストの 23 分に及ぶ「Catharsis」に関しては前任の Gabe Morley がドラムを担当。前作ですでに確立した Neurosis や Ufomammut あたりに通ずるハードコア由来のポストメタルの要素を取り込んだサウンドと、スピリチュアルな領域に傾倒する世界観を展開。

Yob
The Illusion of Motion
🌐 オレゴン 　🅐 Metal Blade Records 📀 2004

2004 年にリリースされた 3rd アルバム。本作は大手の Metal Blade Records からのリリースが実現し、2022 年には DIW on METAL より日本盤もリリースされている。前作と同じ布陣にて録音され、ミックス／マスタリングは Mike Scheidt の手により行われた。持ち前の幽玄でスピリチュアルなムードを多く含有する世界観はそのままに、より楽曲ごとのカラーがはっきりした。シャウトと独自の美声を聴かせる「Ball of Molten Lead」や「Doom #2」を収録。本作をもってバンドは「Sleep 以来ようやく現れた US ドゥームの巨星」として地位を確立した。

Yob
The Unreal Never Lived
🌐 オレゴン 　🅐 Metal Blade Records 📀 2005

2005 年にリリースされた 4th アルバム。前作と同じく Metal Blade Records からのリリース。メンバーチェンジもなく制作された。バンドは 2006 年に一度解散してしまうが、本作は解散前の最後の作品となる。重厚なアンサンブルに神秘的なカラーを織り交ぜる手法は前作までと変わらず、より捻りや休符を利かせたリフが先導する「Quantum Mystic」は 11 分近くにも及ぶ楽曲で、クリーンヴォーカルの歌メロがより強調された声色は Dave Mustaine にも通ずる独特の粘り気をも含有。続く「Grasping Air」では低音グロウルに近い声色を駆使し、深遠な歌詞のストーリーテリングの役割を果たす。

Yob
The Great Cessation
🌐 オレゴン 　🅐 Profound Lore Records 📀 2009

2006 年にバンドは一時活動を休止。その後 3 年のブランクを経て 2009 年に再始動した。新たにベーシストとして Aaron Rieseberg を迎えた編成で制作された 5th アルバム。レーベルも先鋭的なリリースで知られるカナダの Profound Lore Records へと移籍している。バンドのカムバックを告げるにふさわしい冒頭のキラーチューン「Burning the Altar」では中近東系のスケールを巧みに用いたアレンジと、バンドの特徴である深遠で暗黒な世界観がレイヤーとなって襲い掛かる。本作の成功を受け、バンドは Roadburn Festival や Tool、Orange Goblin とのツアーなどに繰り出した。

Yob
Atma
🌐 オレゴン　　Profound Lore Records　2011

2011年にリリースされた6thアルバム。前作同様にProfound Lore Recordsからリリースされ、その後20 Buck SpinやRelapse Recordsから再発がされた。メンバーチェンジも前作からはなし。「Before We Dreamed of Two」にはex-NeurosisのScott Kellyがヴォーカルで参加している。基本的には前作までの路線を継承しながら、サウンドはやや温かみを感じさせる音像に若干シフトし、冒頭「Prepare the Ground」で顕著なように特徴的なハイトーンで紡がれる浮遊感のあるメロディと抽象的な歌詞世界が強調されている。

Yob
Clearing the Path to Ascend
🌐 オレゴン　　Neurot Recordings　2014

Neurosisによって立ち上げられたNeurot Recordingsと新たに契約して2014年にリリースされた7thアルバム。印象的なアートワークはRelapse Records所属のデザイナー、Orion Landauが手掛けた。Billy Barnettの手によって録音された本作はバンドのアンサンブルの深化と呼応するかの如く、よりアナログな質感のサウンドスケープへと変化。静と動のダイナミクスを巧みに操り、持ち前の深淵な歌詞世界を展開する「In Our Blood」でアルバムはスタート。ラスト「Marrow」では魂の浄化にも通ずる甘美なアルペジオと幻想的な歌詞表現と歌が聴き手を幽玄な世界へと誘う。本作はRolling Stone誌などで2014年の年間ベストに選出された。

Yob
Our Raw Heart
🌐 オレゴン　　Relapse Records　2018

大手Relapse Recordsと新たに契約を交わし、2018年にリリースされた8thアルバム。バンド再始動後からの不動のラインナップで制作。本作リリース前の2017年にはMike Scheidt<Vo, Gt>が大病を患い一時は生死を彷徨う事態となったが、逆にそのことがアルバムへのインスピレーションとなった。バンドの初期に醸し出した極限的なヘヴィネスよりも、内面より湧き出る精神的な重み軸にした楽曲が揃う。エモーショナルに自身の生存を叫ぶ歌唱が胸を打つ「Ablaze」、グルーヴィーなリフ展開の「The Screen」、甘美なメロディが涙を誘う「Our Raw Heart」などバンドの無尽蔵の創造性を告げる名作だ。

Middian
Age Eternal
🌐 オレゴン　　Metal Blade Records　2007

Yobが一時解散した後に中心人物のMike Scheidt<Gt, Vo>により結成されたドゥーム／スラッジメタルバンドの2007年にリリースされた唯一のフルアルバム。その後Indian、Nachtmystium、Wolves in the Throne Roomなどでも活躍するWill Lindsay<Ba, Vo>、Scott Headrick<Dr>の布陣で制作。最終トラックの「Sink to the Center」ではOrange GoblinのBen Wardがゲスト参加。復活後のYobを予兆させるような「Age Eternal」での寂寥感を煽るアルペジオ／和音使いなど、内省的な佇まいが特筆に値する。

The Lumbar Endeavor
The First and Last Days of Unwelcome
🌐 オレゴン　　Southern Lord Recordings　2013

Southern Lord Recordingsのアートディレクターほか、多数のバンド／プロジェクトでも活躍するAaron D.C. Edge<Drums, Guitars, Bass, Vocals>のソロプロジェクトの2013年の1stアルバム。元々はLumbarという名義でトリオ編成であった。YobのMike Scheidt<Vo>、グランジのシーンで著名なTadのTad Doyle<Vo>という異色かつ、シーンの猛者が融合した布陣にて制作された。「Day One」から「Day Seven」と名付けられたトラックと光の一切差し込まない圧殺サウンドが特徴で、内面に潜む暗部を抉り出したような音塊が強烈な印象を残す。

164　Chapter 2

SubRosa
Strega
🌐 ユタ　　　◎ I Hate Records ◎ 2008

ユタ州ソルト・レーク・シティにて 2005 年から 2019 年にかけて活動をしたドゥーム／スラッジ／ストーナーメタルバンドの 2008 年リリースの 1st アルバム。後に The Otolith で活動をすることになる Sarah Pendleton<Vo, Violin> を中心としたラインナップで制作された。スウェーデンの I Hate Records からのリリース。Pallbearer や Yob などの現代的なサウンドのドゥームサウンドに、Siouxsie And The Banshees に通じるゴシック風味を併せ持つ独自の音世界を提示。ダークな歌詞世界と相まって完全にバンドの個性を確立した「Sugar Creek」などを収録。

SubRosa
Swans Trapped in Ice
🌐 ユタ　　　◎ Independent ◎ 2009

2009 年にリリースされた EP。前作で提示されたストリングスとヘヴィなサウンド、そして妖艶な女性ヴォーカルがさらに密度濃く展開される一枚。ダークかつドゥーミーなリフと独自のタイム感覚のドラムがグルーヴを紡ぐ「Sexual Collateral」では奴隷制度に関して言及される歌詞が不穏に響く。「Dark Country」では甘美なハーモニーとループするベースラインが土台となり、グルーヴィーなアンサンブルを展開。ライブでも演奏が確認できる「Attack on Golden Mountain」は次作にも収められており、女性フロント 3 人による歌唱とストリングスが独自の世界観を作り上げている。

SubRosa
No Help For The Mighty Ones
🌐 ユタ　　　◎ Profound Lore Records ◎ 2011

2011 年リリースの 2nd アルバム。レーベルを先鋭的なリリースで知られる Profound Lore Records へ移し、制作された。新たに Kim Pack<Vo, Violin> が加入し、フロントを女性 3 人という編成となり、ビジュアル面でもバンドの個性がさらに確立された。Funeral Mist や 10,000 Years も手掛けるスウェーデン出身の Devo Andersson がマスタリングを担当。新メンバーの演奏をさらにフィーチャーした音像が特徴。ストリングスやシンガロングパートが新たなメロディ展開と相まって融合してゆく「Borrowed Time, Borrowed Eyes」などを収録。

SubRosa
More Constant than the Gods
🌐 ユタ　　　◎ Profound Lore Records ◎ 2013

2013 年にリリースされた 3rd アルバム。前作に続き Devo Andersson がマスタリング、さらにミキシングも担当。クラリネットやフルート奏者を参加させ、より独自のサウンドを発展させている内容。冒頭繊細で静かなパートが男女ヴォーカルで展開される「The Usher」は後半ヘヴィな展開になだれ込み、満たされぬ想いを詩的に表現する。以前よりさらにドゥーミーな要素を増し、Sleep などにも匹敵する酩酊感覚を併せ持つ「Ghosts of a Dead Empire」ではストリングスがバンドアンサンブルに溶け込み、冷たい感触のヴォーカルが色を添える。アートワークは Mayhem なども手掛けた Glyn Smyth が担当。

SubRosa
For This We Fought the Battle of Ages
🌐 ユタ　　　◎ Profound Lore Records ◎ 2016

2016 年にリリースされた 4th アルバム。後に The Otolith へも加入する Andy Patterson<Dr> がレコーディングとミキシングを担当。Iron Reagan や Iron Monkey、Incantation などを手掛ける Brad Boatright がマスタリングを担当。ロシアの作家、エヴゲーニイ・ザミャーチンのディストピア小説『We』(1924 年) にインスパイアされたコンセプトが展開される。MV が制作された「Troubled Cells」を筆頭に、それまで築き上げたバンドのサウンドの集大成といえるサウンドを展開。物悲しげなアルペジオ、ストリングスそして悲哀に満ちたメロウな歌唱が高次元で融合し、聴き手に迫る。

The Otolith
Folium Limina
🌐 ユタ　　　　Blues Funeral Recordings　2022

ユタ州ソルト・レーク・シティにて結成されたアトモスフェリックドゥーム／ストーナーメタルバンドの 2022 年リリースの 1st アルバム。Kim Cordray<Vo, Violin>、Sarah Pendleton<Vo, Violin> を中心に ex-SubRosa のメンバーが集結したラインナップにて制作。楽曲のムードも SubRosa を継承したサウンドであり、幽玄さを醸し出すバイオリンの音色とアンニュイな女性ヴォーカルを主軸にしたダークな雰囲気を提示する。死を連想させるダークな歌詞が迫りくるバンドサウンドと融合する「Sing No Coda」などを収録。

Demon Lung
A Dracula
🌐 ネヴァダ　　　Candlelight Records USA　2015

ネバダ州ラスベガスにて結成されたドゥームメタルバンドの 2015 年リリースの 2nd アルバム。女性ヴォーカリスト Shanda Fredrick を擁する編成での制作。Billy Anderson がプロデュースを担当。Acid King や Agalloch などとの仕事で知られる Justin Weis がマスタリングを担当。Witch Mountain や Windhand などに通じるヴォーカルワークを活かした楽曲づくりが特徴で、そこに重くのしかかるリフが融合する楽曲を展開。ダークで絶望的な歌詞が突き刺さる「Behold, the Daughter」、メロディックな歌メロが炸裂する「Gypsy Curse」などを収録。

Doom Snake Cult
Love Sorrow Doom
🌐 ネバダ　　　JL America　1992

1987 年に結成されたドゥーム・デスメタルバンド。3 本のデモテープをリリースした後に制作され、1992 年にリリースされた唯一のフルレングスのアルバム。2017 年に頭部外傷および心臓発作でこの世を去った ex-Goatlord の Ace Still<Vo> を含むラインナップで制作された。後に Nuclear War Now! Productions より再発がされている。Goatlord に通じるカルトで地下臭溢れるサウンドが特徴で、Dream Death や Celtic Frost に通じるドゥームとスラッシュが交差するリフと、ドラッグなどに言及する不穏な歌詞が交じり合い、瘴気溢れる世界観を構築している。

Brothers of the Sonic Cloth
Brothers of the Sonic Cloth
🌐 ワシントン　　　Neurot Recordings　2015

ワシントン州シアトルにて 2007 年に結成されたドゥーム／スラッジ／ストーナーメタルバンドの 2015 年にリリースされた 1st アルバム。Neurosis により創設された Neurot Recordings からのリリース。Yob でもプレイする Dave French<Dr>、ex-Tad の Tad Doyle などの布陣で制作。Billy Anderson がミキシングを手掛け、Justin Weis がマスタリングを担当。熟練の技を聴かせるヘヴィサウンドが聴き手に有無を言わせない説得力でねじ伏せるような楽曲が特徴。Yob や Neurosis に通じるモダンで暗黒な肌触りがより色濃く出た「Empires of Dust」などを収録。

Jerry Cantrell
Boggy Depot
🌐 ワシントン　　　Columbia Records　1998

Alice in Chains の Jerry Cantrell によるドゥーム／オルタナティヴ／ロックメタルプロジェクト。1998 年にリリースされた 1st アルバム。当初 Alice in Chains の新譜として制作が進められていたものの Layne Staley の病状のためソロアルバムとしてリリースされた。Megadeth や Slayer を手掛ける Toby Wright がプロデュースを担当。Alice in Chains が示した静謐な側面を持つ楽曲や、ポップなムードの楽曲がメインで収録されている。ヘヴィさは希薄だが根底には Black Sabbath を感じることのできるサウンドを展開。

166　Chapter 2

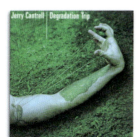

Jerry Cantrell
Degradation Trip
🌐 ワシントン　💿 Roadrunner Records　📅 2002

Alice in Chains の Jerry Cantrell によるドゥーム／オルタナティヴ／ロックメタルプロジェクト。本作は 2002 年にリリースされた 2nd アルバム。Jerry Cantrell<Vo, Gt>、Metallica や Infectious Grooves の Robert Trujillo<Ba>、Faith No More の Mike Bordin<Dr> の布陣で制作された。Alice in Chains に直接的に通じるサウンドと歌唱が展開され、甘美なメロディと退廃的なヘヴィサウンドが全編で炸裂。グランジとドゥームメタルの境界の曖昧性を提示する一枚。

Jerry Cantrell
Brighten
🌐 ワシントン　💿 Independent　📅 2021

2021 年に発表された 3rd アルバム。Alice in Chains や Ghost などと仕事をしてきた Paul Fig と Jerry Cantrell がプロデュースを担当。Duff McKagan などを筆頭に様々なゲストたちを迎えて自由に制作された。派手さはないものの年代物のワインに例えられるような豊潤で、枯れた味わいの楽曲を収録。ブルージーなテイストが濃厚に感じられる「Atone」、持ち前のキャッチーな歌メロがシンガロングを誘う「Brighten」などを収録。静謐なアコースティックの調べから広大な空間を思わせるサウンドが提示される「Siren Song」などが光る。

Year of the Cobra
...in the Shadows Below
🌐 ワシントン　💿 STB Records　📅 2016

ワシントン州シアトルにて 2015 年に結成されたサイケデリック・ドゥームメタル／ロックバンドの 2016 年リリースの 1st アルバム。編成は Amy Tung Barrysmith<Ba, Vo> ドラマーの 2 ピースである。名手 Billy Anderson がプロデュースとエンジニアリングを務め、Acid King などを手掛ける Justin Weis がマスタリングを担当。ブルージーな要素もある気怠いヘヴィ・ファズサウンドにアンニュイな女性ヴォーカルが揺蕩うかのごとく乗り、世界観を形成。寓話的な歌詞が煙たいムードと合わさり、独自のスタイルを提示する「Lion and the Unicorn」などを収録。

Year of the Cobra
Ash and Dust
🌐 ワシントン　💿 Prophecy Productions　📅 2019

2019 年にリリースされた 2nd アルバム。ドイツの老舗レーベル Prophecy Productions からのリリース。High on Fire や Soundgarden、Nirvana との仕事で著名な Jack Endino がプロデュースからマスタリングまでの工程を担当。ギターがないことを感じさせない自在なサウンドメイクが印象的で、様々なエフェクトや強弱を用いて楽曲を展開していく。気怠いヴォーカルとメロディアスな歌唱が合わさり自在にグルーヴする「The Battle of White Mountain」、ファズで歪み切ったサウンドにキャッチーなコーラスが炸裂する「Into the Fray」などを収録。

Graves at Sea
The Curse That Is
🌐 オレゴン　💿 Relapse Records　📅 2016

アリゾナ州フェニックスなどの出身メンバーらによって 2002 年に結成され、2022 年に解散したスラッジ／ドゥームメタルバンドの 2016 年リリースの 1st アルバム。High on Fire や Necrot などを手掛ける Greg Wilkinson がエンジニアリングとプロデュースを担当。Yob や Floor、Noothgrush などに通じる硬質でモダンなアプローチの楽曲が特徴。冒頭 11 分超えの 2 曲を続けて畳みかける序盤の展開は密度の濃い音像を提示。「Dead Eyes」ではドゥーミーなリフとテンポを落とし、じっくりと聴き手を引きずり込むバンドアンサンブルが印象的。後半で響き渡るヴァイオリンの響きがもの悲しさを増強させる。

Holy Grove
Holy Grove

🌐 オレゴン
🎵 Heavy Psych Sounds　📅 2016

オレゴン州ポートランドにて 2012 年に結成されたドゥームメタルバンドの 2016 年 1st アルバム。パワフルでブルージーな歌声を聴かせる Andrea Vidal<Vo> を中心としたラインナップで制作された。名手 Billy Anderson がレコーディングとミキシングを担当。Pagan Altar などを担当する Adam Burke がアートワークを担当。疾走感あふれるリズムと豪傑リフが分厚い音像を固め、まっすぐにメロディアスなヴォーカルを聴かせる「Death of Magic」でアルバムはスタート。「Hanged Man」ではスローでタメの効いたリフとアンサンブルが紡がれ、色気溢れるヴォーカルが華を添える。

Purification
Perfect Doctrine

🌐 オレゴン
🎵 Rafchild Records　📅 2020

オレゴン州ポートランドにて 2018 年に結成されたドゥームメタルバンドの 2020 年リリースの 2nd アルバム。自主で配信リリースがされた後、ドイツの Rafchild Records からフィジカルでのリリースが実現。Reverend Bizarre あたりをベースとした粘度の高いサウンドを軸とし、分厚いリフが時にメロウに響く楽曲が特徴。低音ヴォイスとダークなサウンドが Type O Negative を直接的に彷彿とさせる「Opium Blade」でアルバムは幕を開ける。エピックなコード展開と荘厳なクワイアが続く「On the Wings of Pestilence, Darkness Takes Flight」などを収録。

R.I.P.
In the Wind

🌐 オレゴン
🎵 Totem Cat Records　📅 2016

オレゴン州ポートランドにて 2011 年に結成されたドゥームメタルバンドの 2016 年リリースの 2nd アルバム。フランスのドゥーム系レーベル Totem Cat Records よりリリースされ、後にアメリカの RidingEasy Records からもリリースされている。Witchfinder General や Pentagram を彷彿とさせるイーヴルで伝統的なドゥームメタルをプレイ。キャッチーな歌メロと図太いギターサウンドが一体となり聴かせる「In the Wind Part 1」、バイカー的なロック感覚を強く匂わせる「Smoke and Lightning」などを収録。「The Tombstone」は静謐のインストナンバー。

R.I.P.
Dead End

🌐 オレゴン
🎵 RidingEasy Records　📅 2020

2020 年にリリースされた 4th アルバム。RidingEasy Records からのリリース。スピード感と息の合ったシンガロングパートをかけ合わせ疾走してゆく「Judgement Night」や歪んだ音像とロック本来の猥雑さを感じさせるムードが濃厚な「Dead End」などを前半に配置。Danzig 的にロールする「Death Is Coming」などライブ向きの楽曲が目立つ。ノイジーでラウドな楽曲がメインの中にも「Buried Alive」のような静謐な楽曲を盛り込むあたり、バンドの懐の広さを感じさせる。ガレージロックのテイストも感じられる「Out of Time」なども新鮮な響きを提示する。

Urchin
Cavalcade Past a Forbearing Ruin

🌐 オレゴン
🎵 Independent　📅 2017

オレゴン州ポートランドにて 2015 年に結成されたドゥーム／ポストメタルバンドの 2017 年リリースの 2nd アルバム。硬質なリフと暗黒感あふれる重量級の楽曲が並ぶ。ヴォーカルは終始デスヴォイスで歌われ、バンドサウンドで光の届かない暗黒サウンドを増幅する。ジャム要素の強い楽曲展開と精神の暗部を描写するようなサウンドが一体となり、聴き手を襲う「Trench」でアルバムはスタート。続く「Climb」では静謐なアルペジオを用い、前曲との落差と振れ幅を提示する。ラスト 21 分にも及ぶ「Cavalcade Past a Forbearing Ruin」ではポストブラックメタル勢に通じるアトモスフェリックな空気感を提示。

Witch Mountain
South of Salem
🌐 オレゴン　　🎵 Mountastic Records　📅 2011

1997年にオレゴン州ポートランドにて結成されたドゥームメタルバンドの2011年リリースの2ndアルバム。Mountastic RecordsからリリースされたあとProfound Lore RecordsやSvart Recordsなどからもリリースが実現している。Sunn O)))のライブでもプレイしていたNathan Carson<Dr>、ex-The SkullのRob Wrong<Vo, Gt>によるアンサンブルにUta Plotkin<Vo>によるブルージーな歌唱が絡み合い、炸裂する。縦横無尽にプレイされるブルースギターがバンドのスタイルを宣言する「Wing of the Lord」などを収録。

Witch Mountain
Witch Mountain
🌐 オレゴン　　🎵 Svart Records　📅 2018

2018年にリリースされた5thアルバム。名手Billy Andersonがエンジニアリングを務めAcid KingやPallbearerなどを手掛けるJustin Weisがマスタリングを担当している。バンドの特徴であるブルース由来の演奏と、ソウルフルな歌唱がよりプッシュされた内容。2015年に加入した1995年生まれのシンガーKayla Dixonはよりアーシーな味わいをバンドサウンドへ還元する。The ObsessedとBlues Pillsが融合したような冒頭「Midnight」、阿吽の呼吸を思わせるタメが効いた「Mechanical World」、ゴスペルに通じる「Hellfire」などを収録。

Ancestors
Neptune with Fire
🌐 カリフォルニア　　🎵 Tee Pee Records　📅 2008

ロサンゼルスにて2006年に結成され、2019年に解散したプログレッシヴドゥーム／ストーナーメタルバンドの2008年リリースの1stアルバム。本作は「Orcus Avarice」「Neptune with Fire」の2曲から構成され、ともに約20分のフルレンスアルバムである。さらにそれぞれの楽曲が2つに分かれるものとなっている。「Orcus Avarice」ではKyussを思わせる砂漠的な広がりを感じさせるリフが主導し、後半は酩酊間を誘う静謐なジャムへと発展していく。ブルージーなソロなどを含有しながらモダンなプロダクションに支えられた音像が展開される。アートワークはArik Roperによるもの。

Ancestors
Of Sound Mind
🌐 カリフォルニア　　🎵 Tee Pee Records　📅 2009

2009年にリリースされた2ndアルバム。前作に続きTee Pee Recordsからリリースされた。MelvinsやRed Fangなども手掛けるPete Lymanがプロデュースからマスタリング含める全工程を担当。全曲で70分を超える大作で、大半が10分を超えるボリューム感のある一枚。前作で提示した深みのあるジャムフィーリングは維持して、さらにオーガニックな要素を増したサウンドを志向。スローかつ官能的にグルーヴする「Mother Animal」では予想困難な楽曲編成が自在に展開する。レトロなオルガンサウンドを大胆にフィーチャーした「Bounty of Age」など聴きどころが多い。

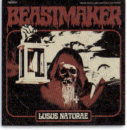

Beastmaker
Lusus Naturae
🌐 カリフォルニア　　🎵 Rise Above Records　📅 2016

カリフォルニア州フレズノにて2014年に結成されたドゥームメタルバンドの2016年にリリースされた1stアルバム。Hauntでも活発なリリースを続けるTrevor William Church<Gt, Vo>を中心としたラインナップで制作された。共にHauntへも在籍するAndres Alejandro Saldateがミキシングとマスタリングを担当。Pentagramの影響が濃いトラディショナルなドゥームメタルを展開し、ストレートにメロディを歌うスタイルが特徴。ギターとユニゾンで歌われるメロディが陶酔感を生む「Eyes Are Watching」などを収録。アートワークはBranca Studioによるもの。

Beastmaker
Inside the Skull 　🌐 カリフォルニア　● Rise Above Records　● 2017

2017 年にリリースされた 2nd アルバム。再び Rise Above Records からリリースされた。Lucifer の Johanna Sadonis が「Now Howls the Beast」「Psychic Visions」に参加している。前作に続きトラディッショナルなドゥームチューンが全編で炸裂。それに加え緩急のアレンジが効いた楽曲展開を提示する光る。ダウナーなリフと酩酊感あふれる歌唱がよりドープな世界観を提示する「Evil One」でアルバムは幕を開ける。沈み込むようなリフと一体感のあるバンドアンサンブルが絡み合い、抒情的なパートへと移行する「Heaven to Hell」などを収録。

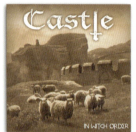

Castle
In Witch Order 　🌐 カリフォルニア　● Ván Records　● 2011

サンフランシスコとトロントに拠点を置くドゥーム／ヘヴィメタルバンドの 2011 年リリースの 1st アルバム。Elizabeth Blackwell<Ba, Vo> を中心としたラインナップ。The Oath や The Oath に通じるオカルティックでヴィンテージ感覚漂うドゥームサウンドが特徴。程よいスピード感をもってオーセンティックなリフとメロディをのびやかに歌い上げるハスキーな女性ヴォーカルが融合する「Descent of Man」でアルバムは幕を開ける。ライブ感あふれる催眠的なドラムビートとメランコリックなリフと攻撃的なシャウトとソフトな歌メロが共存する「Lost Queen」などを収録。

Castle
Deal Thy Fate 　🌐 カリフォルニア　● Ripple Music　● 2018

2018 年にリリースされた 5th アルバム。レーベルをカリフォルニアの Ripple Music へ移し、リリースされている。一時期 Graham Bonnet Band でもプレイしていた Chase Manhattan<Dr> がサポートで参加。名手 Billy Anderson がエンジニアリングとプロデュースを担当している。よりタイトになったバンドアンサンブルと息の合ったユニゾンヴォーカルを主軸に楽曲が進行する。ストレートなリフとエモーショナルな歌唱が 70s の雰囲気をまとう「Deal Thy Fate」、ダークなリフが先導しクリーンアルペジオが哀愁と不穏な空気を作り出す「Firewind」などを収録。

Cirith Ungol
Frost and Fire 　🌐 カリフォルニア　● Liquid Flames Records　● 1981

カリフォルニア州ベンチュラにて 1971 年に結成されたエピックヘヴィ／ドゥームメタルバンドの 1981 年リリースの 1st アルバム。Liquid Flames Records からリリースされた後、Metal Blade Records などから再発がされている。Manilla Road や Pagan Altar に通じるエピックメタルの要素がメインで、Tim Baker<Vo> のキレのあるハイトーンは Trouble に通じるスタイルを提示。「What Does It Take」で聴けるダークかつ怪しげな曲展開は、後のドゥームメタルへと発展していく過程を垣間見ることができる。

Cirith Ungol
King of the Dead 　🌐 カリフォルニア　● Enigma　● 1984

1984 年にリリースされた 2nd アルバム。前作に続きエピックメタル、正統派のムードが強いサウンドを展開。アクの強い Tim Baker による歌唱がバンドサウンドと絡み合いながら展開していく。悲哀に満ちたメロディアスな展開とスローテンポで進むバンドアンサンブルがキャッチーなコーラスとともに紡がれる「Black Machine」でアルバムは幕を開ける。陰鬱なコード展開とプリミティブなサウンドが一体となり、ドゥームメタルとの距離を限りなく縮めてゆく「Cirith Ungol」などを収録。「Toccata in Dm」はクラシカルな響きを持つ格調高いインストナンバー。

170　Chapter 2

Cirith Ungol
One Foot in Hell
🌐 カリフォルニア　　🔴 Restless Records　📀 1986

1986年にリリースされた3rdアルバム。基本的な路線は全2作の延長線上にあるもので、正統派メタルやエピックメタル要素をベースにしながら、よりヘヴィなギターリフがメインに進行する作風。バンドの大きな特徴といえるTim Baker<Vo>によるハイトーンをメインとした歌唱と、よりダークさを増した「Chaos Descends」では初期のTroubleともかなり近いサウンドを展開し、ドゥームメタルと呼ぶことのできるアンサンブルを聴かせる。様々なリズムチェンジを取り入れ、暗黒要素も顔をのぞかせるナンバー「The Fire」、その名もずばりの「Doomed Planet」などを収録。

Cirith Ungol
Paradise Lost
🌐 カリフォルニア　　🔴 Restless Records　📀 1991

1991年にリリースされた4thアルバム。Death AngelやGwarなども手掛けるRon Goudieがプロデュースとエンジニアを担当。当時バンドは作品の仕上がりに満足をしていないようで、曲の編集などでレーベルとも問題を抱えていた。サウンドには当時のスラッシュメタルなどの影響がうかがえる硬質なものへと変化。楽曲自体は前作までで示してきた正統派メタルとドゥームメタルが融合したもの。イギリスのサイケデリックバンド、The Crazy World of Arthur Brownのカバー曲「Fire」などを収録。「Paradise Lost」ではドゥーミーなリフが堪能できる。

Early Moods
Early Moods
🌐 カリフォルニア　　🔴 RidingEasy Records　📀 2022

ロサンゼルスにて2015年に結成されたドゥームメタルバンドの2022年リリースの1stアルバム。Pentagram、Trouble、Witchfinder Generalらの影響が色濃い王道で伝統的なドゥームメタルをプレイ。ヴォーカルはやはりメロディをしっかり発するスタイルで、ハードロックの要素の強いギターのハモりなどが特徴。Eddie<Gt>はex-Skeletal Remainsの経歴を持つ。ヴィンテージなスタイルを醸しながらもサウンドのタッチはモダン。王道のリフとグルーヴィーなリズムが一体となる「Live to Suffer」や沈み込むような展開や抒情性をも提示する「Early Moods」などを収録。

Faetooth
... An Invocation
🌐 カリフォルニア　　🔴 Independent　📀 2019

2019年にリリースされたEP。自主で配信にてリリースされた後、ロサンゼルスのDune Altarから12インチレコードでのリリースが実現した。退廃的なスタイルとアンニュイなヴォーカルがリードし、やがて獰猛なシャウトへと変化する「Fifth Circle」ではドゥーム的なリフを展開。ヘヴィリフに導かれ低音を駆使し色気を放つヴォーカルが堪能できる「Guilt Machine」では、オルタナティヴロックに通じるエモーショナルなコーラスが聴きどころ。サイケデリックでシュールな展開も見せる「Prunes」、混沌としたムードがバンドの多様な音楽性を示唆する「Glass」などを収録。

Faetooth
Remnants of the Vessel
🌐 カリフォルニア　　🔴 Dune Altar　📀 2022

ロサンゼルスにて2019年に結成されたドゥームメタルバンドの2022年にリリースされた1stアルバム。"Fairy-doom from Los Angeles"を標榜し、スラッジ要素の強いドゥームメタルを展開。クリーンに歌われる妖しげなヴォーカルと壮絶なグロウルが重なり合い、荘厳な雰囲気の楽曲が展開される。ヘヴィなドゥームリフがゆったりと展開し、不穏なムードの歌詞が展開される「La sorcière」ではトレモロ的なギターパートなど浮遊感も含有する。クリーンなアルペジオでスタートし、突如ヘヴィサウンドへと雪崩れ込む「Strange Ways」では悲哀に満ちた思いがつづられる。

North America | **171**

Ides of Gemini
Constantinople — カリフォルニア / Neurot Recordings / 2012

ロサンゼルスで 2010 年に結成されたドゥーム／ポストメタル／ロックバンドの 2012 年にリリースされた 1st アルバム。 Neurosis により設立された Neurot Recordings からのリリース。Black Label Society や Children of Bodom、Danzig など様々なアーティストを手掛ける Chris Rakestraw がレコーディング、ミキシングを担当。SubRosa に通じるゴシック風味を漂わせるダークなサウンドが特徴で、深みのある低音の女性ヴォーカルがバンドのカラーを決定づける。神秘的でスピリチュアルなヴォーカルが冴えわたる「Starless Midnight」などを収録。

Jex Thoth
Jex Thoth — カリフォルニア / I Hate Records / 2008

カリフォルニア州サンフランシスコにて 2005 年に Totem として結成され、2007 年より現名義で活動するサイケデリックロック／ドゥームメタルバンドの 2008 年リリースの 1st アルバム。スウェーデンの I Hate Records からのリリース。70s にタイムスリップしたかのようなヴィンテージサウンドが特徴で Jex Thoth こと Jessica Toth<Vo> によるブルージーな歌唱がバンドのカラーとなっている。プロデュースも務める Zodiac によるオルガンプレイは、レトロフィーリングをさらに増強させる。ペイガニズム的歌詞が幽玄なサウンドと見事融合する「Nothing Left to Die」などを収録。

Jex Thoth
Blood Moon Rise — カリフォルニア / I Hate Records / 2013

2013 年にリリースされた 2nd アルバム。Boris や Earth、Sunn O))) などを手掛ける Randall Dunn をプロデュースとエンジニアリングに起用して制作された。前作で提示したかのレトロ・ヴィンテージなサウンドはもちろん健在で、本作ではより歌がダイレクトに聴こえる仕上がりが特徴。よりドラマティックな要素を増強させたサウンドと説得力のあるヴォーカルが絡み合う「To Bury」でアルバムは幕を開ける。普遍的なロックのメロディをまぶしながら伸びのあるヴォーカルを堪能できる「The Places You Walk」、幻想的なバラード「Keep Your Weeds」などを収録。

King Woman
Created in the Image of Suffering — カリフォルニア / Relapse Records / 2017

カリフォルニア州サンフランシスコにて 2009 年に結成されたドゥーム／ポストメタル／シューゲイズバンドの 2017 年リリースの 1st アルバム。Deafheaven や Wolves in the Throne Room との仕事で著名な Jack Shirley がエンジニアリングを担当。大手 Relapse Records からのリリース。SubRosa や Pallbearer らに通じるモダンな質感のヘヴィサウンドとシューゲイズサウンド、そして Kristina Esfandiari<Vo> による揺蕩うヴォーカルが交じり合う異色のサウンド。寂寥感を煽るアルペジオが冷ややかな感触の轟音へと発展してゆく「Worn」などを収録。

King Woman
Celestial Blues — カリフォルニア / Relapse Records / 2021

2021 年にリリースされた 2nd アルバム。引き続き Jack Shirley をエンジニアとして迎えて制作が行われた。バンドの元々の出自が Kristina Esfandiari<Vo> のシューゲイズソロプロジェクト Whir であったために My Bloody Valentine などを彷彿とさせる幻想的なサウンドスケープが支配。そこにモダンなドゥームサウンドが乗り、独自の世界観を提示。ダークなムード漂う MV が制作された「Morning Star」では緩急の効いたアンサンブルとリフレインを強調した呪文のようなヴォーカルが交わりあう。「Psychic Wound」ではより深淵に落ちてゆくようなダークな世界観を演出する。

Moab
Trough

🌐 カリフォルニア　💿 Independent　📅 2018

ロサンゼルスにて結成されたサイケデリック・ドゥームメタルバンドの 2018 年リリースの 3rd アルバム。Bongzilla や Boris なども手掛ける Carl Saff がマスタリングを担当。ヘヴィでひねりの効いたリフとタイトな演奏、そしてハードロック由来のバンドアンサンブルが融合した楽曲を展開。キャッチーな歌メロとコンパクトな展開がオルタナティヴロックに通じる「Skeptics Lament」でアルバムは幕を開ける。粘着質なヴォーカルとメロウなコード展開が Alice in Chains や Soundgarden を彷彿とさせる「Into the Sea Swine」「All Automatons」などを収録。

Orchid
Capricorn

🌐 カリフォルニア　💿 The Church Within Records　📅 2011

カリフォルニア州サンフランシスコにて 2006 年に結成されたヘヴィ／ドゥームメタルバンドの 2011 年リリースの 1st アルバム。ハードロック色の強いドゥームサウンドが特徴で、ヴィンテージ要素をふんだんに取り入れたサウンドを展開。初期の Pentagram や Witchcraft に通じる陰りを帯びたムードがアルバム全体を支配する。ワイルドな歌唱と奔放なバンドアンサンブルが合わさり、70s の香りを強くうたう「Eyes Behind the Wall」、Black Sabbatah に肉薄するリフが冴えわたる「Capricorn」ではオカルティックな歌詞も相まってバンドのカラーを描き出していく。

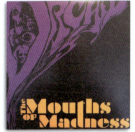

Orchid
The Mouths of Madness

🌐 カリフォルニア　💿 Nuclear Blast　📅 2013

2013 年にリリースされた 2nd アルバム。大手メタルレーベル Nuclear Blast へ移籍してリリースされた。Blood Ceremony や Solstice などの仕事で知られる Richard Whittaker がマスタリングを担当。前作以上にオカルトなムードを増強させた「Mouths of Madness」では鋭い切り口で迫る歌詞と、フックのある歌メロが絡み合う。ヴィンテージなサウンドがさらに増強され、ツインリードでは湿り気を帯びた空気感を伝える「Mountains of Steel」、スピード感あふれる展開とキャッチーなコーラスが映えるナンバー「Wizard of War」などを収録。

ドゥームのギターレッスンや機材を紹介する Does It Doom

Does It Doom（https://doesitdoom.com/）は YouTube を中心として様々な楽曲のギターレッスンや機材紹介などを展開している。Steve Reis により運営されており、豊富な知識と分かりやすいレッスン動画などで広く知られている。Steve Reis は Does It Doom のコンセプトをこのように紹介する。「私の情熱は、あなたが好きなアーティストの曲を学び、理解する手助けをすることです。そうすることで、ジャンル全体への理解が深まり、あなた自身のキラーソングを書く能力が高まることを願っています」。また様々な自作のエフェクターも製作しており、少量で販売もしている。
さらにはドゥームメタルの代表曲のギターチューニングを紹介する PDF ガイドもサイトに登録すると入手できる。またバンドへのインタビューも含む Podcast も発信しており、Pentagram の Bobby Liebling へのインタビューも実現している。現代のドゥームメタルの重要な情報源だ。画像コメント⇒各種動画では奏法のみならず、チューニング、使用機材などを丁寧に解説する。／オリジナルのエフェクターはどれも素晴らしいデザインが施されている。また実際にエフェクターを使用して実演する動画もアップしている。

Blood Ceremony
Blood Ceremony 🌐 カナダ オンタリオ州　　🔴 Rise Above Records　🕒 2008

オンタリオ州トロントにて 2006 年に結成されたサイケデリック・ドゥームメタル／ロックバンドの 2008 年リリースの 1st アルバム。1973 年公開のスペイン映画『Ceremonia sangrienta（悪魔の入浴・死霊の行水）』に因んでバンド名が付けられた。Alia O'Brien<Vo, Flute, Organ> を中心とするラインナップ。名手 Billy Anderson がミキシングとマスタリングを担当。レトロなオルガンサウンドとアンサンブルが悠久の風を濃厚に感じさせるヴィンテージサウンドは本作ですでに確立。「I'm Coming with You」でのドゥームサウンドとフルートの融合は個性を高らかに主張する。

Blood Ceremony
Living with the Ancients 🌐 カナダ オンタリオ州　　🔴 Rise Above Records　🕒 2011

2011 年にリリースされた 2nd アルバム。Brutal Truth や Eyehategod を手掛ける Sanford Parker がプロデュースとミキシングを担当。シンセサイザーも担当している。マスタリングは High Spirits などを手掛ける Collin Jordan が担当した。前作で提示したヴィンテージ色の強いオルガン主体のサウンドと、妖艶な Alia O'Brien の歌唱がキーとなり展開される楽曲を収録。フルートの音色がオカルト要素と相まって進行する「Coven Tree」、悪魔への憧憬をダイレクトに表現する歌詞とメロディックな展開が光る「My Demon Brother」などを収録。

Blood Ceremony
The Eldritch Dark 🌐 カナダ オンタリオ州　　🔴 Rise Above Records　🕒 2013

2013 年にリリースされた 3rd アルバム。Cauldron などを手掛ける Ian Blurton がレコーディング、プロデュースなどを担当。Deep Purple や Rainbow との仕事で著名なドイツ人 Nick Blagona がマスタリングを施した。フィドルを導入した「Ballad of the Weird Sisters」など、よりヴィンテージなサウンドを色濃くする。MV が制作された「Goodbye Gemini」では儚いフルートの調べが幽玄な世界観へリスナーを誘う。ラストの「The Magician」では元来バンドが持つドゥーム由来のドロっとしたサウンドが堪能できる。

Blood Ceremony
Lord of Misrule 🌐 カナダ オンタリオ州　　🔴 Rise Above Records　🕒 2016

2016 年にリリースされた 4th アルバム。White Stripes や Uncle Acid and the Deadbeats、Electric Wizard などを手掛け、グラミー賞を受賞するなどで著名なイギリス人 Liam Watson がプロデュースを担当している。アナログ機材で知られるロンドンの Toe Rag Studios でレコーディングが行われた。初期のドゥーミーな要素は減退し、より根源的なロックサウンドが鳴り響く楽曲が特徴。随所で演奏されるフルートの音色は本作でも健在。悠久の世界観と徹底してオカルトや魔女に言及する歌詞が展開される「The Devil's Widow」などを収録。

Blood Ceremony
The Old Ways Remain 🌐 カナダ オンタリオ州　　🔴 Rise Above Records　🕒 2023

2023 年にリリースされた 5th アルバム。Orchid や Solstice を手掛けるイギリス人 Richard Whittaker がロンドンにてミキシングを担当。Abigail のフォトグラフィーを担当した経歴のある Annick Giroux がデザインを担当した。初期のドゥーミーでヘヴィな要素は影を潜め、よりロック／フォークの要素が強くなったヴィンテージナンバーが中心。MV が制作された「Powers of Darkness」ではゆったりとしたムードのバンドアンサンブルと、初期より変わらぬオカルティックな歌詞が展開される。オルガンとサクソフォーンの調べが妖しげに絡み合う「Eugenie」などを収録。

Dead Quiet
IV
🌐 カナダ ブリティッシュコロンビア州　　🅐 Artoffact Records　📅 2023

ブリティッシュ コロンビア州バンクーバーにて 2014 年に結成されたドゥーム／ストーナーメタルバンドの 2023 年にリリースされた 4th アルバム。Toxic Holocaust のライブでもプレイした経歴を持つ Justin Hagberg<Key> も在籍するラインナップにて制作された。The Sword などにも通じるストレートなドゥーム／ストーナーサウンドが展開され、ハードロック要素の強いスタイルが特徴。オルガンプレイがレトロなムードを増強させる「No Gods, No Gold」や哲学的な歌詞とシリアスなバンドサウンドが融合し、世界観を形作る「Dying to Live Again」などを収録。

Dopethrone
Demonsmoke
🌐 カナダ ケベック州　　🅐 Independent　📅 2009

ケベック州モントリオールにて 2008 年に結成されたドゥーム／スラッジ／ストーナーメタルバンドの 2009 年にリリースされた 1st アルバム。当初自主で CD がリリースされた後に STB Records より LP がリリースされた。Bongzilla や Weedeater 直系といえるヘヴィな酩酊サウンドと、マリファナに直接的に言及した歌詞が特徴。ブルージーなリフと強烈なシャウトが絡み合い、緩急をつけたジャムパートが挿入される「Wizard's Sleeve」、ループ重視のリフが陶酔感を煽る「Spirit Ruiner」ではギターのハーモニーが独自のスケール感を生む。楽曲はすべてコンパクトで全 8 曲で 30 分の収録時間。

Dopethrone
Hochelaga
🌐 カナダ ケベック州　　🅐 Totem Cat Records　📅 2015

2015 年にリリースされた 4th アルバム。フランスの Totem Cat Records からリリースされた。Lochness などを手掛ける Jean-Baptiste Joubaud がプロデュースを担当。初期に比べてよりタイトになったアンサンブルが確認でき、よりタメとメリハリが効いたコクのある味わいにアップデートされている。退廃的でシンプルな歌詞が連呼される「Scum Fuck Blues」では巧みなブレイクを用い、息の合ったバンドアンサンブルが味わえる。浮遊感のあるフレーズから徐々に熱を帯びるアレンジが効いている「Riff Dealer」では、Church of Misery へのオマージュが垣間見える。

Dopethrone
Transcanadian Anger
🌐 カナダ ケベック州　　🅐 Totem Cat Records　📅 2018

2018 年にリリースされた 5th アルバム。配信で自主リリースがされ、フランスの Totem Cat Records からフィジカルリリースがされた。ケベックのパンクシーンで活躍した Shawn<Dr> をサポートに迎え、制作された。前作同様のブルージーで酩酊感覚漂うリフとスラッジなシャウトがリードし、展開される楽曲が特徴。ナンセンスで吐き捨てられる歌詞と歌唱がバンドのアティテュードを想起させる「Wrong Sabbath」、Church of Misery を彷彿とさせるリフが先導する「Killdozer」などを収録。「Kingbilly Kush」は ZZ Top のヘヴィなカバー。

Flashback
The Draconic Oath
🌐 カナダ アルバータ州　　🅐 Independent　📅 2023

アルバータ州カルガリーにて 2016 年に結成されたドゥーム／ストーナーバンドの 2023 年にリリースされた 4th アルバム。Enforcer のメンバーであり、Riot City や Tribulation なども手掛ける Olof Wikstrand がミキシングとマスタリングを担当。豪快なムードで泥臭いサウンドを展開する「Draconic Oath」でアルバムはスタート。強靭なヘヴィグルーヴとブルージーにメロディを発するヴォーカルが融合する「Spirit Ripper」などを前半に収録。後半には 9 分を超える大作「Odyssey」を収録。緩急をつけたドラマティックな展開とドゥームリフが主導し、酩酊グルーヴが沸点へと向かう。

Goat Horn　　　⊕カナダ オンタリオ州
Voyage to Nowhere - The Complete Anthology　🅐 Dissonance Productions　🅓 2022

オンタリオ州ペンブロークにて 1999 年に結成されたドゥーム／ヘヴィメタルバンドの 2022 年リリースの音源集。2001 年にリリースされた 1st アルバム『Voyage to Nowhere』、2003 年リリースの 2nd アルバム『Storming The Gates』などからなる。Cathedral や Pentagram に通じる王道のドゥームメタルサウンドと、地下臭を強くにじませたバンドアンサンブルが特徴。吐き捨て型のヴォーカルがパンキッシュな響きをも醸し出す「Alcoholic Faith」、スピード感を伴って進行する「Eternal Quest for Eternal Happiness」などを収録。

Loviatar　　　⊕カナダ オンタリオ州
Lightless　🅐 Prosthetic Records　🅓 2020

オンタリオ州オタワにて 2010 年に結成されたドゥームメタルバンドの 2020 年リリースの 2nd アルバム。モダンな質感を強く感じるバンドアンサンブルにプログレッシヴメタルに通じる冷ややかさを融合させたサウンドが特徴。儚げな歌詞と幻想的なフレーズを背景に、広がりのある空間を彷彿とさせるヴォーカルメロディが融合する「Suffocating Delirium」で、アルバムはスタート。静謐なアルペジオからタイトに刻むリズム隊がグルーヴを作り出し、徐々にヘヴィさを増してゆくアレンジが俊逸な「Horse in Thrall」などを収録。「Cave In」ではアップテンポなリズムとキャッチーなメロディが高次元で融合する。

Lüger　　　⊕カナダ ケベック州
Revelations of the Sacred Skull　🅐 Heavy Psych Sounds　🅓 2023

ケベック州モントリオールにて 2013 年に結成されたドゥーム／ヘヴィメタル／ハードロックバンドの 2023 年にリリースされた 2nd アルバム。イタリアの Heavy Psych Sounds からリリースされている。ドゥームに通じる音像にガレージ、パンクの影響を色濃く溶かし込ませた楽曲が特徴。性急なビートに吐き捨て系のパンキッシュなヴォーカルが扇動する「Motörcity Hellcats」や、酩酊するダウナーなリズムがドゥーム／ストーナーの文脈と大いにリンクし、コーラスではメロウに展開する「Night of the Serpent Woman」などを収録。歌詞は主にオカルトに言及している。

Mendozza　　　⊕カナダ ブリティッシュコロンビア州
Soul Nebula　🅐 Independent　🅓 2020

ブリティッシュ コロンビア州ビクトリアにて 2004 年に Siamese Mistress として結成され、2005 年から現名義で活動するドゥーム／ストーナーメタルバンドの 2020 年リリースの 6th アルバム。自主で配信と LP がリリースされている。High on Fire を彷彿とさせるヘヴィリフとスラッジ勢に通じるシャウトが特徴。モダンヘヴィネス勢に通じるヘヴィリフと咆哮が展開される「Death March」などでは Pantera に通じるアンサンブルが堪能できる。9 分近くにも及ぶ「The Gates of Sleep」では自在に展開するジャムフィーリングあふれるサウンドが展開される。

Monobrow　　　⊕カナダ オンタリオ州
A Decorative Piece of Time　🅐 Trill or Be Trilled Records　🅓 2021

オンタリオ州オタワにて 2009 年に結成されたインストゥルメンタル・ドゥーム／ストーナーメタルバンドの 2021 年にリリースされた 5th アルバム。Trill or Be Trilled Records より LP がリリースされている。Karma to Burn に通じる砂漠を連想させる埃っぽい音像と、ジャムフィーリングあふれるブルージーなトーンが特徴。様々な場面展開やエフェクトを多用するギターサウンドで彩られる「Argument（w）」では息の合ったアンサンブルが堪能できる。10 分を超える「Ascension（Ω）」ではミニマルなトーンと恍惚状態を思わせるエスニックなギターソロが展開される。

Seer
Vol. III & IV: Cult of the Void
🌐 カナダ ブリティッシュコロンビア州
💿 AOP Records 📅 2017

ブリティッシュ コロンビア州バンクーバーにて 2014 年に結成されたドゥーム／スラッジメタルバンドの 2017 年リリースの 1st アルバム。ドイツの AOP Records から CD がリリースされた後、カセットがイギリスの Wicked Lester Records からリリースされた。Archspire や Unleash the Archers などを手掛ける Stuart McKillop がレコーディングやプロデュースを担当。Khemmis や Pallbearer に通じるモダンなテイストを持つドゥームサウンドが展開され、深みのあるノーマルヴォイスと時折挿入されるシャウトが対比を生んでいる「Ancient Sands」などを収録。

Seer
Vol. 6
🌐 カナダ ブリティッシュコロンビア州
💿 Artoffact Records 📅 2019

2019 年にリリースされた 2nd アルバム。Toxic Holocaust の Joel Grind がマスタリングを担当した。前作で提示したモダンなサウンドメイクが目立つ作風はそのままに、Mastodon や Baroness に通じるよりプログレッシブなアプローチが目立つ作風が特徴。スピリチュアルな歌詞とメロディアスな歌詞が融合し、独自のムードを表出させる「Seven Stars, Seven Stones」、幻想的なクリーントーン主導で展開されファンタジックな歌詞が絡む「Frost Tulpa」などを収録。ヘヴィなリフと甘いメロディが融合し、モダンなアプローチを示す「As the Light Fades」なども印象的。

Seer
Vol. 7
🌐 カナダ ブリティッシュコロンビア州
💿 Hidden Tribe 📅 2022

2022 年にリリースされた EP。カナダの Hidden Tribe からカセットがリリースされている。ハードコアに肉薄する性急なブラストビートと前作までで提示した荘厳な楽曲展開が融合し、よりバンド独自のサウンドを模索。9 分以上にわたり様々な表情を見せるバンドアンサンブルが展開する「Children of the Dying Light」で幕を開ける。硬質なサウンドと悲哀なシャウトがバンドの新たな展開を示す「Lunar Gateways」が続く。Soundgarden の楽曲「Room a Thousand Years Wide」のカバーを収録。原曲に忠実な仕上がりでバンドのルーツを垣間見る。

Smoulder
Times of Obscene Evil and Wild Daring
🌐 カナダ オンタリオ州
💿 Cruz del Sur Music 📅 2019

オンタリオ州の州都トロントにて 2013 年に結成され、後にアメリカとフィンランドに拠点を置くようになったエピック・ドゥーム／ヘヴィメタルバンドの 2019 年にリリースされた 1st アルバム。Cirith Ungol や Cro-Mags など多数のアーティストを手掛けるアメリカ人 Arthur Rizk がミキシングとマスタリングを担当している。イタリアの Cruz del Sur Music からリリースがされた。音楽ジャーナリストでもある Sarah Ann<Vo> の伸びやかな歌唱を活かした楽曲が特徴で、ファンタジー要素の強い歌詞が勇壮な楽曲とともに展開される「The Sword Woman」などを収録。

Smoulder
Violent Creed of Vengeance
🌐 カナダ オンタリオ州
💿 Cruz del Sur Music 📅 2023

2023 年にリリースされた 2nd アルバム。Misery Index を手掛けた経歴のあるフィンランド人、Valtteri Kallio がレコーディングを担当した。Obituary や Sepultura、Cirith Ungol などを手掛ける Michael Whelan がアートワークを担当した。前作で提示したエピックで正統派メタルの要素が強いドゥームサウンドは健在。より一体感とファンタジックな要素を増強させた「Violent Creed of Vengeance」でアルバムはスタート。疾走感の溢れるアンサンブルがバンドの新機軸を感じさせる「The Talisman and the Blade」などを収録。

North America 177

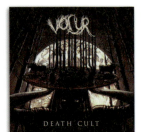

Völur
Death Cult
⊕ カナダ オンタリオ州　◎ Prophecy Productions　● 2020

オンタリオ州トロントにて 2013 年に結成されたアンビエントフォーク／ドゥームメタルバンドの 2020 年リリースの 1st アルバム。Blood Ceremony にも在籍するLucas Gadke<Ba, Vo, Piano etc> とライブサポートで参加している Justin Ruppel<Dr> を中心としたラインナップ。Agalloch などに通じるアトモスフェリックな要素と、High Priestess などに通じるサイケデリックなドゥームサウンドがヴァイオリンなどの楽器と重なり、ユニークなスタイルを提示。アヴァンギャルドな楽曲展開が特徴の「Inviolate Grove」などを収録。

Zaum
Eidolon
⊕ カナダ ニューブランズウィック州　◎ I Hate Records　● 2016

ニューブランズウィック州モンクトンにて 2013 年に結成されたサイケデリック・ドゥームメタルバンドの 2016 年にリリースされた 2nd アルバム。スウェーデンの I Hate Records から LP がリリースされている。Om に通じる密教的なダウナーサウンドと Yob などに通じる荘厳なムードを持った妖しいサウンドが特徴。Kyle Alexander McDonald<Ba, Vo 他> がプロデュースを兼任している。20 分にも及ぶ楽曲が 2 曲収録されている構成でフルートや呪詛的なクワイアをフィーチャーしたサウンドは個性的。古代中東をテーマにした歌詞も楽曲の世界観と相まって、ユニークな存在感を示す。

「ヘヴィネスの再定義」がモットーの Roadburn Festival

海外、特に欧州ではドゥームメタルのバンドが出演するフェスティバルが数多く存在する。ここでは先駆的なフェスティバル、Roadburn Festival を紹介しよう。毎年 4 月にオランダのティルブルフで開催される音楽フェスティバル。1999 年、同名のストーナーロック・ブログを運営していた Walter Hoeijmakers と Jurgen van den Brand によって創設された。もともとはストーナーロックからスタートし、今ではさまざまな形の実験的でエクストリームな音楽に焦点を当てている。近年のモットーは「ヘヴィネスの再定義」。1999 年初年度のラインナップは下記の通りだ。Cathedral、Orange Goblin、Beaver、Celestial Season、Terra Firma ほか。2000 年には Spirit Caravan が出演を果たしている。

その後はどちらかというとストーナーロックがメインのラインナップとなるが、2004 年には Witchcraft、Grand Magus が出演。2005 年にはさらに規模を拡大し、複数のステージを設けるなど新たな試みがあった。Electric Wizard の出演が実現。その他にも Sunn O)))、High on Fire などが出演した。2008 年、フェスティバルは木曜日から日曜日までの 4 日間に拡大された。初日の 4 月 17 日には、Rise Above Records 創立 20 周年を記念して、Down がヘッドライナーを務めた。またこの年は日本から Church of Misery も出演を果たしている。2009 年は 4 月 23 日から 26 日まで開催され、チケット発売開始 45 分後に完売した。ヘッドライナーは Motorpsycho、再結成した Saint Vitus、Neurosis、Wino が務めた。Angel Witch、Cathedral、Church of Misery などの出演も実現している。2011 年には Candlemass がオリジナルシンガー、Johan Längquist を迎えて『Epicus Doomicus Metallicus』完全再現ライブを行った。こちらは 2013 年にライブアルバムとしてリリースされた。2013 年は 4 月 18 日から 21 日まで開催された。Electric Wizard がヘッドライナーを務め、Jus Oborn がキュレーターとして The Electric Acid Orgy をオーガナイズした。4 月 19 日には Uncle Acid & The Deadbeats が出演を果たした。2016 年には共同創設者の Jurgen van den Brand は、Burning World Records や Roadburn Records といった傘下のレコードレーベルに専念するため、フェスティバルと決別すると発表した。その後ドゥーム／ストーナー系のみならず Deafheaven や The Jesus and Mary Chain など様々なフィールドで活躍する注目のバンドの出演で常に話題を提供している。

Chapter 3
Others

南アメリカは近年、アルゼンチンのMephistofelesやFulano などの活躍により、熱心なマニアを中心に、熱い視線を浴びるエリアであり、イタリアのオカルト要素の強いバンドとのリンクも含め、注目のエリアだ。アジアではここ日本から、世界的に見てもジャンルを代表するバンドである、Church of Miseryが登場した。また、中国の近年のシーンは、今後大きな発展の可能性を秘めており、動向を追っていきたい。オセアニア地域では、欧米諸国とは異なる、独自のカラーを持つバンドが登場している。

各国にフォロワーを生み出し続ける現代の南米ドゥーム・スター

Mephistofeles

🕒 2013-present　🌐 アルゼンチン パラナ
👤 (Gt, Vo) Gabriel Ravera、(Ba) Ismael Dimenza、(Dr) Iván Sacharczuk、(Dr) Luca Frizza
🎵 The Curse of Sahara、Devil's Witches

2013年にアルゼンチンのパラナにて結成された。中心メンバーであるGabriel Ravera<Vo, Gt>は2010年頃よりバンド活動をスタート。ローカルの様々なミュージシャンとともにライブ活動やデモ音源を制作する。2013年にはデモ音源『Master Doom』をリリース。この時期の音源は後に初期音源集として2017年に『Devotional Doom』と銘打ってリリースされた。2014年後半からIván Sacharczuk<Dr>とのデュオ形式で活動を開始。2015年後半には同じローカルシーンで活動していたIsmael Dimenza<Ba>が加入し、ラインナップが固まる。同年デモ音源『08XI15』をリリース。同時期に1stアルバム『Whore』のレコーディングにも着手。ポストプロダクションを行うが想定以上に時間がかかり、その間バンドは2ndアルバムのマテリアルに着手。2016年に『(((I'm Heroin))) Demo Sessions』としてデモ音源をリリース。その後に『Whore』はリリースされ、翌2017年にはフランスのBlack Farm Recordsよりレコードがリリースされた。同年2ndアルバム『(((I'M HEROIN)))』がリリース。2018年にはデンマークのCursed Tongue Recordsよりレコードがリリースされる。2019年末には3rdアルバム『Satan Sex Ceremonies』をリリース。2022年にはメインレーベルをスウェーデンのHelter Skelter Productionsへ移し、4thアルバム『Violent Theatre』をリリースした。2023年にはLuca Frizza<Dr>が新たに加入し、Acid Kingのツアーのオープニングアクトとして共演を果たす。

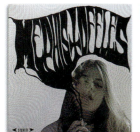

Mephistofeles
Whore
🌐 アルゼンチン　　　　　　　　　　　　　　　　　　　　　　🔘 Independent　📅 2016

アルゼンチンはパラナにて結成されたドゥームメタル・バンドの 2016 年にリリースされた 1st アルバム。Black Sabbath や Electric Wizard を強く彷彿とさせるリフと、南米独自の妖しい雰囲気が充満するサウンド。ユニゾン中心ながらドゥームのヘヴィさをきっちり演出するベースプレイ、時にはジャジーでグルーヴを演出するドラムがより一層のサイケ要素を生み出す。ヴォーカルラインは怪しげな粘り気はありながらも、比較的キャッチーでメロディをしっかり歌うタイプ。煙たい雰囲気満載のアートワークやサウンドプロダクションを含め、ドゥームのど真ん中を行く作品だ。

Mephistofeles
((((I'M HEROIN))))
🌐 アルゼンチン　　　　　　　　　　　　　　　　　　　　　　🔘 Independent　📅 2017

2017 年にリリースされた 2nd アルバム。ラインナップに変更はないものの音楽性は若干変化した。1st アルバムに比べてはるかにドゥーム色が増し、怪しげな要素も増大。密教的な要素をも感じさせる煙たいサウンドと陶酔感あふれるアンサンブルが出色。さらに泥臭くなったファズ・ギターサウンドにテンポをぐっと落とし、ヘロヘロに引きずるようなグルーヴを演出するリズムセクションの組み合わせが強いドラッグ感覚を生み出す。曲によっては 60's ガレージのような雰囲気を感じさせるものもある。ラストの 10 分にも及ぶ「Into the Night」のブルース・ジャムのイーヴル感覚は南米の路地裏を思わせるきな臭さだ。

Mephistofeles
Satan Sex Ceremonies
🌐 アルゼンチン　　　　　　　　　　　　　　　　　　　　　　🔘 Independent　📅 2019

前作より 2 年ほど間を開けてのリリースとなった 2019 年の 3rd アルバム。元来バンドの魅力であった官能的な世界観がさらに増大し、暴走すらしているのが、特徴の一枚。ジャケのみならずブックレット内の写真に関しても、一貫として背徳的な性的欲望が表現されている。サウンド的にはレトロ感覚が前面に押し出されており、ギターやベースの歪みは前作よりは抑えられているものの、怪しげな雰囲気は健在。オルガンを新たに導入したサウンドや美しいアコースティック・インストが挿入されるなど、新たな領域へと足を踏み入れている。ここまでの 3 作品はいずれも最初は自主リリースであったが、後に複数のレーベルより発売されている。

Mephistofeles
Violent Theatre
🌐 アルゼンチン　　　　　　　　　　　　　　　　　　　　　　🔘 Helter Skelter Productions　📅 2022

2022 年発表の 4th アルバム。今まででのイーヴルかつ怪しげな雰囲気はそのままに往年のハードロック／ヘヴィメタルに接近した一枚。タイトルからも連想できるように Paul Chain Violet Theatre の影響を感じさせるオーセンティックなドゥームをプレイ。よりタイトになったバンドアンサンブルと疾走感のある楽曲など、新機軸も提示する。さらに荒涼としたアルペジオからドゥーム・リフそして Iván Sacharczuk<Dr> による長尺のドラムソロへと展開する「Communion of the Vile」など、ドゥームのルーツである 70's ハードロックのスピリットを大いに体現する一枚。

Mephistofeles
Devotional Doom
🌐 アルゼンチン　　　　　　　　　　　　　　　　　　　　　　🔘 Spectral Recording　📅 2017

2017 年にリリースされた音源集。2011 年から 2014 年にかけての初期にレコーディングされた楽曲をコンパイルした一枚。首謀者の Gabriel Ravera<Gt, Vo> 以外は流動的なラインナップで制作された。2016 年にリリースされた 1st アルバム『Whore』とは、趣を異にするダウナーなジャムセッション要素の強いサウンドを展開する。ジャジーなドラムビートにドゥーミーなリフを反復させて酩酊感を誘う「Master Doom」でアルバムはスタート。寂寥感を煽るミニマルなリフが印象的な「Death Caravan」、ダークな心象風景を描き出すかのような「A Solemn Procession」などを収録。

Mephistofeles インタビュー

回答者：Gabriel Ravera

Q：現在のラインナップは下記で合っていますでしょうか。
Gabriel Ravera<Gt, Vo>
Ismael Magic Fingers Dimenza<Ba>
Luca Frizza<Dr>

A：うん。その通りだよ。

Q：現在のラインナップでの映像を2本拝見いたしました。「POISON EYES」と「Trash Lord」(Raw... Uncut... and Vile VHS tape 2024) はともに素晴らしい演奏と映像ですね。現在のラインナップでやるようになったプロセスを教えていただけますでしょうか。

A：コルドバで初めてルカに会ったんだ。Mephistofeles の以前の編成で演奏していて、ショーの後、Luca が楽屋に挨拶に現れたんだ。その時以来、彼とは仲良しになったんだ。2023年当時、バンド内部の問題でドラマーに苦労していて、状況はこれ以上悪くなることはないほどまでになっていた。そこから数週間後に Acid King のオープニング・ライヴを予定していたので、なんとか彼を引き留めようとしていたんだけど、正直なところ、これ以上我慢できなかったんだ。前のドラマーが去った後すぐに Luca に連絡をしたよ。Luca は 400 キロ以上も離れた別の都市に住んでいたが、快く引き受けてくれた。

Q：コルドバの Club Paraguay での Winona Riders とのライブはどうでしたか？ 今年4月に行われたライブの記事を見ました。また、あなたたちはドゥーム／ストーナー・シーンだけでなく、「ロック・シーン」全般で活動しているように見えますが、どう思いますか？

A：若い観客もたくさんいて、いいライブだった。たまに新しいお客さんを見るのは新鮮だし、Mephistofeles のことを初めて知る観客もいたんじゃないかな。Winona Riders は、オルタナティヴ・ロック・シーンに重きを置いて活動しているようだが、それでも観客は Mephistofeles を気に入ってくれたようだ。

今となっては、このバンドはもはやドゥーム・ストーナー・シーンの一部ではないと思っている。ヘヴィなサウンドという部分では一致はしているが、俺らにとってはそれを超えた何か別のものまであるんだ。俺たちはまだヘヴィ・メタルに傾倒しているけれど、より Rock 的なひねりを加えている。俺らの曲は、以前のアルバムが持っていた怒りとは違うタイプのアプローチを持っているけれど、深く、思慮深く、苦悩を反映した意味を持ち続けている。

Q：最近、Helter Skelter Productions は2枚のライブ・アルバム『Music is Poison』と『Barely Alive』をリイシューしましたね。どちらも元々は Bandcamp でリリースされたものです。これらのレコードのリイシューはどのようにして実現したのでしょうか？

A：Regain レコードの社長が、2枚のアルバムをレコードでリリースする契約を持ちかけてくれた。俺たちも良いアイデアだと思ったし、ファンも喜ぶと思ったよ。俺たちは、この2枚が興味深く、ワイルドでヘヴィーなサウンドスケープを持っていると思う。ディスコグラフィーの中でもかなりユニークで、際立っていると言えるね。

Q：バンドのアカウントでは Sahara と Stonedhenge も活動していると書かれていますが、今のところどうですか？

A：どちらのプロジェクトもうまくいっているよ。Stonedhenge は、まだライヴをやっていない分、ペースは遅いけど、スタジオで音楽を作っている。俺は純粋にアルバムをリリースしたいし、このプロジェクトがライブ活動を始めることが可能かどうか、ロードでどのように活動するかを見てみたいと思っている。

SAHARAについては、バンドは絶好調だ。現在、4枚目となるスタジオ・アルバムの作曲をほぼ終え、定期的にライブを行っているよ。

Q：ありがとうございます。それではバンドの初期の頃の活動に関してお聞かせください。
初期音源集『Devotional Doom』のライナーノーツによると、バンドは最初 Gabriel Ravera から始まったと書かれています。
以前のラインナップは不安定で、様々なタイプの音楽を作っていましたよね？ 2011年から2014年にかけての作品は、よりドローン的で、よりジャム的な雰囲気があります。
当時のバンド活動はどのようなものでしたか？

A：Mephistofeles は俺のワンマン・バンドとしてスタートし、メイン・メンバーは数年間、俺だけだった……その状況を利用して自分の曲をひとりでレコーディングするようになったんだ。一緒に演奏する仲間を見つけるのが難しくなってきたのもあったし。「Master Doom」や「Solomon's Eye」などを録音したのもこの頃だ。
その後、アンダーグラウンド・シーンでのコネクションができ、何人かの知り合いに会うことができたので、バンドの状況は良くなっていったが、みんな怠け者ばかりだった。結局、リハーサル以外では誰も将来を見据えていなかったようだ。
例えば、バンドの活動はかなり混乱していて、8人が週に一度のリハーサル・スケジュールに同意するのはとても難しかった。時には、ほとんどのメンバーが揃わないことや遅刻するメンバーもいて、状況は難しくなるばかりだった。
それでも俺たちは何かを得ようとし、ライブもやろうとしたものの、あまりうまくいかなかった。
その頃の音源や『Devotional Doom』として世間に知られている素材もいくつか復元することができた。そんなところさ。

Q：Gabriel Ravera<Vo, Gt>、Ismael Dimenza<Ba>、Iván Sachar<Dr>のラインナップは2015年初めに結成されたということで間違いないでしょうか。あなたたちがどのようにして出会い、バンドで一緒に演奏するようになったのでしょうか？

A：その通りだ。2015年初めに2人ともバンドに加入した。俺たちは街のアンダーグラウンド・シーンのミュージシャン仲間で、地元のロック・ライヴでたまに会っていたんだ。音楽についてよく話していたので、かなり仲良くなった。
最初は Ivan とデュオの形でリハーサルをしていてその後 Ismael が仲間に加わったんだ。それから、後にデビュー・アルバム『Whore』に収録さ

れることになる曲を作り始めたんだ。具体的に言うと、最初に作ったのは「Black Sunday」「Drug Addict」「Whore」の3曲だ。

Q：2015年のラインナップを境に音楽スタイルが大きく変わりました。その時のインスピレーションや方向性はどのようなものでしたでしょうか。

A：当時の主な目標は、自分たちの街のシーンで一緒に演奏していた他のアンダーグラウンド・バンドとは違う、目立つ存在になることだった。特にどのスタイルにこだわるということはなかったが、ストーナー／ドゥームメタルは、音楽を作る上で自分たちとは違う何かを感じさせてくれた。個人的には、曲を作るときに自分のやりたいように表現できたし、ライブでもそれが伝わっていると感じた。当時見つけたばかりのバンドにとても影響を受けた。Sleep、Dead Meadow、Electric Wizard といったバンドだ。彼らの歌詞や音楽的な風景は、当時の俺にとって本当に衝撃的な場所だった。

Q：デモ『08XI15』には1stアルバム『Whore』収録曲が収録されていますが、曲作りはどのように進められたのでしょうか。

A：俺が覚えているのは、これらのリフはただ何もないところから作られたということだね。クールでヘヴィーなサウンドだと思ったんだ。レコーディングしてライブで演奏し、Mephistofeles で何が起こっているのかをみんなに知ってもらうためだけに曲にしたんだ。ちなみにデモの名前は録音された日付に由来している。"08 - NOVEMBER (XI) – 2015"

Q：デモ『(((I'm Heroin))) Demo Sessions』は1stアルバム『Whore』がリリースされる前にリリースされましたが、当時の制作・リリース状況はどのようなものだったのでしょうか。

A：まあ、特にこのデモは、明確な目的が何もない、一種の「変則的」なものなんだ。当初は、08XI15とは別な作品としてリリースしようと考えていたんだ。
その後、ファースト・スタジオ・アルバムの『Whore』収録曲が完成したとき、やはり「Heroin」「White Butterfly」の2曲が全体のアイデアとマッチしているとは思えなかったんだ……
結果としてその後、これらのアイデアをよりよく練り上げ、セカンド・スタジオ・アルバム『I'm Heroin』の一部となったんだ。

Q：2016年にリリースされた1stアルバム『Whore』はドゥームメタルの傑作ですが、あなたはこのアルバムが好きではないと語っていました。その辺の感覚を詳しく教えてください。

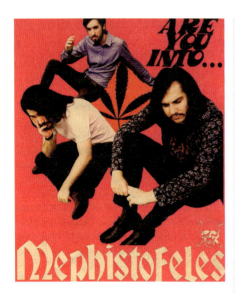

で、2日目はボーカルとソロ、そしてアルバムを仕上げるための雑用に専念した。
Live バージョンの『Whore』は、年月を経てバンドのサウンドが発展した結果だ。2016年から2022年にかけて、バンドのサウンドは少し変化し、よりシャープで成熟したスタイルになった。デビュー・アルバムにもう一度公平なチャンスを与えて、少しダーティなサウンドにして、これがどうなるか見てみようというアイデアを思いついたんだ。珍しく、なかなかいい仕上がりになったと思う。ギターのチューニングは2016年からずっと同じでドロップDだ。

Q：Helter Skelter Productionsにレーベルを固定する前は、多くのレーベルからアルバムをリリースしてきましたね。Black Farm Records、Creep Purple Promotion、Cursed Tongue Records、Stoner Witch Records など。どのようにリリースが決まっていったのでしょうか？

A：多くのレーベルが俺たちの作品をリリースしたいと言ってくれたことは、俺たちにとって衝撃的だった。素晴らしい経験だったし、世に送り出すものを大切にしてくれる素晴らしい人たちと仕事をすることができた。俺たちがいろいろなものをリリースするにつれて、レーベルは俺たちの音楽をカセットテープ、CD、レコードなどさまざまなフォーマットでリリースしたいと言ってくるようになった。アメリカ、ヨーロッパ、そして中国やインドネシアといったアジアのレーベルとも仕事をしてきたよ。どのレーベルも俺たちの音楽を広める手助けをしてくれたよ。

Q：2ndアルバム『（（（I'M HEROIN）））』を2017年にリリースしました。1stアルバムよりもドゥーミーでサイケデリックな雰囲気が特徴的です。制作過程について教えてください。

A：プロダクションに関しては確かに以前の作品に比べて気に入っていると言えるかな。以前と同じエンジニアとまた仕事をしたけれど、もっと大きくて複雑なスタジオでやったんだ。
このアルバムもレコーディングに2、3日かかった。ベースとギター以外のレコーディングに必要なものは、また貸してもらった。
この時点ではミキシング段階まで徹底的にこだわったが、それでも求めていたものは得られなかった。アルバムのサウンドがどうあるべきかについて、お互いの視点がエンジニアとあまりつながっていなかったので、多少もどかしかった。いずれにせよ、デビュー作に比べれば、より好感の持てる作品に仕上がった。
俺たちのアルバムがどのように「ダーティ」で

A：今となっては、バンドにとって衝撃的なデビュー・アルバムであり、そのシンプルさをそのまま再現したり超えたりするのは非常に難しい作品であると思う。俺がこのアルバムで最近最も軽蔑しているのは、全体を牽引している「十代の怒り」的な部分だ。この感覚は、当時の自分にとって本当に問題だと思っていたことよりも、はるかに複雑で深いものを自分の人生の中で体験してきたと感じている今の自分だからこそ出てくるものだと思う。このアルバムは、それが何であるか、そして人々に何を伝えるかによって人気が出た。俺はそれと絆で結ばれている。もしこのアルバムが違うものになっていたら、状況も違ってきていただろうね。

Q：『Whore』の制作と創作過程はどうでしたか？また、『Whore (the Ultimate Edition) 4LP BOXSET』にはアルバム全曲を2022年にライブ録音した未発表音源も収録されています。これはどのように実現したのでしょうか。またギター・チューニングを変化させましたか？

A：『Whore』は、そのコンセプトの主な燃焼燃料がフラストレーションだったため、その過程で「簡単に」生まれた。俺が若かった頃、フラストレーションは、音楽を書いて怒りをぶちまける動機として、ごく一般的なものだった。アルバムの制作はかなり控えめで、俺たちの住む街の友人の小さなホームスタジオでレコーディングした。ドラム・キットと、ベースとギター用のアンプを貸してもらった。アルバムのレコーディングは2日間くらいだったと思う。初日は全曲を2回録音する完全なセッション

「生」なサウンドであるべきかについて、このエンジニアたちと合意に達することはできなかった。彼らはいい仕事をしたい、本当にいいサウンドを出したいと思っていたのに、バンドのコンセプトにまったく追いついていなかった。だから、この時点から自分たちでプロデュースすることにしたんだ。今後のアルバムは、俺たちの追求と芸術観に合った独自のエンジニアリングとレコーディング方法を採用することになるだろう。EVIL FIDELITY SOUND LABSだ。

Q：3rdアルバム『Satan Sex Ceremonies』は本当にルーマニアのドラキュラ城で録音されたのでしょうか？

このアルバムは、よりヴィンテージなサウンドスケープが特徴で「Overdose」のような曲は、バンドのアコースティックでメロウな一面を表しています。

なぜこのような方向性になったのでしょうか？

A：『Satan Sex Ceremonies』は、実際はアルゼンチンのEvil Fidelity Sound Labsでレコーディングされた。「ドラキュラの城でレコーディングされた」というのは、言い伝えを補足するためで、当時は空き家で使われていなかった祖母の家でレコーディングされたという事実は省略されている。機材も少なく、オーディオやミキシングの知識もほとんどない状態で、完全にDIYでレコーディングした初めてのスタジオ・アルバムなんだ。自分たちのセンスで「しっくり」くるものをやっただけなんだ。

このアルバムは、バンドが何か違うものを作ろうと、それが価値のあるものなのかどうかもわからずに本気で挑戦した、とてもユニークな作品だと思う。「Syringe」のような奇妙な新曲では、望むような結果にはならなかった。でも最終的にあまりにも良いものになった。

バンドは、全体的にかなり実験的な経験だったので、作曲に特に目標はなかったけど、強いて言うなら、これだけの機材を使ってそして自分たちの手で何ができるかを見つける楽しさかな。

Q：4thアルバム『Violent Theatre』では、よりオーセンティックなヘヴィ・メタルのヴァイブがフィーチャーされていますね。「Frustrated」のような曲は、初期のGuns N' Rosesのような純粋なハードR&Rの方向性に捧げられているようにも聴こえます。「Communion of the Vile」は長い楽器パートとドラムソロがエピックなムードをも描いていますね。アルバムの制作過程について教えてください。

A：『Violent Theatre』は2024年の今、そんなに以前のことのようには感じられないね。バンド

自らプロデュースを行ったにもかかわらず、このアルバムの制作にはあまり注意を払っていなかった。少し荒っぽく、感情のない未完成なサウンドで、音量も足りなかった。俺たちはこの作品であまりうまく目標を達成できなかったので、今後、シラフな状況でもう一度ミックスに公平なチャンスを与えたいと思っている……

でも、そのクリエイティブなプロセスは良かったし、面白かったし、バンド・メンバーとの距離も縮まった……でも、奈落の底に落ちたね。このアルバムでは、ソリッド・ステート・アンプの採用によるサウンドの劇的な変化がすぐにわかる。唯一無二の冷たく電動のこぎりのようなサウンドをもたらしている。このアルバムの「誤算」の一部は、曲作りにあった。違う曲を演奏しているのに、アルバム全体を通して同じキーで演奏していることが、このアルバムを聴き通すのに退屈なものにしている。

Q：スタジオ・アルバムだけでなく、ライヴ盤やデモ・コンピレーションも数多くリリースしていますね。それらの音源はどのように管理しているのでしょうか？

A：俺たちの曲のライブラリーは、整理して意味のあるものをまとめるのがとても難しいので、混乱したものだよ。ほとんどのコンピレーションは、俺たちが新しいものに取り組んでいたときの、かなりひどい、生の録音なんだ。ただ、それはそれでクールなものだし、コンピレーションのような形でみんなと共有したかったんだ。みんな、なぜかバンドの生の音源を聴きたがるんだ！　だから、たまにクールな録音の素材を見つけて、それをコンピレーションに加えるんだ。『Pure Fucking Noise』はオープン・アルバムで、新しい未発表音源や生の音源を随時アップデートしていく予定だ。今のラインナップでの実際のデモも検討しているところだ。

Q：『Music Is Poison』はチリのサンティアゴでのRitual Eléctrico 5でのライブ録音ですね。チリへの遠征はどうでしたか？　印象に残っていることはありますか？

A：バンドがアルゼンチン国外でツアーをしたのはこれが初めてで、それだけでもめちゃくちゃ思い出深い。特に俺にとっては、初めて飛行機に乗り、ロス・アンデスを上空から眺めたんだ。クレイジーな経験だよ。

もうひとつクレイジーだったのは、普段はFacebookでチャットしているような人たちとリアルに知り合えたことだ。俺たちは1時間足らずでチリに到着したが、長い人口統計学的な距離以外に、この人たちとの距離がどれだけ近いかを考えさせられた。チリの友人たちをこれほど近くに感じた

ことはなかった。
あの時のショーは信じられないほど良かった。チリの友人たちが、俺たちのためにショーのすべてを追跡し、録音してくれたことにとても感謝している。彼らはいいショーになることを知っていたんだ。

Q：Mephistofeles はいつも音楽とイメージに合った素晴らしいアートワークを採用していますね。WOM がデザイナーとお見受けしました。
あなたのアートスタイルや審美眼のインスピレーションは何ですか？
また、他のバンド、例えば Arteaga や Las Histrias のアートワークであなたが手掛けたものについても教えてください。

A：俺は自分のプロジェクトのためにパートタイムのグラフィックデザイナーをやっていて、過去にはいくつかのバンドと仕事をしたこともあるんだ。
俺の作品の主なインスピレーションは、いつものように過去から得たもので、60 年代や 70 年代のバイク、ホラー、女性、エクスプロイテーション映画などに関するものだ。
バンド仲間からアルバム・ジャケットの仕事を依頼されたこともあって、彼らのために仕事をすることになったんだ。

Q：Gabriel は Devil's Witches の「Magic Wand」のヴォーカルで参加しています。レコーディングはいかがでしたでしょうか？

A：Devil's Witches の背後にいるのは James という男だ。俺たちはこの数年の間に友情のようなものを育んできた。どうやって俺たちがつながったのかあまりよく覚えていないんだけど、2017 年に彼らのアルバム『Velvet Magic』と『I'm Heroin』が同じ時期にリリースされたから、音楽の関係だったのは間違いない。この 2 枚はとても人気があり、同じレーベル Cursed Tongue Records からリリースされた。その頃から、彼と話すとクールな男と分かって、頻繁にやり取りをするようになった。
それからしばらくして、James は俺に新しいシングルのひとつ「Magic Wand」を歌ってほしいと頼んできた。俺は承諾し、彼はインストゥルメンタル・トラックと歌詞を送ってくれた。彼は俺にメロディーを作る自由を与えてくれた。彼が俺の作業を信頼してくれて嬉しかったね。

Q：好きな日本のバンドや音楽はありますか？

A：もちろんさ！ 数年前、俺は J-ROCK と、主に 90 年代のハード／サイケデリック・ロックの日本のバンドにハマったよ。大げさでなく彼らの何人かは俺の人生を変え、文化的にも別の視点から音楽を評価するようになった。ゆらゆら帝国、Rega、嘘つきバービー、ナンバーガール、あぶだらこ、MASONNA……ごく一部だけど、そんなところさ。素晴らしいよ。最近、友人の影響でハマったバンドは、日本のアンダーグラウンド・シーンのバンド、Hebi Katana だ。彼らの 90 年代の即興的なヘヴィな音楽がとても好きだね。

Q：最後に一言をお願いいたします！

A：この素晴らしいインタビューに感謝だね。このインタビューは本当に楽しかったし、近々発売される『ドゥームメタル・ガイドブック』に掲載されることを光栄に思う。Mephistofeles が好きな方々や、たまたまこれを全部読んでくれた読者にも、バンドからお礼を言いたい。Mephistofeles が存在するのは皆さんのおかげだ！

Bruja Negra
Behold the Omen
🌐 メキシコ
Ⓐ Goat Scrotum Records　© 2018

メキシコシティにて 2018 年に結成されたエクスペリメンタル・ドゥームメタルバンドの 2018 年にリリースされた 1st アルバム。Román Olvera<Vo, Gt, Dr 他 > と Miguel Victorino<Ba> という二人編成にて制作された。SE 的な役割の「Penance」を経て、酩酊感覚や精神の荒廃を描いたかのような不穏なサウンドが怪しく響き渡る「I Sold My Soul」でアルバムはスタート。不協和音と呪詛的なヴォーカルと奇妙な叫びが交差する「Bitter End」、ブラックメタルに通ずるトレモロを駆使したギターリフとやはり奇天烈な叫びが牽引する「Black Rainbow」などを収録。

Eidyllion
Gymnopaidia del Leteo
🌐 メキシコ
Ⓐ Dilemma　© 2002

メキシコ州にて 1999 年に結成されたドゥーム／フォークメタルバンドの 2002 年にリリースされた 2nd アルバム。中世ヨーロッパ風な演劇的サウンドを放つ「Exordio (Facás del tráfago)」を経て、オペラティックな歌唱やシンセサイザー、また時にはブラックメタルに通じるシャウト唱法なども盛り込み、独自性の高い音楽性を提示する「Tears over Bayeaux」でアルバムはスタート。シュールレアリスムや歴史的考察などを題材とする歌詞と幾多者テンポチェンジが摩訶不思議な世界観を展開する「Euphone Perennia」などを収録。Sigh の名盤『Imaginary Sonicscape』に通ずる異形。

Moonwatcher
Moonwatcher
🌐 メキシコ
Ⓐ Concreto Records　© 2018

ヌエボ・レオン州モンテレイにて 2015 年に結成されたサイケデリック・ドゥームメタルバンドの 2018 年にリリースされた 1st アルバム。Khanate の James Plotkin がマスタリングを担当した。スラッジに通じるダイナミックな咆哮スタイルのヴォーカルと、屈強なサウンドが融合する楽曲が特徴。ブルージーな要素を排し、硬質なバンドアンサンブルが展開し SF などを題材とした歌詞と絡み合う「The Dawn of Man」でアルバムはスタート。24 分を超える大作「Cosmic Pilgrimage」「Beyond」では、静謐なパートから濃密なヘヴィパートまで、様々な表情を見せながら進行していく。

Ruinas del Monasterio
El imperio de los muertos
🌐 メキシコ
Ⓐ Independent　© 2021

ハリスコ州グアダラハラにて結成されたドゥームメタルバンドの 2021 年にリリースされた 1st アルバム。自主リリースにて配信と CD が 20 枚リリースされている。もの悲しい SE の役割を果たす「I」を経て、近年のイタリア勢に通じるオカルト要素の強いムードを放つリフが主導する「Sueños profundos」でアルバムはスタート。スペイン語によるメロディックな歌唱とダークな響きのキーボードをフィーチャーし、分厚いサウンドを展開する「¿Qué puedes decir?」、ダンジョンシンセやブラックメタルの融合を標榜するサウンドが展開されるインストゥルメンタルナンバー「Danza del desierto」などを収録。

Santa Sangre
Santa Sangre
🌐 メキシコ
Ⓐ DHU Records　© 2021

ユカタン州メリダにて 2018 年に結成されたサイケデリック・ドゥームメタルバンドの 1st アルバム。メキシコの Ave Bizarre Productions から CD がリリースされた後、オランダの DHU Records から LP がリリースされた。ドラッギーかつフリーキーなスタイルを前面に押し出すスタイルで、Electric Wizard のサウンドをベースにメキシコ特有の妖しさをかけ合わせたサウンドを展開する「Bufo alvarius」でアルバムはスタート。スピリチュアルでメジャーキーを大胆に取り入れた「Reanimador」、Sleep をさらに暴力的にしたサウンドが炸裂する「Vendiendo droga」などを収録。

Others　187

Skar
Antífona de entrada
🌐 メキシコ　　💿 TOAJ Records　📅 2001

メキシコのメヒコ州トルカにて 1996 年に結成されたドゥームメタルバンドの 1997 年にリリースされた 1st アルバム。TOAJ Records からリリースされた後、NS ブラック系の Pagan Infantry Records などから再発がされた。メンバーの素性は伏せられており、2017 年に創設者が精神崩壊を起こし活動を休止している。キリスト教団より脅迫を受け、ライブ活動も休止した。ブラックメタルに通じる邪悪なムードを強く醸し出すドゥームサウンドが特徴。冒涜やアンチキリスト教などを題材とした歌詞とイーヴルなバンドサウンド。怪しげなナレーションをフィーチャーし、犯罪的かつ恐怖心を煽るムードを増強する。

The Wizard
The Wizard Demo/Rubber Track Sessions
🌐 メキシコ　　💿 Ruidoteka Records　📅 2021

メキシコシティにて 2012 年に結成されたドゥーム／ストーナーメタルバンドの 2021 年にリリースされたコンピレーション。南米圏を中心に積極的なリリースを展開する Ruidoteka Records よりカセットでのリリース。Karla Jimenez<Vo> によるブルージーで深みのあるヴォーカルをフィーチャーしたヴィンテージなドゥームサウンドが特徴。コンパクトにツボを押さえた演奏と程良いアンニュイ感覚とレトロなサウンドが融合する「The Wizard」でアルバムはスタート。ファルセットで主導される中間パートが、煙たい要素とジャム的な展開を呼び起こす「Último Sol」などを収録。

Vinnum Sabbathi
Of Dimensions And Theories
🌐 メキシコ　　💿 Loud, Slow and Distorted Riffs　📅 2020

メキシコシティにて 2011 年に結成されたインストゥルメンタルドゥーム／ストーナー／ドローンメタルバンドの 2020 年にリリースされた 2nd アルバム。UK の Stolen Body Records からは LP がリリースされた。Sunn O)))、Sleep や Ufomammut に通じるサイケデリックで実験的な側面も提示するサウンドが特徴。自在にリズムを変化させつつ酩酊グルーヴを展開する「In Search of M-Theory」でアルバムはスタート。浮遊感あるパートから暗黒面を増強させるヘヴィパートまで緩急をつけて進行する「Quantum Determinism」などを収録。

Tarkus
Tarkus
🌐 ペルー　　💿 MAG　📅 1972

ペルーのリマにて 1972 年に結成されたドゥームメタル／サイケデリック・ハードロックバンドの 1972 年にリリースされた 1st アルバム。オリジナル盤は MAG よりリリースされ、その後スペインの Vinilisssimo などから数々の再発がされている。Pentagram や Stone Axe に通じるプロト・ドゥームといえるサウンドで、ハードロック由来のサウンドをベースに独自のダークなムードを溶かし込んだ楽曲が特徴。うねるギターリフと密教的なヴォーカルが融合し、妖しげムードを醸し出す「El pirata」、不穏なコード進行と不安感を増強させるメロディが気味悪さを生む「Tema para Lilus」などを収録。

Reino Ermitaño
Conjuros de poder
🌐 ペルー　　💿 Ogro Records　📅 2014

ペルーのリマにて 2001 年に結成され、2020 年に解散したドゥームメタルバンドの 2014 年にリリースされた 5th アルバム。Saint Vitus や Electric Wizard らが築き上げたドゥームサウンドをベースに、Tania Duarte<Vo> による伸びのある歌唱を活かした楽曲が特徴で、内省などをテーマにした歌詞が世界観を作り上げる。オーセンティックなバンドアンサンブルと 70s ハードロックに通じるギターソロが展開される「Caléndula」でアルバムはスタート。浮遊感のあるサウンドとスペイン語での歌唱が密教的な雰囲気を醸し出す「Ancestral」などを収録。

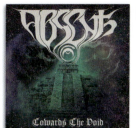

Absent
Towards the Void
🌐 ブラジル　　　📀 Resistência Underground Distro & Prod.　📅 2018

ブラジルの首都ブラジリアにて2015年に結成されたサイケデリック・ドゥームメタルバンドの2018年にリリースされた1stアルバム。2019年にはデンマークのCursed Tongue RecordsからLPがリリースされた。WindhandやElectric Wizard、Acid Kingなどに通じる酩酊要素の強いサウンドとファズが強くかかったスモーキーなサウンドが特徴。蛇崇拝などを題材とした独自の世界観の歌詞と、神秘的なヘヴィサウンドが融合する「Ophidian Womb」でアルバムはスタート。様々なリズムチェンジと多様なエフェクトをブレンドし、サイケデリックな音像を作り出す「Semen Prayer」などを収録。

Imago Mortis
Transcendental
🌐 ブラジル　　　📀 Die Hard Records　📅 2006

リオデジャネイロにて1995年に結成されたエピック・ドゥームメタルバンドの2006年にリリースされた3rdアルバム。Solitude AeturnusやCandlemassなどの王道のエピック・ドゥームメタルサウンドを受け継いだ音楽性が特徴で、キーボードを強調したサウンドがバンドのカラーを決定づけている。テクニカルなバンドアンサンブルと哀愁のメロディがドゥームサウンドと融合する「Across the Desert」、ダークでスローなサウンドとギーボード及びピアノのサウンドがオペラティックなムードへと発展する「Undrying Tears」などを収録。

Melissa
Devil's Mask
🌐 ブラジル　　　📀 Independent　📅 2021

サンパウロにて2021年に結成されたドゥームメタルバンドの2021年にリリースされた1stアルバム。自主でリリースされた後、アルゼンチンのRuidoteka Recordsよりカセットがリリースされている。Dirty Graveにも在籍するMelissa Rainbow<Gt, Vo>を中心とした布陣で制作された。レコーディングやミキシングも彼女が担当。アートワークはイタリアのホラー映画『血ぬられた墓標（原題:La máscara del demonio）』より取られた。サウンドもアートワークを具現化するような暗黒要素の強いドゥームメタルが展開され、イタリア勢に通じるアクの強さを見せる。

Ararat
Volumen 4
🌐 アルゼンチン　　　📀 Interstellar Smoke Records　📅 2009

ブエノスアイレス州マルティネスにて2009年に結成されたドゥーム／ストーナーメタルバンドの2022年にリリースされた4thアルバム。Soldatiでも活動し、かつてはLos Natasにも在籍していたSergio Chotsourian<Ba, Vo>を中心としたラインナップで制作された。アートワークも彼が手掛けている。ポーランドのInterstellar Smoke Recordsからのリリース。酩酊感溢れるファズの効いたリフとへばりつくようなグルーヴを展開するバンドアンサンブルが特徴。ダウナーでドラッギーなヴォーカルがアナーキーなムードを掻き立てる「Microcosmos」などを収録。

Astral pigs
Our Golden Twilight
🌐 アルゼンチン　　　📀 DHU Records　📅 2022

サンタフェ州にて結成されたドゥーム／ストーナーバンドの2022年リリースのEP。Electric WizardやBlue Öyster Cultを思わせる怪しげな音像が特徴で、カルトな要素を強く打ち出したサウンドが特徴。インストゥルメンタル曲「Irina Karlstein」を経てBruno Angelino<Vo>によるメロディックな歌唱と、Pedro Petracco<Gt>によるファズを聴かせたオーセンティックなサウンドで展開され「Our Golden Twilight」でスタート。イタリア勢に通ずる密教的なムードを描く「Brass Skies / Funeral March」へと続く。

Others　189

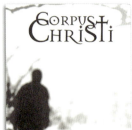

Corpus Christi
Letanías
⊕アルゼンチン　● Independent　● 2016

ブエノスアイレス州ラ・プラタにて1995年に結成されたゴシック/ドゥームメタルバンドの2016年にリリースされた1stアルバム。自主でCD-Rがリリースされている。ゴシックメタル譲りの荘厳なムードとダークな世界観が相まってユニークなサウンドを形成する。長い活動歴もあってか、演奏は安定感のあるグルーヴを展開し堅実に進んでゆく。スペイン語による歌唱やナレーションがムードを決定づける「Pecado」でアルバムはスタート。オルガンサウンドをフィーチャーし、どこかイタリア勢に通じる沈み込むようなコード展開がダークさに拍車をかける「Nothing」へと続く。「Tribal」ではデスヴォイスを用いた重厚なサウンドを提示する。

Cronos
Sueños de vanidades
⊕アルゼンチン　● Independent　● 2001

サンタフェ州スンチャレスにて結成されたプログレッシブパワー/ドゥームメタルバンドの2001年リリースの1stアルバム。Necropolisなどで活動するFabián Pignataro<Ba>を中心としたラインナップで制作された。テクニカルな演奏とダークなムードが色濃い楽曲が特徴で、スラッシュメタルに通じる疾走感も盛り込んでいる。無尽蔵なエネルギーとストリングスが展開される「A imagen y semejanza」を筆頭に、一筋縄ではいかない曲構成が独自の世界観を形成する。スペイン語で歌われる楽曲も相まって妖しい魅力を放つ一枚。

Eternal Sun Temple
Vol I.
⊕アルゼンチン　● Independent　● 2022

コルドバ州サンフランシスコにて結成されたドゥームメタルバンドの2022年リリースの1stアルバム。SaharaやEn la Nieblaなどを手掛けるLuca Frizza<Vo, Gt>がミキシング、マスタリングからアートワークまでを手掛ける。イタリア勢に通じる密教的かつオカルトの要素が濃厚に漂う楽曲が特徴。ジャム要素が強く、時に複雑なリズムを用いながらアンニュイなヴォーカルが乗るユニークなアンサンブルを提示。キレのあるリフが楽曲を展開していく「Invocation I: The King」でアルバムはスタート。不安感を煽るイントロからヘヴィなパートまで自在に展開する「Decimation」などを収録。

Fulanno
Hash negro en las misas funebres
⊕アルゼンチン　● Helter Skelter Productions　● 2016

サンタフェ州コロンダにて2010年に結成されたドゥーム/ストーナーメタルバンドの2016年にリリースされたEP。酩酊感覚を催す引きずるようなリズムのドゥームサウンドと、スペイン語で歌われるメロディがイーヴルな魅力を放つサウンドが特徴。密教的なムードを漂わせながら、光の一切届かない瘴気溢れるアンサンブルが堪能できる「En tu nombre」でアルバムはスタート。フューネラルかつリチュアルなムードが、癖のあるイタリアン・アンダーグラウンド勢に通じるタイトルトラック「Hash negro en las misas fúnebres」が続く。後にHelter Skelter Productionsなどから再発がされた。

Fulanno
Velas negras
⊕アルゼンチン　● Interstellar Smoke Records　● 2018

2018年にリリースされた1stアルバム。自主でリリースされた後、インドネシアのSouthcave Recordsからカセットが、ポーランドのInterstellar Smoke RecordsからLPがリリースされている。前作の暗黒的なドゥームサウンドは堅持し、よりアンサンブルに重きを置いた濃厚なドゥームメタルがプレイされる。8分を超える密教的で催眠要素の強いリフが先導する「Metamorfosis」でアルバムは幕を開ける。「Velas negras」では徹底したオカルティックな側面がダイレクトに提示され、スペイン語の歌詞も相まって怪しげなムードを増幅させる。

Fulanno
Nadie está a salvo del mal
🌐 アルゼンチン　Helter Skelter Productions　2020

2020年にリリースされた2ndアルバム。自主でリリースされた後にインドネシア、アメリカのレーベルよりカセットがリリース。さらにInterstellar Smoke RecordsからLPがリリースされた後、Helter Skelter Productionsより再発がされた。前作までで提示していた暗黒要素の強いサウンドはそのままに、ブルース色をやや増したり楽曲展開がより色濃く展開されている。沈み込むようなリフとスペイン語で怪しげに歌われるヴォーカルが楽曲を彩る「Fuego en la cruz」でアルバムはスタート。不穏なインスト曲「Señores de la necrópolis」なども効果的に配置されている。

Fulanno
Ruido infernal
🌐 アルゼンチン　Helter Skelter Productions　2023

2023年にリリースされた3rdアルバム。The Black FursやWicca333、Wicked TripなどをてがけるZZ Corpseがアートワークを担当。前作までで示してきたスペイン語で歌われる密教的な暗黒系ドゥームは堅持し、本作ではヴォーカルラインがよりはっきりした展開を打ち出している。リフはループし陶酔感を主張する一方で、キャッチーな要素も確認できる。背徳的なムードとオカルト要素を注入した歌詞で描かれる「El mandato del mal」でアルバムはスタート。根底にあるロックフィーリングあふれるドゥームリフで先導される「Rituales paganos」などを収録。

Ora Pro Nobis
The Landscape Has Changed
🌐 アルゼンチン　Ruidoteka Records　2021

ブエノスアイレス自治市にて2017年に結成されたドゥームメタルバンドの2020年リリースの1stアルバム。自主で配信リリースがされた後、アルゼンチンのRuidoteka Recordsからのリリースが実現している。徹底したダークなサウンドと往年のデスメタルに通じる渋い歌唱を聴かせるヴォーカルが特徴。スローかつグルーヴィーに展開する「One More Cloud in Shreds」、続く「The Landscape Has Changed」では重厚なアンサンブルが展開される。乾いたリフからスタートしその後、バンドサウンドが炸裂する「Everybody's Failure」などを収録。

Picaporters
XXIII
🌐 アルゼンチン　Independent　2019

ブエノスアイレス州ラ・プラタにて結成されたドゥーム／ヘヴィメタルバンドの2019年リリースの3rdアルバム。DragonautaやEn la niebla、Los Natasなど様々なアーティストを手掛けるPatricio Claypoleがレコーディングとプロデュースを担当。ヘヴィメタル由来のキャッチーなリフと、スペイン語により歌われる勇壮な世界観が特徴。シャッフルビートとキャッチーなコーラスが主導する「Jinetes del universo」や、静謐なバラード「Vencida」などアルバムを通しての陰影を巧みに演出。「M. I.」は18分を超える悲哀溢れるナンバー。

Sabbathica
Sabbathica
🌐 アルゼンチン　Independent　2011

ブエノスアイレス州ティグレにて2000年に結成されたドゥーム／ヘヴィメタルバンドの2011年にリリースされた1stアルバム。元々はBlack Sabbathのトリビュートバンドとしてスタートした後、オリジナルのマテリアルを書き始めた。スペイン語で歌われるBlack Sabbath直系のサウンドを身の上とし、そこに独自のラテン的ムードを溶かし込んだスタイルが特徴。静と動を巧みに操り、エピックドゥームの要素も提示する「El hombre bosque」を序盤に配置。インストゥルメンタル曲「Amanecer」を挟み、ヘヴィチューン「Marchan los chicos」へ突入するなどアルバム構成にこだわりを感じる。

Others　191

隣接するジャンルに見い出すことができるドゥームの表出や影響

ドゥームメタルは過激なサウンドがステレオタイプ化されるヘヴィメタルの中にありながら、遅さ・ダウナー感を特徴としている。Black Sabbath筆頭にサイケデリックな要素の強いサウンドにブルース由来のエッセンスも含有する。そしてやはりギターリフに特徴があり、そのヘヴィで中毒性の高いリフは他の様々なジャンル、バンドの作品にも感じ取ることができる。ここでは他ジャンルにおけるドゥームメタル的なものを見ていこうと思う。

まずはMetallicaの1991年のアルバム『Metallica』通称ブラックアルバム。当時のグランジ・ブームをヒントに、ヘヴィネスやグルーヴを重視した音楽性は、バンドにとっての「改めてのアイデンティティ確立」の側面があるのみならず、それまでMetallicaの音楽を「マニア向けのメタル」「一般層には受け入れられない、過激なだけのもの」と決めつけていたメディアやプレスまでもが「これぞ90年代のロック」「Metallicaだけは、他のメタル・バンドとは違う」というようなスタンスを取り始めるようになっていった。まさにバンドにとってエポックメイキングな作品だ。「Enter Sandman」や「Sad but True」といったスロー〜ミドルテンポの楽曲、特にギターリフにドゥームメタル及びBlack Sabbathの影響を見出すのは容易だ。アルバムは全世界で現在（2025年1月）までに3,000万枚近くを売り上げている。

続いてはNirvanaの1stアルバム『Bleach』。Nirvanaと言えば2ndアルバムでありメジャーデビュー盤の『Nevermind』が圧倒的に有名であるが、ドゥームメタルの要素は『Bleach』のほうがはるかに大きい。冒頭の「Blew」でのスローでヘヴィリフとブルージーなギターソロ、『School』での単音ギターリフには特にドゥーミーな要素を聴くことができる。Paper Cutsでは絶望的なシャウトとMelvins由来のヘヴィネスがスラッジにも通ずるサウンドを展開。また低予算のチームで簡素なサウンドメイクもSaint Vitusの要素を感じ取ることができる。

なお本コラムのような手法でドゥームメタルや隣接ジャンルの本質に迫った書籍として 加藤隆雅、杉本憲史著『酩酊と幻惑ロック』（東京キララ社）を挙げたい。本書を手に取っている方なら既に読まれた方も多いとは思うが、既存のジャンルを超えて「Dazed and Hypnotized」という「概念」の下に様々な音源に迫るという画期的な手法で書かれた名著である。ここに挙げた2作品とも『酩酊と幻惑ロック』に掲載されていた。ぜひ本書と併せてドゥームメタルの未知の可能性を探っていただきたい。

加藤隆雅氏による解説コラム「ドゥーム／ストーナー／スラッジとは何か」はシーンを端的に概観しており、初めて当該ジャンルに触れる読者に対しても、適切な入口を提示している。杉本憲史氏（著、編集）は伝説のカルトメタル・ディスクガイド『Vintage and Evil』（オルタナパブリッシング、2018年刊）の著者でもあり、概念を用いてドゥームメタルを含む様々なジャンルを、独自の鋭い感性で活写している。

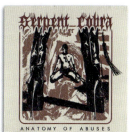

Serpent Cobra
Anatomy of Abuses
🌐 アルゼンチン　　🅐 Interstellar Smoke Records　🅓 2020

エントレ・リオス州パラナにて2017年に結成されたドゥーム／ストーナーメタルバンドの2020年リリースの1stアルバム。自主でリリースされた後にポーランドのInterstellar Smoke RecordsからLPがリリースされた。Municionにも在籍するCarolina Dusau<Ba, Vo>によるアンニュイかつ官能的なヴォーカルが先導する楽曲で、オカルト風味の効いたバンドアンサンブルが全編で展開される。ダークな歌詞世界と酩酊感とヴィンテージ要素を併せ持つムードが融合する「General Discomfort」「Rulers of Hell」などを収録。

Wicca333
You Sow Your Crop
🌐 アルゼンチン　　🅐 Independent　🅓 2020

ブエノスアイレス自治市にて結成されたドゥームメタルバンドの2020年にリリースされたEP。Aixa Pilmayquen Lamas<Vo, Gt>を中心とするラインナップにて制作された。FulannoやThe Black Fursなどを手掛けるZZ Corpseがアートワークを担当。初期のLucifer に通じるイーヴルで妖艶なドゥームメタルをプレイ。ヘヴィなバンドアンサンブルとアンニュイなヴォーカルが融合し、気怠いムードを作り出す「13 Women」でスタート。サイケデリックなムードの中、ブルージーなヴォーカルが乗り、エロティックな酩酊感を誘う「The Devil's Hand」などを収録。

Aganice
The Idol of Perversity
🌐 チリ　　🅐 Independent　🅓 2002

サンティアゴにて2002年に結成されたドゥーム／フォークメタルバンドの2002年リリースの1stアルバム。Capilla Ardienteにも在籍するJulio Bórquez<Gt>を含む編成で制作された。Black MessiahやTrimegistoなどを手掛けるClaudio Salinasがレコーディングを担当。ヴァイオリンをフィーチャーしたドゥーム／フォークサウンドが特徴で、ファンタジックな世界観を持つ歌詞と相まってヨーロピアンなムードを演出。オペラティック歌唱が先導する「Euphoria」やゴシックの要素が色濃い「La caída, la cumbre... la caída」などを収録。

Bitterdusk
Spirits
🌐 チリ　　🅐 Picoroco Records　🅓 2002

1995年にサンティアゴにて結成されたドゥームメタルバンドの2002年にリリースされた1stアルバム。同国の重鎮Chronosも担当したJuan Ricardo Weilerが録音からマスタリングまでを担当。同国のProcessionやAnathema、Paradise Lostなどのゴシックメタル勢に通じるサウンドが特徴。悲哀な感覚を増大させるギターリフと、ノーマルヴォイスでストレートに歌われる退廃的な歌詞が響き渡る「Everlasting Fire」でアルバムはスタート。ダークかつメロディックなフレーズが光る「Pagan Angel」や22分を超える超大作「The Fallen Kingdom」などを収録。

Black Messiah
Church of Pain
🌐 チリ　　🅐 Alcoholic Distro　🅓 2022

サンティアゴにて2018年に結成されたドゥームメタルバンドの2022年にリリースされた1stアルバム。チリのAlcoholic Distroよりカセット、ブラジルのDies Irae RecordsよりCDがリリースされた。スラッシュメタルバンドManiac Revengeのメンバーが3名在籍するラインナップで制作された。地下臭の漂うドゥームサウンドに甲高いトーンのヴォーカルが乗り、やや音程が不安定ながらバンドの持つイーヴルな魅力を引き出している。様々なリズムを駆使してオカルティックな世界観を描く「In the Shadows」「The Abyss」などを収録。

Capilla Ardiente
The Siege
🌐 チリ　　🏷 High Roller Records　📀 2019

サンティアゴにて 2006 年に結成されたエピック・ドゥームメタルバンドの 2019 年にリリースされた 2nd アルバム。Procession にも参加する Felipe Plaza Kutzbach<Vo>を中心にしたラインナップで制作された。ドイツの名門レーベル High Roller Records からリリースされている。同国出身の Procession やオリジネイターである Candlemass に通じる王道のエピックドゥームを展開し、よりヘヴィな側面を強調したサウンドが特徴。欧州のバンド直系といえるヘヴィで勇壮な世界観を提示する「The Open Arms, the Open Wounds」などを収録。

Codex Gigas
Inclvsvs Hermanvs Monaqvs
🌐 チリ　　📀 2018

サンティアゴにて 2014 年から 2017 年まで活動していたドゥームメタルバンドの 2018 年にリリースされた 2nd アルバム。アルトサックスをフィーチャーした不気味なサウンドが展開されており、Reverend Bizarre などのオカルト要素の強いドゥームサウンドと、Comus などに通じるプログレッシブ・フォークに通じるサウンドが特徴。ジャジーな冒頭のインストゥルメンタル曲「Agathanathoa」を経て「Luz y Cristo」へとつながり、アルバムはスタート。女性コーラスを起用したアンニュイなボサノヴァ風ナンバー「Bajo la sombra del Baphomet」ほか、一風変わった楽曲が堪能できる。

Condenados
The Tree of Death
🌐 チリ　　🏷 Shadow Kingdom Records　📀 2017

ビオビオ州の州都コンセプシオンにて 2005 年に結成されたドゥームメタルバンドの 2017 年にリリースされた 2nd アルバム。Candlemass に通じるエピックなサウンドが特徴で、ヨーロピアンなムードを強く感じさせる。ミキシングとマスタリングは Enforcer の Olof Wikstrand が担当している。9 分を超える密度の濃いサウンドとオカルトやファンタジーの要素が色濃い歌詞世界が展開される「Star of Punishment」でアルバムはスタート。スペイン語と英語の両方で歌われる儀式的な香りが濃厚な「The Lamb」、ディープ歌唱がサウンドに深みをもたらす「Sea of Fire」などを収録。

Demonauta
Tierra Del Fuego
🌐 チリ　　🏷 Kozmik Artifactz　📀 2016

サンティアゴにて 2008 年に結成されたサイケデリック・ドゥームメタルバンドの 2016 年にリリースされた 3rd アルバム。ドイツの Kozmik Artifactz から LP がリリースされている。深くファズを利かせた酩酊サウンドにキャッチーな歌メロが乗るスタイルで、そこにスペーシーなサウンドやデザートロックの要素などをブレンドした楽曲が特徴。酩酊感覚あふれるグルーヴを軸に、浮遊感あふれる演奏と共に展開される「Del Vendaval」、ドゥームリフと Hawkwind に通じる宇宙的なトリップサウンドが融合する「Psiconauta」、グランジ要素溢れるヴォーカルが楽曲を引っ張る「Astro II」などを収録。

Humanotone
A Flourishing Fall in a Grain of Sand
🌐 チリ　　📀 2022

コキンボ州コキンボにて 2013 年より活動するドゥーム／ストーナーバンドの 2022 年にリリースされた 2nd アルバム。Jorge Cisternas M. がすべての楽器を担当するソロプロジェクト。プロデュースやアートワークなども彼が手掛けている。Elder などのモダンな質感を持つドゥーム／ストーナーメタルの要素と、メロディックなヴォーカルが合わさるスタイルを展開。ポストグランジ勢にも通じるカッチリとした演奏と硬質かつ洗練させたアンサンブルの「Light Antilogies」でアルバムはスタート。11 分を超える大作「Ephemeral」ではプログレッシヴメタルに通じる展開も見られる。

Invitado de Piedra
Uroboros
🌐 チリ　　　　　　　　　　　　　　　　　　　　　　　　　◉ Independent ◉ 2021

サンティアゴにて 2008 年に結成されたサイケデリック・ドゥームメタルバンドの 2021 年にリリースされた 2nd アルバム。自主リリースにて CD が 333 枚限定でリリースされた。1 曲 33 分 33 秒というこだわりを感じさせるタイムランと様々な展開を見せる楽曲「Uroboros」を収録。Sleep や Stoned Jesus を彷彿とさせるオーセンティックなドゥーム／ストーナーサウンドをベースに、絶叫型のヴォーカルと暗黒感覚を増幅させるバンドアンサンブルが展開される。絶望の深淵へ沈み込むようなスローな展開が 15 分程度経過し、表現される。また 25 分あたりからはポストメタル的なアプローチを見せるギターサウンドが主導する。

Los Muertos
Los Muertos I
🌐 チリ　　　　　　　　　　　　　　　　　　　　　　　　　◉ Independent ◉ 2012

ビオビオ州サン・ペドロ・デ・ラ・パスにて 2003 年に結成されたドゥームメタル／ロックバンドの 2012 年にリリースされた 2nd アルバム。乾いたハードロック由来のサウンドに初期の Witchcraft にやや通じるヴィンテージよりのサウンドを展開。ダークな要素は希薄で、陽気な歌モノハードロックという趣が強い。ざらついたリフと怪しげなメロディが Pentagram を思わせる「Resucito」や、静謐でフォーキーなムードを伝える「Magda」などを収録。ハネのあるリズムがドゥームとしては異色な「Hasta el final」では Black Sabbath の「Hole in the sky」のオマージュを思わせるリフが確認できる。

Mourning Sun
Último exhalario
🌐 チリ　　　　　　　　　　　　　　　　　　　　　　　◉ The Vinyl Division ◉ 2016

サンティアゴにて 2013 年に結成されたアトモスフェリック・ドゥームメタルバンドの 2016 年にリリースされた 1st アルバム。自主リリースされた後にロシアの GS Productions より CD、スペインの The Vinyl Division よりレコードがリリースされた。The Gathering や Trees of Eternity などに通じるゴシック要素の強いドゥームサウンドが特徴。Ana Carolina<Vo> によるエモーショナルな歌唱が絶望などを題材とする歌詞と相まって展開する「Vena Cava」、悲哀を強く感じさせるバンドアンサンブルとダークな世界観が融合する「Spirals Unseen」などを収録。

Procession
To Reap Heavens Apart
🌐 チリ　　　　　　　　　　　　　　　　　　　　　　　◉ High Roller Records ◉ 2013

バルパライソ州にて 2006 年に結成され、その後はサンティアゴ、スウェーデンへと拠点を移すエピック・ドゥームメタルバンドの 2013 年にリリースされた 2nd アルバム。本作はスウェーデンにてレコーディングが行われた。Candlemass、Solitude Aeturnus と王道のエピックドゥームを継承するサウンドが特徴。ダークかつ荘厳な世界観も提示するバンドアンサンブルに、反宗教やペストといったシリアスなトピックを題材とした歌詞が乗る楽曲を展開。伸びやかに歌われるメロディが悲哀を助長する「Conjurer」、9 分にわたり濃厚な暗黒世界を描く「To Reap Heavens Apart」などを収録。

Ruined
Descent into Oblivion
🌐 チリ　　　　　　　　　　　　　　　　　　　　　　　◉ Canometal Records ◉ 2017

ロス・ラゴス州プエルトモントにて結成されたドゥームメタルバンドの 2017 年リリースの 1st アルバム。The Black Harvest にも在籍するメンバーを中心にしたラインナップで制作された。The Black Harvest のメンバーである David Briones がミキシングとマスタリングを担当。Procession などに通じるエピック要素の強いドゥームメタルと、テクニカルでメロウなギターソロが融合する楽曲が特徴。ヘヴィなバンドアンサンブルとイーヴルな歌詞の世界観が重なり合う「Domains of Death」でアルバムはスタート。複数のインストゥルメンタル曲を交えてアルバムが展開する。

The Ancient Doom
In Hoc Signo Vinces ●チリ Rafchild Records ●2021

サンティアゴにて2011年にAncientとして結成され、2019年より現名義で活動するエピック・ドゥームメタルバンドの2021年リリースの1stアルバム。SorcererやCandlemassに通じるエピックドゥームサウンドに独自の宗教やオカルトに言及したテーマを題材とした楽曲を展開。濃厚なアンサンブルと浮遊感のある脱力系ヴォーカルがイーヴルなメロディを紡ぐ「Negación a lo eterno」でアルバムはスタート。ヘヴィな音像とクリーンパートの対比で聴かせる「Divino designio」では呪文のようなヴォーカルが先導。ドイツのRafchild RecordsよりCDがリリースされた。

Uaral
Lamentos a poema muerto ●チリ ●2007

マウレ州クリコにて1996年から2013年まで活動したフォーク／ドゥームメタルバンドの2007年にリリースされた2ndアルバム。AgallochやEmpyriumに通じる悲哀を誘うアルペジオと低く唸るグロウルヴォイスが融合し、哀感漂う世界観を作り出している。ランカグア出身のGuillermo Valderramaがプロデュースを担当している。儚いアコースティックギターによるアルペジオと低く唸るヴォーカルが、孤独や悲しみといった感情を前面に押し出す「Lamentos...」や、静謐なムードの中にメロディアスなギターソロが乗る「Surrendered to the Decadence (Parte 2)」などを収録。

アルゼンチンにおけるイタリア移民とドゥームメタルの共通点

近年ドゥームシーンで注目を集め、質・量ともにシーンの中で存在感を強めている国が南米アルゼンチンとイタリアだ。アルゼンチンは南米のKyussとも称されたLos Natasを輩出した国であり、イタリアもDeath SSに端を発するオカルト要素の強いメタルが発展し、Death SSに在籍していたPaul Chainは今なおドゥームシーンでの強い影響力を持つ。昨今ではアルゼンチンからはMephistofelesを筆頭に、Fulanno、Astral Pigs、Wicca333、The Black Furs、Las Historiasなどが登場。イタリアではサルデーニャ島から1782、ローマのWizard Master、北イタリアのBlack Spellなどが活動している。両国のバンドに共通する点として、オカルト、サイケデリック、退廃的なムードと言ったキーワードが浮かび上がってくる。またアートワークにおいてもセクシーな女性モデルをドゥームのアートとして起用することが多く、トータルでの見せ方に長けている点も共通している。

アルゼンチンには歴史的にイタリア移民が多く、文化的にもイタリアの影響が強い。イタリア系アルゼンチン人は、先祖にイタリア出身者をもつ、アルゼンチン国籍の人々またはその子孫。2500万人のアルゼンチン人がイタリア人の子孫としての何らかの要件を満たしていると考えられている。これは全人口の60%に上る。イタリア人の移住は1870年代に大量にはじまり、それは1960年代まで続いた。イタリア人居住地はスペイン人居住地とともに今日ではアルゼンチン社会のバックボーンを形成している。アルゼンチンの文化はイタリアの文化と重要なかかわりを持っており、言語や習慣や伝統においてもかかわりがある。両国ともにカトリックが主流であり、ドゥームメタルのアートワークなどに登場する教会や十字架のモチーフが共通している。またアルゼンチンの公用語はスペイン語ながら、アクセントはイタリア語のナポリ方言の影響が強く、ヨーロッパ移民、特にイタリア移民の影響により、ラ・プラタ地域で話されるルンファルドと呼ばれる独特の俗語が形成されてきた。ここ日本では『母をたずねて三千里』が有名であろう。

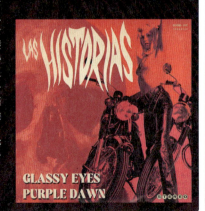

日本のみならずシーンを代表するシリアルキラー・ドゥーム

Church of Misery

🎵 1995-present　🌐東京

👤 (Ba) Tatsu Mikami、(Gt) Fumiya Hattori ex-Member (Vo) Yoshiaki Negishi、(Dr) Junji Narita、(Vo) Hideki Fukasawa、(Gt) Tomohiro Nishimura、(Vo) Hiroyuki Takano 他

💿 Skull Pit、Sonic Flower、Salem、Blood Farmers

バンドの中心メンバー Tatsu Mikami<Ba> は 1988 年よりスラッシュ／ヘヴィメタルバンド Salem にて活動を開始。1993 年に Howling Bull より 1st アルバム『Reason for Existence』をリリース。イギリスでの数回のツアーを経てプレス、現地のリスナー双方からの支持を得る。1995 年より自身のプロジェクトを始動させることを決意し、活動を開始。1996 年にはデモ音源『Adv. 1996』を自主リリース。当初海外のファンジンやレーベルへのプロモーションの意図を持って送ったものが、アメリカの Doom Records よりバンドの了承なくリリースされた。結果として世界中のドゥームファンに広く知られることとなる。1998 年から 1999 年にかけて EP『Murder Company』(Man's Ruin Records) や Sheavy とのスプリット『Born Too Late』(Game Two Records) などをリリース。2001 年には 1st アルバム『Master of Brutality』をアメリカの Southern Lord Recordings からリリースした。本作はそれまで以上に各国のリスナーの評価を得ることに成功。メンバーチェンジを経て、2004 年には 2nd アルバム『The Second Coming』をリリース。2009 年には 3rd アルバム『Houses of the Unholy』を Rise Above Records よりリリース。本作を発表前後での US ／ヨーロッパツアーでは Saint Vitus、Cathedral、Eyehategod、Electric Wizard といったバンドと共演が実現し、バンドの評価を決定的なものにした。以後もコンスタントに数々のリリースと海外を中心としたツアーを繰り広げ、シーンのトップ・バンドとしての地位を確立している。

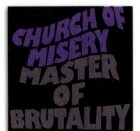

Church of Misery
Master of Brutality — Southern Lord Recordings ● 2001 ●日本

1995年に東京にて結成されたドゥームメタルバンドの2001年にリリースされた1stアルバム。Tatsu Mikami<Ba>、Yoshiaki Negishi<Vo>、Tomohiro Nishimura<Gt>、Junji Narita<Dr>の布陣にて制作された。後の作品も手掛けるO-Mi Kiharaレコーディングを担当している。後に日本のDiwphalanx RecordsやLeaf Hound Records、またUKのRise Above Recordsなど様々なレーベルからリリースされた。Black Sabbath由来のリフと、強靭な豪放ヴォーカルが乗るスタイルが、すでに強い個性を確立している。

Church of Misery
The Second Coming — Diwphalanx Records ● 2004 ●日本

2004年にリリースされた2ndアルバム。Hideki Fukasawa<Vo, Synthesizer>、Takenori Hoshi<Gt>が新たに加入し、制作された。O-Mi Kiharaは録音とミキシング、Souichirou Nakamuraがマスタリングを担当。後に、Rise Above Recordsなどから再発がされている。前作で示したBlack Sabbath直系のリフをブルータルに展開するサウンドは堅持し、より獣性をむき出しにするヴォーカルとささくれだった音像が融合する「I, Motherfucker（Ted Bundy）」で幕を開ける。「One Way...or Another」はCactusのカバー。

Church of Misery
Houses of the Unholy — Rise Above Records ● 2009 ●日本

2009年にリリースされた3rdアルバム。Tom Sutton<Gt>が新たに加入し制作された。ブルータリティ溢れるバンドアンサンブルと、獣性あふれるヴォーカル、そして一貫してシリアルキラーや大量殺人に焦点を当てたセンセーショナルな歌詞が交じり合い、確立した個性を堅持する一枚。ループするキャッチーなリフと緩急をつけたブルージーなパートが絡み合う「El Padrino（Adolfo de Jesus Constanzo）」、絶妙な間を活かしたバンドアンサンブルが炸裂する「Shotgun Boogie」などを収録。「Master Heartache」はSir Lord Baltimoreのカバー。

Church of Misery
Thy Kingdom Scum — Rise Above Records ● 2013 ●日本

2013年にリリースされた4thアルバム。新たにIkuma Kawabe<Gt>が加入して制作された。再びO-Mi Kiharaがレコーディングとミキシング、Soichiro Nakamuraがマスタリングを施した。MVが制作された「Brother Bishop」を筆頭に、前作までで確立した王道のドゥームサウンドに、独自のブルータリティ溢れる音像を注入した音像は健在で、本作ではより分厚いギターサウンドが展開される。のたうつようなパートからシャッフルのハードブギーへとシームレスに展開する「Lambs to the Slaughter（Ian Brady / Myra Hindley）」などを収録。

Church of Misery
And Then There Were None — Rise Above Records ● 2016 ●日本

2016年にリリースされた5thアルバム。Tatsu Mikami<Ba>以外のメンバーが一新され、RepulsionやSeptic TankのScott Carlson<Vo>、Blood FarmersのDave Szulkin<Gt>、ex-EarthrideのEric Little<Dr>といった布陣で制作された。ex-Eyehategodの故Joe LaCaze、ex-The Gates of Slumberの故Jason McCashにアルバムは捧げられている。シーンの猛者たちが集結して奏でられる円熟味溢れるバンドアンサンブルが特徴の「The Hell Benders」などを収録。

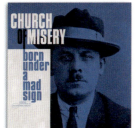

Church of Misery
Born Under a Mad Sign
🌐 日本　　🅐 Rise Above Records　💿 2023

2023年にリリースされた6thアルバム。『Vol. 1』でヴォーカルを務めたKazuhiro Asaedaがカムバックし、Eternal ElysiumのToshiaki Umemura<Dr>が加入した布陣で制作された。ゲストとして、Eternal ElysiumのYukito Okazaki<Gt>が参加している。ミキシングとマスタリングはStudio Zenにて行われた。より円熟味を増した重心の低いドゥームサウンドが特徴で、重層的に練り上げられたギタートーンとフレーズがうねるベースサウンドとともに融合する「Beltway Sniper (John Allen Muhammad)」などを収録。

Church of Misery
Vol. 1
🌐 日本　　🅐 Leaf Hound Records　💿 2007

2007年にリリースされたアルバム。実際には1996年にTatsu Mikami<Ba>、Kazuhiro Asaeda<Vo>、Tomohiro Nishimura<Gt>、Hideki Shimizu<Gt>の布陣にて録音された音源で、1997年にアメリカのDoom RecordsよりCDが無許可でリリースされた後に、2007年に日本のLeaf Hound Recordsから未発表アルバムとして、レコードでリリースされた。王道のドゥームリフとブルータルな音像、ハイトーン中心にシャウトするヴォーカルが融合する「Nutz」、うねるベースとスローでブルージーな展開のアンサンブルが堪能できる「Kingdom Scum」などを収録。

Church of Misery
Early Works Compilation
🌐 日本　　🅐 Leaf Hound Records　💿 2004

2004年にリリースされた初期音源集。『Master of Brutality』をリリースする前の時期にMan's Ruin Recordsなどからリリースされた数々の音源やカバー曲をコンパイル。Tatsu Mikami<Ba>、Nobukazu Chow<Vo>、Tomohiro Nishimura<Gt>、Hideki Shimizu<Dr>によるラインナップにより録音されている。ライブでもたびたびセットリストに組み込まれる「War Is Our Destiny」はSaint Vitusの名曲のカバー。メロディックなヴォーカルラインをフィーチャーした「Road to Ruin」などを収録。

Church of Misery
Live at Roadburn 2009
🌐 日本　　🅐 Roadburn Records　💿 2010

2010年にリリースされたライブアルバム。2009年に行われたオランダのRoadburn Festivalでのパフォーマンスが収録されている。Tatsu Mikami<Ba>、Yoshiaki Negishi<Vo>、Tom Sutton<Gt>、Junji Narita<Dr>という布陣で収録された。2009年にリリースされた『Houses of the Unholy』収録曲の他、以前の作品からも曲目をピックアップ。スタジオ録音のヘヴィブルースに通じるブルータリティ溢れるドゥームサウンドをライブ演奏によりさらに生々しく展開。スリリングなギターとベースの掛け合いのパートなど、ライブ盤ならではの趣が詰まった一枚。

Church of Misery
Boston Strangler
🌐 日本　　🅐 Kult of Nihilow　💿 2002

2002年にリリースされたEP。フィンランドのKult of NihilowよりCDとLPがリリースされている。2001年にリリースされた『Master of Brutality』で確立したスタイルを踏襲する「Boston Strangler (Albert Desalvo)」で幕を開ける。Whitehouseに影響を受けたという不穏なニュース・ナレーションやジャム要素が濃厚になったバンドアンサンブルが特徴。ラストの「Invocation of My Demon Brother (live)」は22分にも及ぶインプロヴィゼーションのライブ音源で、クラウトロックやサイケなどバンドの豊潤な音楽性を存分に提示している。

Church of Misery インタビュー

回答者:Tatsu Mikami

Q：現在のところの最新作『Born Under a Mad Sign』（2023年）についてお聞きします。曲作りはどのように進行しましたか？

A：2020年の2～3月のアメリカ／カナダ・ツアーから帰国してからコロナが流行したんだけど、コロナ禍で仕事場が倒産。2年ほど、無職だったんで、ひたすらギターで曲を作ってました。引きこもり生活。基本的にこのバンドに関して曲・歌詞は全部自分が作ってるんだけど最終的にアルバム2枚半分ぐらいの新曲が出来たのかな？　他にも別プロジェクトSonic Flowerもアルバム1枚分、Skull Pitやその他色々結構な数の曲が出来ました。

Q：実際のレコーディングはどのように進行しましたか？

A：今回は岡崎くん（Eternal Elysium）は名古屋の自分のスタジオでギター録音＆ミックスというのは先に決まっていたので、ギター以外は東京の秘密のスタジオで録音。毎回、名古屋から岡崎くんをエンジニアとして招いて作業をしてました。リズム隊は順調に2～3日で終わったのかな？　ただ、途中ボーカルが二ヶ月もかけて1曲も仕上がらなくて、そのまま逃げちゃったというあり得ない事が起こり、急遽Sonic Flowerでも一緒にやっている朝枝氏にヘルプしてもらったという。以降は順調に。このスタジオは朝枝氏の友人の個人所有のレコーディング・スタジオで、直前にSonic Flowerのアルバムの録音で使っていたので、結果的にそれがChurch of Misery新作のプリプロ的なものになってたのかな？と今は思います。メンバー、スタジオのオーナーでエンジニアの久保くん、ミックスは岡崎くんというメンツがそのままChurch of Misery新作にも関わったので。

ちなみに今作で重要な役割を担ってくれた岡崎くんとは30年以上の付き合いで。自分がChurch of Misery以前にやってたバンド（Salem）がいつも名古屋でやる時はMusic Farmというライブハウスだったんだけど、そこのPAを当時彼がやっていました。その時からの付き合い。Salem解散ツアーの時も名古屋はここでした。ライブ後「今後どうするの？」と聞かれて「次はドゥーム・バンドやるんだ」と話した事を覚えてますね。それから数日後「次のバンドの参考に」という手紙といっしょに岡崎くんチョイスのおすすめドゥーム・バンドのカセットテープが届きました。彼の解説付きで。それは今でも大事にとってありますね。このツアー時、大阪では「デモを作ったんで聴いてみて」と "大阪のCANDLEMASS" と言われたMillarcaの岡本くんからテープを貰い繋がりができ、後に3バンドで日本初のドゥーム・ツアーをしたりしたのも懐かしいですね。

Q：Haystacks Balboaのカヴァー「Spoiler」を取り上げた理由は何ですか？

A：初心者じゃ知らないけど優れた70年代のマイナーヘヴィロックバンド。あとギターリフ重要。で実際プレイしてて楽しい。そのあたりがカバーとして取り上げるポイント。自分の好みで毎回アルバムにカバーを収録するっていうのは続けてたけど前作では、それが出来なかったのがずっと悔やまれてまして。その時は、一人ベースを片手にUSドゥーム総本山メリーランドまで行ってUSドゥーム・レジェンドの方々（David Szulkin-Blood Farmers／ギター、Eric Little-Earthride、ex-Internal Void／ドラム）とレコーディング。数々のUSドゥームアルバムを手がけたChris Kozlowskiのエンジニアのもとのもとのもとでもとで、彼の所有する伝説のPolar Bear Lair Studioで。山の上、木々に囲まれたのんびりとした場所で隣は牧場でした。ここでは過去に、Pentagram、Spirit Caravan、Iron Man、Penance、Dream Death、Internal Void、Earthrideなどの有名どころから地元ローカルなバンドまで多数のドゥーム・バンドのレコーディングが行われてきました。トータル2週間（リハ1週間＋レコーディング1週間）で全て仕上げなければならなく全く余裕が無かったので泣く泣くカバーは入れませんでした。

レコーディング中にはメリーランド・シーンの重鎮でSpirit Caravan、The Obsessed、Wretched、EarthrideのDave Shermanがしょっちゅうスタジオに遊びに来ていっしょに飲んだり町に遊びに行ったりしましたね。話に戻りますがそういう事もあって今作は絶対カバーをやりたかった。Spoilerいい出来でしょ？　岡崎くんの鍵盤がいいですよね。

Q：他にも以前よりSaint Vitus、Iron Butterfly、Trouble、Black Widow、Death SSなど様々なカヴァー曲を披露されていますね。オリジナル・アルバムでもカヴァー曲を収録するのが恒例となっていますが、選曲の決め手になるポイントは何でしょうか？

A：Trouble、Black Widow、Death SSなんかは向こうのレーベルからトリビュートアルバムのオファーを受けたという事なんだけど、アルバムで

取り上げてるバンド/曲っていうのは先の質問の答えといっしょだね。選曲の決めてはリフの素晴らしい70年代のマイナーバンドのヘヴィーな曲。

Q：アートワークも特徴的ですね。『Born Under a Mad Sign』ではAcrostichonのギタリストでもあるRichard Schoutenがジャケット・デザインを手掛けていますし、近年のツアー・ポスターなどはBranca Studioが手掛けています。アートワークに対する方向性やこだわっているポイントを教えてください。

A：アートワークにはメチャクチャこだわってますよ、ジャケのカバー/マーチャンのデザイン。ツアー・ポスターやライブのフライヤーも。だってバンドの顔でしょ？　なんか大抵ドゥーム/ストーナー系のアルバムカバーとか個人的にはつまんないと思っていて。その辺とChurch of Miseryとは差別化したいなというのはいつもあって。アート・写真・絵に関する本とかよく見たり持ってたりするんだけどアルバムカバーに物凄く影響受けたのがJazzのBlue Noteのジャケカバー本。どれもモノクロ写真に単色をのせてシンプルなタイトルと組み合わせるってだけなのに自分には絶大なインパクトがありました。部屋に飾ってもおしゃれでジャジーなアルバムカバーのおっさんが大量殺人鬼っていいでしょ？

ちなみにタイトルは"Church Bloody Church"の予定だったんだけど先にElectric Wizardにやられちゃってたので、Albert Kingのアルバムをもじってこのタイトルに。

Richardとはもう結構長い付き合いだけど、最初は2009年のオランダのRoadburn Festのポスターだったかな？　その時のライブは後に"Live at Roadburn 2009"としてリリースされるんだけど、そのジャケも彼で。"Ed Gein"の顔アップジャケを超気にいったので何かある事に頼んでいるという。今回もこっちの指定で5～6パターン作ってくれたんだけどどれもよかった。リー社長は「こっちのほうが好み」と別デザインをチョイスしたんだけど、最終的に自分が一番気に入ったのがジャケになってます。

あと、海外ツアーバンド"あるある"ですが、ツアーするようになると世界中の若いデザイナーからも色々作品を送られたりする事があるのです。彼らは自分の作品を売り込み「自分はツアーポスターを

作ったりしています。Church of Misery の次の
ツアーポスターをデザインしてみたので気に入っ
たら使って下さい！」「私は T シャツのデザインをし
ています。Church of Misery のイメージでデザ
インしてみたのですがどうですか？」などやりとり
があって、バンドが気に入ればそれを使用しデザイ
ナーも名前を広めて活動の幅も広がっていくという
事があるのですが、Branca Studio はまさにそ
の方法で世界中で有名になっていったデザイナーの
一人です。2017 年のヨーロッパ・ツアーからの
付き合いですが Branca Studio がデザインのネ
タにしてるオカルト、B 級ホラー、エクスプロイテー
ション・ムービーなんかのテイストがツボなので今
後もデザインなどしてもらうと思います。
　ちなみに Branca Studio はサイトでオリジナル
T シャツを販売してるんですが、そのラインナップ
の中にナマケモノがリッケンバッカーを弾いてるデ
ザインの "TATSU" というオレ・モチーフ商品
があるのでチェックしてみて下さいませ。
リンク貼っておきます
TATSU T-shirts (Branca Studio)
https://www.brancastudio.com/
collections/tshirts/products/tatsu
ただ今セール中、ちょい安

Q：本作も国内外で軒並み高い評価を得ていますが、どのように感じておられますか？

A：納得の結果。満足してます。

Q：2023 年 5 月と 8 月に UK ／ヨーロッパ・ツアー
を行っていますね。Desertfest、Brutal Assault、
Sylak Festival や Sonic Blast Festival といった大型
フェスへの出演、さらには Eyehategod との共演な
ど様々なトピックがありましたが、特に印象に残っ
ているライヴやツアーでの出来事を教えてください。

A：Eyehategod も知り合って長いですね。最初
は 2009？ 2010 年か、どっちかな。オランダ
の「Roadburn Festival」で会ったのが最初。
オレは元々 7 インチやスプリット EP 出してた頃
から集めて聴いてたからライブ楽しみにしてたん
ですね。そのフェスでの Church of Misery の
ライブ後には楽屋に呼ばれて一緒に酒飲んだりい
ろいろ話したりしましたね。その後 2011 年には
Eyehategod と Church of Misery で 1 ヶ月
のヨーロッパ・ツアーをしたり、それ以外でもツア
ーが重なってたらいっしょにやる日があったり、
Church of Misery がアメリカ・ツアーする時に
は必ずライブ見に来てくれたり、と。
いろんなエピソードがあるんですが、人に言えない
事が多いのであえて書きません。ご想像にお任せし
ます。2023 年の 8 月のヨーロッパツアーもほぼ
全日程いっしょにまわりました。そのツアーでのオ
ランダの会場は「013」っていう、先ほど言って
いた「Roadburn Festival」のメイン会場なの
です。楽屋は地下 2 ～ 3 階にあるんですが、そこで
「オレたち最初に会ったのがこの廊下だよな！　こ
の楽屋で！　懐かしいなー」なんて感慨にふけり、
その日はライブ後、その楽屋でいつもより遅くまで
皆で楽しく酒飲んでいましたね。この 2 バンドのお
客さんて多分被っているんですよね。なので、どこ
も大盛況・爆盛り上がりました。
フェスで印象に残ってるうちの一つはポーランド
の Soulstone Gathering Fes かな。交通渋滞
で入り時間に間に合わなくて演奏する時間帯が、ず
れまして予想外の全部終わってからの深夜 2 時にな
るという事で「参ったなあ」と。皆帰ってしまうん
じゃないか？　などと……ふたを開けてみればお
客さんもそのまま残ってるし、トリの C.O.C メン
バー全員真横で最初から最後まで見てくれてて。大
盛り上がり。ペッパー・キーナンが自分のベースア
ンプの横に陣取って写真撮りまくってましたね。
Eyehategod、Crowbar、C.O.C、この辺の
ニュー・オーリンズ勢は Church of Misery 気
に入ってくれててね、いつも良くしてもらってます
よ。まあ、どの場所でもいい思い出はありましたが
切りがないので、このへんで。

フェスはホント大好きですね。プレイするのもそうだけど、ロックファンとしていろんなバンドを見れるし、野外で爆音の中酒飲むのは最高だし。Church of Misery が Blind Gardian や Judas Priest と一緒にやるなんてのは普通あり得ないわけで。自分的にデカいのはフェス内にレコ屋がいくつも出店してたりする事が多いので漁りまくる！と。うちの強みは、ドゥーム／ストーナー系のフェスはもちろん、それ以外のメタルのメインストリームのデカいフェスからもお呼びがかかるってとこなんですよ。フランスの Hellfest、Motocultor だったりフィンランドの Tuska だったり。そして、しっかり爪痕を残す！　と。ノルウェーの Inferno Fes 出た時なんて、そこはブラック／デスメタルの祭典なのでドゥームは「完璧にアウェイ」だと思ってたんだけど超盛り上がって。次の年にはスペシャルな場を用意してくれて2ステージやりましたよ。

「Church of Misery とノルウェーのフィヨルドを行く二日間」的な。巨大な帆船の上に機材積んでフィヨルド一周航海。そして海の上で Church of Misery がライブをする二日間（笑）。企画を聞いた時「どうなんだよ、コレ!?　人集まるの？」と思いましたがふたを開ければ両日ソールドアウト。ノルウェー海上ライブは天気も良く海は青く爆音は響き最高に気持ちよかったですね。また、やりたい。パンク・フェスで有名なテキサスの「Chaos in Tejas」の時にも演る前にはアウェイ感を感じましたがライブ始まっちゃえばこっちのもので。しっかり盛り上がりましたね。

Q：その後の 2024 年 4 月、Orange Goblin の東京公演にスペシャル・ゲストとして出演されていますが、印象に残っていることなどを教えてください。また Orange Goblin とは以前から交流があったのでしょうか。

A：Goblin はかなり付き合い古いです。95 年くらいからかな？　気づいたらもう 30 年近いのか……まだ Our Haunted Kingdom て名前の時からなので。当時からベースの Martin とやり取りしてたんだけど数年前に抜けちゃったんだよね。Goblin 勢も 2005 年から始まる Church of Misery 海外ツアーでのロンドンは皆勤賞ですね！　真横 VIP 席でヘドバンしてますよ、いつも！　そして Martin が抜けて新しいベースになった Harry も更に古くからの知り合いなんですよね。Church of Misery 以前にやってたバンドで '93 年にイギリス・ツアーした時に Decomposed ってドゥーム・デス・バンドのギタリスト、ジェームズの家に滞在していまして。

ハリーは Decomposed のベース兼ボーカルやってたので数カ所ライブ一緒にやりました。彼らは Candlelight Rec のかなり初期のリリースのバンドで確か3番目だったかな？　いいバンドでしたよ。アナログ持ってます。そのバンドは解散後ジェームズとハリーで Hangail 結成して来日もしたりと、ハリーとはそんな長い付き合いなんですよ。

Orange Goblin とはこっちのツアー中だったりフェスだったりでツアーがお互い重なるといっしょにやる事も多々ありましたね。なので年1ぐらいで向こうで会ってます。前に Church of Misery のヨーロッパ・ツアー中のパリで、バンドと関係なく個人的にパリに遊びに来てたベンが会場に見にきてまして。その時は High On Fire、Church of Misery、Conan のラインナップだったかな。Church of Misery のライブのラストで Saint Vitus の「War is Our Destiny」のカバーを演奏した時、ベンにボーカルで参加してもらってお客さん大盛り上がり・ダイブの嵐とかあったりと楽しい事もありました。

リンク貼っておきます
Church with Ben
https://www.youtube.com/
watch?v=B666gOvBDU8

Q：強烈なライヴ・パフォーマンスもバンドの大きな魅力ですね。また三上さんのベースをとても低く構えるシルエットは、アイコンとしてファンの目に焼き付いています。

長期の海外ツアーも多く体験されているかと思いますが、ツアーをうまく乗り切るコツや、ライヴで心掛けている事があれば教えてください。

A：飲み過ぎ吸い過ぎに注意！　ハコから撤収時、楽屋の酒は持てるだけ持って帰る。

ホテルの朝飯は無理しても喰う。クレカ必須。などなど。

音楽的な話をすると、よくツアーするとバンドの音が固まる、一体感が出ると言われますが、それ当たり前なんですね。20～30ヵ所も同じ曲を毎日やっていれば。実際体験してみるとツアーで何を得られるかというとどんな状況でもパニくらず臨機応変に対応出来るようになるという事でしょうか。5000 人ぐらいのフェスだったり 200 人ぐらいのハコだったり広い野外でのフェスだったり各国・各ハコ環境は全て違うし PA の力量もピンキリだし、音がまわりっぱなしだったり、ステージ上のモニター類が本番になったら出ていないなどは「あるある」なのでそんな毎日違う状況下でも冷静に対応し常に 100% の自分を出せる、そういう事が自然に出来るようになるのですね。自分たちの活動はメ

Others　**203**

ジャーの連中がやれない事、やりたくても出来ない事をコンスタントに続けているのでハッキリ言って想像以上にプロフェッショナルですよ。

自分の場合はベース前のモニターは何も返さずステージ上の生音のみを頼りにライブしてますね。モニターは足乗っける用で使ってます。

Q：Church of Misery は日本を代表するバンドのみならず、シーンを代表するトップ・バンドであり、世界規模で影響力のあるバンドだと思います。バンド結成当初から、ワールド・ワイドな活動を目指していましたか？

A：向こうの音楽を聴いて、その影響を受けて楽器を始めバンド結成して音楽を作り出す側に立ったら向こうの土俵で勝負したいと思うのは普通なんじゃないですか？　そういう想いは初めてバンド組んだ若い時から全くブレてないですね。なので今の自分の活動方針、このポジション全て想定内ですね。逆に聞きたいんですが、何で皆さんはワールドワイドな活動を目指さない、もしくは目指そうと努力しないんでしょう？　こういう音楽に限らず。メジャー／インディー問わず。はなから諦めてるのか？　海外でコンスタントにアルバム・リリース／ツアー活動したりって夢物語なのか？　オレは全くそうは思わなかった。自意識過剰な性格なので。長く音楽やってれば向こうで勝負してみたいとか思ったりするのが普通と思ってたけど、それはオレだけが思ってて皆さんにはそういう発想は、はなから無いんだな。というのが今分かります。

初めてのツアーは向こうのバンドに招かれ小さなプロモーター／オーガナイザーによる仕切りだったので、みんな寝袋持参で人の家（プロモーターとか対バンとかファンの家）で雑魚寝とかしてました。今では、ヨーロッパ全域がドイツのマネージメント（Maximum Torque Agency）、北米がカリフォルニアのマネージメント（Tone Deaf Touring）と仕事しているので、毎日奇麗なホテルに泊まれるようになりましたね。

影響力は自分ではよく分からないですけど、ある時期から向こうのバンドの新譜レヴューとかで「Church of Misery」タイプっていうのを目にしますよ。後はみんなリスペクトしてくれてますよね。前座の若いバンドとかに「高校生の時から大ファンです」とか「学生時代に聴いて衝撃を受けました」とか言われると自分も歳とったんだなあと思っちゃいますね。初対面で挨拶する時にたまに「Nice to meet you, sir」とか言われる。オレが「Sir」って呼ばれちゃうんだ？とか。

動けば動く程反応は返ってきて、結成時には、遥か雲の上にいたシーンのトップクラスのバンドから

「いっしょにまわろう」とツアーのオファーが来るようになったりしたのも自信がつきましたね。Monster Magnet と　か Cathedral と　か Eyehategod、Firebird、Deathrow（ボビー抜きの Pentagram）とか。Saint Vitus の Dave Chandler が Church of Misery お気に入りでね。度々共演しますが、その時は毎回彼らの物販に連れていかれて「お前ら欲しい物何でも好きなだけ持ってけ！」って言うんです。自分は Saint Vitus 命なんでいつも T シャツ全種・アナログ全種とか貰っていきますね。なので家にはアナログのダブりが結構あります。

その代わりって訳ではないですが、Saint Vitus がプレイしているステージに自分が呼ばれて、ボーカルの Scott Reagers に羽交い締めにされて Dave がギターのネックでオレの頭をこするというよく分からないネタを数回やった事があります。そういう自分が崇拝するシーンのビッグ・ネームといい関係が築けているのは単純に超嬉しいですね。

Q：1990 年代から 2000 年代にかけて数々の EP やスプリットを海外レーベル中心にリリースされていますが、当時はどのようにコンタクトしリリースが実現していったのでしょうか。

A：海外に関しては、Church of Misery の前にやってたバンド（Salem）で海外プロモを頻繁にやっていて、93 年にイギリスツアーしたりドイツでアナログ出したりと海外アンダーグラウンド・シーンと深く関わっていたのでそのノウハウを生かした感じ。デモカセットをひたすらダビングしアー写、バイオと一緒に封筒に入れて、郵便局からエアメールで海外の Zine、レーベル、バンド、テープトレーダーなどに大量に送るというのをやっていました。今ではオールドスクールと言われますがこれしか方法がないしこれが確実だったんですね。Church of Misery で最初に作った音源 "Vol.1" を送りまくったんだけど予想通りあちこちからオファー来たので「来る物拒まず」な気持ちでオファー全部受けてた時期の総決算が "Early Works Compilation" で、この時期のいろんなリリースは名前を広げてくれたし、この後のアルバムリリースのいい予告編になったと思う。

この時期を思い返すと今、ネットでメールのやり取りや、音源送ったりとか、いろいろ便利な時代になったなぁとしみじみ思います。

面白いのが Church of Misery と Church of Misery 以前にやっていたバンドとは接点は何も無い／全くの別物と思っていたんだけど時間が経つにつれそれがリンクするようになってきたんですね。

例えばミニ・アルバム Taste the Pain をリリースした Bad Acid Records の Dave Gedge はその昔ファンジンを出版していて Salem のデモレヴューを載せてたと。93 年に UK ツアー時お世話になったドゥーム・デス・バンド Decomposed は後に Hangnail として Rise Above からデビューし以降も交流していたり。Salem のロンドンでのライブには「あ、あれオレ見に行ったよ。ベースはタツだったのか！」と Rise Above で働いていた元 Mourn、Sloth、現 Angel Witch ベースの Will Palmer に言われたり。「昔ファンジンで Salem のデモレヴューを書いた事あるよ」て人がライブに来たりとか割とありまして、自分のやってきた２つのバンドは点と点だと思ってたのですが実は２つは点と点が繋がってて線になっていたというのが面白いなあと。そして、その線はまだまだ先に延びていくんだけど。

Q：2009 年以降は Rise Above Records と長きにわたりタッグを組んでいますね。彼らとのコミュニケーションはとりやすいですか？

A：うまくやってますよ。リーと知り合ったのは 95 年、ちょうど Church of Misery 結成した年で、オレは新宿のレコード屋で働いててそこにリーとギャズが来てその出会いが最初で。2005 年から毎年海外ツアーするようになってからロンドンには必ず見に来てくれて。Rise Above と仕事するようになってからツアーで物販のレコードや CD が必要だったりするとすぐに動いてくれて、リリース以外にもツアーでも凄くヘルプしてもらってますね。レコードレーベルなんだけどスタッフも含めてかなりファミリー的な繋がりがあって皆いい人達ですね。

前作の "And Then There Were None" で契約は終了（契約満了）だったんだけど、「次のアルバムはいつ頃？」「新しい曲は出来てるの？」みたいな話から「契約更新しよう」になって再び契約しての "Born Under A Mad Sign" なので以降もリリースは Rise Above Rec からです。

Q：Church of Misery の大きな特徴として、シリアル・キラーを題材にした楽曲があげられると思いますが、取り上げるようになった経緯を教えてください。

A：Church of Misery 結成当時、ちょうどストーナーブームの第一波みたいな盛り上がりが海外であって、そういうバンドの中には「Smoke weed and get high」みたいなお決まりの歌詞が割とあってそういうのはオレはつまんないなと思ってたしやっぱうちはその辺とは差別化したいな、と思ってて。以前から猟奇的な事件だったりホラー映画だったりオカルトみたいなの興味あったし、確か今思い出したけど 95 年ってディアゴスティーニのマーダーケースブックが創刊されたんだよね。それも毎回買ってたし、eBay で殺人鬼ドキュメンタリーの VHS とかよく買ってたりして、まあ自然にこうなったというか。こういう濁ったドゥーム／ヘヴィロックに猟奇的な歌詞がのったらそりゃ重くなるでしょ？　音的にもコンセプト的にも。"Vol.1" は朝枝氏に任せてたんで彼が抜けてからは自分が好きにやってます。海外だとロックファンじゃなくてもサブカル・ファン、殺人鬼マニアみたいな人からもメールもらいますね。「オレは音楽の事は分からないけどお前等のやってる事は最高にクールだ！」って。その真逆もありますよ。「お前等のサウンドは最高にクールなのに歌詞が最高に不快だ」って。その辺は自分の狙い通りなんだけどね。

Q：ナレーションやニュースの SE には Whitehouse などのジャンク／ノイズ系のアーティストの影響が垣間見えます。このような要素を導入するようになった、きっかけを教えてください。

A：Whitehouse は影響受けてますよ、確実に。あ、音楽的にではなくコンセプトとして。もともとウルサイ音楽を好んでいたんだけど、80 年代終わりぐらいからジャンク系をよく聞いていて。Swans とか初期 Sonic Youth、Ritual Tension、Live Skull とかの NY ジャンクからシカゴ "Touch and Go" Rec 周辺の Jesus

Lizard、Big Black、Killdozer、Rapeman なんかまで。そうしてるうちにもっとうるさくて暴力的な音楽はないのか？と探していてノイズにたどりついたという。で Whitehouse に Psychopathia Sexualis て 82 年リリースのアルバムがあるんだけど、曲名がみんな人の名前なの。自分は 90 年代前半に渋谷の ZEST でペーター・キュルテン・カバーのブート LP を購入。で、これは誰なんだろう？と。Peter Kurten て？ Graham Young って？　そこから興味持ちましたね。

Church of Misery の 1st『Master of Brutality』には Whitehouse のウィリアム・ベネットが Thanks リストに載ってるんだけど気づいた人っていたのかな？　1st に入ってる Peter Sutcliff の曲。これに使う音源を探してたんですが、全然見つからなくて……今みたいに YouTube があるわけでもなく海外から eBay とかでシリアルキラー関係の VHS を買っていたりした頃で。そういえば Whitehouse のレーベル "Come Organization" はノイズ・ユニット以外にも殺人鬼の TV のドキュメンタリー音源をカセットにしてリリースしてたりしたので、自分のカセットテープ・コレクションを整理したら、あら、ありました。Ripper Tapes - WDC883025。ピーター・サトクリフ＝ヨークシャー・リッパーのドキュメンタリー音源。このテープからの音源を使いたくウィリアム・ベネット氏に連絡を取ったところ（当時まだネットがないので手紙でのやりとり）「あれはテレビ番組を録音しただけのテープを勝手に売ってるだけなんで好きに使っていいよー」と許可が出たのでクレジットにそう乗せました。ちなみに返事といっしょに「これ興味あるか分からないけど一緒に送るんで聞いてみてー」とデニス・ニルセンの音源も頂きました。

ニュース映像、インタビューから曲が始まるって生々しいし不謹慎だし、想像力をかき立てられるし自分的には最高なコンセプトだと思っていますね。実は、音的には Whitehouse よりも弟分の Ramleh のほうが好きで Ramleh のやってた Broken Flag ってレーベルのテープは結構集めましたね。さらに Broken Flag 影響下の Genocide Organ と彼ら運営の Tesco Organization のリリース物も聴きまくりました。いわゆるパワエレ（パワー・エレクトロニクス）／ハーシュ・ノイズ周辺が好みです。

Q：またサウンド面では、ドゥームを軸として、さまざまな音楽的要素を融合した豊潤な音楽性が特徴的だと思います。このようなオリジナリティ溢れるサウンドは、どのように構築されていったのでしょうか。

A：んー、難しいな、自分で説明するのは。確かに Church of Misery の音楽はオリジナルだと思いますよ。よく言われるし。自分では「オリジナル」なものを作ると意識はしてませんが結果的に出来たものがそう言われてます。さっき言ったように、海外でもある時期からバンドを紹介する時に「Church of Misery タイプ」というのも見かける事がありますね。自分は「リフマスター」と呼ばれる事もありますが、リフって自分にとって最重要なんです。ストロングでヘヴィでイーブルなリフ。それが曲の顔にもなるし、リフ 1 つで曲全体を引っ張れる力がある。常々ロックはリフとグルーヴだと思ってるのですが、リフのほうが実は重要度高いかな。

自分が思うに、聴いてきた音楽量は絶対に演奏／曲作りに比例すると思ってるんです。なのでジャンルにこだわらず色々たくさん聴いてます。ジャム／インプロ時に自分でも予想外なフレーズがポンと出てきたりってまさにそれですよね。引き出しに隠し球を持ってるというか。作曲も同様で、Church of Misery の音楽面ていうのは自分のキャリアの中で蓄積されてた音楽量が一番引き出されてるのかな？と最近は思いますね。Black Sabbath を基本線とする 70 年代ヘヴィロック。イーブルなヴィリフ。ジャム要素も含むインスト・パート。ドラマチックな曲構成。ブルース・フィール。歪んだ音色。ロン毛＆ベルボトム。猟奇殺人鬼コンセプト。なんか自分の好きなものだけで構成されてるんだな。

音楽性の話で意外だったのが、前作 And Then There Were None で、この制作に関してはタイトなスケジュールだしメンツもストーナというよりもドゥームメタル人脈だったので、向こうに渡す用に自分でデモを作るにあたってかなりメタル寄りに曲を作ったつもりだったんですが、いくつかのアルバムレヴューで「Church of Misery の中で一番ブルージーなアルバム」とかあったんです。自分の思惑と違って。でも、それって普段から聴いていたブルース要素が自然に吸収されていて意識せずに表に出てるって感じなのが自分的には意外だったのと同時に、やはり聴いてきた音楽量っていうのは自分の中で糧になってるなと思いましたね。

初期からインタビューでは「Church of Misery ではドゥームしかやらない。他のジャンルの要素を入れて幅を広げる気もない」と言ってるんですが、今も気持ちはいっしょですね。例えば、あるバンドがアルバム出す度に音楽性コロコロ変えるとして、

そういうバンドって好きじゃないし信用出来ないと思ってしまいます。「今回ストーナーロックやります！」「今回はドローンです！」「V系もやっちゃいました！」とか。音楽ライター的には「彼らは新しい要素を導入して音楽性の幅を広げた！　常に進化している！　素晴らしい！」とか書きやすいし、賞賛するんだろうけど、いろいろなジャンルに手を出してあっちこっちにリンク貼って繋がり生き延びようとしてるみたいで見苦しいと思っちゃうんですよね。だから自分的には、異なる音楽性の要素を導入して音楽の幅を広げるって事は、バンドの大事な核がぼやけるって事／芯が揺らぐって事だから「他の要素は入れない」と言ってるんですよね。

自分の中で大事な他の要素は Church of Misery とは切り離してやってますよ。そっちはそっちで別にプロジェクト組んだりとか。Exumer のボーカルの MEM とやっている Skull Pit とか。Sonic Flower とか。

今、Thin Lizzy タイプの曲がアルバム1枚分くらい出来てるんでそのうちそっちも手を付けようかな？と思ってるところです。Church of Misery も含め新曲が大量にあるので、各バンド早くレコーディングしたいですね。

Q：EP『Boston Strangler』（2002年）に収録されていた「Invocation of My Demon Brother」のライヴ・バージョンでは、70年代のバンドを彷彿とさせる長尺のインプロヴィゼーションを展開しています。どのようなきっかけや影響でジャムを取り入れるようになったのでしょうか。

A：当時のメンツがクラウトロック好きが集まっていたのもあって、リハではよくインプロ／ジャムはやっていて。当時、ライブの企画に誘われるんだけど5～6バンドとか出たりすると各バンド20分とか30分とかになっちゃったりがよくあって。そうなるとうちは曲が7～8分とか10分の曲もあったりで持ち時間を考えると全くアピール出来ないので「今日は曲やらないでジャムろう」というライブがよくあった。その時期のライブテープ聴くとそういうのいっぱいあります。

後々そのへんがきっかけになって「もうこれからは自分たちの企画だけやっていこう。赤字になってもいいからワンマンライブで好きなだけ自分たちの曲をプレイしよう」とワンマンしかやらなくなるんだけど、頻繁に国内でライブやらなくなった分、ありがたい事に毎回満員御礼です。自分たちのファンばかりなのでたっぷり曲もやりますね。最長では3時間やりました。

Q：1995年のバンド結成以来、音楽シーンの変動やドゥームメタルというジャンルの変化などを感じ

ることはありますか？　またそのようなシーンの動向は、Church of Misery の楽曲や活動に影響をもたらしていますか？

A：楽曲には影響は受けないかな。活動に関して、シーンは確実にデカくなってるね！　毎年毎年。コレ日本にいるだけだと絶対分からないんだけど。確実に客が増えてたり、この手の音楽のフェスも増えたり、フェスの規模がデカくなったり。リリース数も、レーベルもバンドも増えてる。今じゃポピュラーになった Desertfest ってフェスがあるんだけど、Church of Misery はここ第1回から出てるんだよね。何年だろう？　2009年？　忘れた。当時会場は Underworld って老舗のハコでトリが Orange Goblin、トリ前がうちでした。今ではロンドン・カムデンの会場が4つに増えて同時に数多くのバンドがプレイしています。町中むさくるしいたたずまいになっていますね。更に世界中に Desertfest ネットワークが広がってベルリン、アントワープ、アテネ、アメリカでもやってる。素晴らしいよね！　こういうシーンの状況の中で Church of Misery がいつも海外でいい待遇で迎えてもらえるっていうのは、良いアルバムを作り、良いライブをし、ツアーも全力で取り組んできた結果だと思いますよ。やっぱ「継続は力なり」て言葉かな。自画自賛。だから自分も同じ90年代から活動して未だにアクティブに動いてるバンドにはシンパシーを感じる同士だと思ってますね。何年か前かのヨーロッパ・ツアーで、同じ時期に Bongzilla ／ Sons of Otis ／ Depethrone のドープな3バンドがツアーしていて数カ所（3～4ヵ所だったかな？　トリは Church of Misery）いっしょにやったんだけど、サウンドチェック終わってから会場の外で Sons of Otis と話してた時に彼らが「オレらは90年代からやってるじゃん？　同じとこからも出したよね？（Man's Ruin Records のこと）当時の状況はあまり良くなかったよな。ファンもあまり多くなかったし……でも今は最高だよな！　フェスも多いしファンも増えてるし！　オレたち、このシーンで生き残ってるよな!!」と言ってたのが全てを物語るって感じですね。Sons of Otis の Ken は「Survive」と言ってたんですが、まさに90年代から生き残ってる＝継続は力なりなのです。そこには「まだまだ新しく出てきた奴には負けねえよ」って意味も含まれてると思ってます。

Q：Church of Misery での活動を通して見えてくる、日本と海外のドゥーム・シーンの違いを教えてください。

A：日本のシーンって知らないんだよね。ある時期から関わるのが面倒くさくて。孤立・鎖国状態なの

で。Church of Misery 初期には名古屋の Eternal Elysium、大阪の Millarca と連携を取っていて、東・名・阪ドゥーム・ツアーやったり、岡崎くんの Cornucopia Rec からコンピレーションをリリースしたり、Church of Misery と Millarca でスプリット・ライブテープ出したりとかしてたんだけど、バンド自体は3バンド＋Millarca 分派の Berenice しか存在しなくてね。バンド以外でシーンに関わる人ってゼロでしたね。

やっぱ関わる人の数なのかな？　圧倒的に違うんだよね。バンド／ファン／レーベル／イベントオーガナイザーなどなど。ドゥーム／ストーナー系フェスでも4〜5000人くらい集まるけど、日本だともっと小規模でしょ。さっきの Church of Misery 初期の話の続きで、少し経つと Leafhound Rec が絡んでくるんだけど、今の人知らないのかな？　Leafhound Rec. あそこが続いてたらもっと広がってたのになあ、って思うよ。ほんと勿体ない。ここの招聘で来日したのって Orange Sunshine、Revelation、Blood Farmers、Ogre、Witchcraft、Electric Wizard とかあったけど、その後の予定では Iron Man も来日予定だったんだよね。

Q：最近好んで聴いているバンドやアルバムはありますか。また三上さんのオールタイムベスト10アルバムもお聞かせいただけますでしょうか。

A：昔からある事に興味がわいたら深くハマってしまう事が多く、音楽的にもそれが当てはまって、「広く浅く」がイヤなので「広く深く」聴いてます。数年前は、戦前のアメリカの音楽、フォーク／カントリー／ブルーグラス／ヒルビリーなんかにハマって掘り下げて聴いてました。バンジョーの早弾きスゲーな、とか。このマンドリンの使い方 Sonic の次のレコーディングに使えるな、とか。

最近は、ロックのライブにあまり行かなくなった代わりにここ2年ぐらい月1〜2くらいでクラシックのコンサートに行ってますね。超面白いですよ。いろいろバンドに応用出来るネタがあったり。今度ベース弓弾きしてみようかな、とか。後期ロマン派〜近代・現代辺りが好み。バルトークとか。ペンデレツキとか。

で最近のお好みって何だろう？　新譜はないかな。レコ屋はもちろんしょっちゅう行くんだけど。最近買ったのは Grinderswitch、Swamp Water、James Montgomery Band とか、アナログばっかり。サザンロック。あ、ジョニー・ウィンターの頭2枚は最近よく聴くかも。

オールタイムベスト10とか一番難しいのでパス。選べません……

代わりにドゥームメタル本という事で、ファンは聴くべき重要なドゥーム「メタル」音源をいくつかあげておきます。レアものばかりですが YouTube とかで探せば出てくるかな？　と思います。

● Permanent Brain Damage Demo '91/ BLOODFARMERS
● Blessed By The Sabbath Demo '97/ WARNING
● Nefarious Demo '91/ SEVENCHURCH
● Evil Metal '7EP '83/ DEATH SS
● Rock'n'Roll Superior '7EP '96/ TERRA FIRMA
● Detaching From Satan '12EP '84/ PAUL CHAIN VIOLET THEATRE
● As Empires Fall Demo '93/ SOLSTICE
● Images of Darkness Demo'87/ REVELATION
● Force LP '91/ FORCE (pre.IRON MAN)
● Double Dose of DOOM VA LP '94/ FORCE, ASYLUM, RAT SALAD, OBSTINATION

Q：最後にファンや読者にメッセージをお願いいたします。

A：やっぱこういう音楽の醍醐味はライブだよね。来日するバンドもあったりしますが、数は多くないから、本当に見たいバンドがあったら来日を待ってるより海外に行っちゃったほうがいいですよ。絶対そのほうが早いし確実。

例えば海外のフェスとかに行けば2〜3日、昼から夜中までたくさんのこの手のバンドが見れるので。有名どころからマイナーだけど有望な新人まで楽しめますよ。酒飲みながら。Desertfest とか分かりやすいかな？　近辺にある会場、4つぐらいで同時にやってるので結構数出ますよ。

オレは海外ツアー2005年からほぼ毎年やってるんで、海外のドゥーム／ストーナーバンドを最も多く見ている日本人と自負してます。フェス以外、自分のヘッドライナー・ツアーだと各国・各地のバンドが自分の前座としてプレイするんだけど、存在を知らないけどライブが凄い初見のバンドとかもたくさんあったわけなんです。まだブレイク前だった Graveyard だとか（たしか2007年頃）、Kadavar、Blues Pills とか。そういう発掘する楽しみとかもあったりするので、海外に足を向けてみてはどうでしょうか？

Birushanah
赤い闇
🌐 日本　　　　🅐 Missing Link Records　📅 2007

2002年に大阪にて結成されたエクスペリメンタル・ドゥーム／スラッジメタルバンドの2007年にリリースされた1stアルバム。SanoとWakiの二名のメタルパーカッションを擁するラインナップにて制作された。S.O.BやSwarrrmなどを手掛けるHironori Ochiがエンジニアリングとミキシングを担当。ゲストには琴のプレイヤーも参加している。インストゥルメンタルナンバー「静土」に導かれアルバムはスタート。硬質かつ、不穏な和音感を中心に展開される楽曲は独自性が高く、1曲20分程度で披露される濃厚な世界観が、聴き手にダイレクトに向けられる「赤い闇」「界雷」などを収録。

BlackLab
In A Bizarre Dream
🌐 日本　　　　🅐 New Heavy Sounds　📅 2022

2012年に大阪で結成されたドゥームメタルバンドの、2022年にリリースされた3rdアルバム。メンバーはYuko Morino<Gt, Vo>、Chia Shiraishi<Dr>の二人による編成。Electric WizardやAcid Kingに通じる酩酊感と、ダークなムードがあふれる殺伐としたドゥームサウンドをベースに、シャウトやアンニュイでメロウな唱法を巧みに使い分ける表現豊かなヴォーカルが乗る「Cold Rain」でアルバムはスタート。フランスのアヴァン・ポップバンドStereolabのLaetitia Sadierがヴォーカルで参加する「Crows, Sparrows and Cats」などを収録。

Black Market
Nightmare déjà vu
🌐 日本　　　　🅐 Independent　📅 2017

岐阜にて2007年に結成されたドゥームメタルバンドの2017年にリリースされた1stアルバム。Acid Kingに通じるファズトーンを極限まで利かせたサウンドに、独自の幻想的なメロディを乗せるスタイルの楽曲が特徴。極限までチューニングを落としプレイされるリフと、バンドアンサンブルが暗黒感を生む「Screaming of Madness」を筆頭に、エモーショナルな歌メロディが特徴で、ギターソロではブルージーな展開まで見せる多彩な音楽的引き出しを堪能できる一枚。レコーディング、ミキシングからマスタリングまでEternal Elysiumの岡崎幸人が経営するStudio Zenにて行われた。

Cloud Forest
Rebirth
🌐 日本　　　　🅐 Black Mountain　📅 2012

1992年に大阪にて結成されたドゥーム／ヘヴィメタルバンドの2012年にリリースされた3rdアルバム。ex-Belladonnaの経歴を持つKiyoshi Utsunomiya<Ba>、Etsu<Gt>などからなるラインナップで制作された。Pagan AltarやDio在籍時のBlack Sabbathなどに通じる暗黒要素と様式美が融合したバンドアンサンブルに、伸びやかなK.Juno<Vo>の歌唱が乗るスタイル。8分を超える「Creatures of the Night」ではダークな楽曲展開とオペラティックな歌唱、さらにはプログレッシブ・メタルに通じる複雑で繊細な構成と王道のドゥーム／メタルリフが先導する。

Corrupted
Paso inferior
🌐 日本　　　　🅐 Frigidity　📅 1997

1994年に大阪にて結成されたドローン／ドゥーム／スラッジメタルバンドの1997年にリリースされた1stアルバム。Hevi<Vo, Ba>、Talbot<Gt>、Jose<Ba>、想い出波止場などでの活動で知られるChew<Dr>のラインナップで制作された。CyntiaやDなどを手掛けたRyo WatanabeとGreenmachineやSecond to Noneなどを手掛けるIppei Sudaがエンジニアリングを担当。「Paso inferior」1曲41分という構成で、GriefやPrimitive Manなどに通じる圧殺的スラッジサウンドがディストピアや退廃といったテーマを題材とした歌詞と絡み合い炸裂する。

Corrupted
Llenándose de gusanos
🌐 日本　🎵 HG Fact　💿 1999

1999 年にリリースされた 2nd アルバム。CD2 枚組からなる大作で、Birushanah や Boris などを手掛ける原浩一がレコーディングを担当した。Disc 1 に静謐なピアノサウンドが不穏な静寂を生む「III - Sangre -」からスタートし、本来の持ち味である鬼気迫る Hevi<Vo> の咆哮と圧殺的スラッジサウンドが展開される「VI - Humanos -」へと展開してゆく。Disc 2 に約 74 分にわたる「VIII - El mundo -」では再び不穏な静寂が訪れ、長尺のミニマルなアンビエントサウンドが続く。スペイン語のタイトルや歌詞、また日本語の導入など圧倒的なオリジナリティを告げる一枚。

Floaters
Roman Holiday
🌐 日本　🎵　💿 2020

2013 年に結成されたドゥーム/スラッジ/ストーナーメタルバンドの 2020 年にリリースされた 2nd アルバム。Inside Charmer、Medved でも活動をする Mossa-Hiro<Ba, Vo>、Junichi Ohashi<Dr> と Yu Tanaka<Gt> という布陣にて制作された。Bongzilla や Weedeater といったドゥーム/スラッジ勢に通じる豪傑サウンドとタイトなバンドアンサンブルが特徴。キャッチーなリフと強烈なスクリームが融合し強靭なグルーヴを作り出す「Worthless」、スピード感あふれるリズムが酩酊感覚と融合する「We Don't Care About You」などを収録。

Genocide Nippon
Black Sanctuary
🌐 日本　🎵 King Klassic Records　💿 1988

1979 年に結成されたヘヴィ/ドゥームメタルバンドの 1988 年にリリースされた 1st アルバム。アメリカの King Klassic Records からオリジナル盤がリリースされ、その後 Shadow Kingdom Records より再発がされた。Mercyful Fate や Cirith Ungol に通じる暗黒要素の強い正統派メタルといえるサウンドで、随所に散りばめられるダークな音階のリフはエピックドゥーム勢に通じる。竹内稔浩 <Vo> によるハイトーンとドスの効いた中音域を使い分ける歌唱が、バンドアンサンブルと絡み合う「Doomsday」「Black Sanctuary」などを収録。

GREENMACHiNE
D.A.M.N
🌐 日本　🎵 TASTE　💿 1996

1995 年に石川県金沢にて結成されたハードコア/スラッジメタルバンドの 1996 年 1st アルバム。当時自主リリースされ、1998 年には Frank Kozik により運営された Man's Ruin Records から、2003 年には日本の Diwphalanx Records より『D.A.M.N. +3』として、それぞれアートワークを刷新して再発された。近年ではウクライナの Robustfellow からもリイシューがある。ハードコア由来の暴力性を持つバンドアンサンブルが渦巻き、圧倒的な世界観を構築。Saint Vitus が当時ハードコアシーンで活動したこともあり、ドゥームメタルの正調と言える進化を体現した一枚。

Harakiri Zombie
Harakiri Heaven
🌐 日本　🎵 六弦堂　💿 2022

2017 年に沖縄にて結成されたヘヴィ/ドゥーム/ストーナーメタルバンドの 2022 年にリリースされた 2nd アルバム。ex 地獄軍などの経歴で知られるマサゾンビ <Vo, Gt> を中心にしたラインナップにて制作された。「切腹したが死に切れずゾンビ化した武芸者達が痛みを忘れるために四六時中酒を飲み、スローなメタルをプレイしている」というユニークなコンセプトの下、サザンテイストを飲み込んだドゥームメタルが特徴。ブルージーな歌声でキャッチーなメロディを紡ぐヴォーカルと、コクのあるバンドアンサンブルが絡み合い進行する「遠き雷鳴」、ファンキーなリズムがヘヴィグルーヴと相まって練度を高めてゆく「ハラキリロール」などを収録。

Lightning Swells Forever
Witch and Her Iron Forest
🌐 日本　　🅘 Independent　🕓 2022

2016年に神戸で結成されたヘヴィ/ドゥームメタル/ハードロックバンドの2022年にリリースされた2ndEP。70s要素の強いバンドアンサンブルと粘り気のある特徴的なトーンのヴォーカルが絡み合い、ドゥーム、ストーナー、NWOBHMまでを通過したサウンドを展開する。キャッチーなリフとメロディ、そして疾走感を併せ持つ「Fire in Your Eyes」でアルバムはスタート。続く「Electric Church」ではダウナーなリズム展開に抒情的なメロディが乗るスタイルを融合。オルタナティヴロックに通じるアルペジオ主導のメロディックなナンバー「Dissolution」へと続く。

Nepenthes
Scent
🌐 日本　　🅘 Daymare Recordings　🕓 2015

2012年に東京で結成されたヘヴィロックバンドの2015年にリリースされた1stアルバム。G.A.T.E.S.やex-Church of Miseryの経歴で知られるYoshiaki Negishi<Vo>やex-Church of MiseryのKensuke Suto<Gt>を中心としたラインナップで制作された。プロデュースとレコーディングからマスタリングまでの全工程をEternal Elysiumの岡崎幸人が担当している。ロックが本来持つ原始的なグルーヴと王道のドゥームサウンドを土台とするバンドアンサンブルに、日本語によるメロディアスな咆哮をフィーチャーしたサウンドが特徴。

Nepenthes
Confusion
🌐 日本　　🅘 Daymare Recordings　🕓 2017

2017年にリリースされた2ndアルバム。再びDaymare Recordingsからリリースがされた。前作ではツインギター体制であったが、本作ではSuto<Gt>のギタリスト1名体制となったラインナップで制作された。再びEternal Elysiumの岡崎幸人がプロデュース、レコーディングからマスタリングまでの全工程を担当した。ループ感覚溢れる王道のドゥーム/ストーナーを主軸に、ネガティヴな感情を詩的に昇華させた歌詞を吐き出す歌唱が交じり合う「Down in Your Duneral」でアルバムはスタート。ハードコア的な突進力で展開される「Burned and Buried - 埋火 -」などを収録。

Nepenthes
Grand Guignol
🌐 日本　　🅘 Daymare Recordings　🕓 2023

2023年にリリースされた3rdアルバム。Barebonesでも活動するGoto Tatsuya<Ba, Vo>が加入したラインナップで制作された。レコーディング・エンジニアはBorisやCorruptedなどを手がける原浩一が担当している。よりタイトになったバンドアンサンブルとキャッチーなドゥームリフを、全編で繰り出すギターサウンドが特徴の一枚。MVが制作された「Cut Throat」では硬質なサウンドと意表を突くギターソロが融合する。ハイ・エンドのサウンド・プロダクションによりクリアになった音像がラウドに迫る「Bloodlust」、11分を超える大作「わくらば」などを収録。

Nibs
Toward the Glow
🌐 日本　　🅘 Cornucopia Records　🕓 2017

2010年に名古屋で結成されたドゥーム/ストーナーメタルバンドの2017年にリリースされた1stアルバム。エンジニアリングにStudio Zen／Eternal Elysiumの岡崎幸人を迎えて制作された。Nepenthes、Eternal ElysiumやChurch of Miseryに通じる王道の酩酊型サウンドに、独自の日本語歌詞が乗る楽曲が特徴。冒頭11分を超える大作の「Extensive Forest」ではゆったりとグルーヴするバンドアンサンブルと、じわじわと温度を高めていくような展開を見せる。「Liquid Screen」ではドゥーミーなリフとスピード感あふれるグルーヴが融合する。

Sun Moon Holy Cult
Sun Moon Holy Cult　　　●日本　　Sloomweep Productions　2024

東京で結成されたサイケデリック・ドゥームメタルバンドの2024年の1st EP。4曲で40分を超えるボリュームはアルバムに値する。Sithterのベーシストとしても活動を行うRyu<Gt>を中心に、Ame<Ba>、Bato<Dr>、そして女性ヴォーカルHakukaによる編成。東京のThe Noise Roomにてレコーディングされた。メンバーの母国である中国は元より、アジア諸国の現行Doom／Stonerシーンと強くリンクするサウンドが特徴。日本ではCaptured Recordsよりリリースが実現した。退廃的でアンニュイなメロディを放つヴォーカルを軸に、陶酔感の強い暗黒ジャムが全編を覆い、儀式的なムードを志向する。

Ultimate Loudspeaker
The End　　　●日本　　Bang the Head Records　2007

千葉県船橋にて結成されたヘヴィ／ドゥームメタルバンドの2007年にリリースされた1stEP。Casbahでも活動するRyo Murayama<Vo, Gt>、ex-Casbah、ex-Doomなどの経歴を持つTakatoshi "Tabo" Kodaira<Ba>、ex-AionのShue<Dr>というラインナップにて制作された。Panteraなどを彷彿とさせる分厚いギターサウンドがドゥーミーなフレーズを溶かし込み、屈強なリズムセクションと融合する楽曲が特徴。メインリフからジャムフィーリングあふれるフリーキーな展開を見せる「According to Your Directions」などを収録。

Velle Witch
血・貴婦人 / Blood Noblewoman　　　●日本　　Explosion Records　1988

東京にて1987年に結成されたドゥーム／ヘヴィメタルバンドの1988年にリリースされたデモ音源。Explosion Recordsよりカセットでリリースされた。BellzllebやCrowley、さらにはDeath SSやPaul Chainに通じる濃厚でクセのあるユニークなドゥームサウンドが特徴。不穏なイントロナンバー「S'esbettre」に続き、幻想的なアルペジオと不穏なムードを創出し、後半は暗黒メタルに通じる演奏で独自の世界観を生む「You're Possessed by Witch」をA面に収録。B面にはドゥーミーなリフが楽曲を牽引する9分超えの大作「Titus Groan」などを収録。

中学生棺桶
矛先についたガム　　　●日本　　Diwphalanx Records　2010

2002年に東京にて結成されたドゥーム／ストーナーメタルバンドの2010年にリリースされた4thアルバム。マグダラ呪念やGuevnnaなどをリリースするLost Rivers ProductのKuzuhaがレコーディングを担当。人間椅子やマグダラ呪念などに通じるBlack Sabbathベースのサウンドに、怨念めいた日本語歌詞を載せるスタイルが特徴。ヘヴィで暴力的なリフと野太いアクの効いたヴォーカルが融合し、独自の世界観を展開する「のぶ江の場合」、性急なリズム展開とヘヴィリフとそれに乗る辛辣な歌詞世界が融合する「馬鹿がばれるの怖くて無口」などを収録。

ドブサライ
其の弐　　　●日本　　Independent　2024

2017年に札幌にて結成されたドゥームメタルバンドの2024年にリリースされた2nd EP。1st EPで提示したファニーな側面は影を潜め、よりシリアスかつエピックドゥームの要素が増した。メロトロンの音色とダークな色彩を帯びたリフ、そしてうねるグルーヴが渾然一体となり、強靭な世界観を形成する「案山子」で幕を開ける。日本人ならではの感性溢れる歌詞と節回しを堪能できるヴォーカルも出色だ。Witchfinder GeneralやPagan AltarといったNWOBHMのダークサイドとダイレクトに共鳴するリフが、現代ではより一層輝きを帯びる「サティアン」「黒い街」「カラスの葬式」などを収録。

人間椅子
人間失格
Tri-m 1990 日本

1987年に青森県弘前にて結成されたドゥーム/プログレッシブ・ハードロックバンドの1990年にリリースされた1stアルバム。和嶋慎治<Gt, Vo>、鈴木研一<Ba, Vo>、上館徳芳<Dr>という編成にて制作された。Black SabbathやBudgieなど70sハードロックのダークサイドをベースにしたサウンドに日本文学に着想を得たダークな世界観が特徴。Budgieの「Breadfan」を日本語歌詞にアレンジしてカバーされた「針の山」、ドゥーミーなリフと猟奇的な世界観が展開される「あやかしの鼓」、ハネのあるリズムと方言なども駆使してユニークな世界観を確立する「りんごの泪」などを収録。

人間椅子
二十世紀葬送曲
Meldac Corporation 1999 日本

1999年にリリースされた8thアルバム。ex-Damian Hamada's Creaturesで金属恵比須にも在籍する後藤マスヒロ<Dr>にラインナップが変更され、制作された。MVが制作された「幽霊列車」や「都会の童話」では70sハードロック～プロトドゥームをベースにしたリフが主導し、メロディアスなヴォーカルと独自のダークな歌詞が乗るスタイルを堅持。Black Sabbathのバンド名やメンバーの名前が直接的に歌詞にて言及される異色の「サバス・スラッシュ・サバス」なども収録。ラストの「黒い太陽」ではドゥーミーなリフと文学的な歌詞が融合し、アルバムを締めくくる。

人間椅子
新青年
Tokuma Japan Communications 2019 日本

2019年にリリースされた21枚目のアルバム。ナカジマノブ<Dr>を迎えたラインナップで制作されている。Loudnessなども手掛けるYosuke Maedaがエンジニアリングを担当。OverkillやTestamentなどのリマスターを手がける菊地功がマスタリングを担当している。MVが制作された「無情のスキャット」を筆頭に、作品リリースとキャリアを重ねて得た貫禄溢れるサウンドが全編で展開される。同ビデオは海外からの注目も集めた。硬質なバンドアンサンブルとモダンなテイストを融合した「鏡地獄」、鋭角的なリフとドゥーム由来のリフ、そして日本語で歌われる歌詞がバンドのカラーを維持する「潰神」などを収録。

マグダラ呪念
何の因果でこうなった
Bonten 2008 日本

2003年に東京にてバビロンズとして結成され、2007年より現名義で活動するドゥーム/ストーナーメタルバンドの2008年リリースの2ndアルバム。Kotama Mako<Gt, Vo>を中心とするラインナップにて制作された。後に中国北京のブラックメタル系レーベルGoatowaRexよりLPもリリースされている。Church of Miseryらを彷彿とさせる王道のドゥームサウンドに、中学生棺桶や人間椅子に通じる日本語で歌われるダークな世界観が特徴。凄絶な世界観を暗黒要素の強いバンドアンサンブルに乗せて歌うヴォーカルが強烈な印象を残す、9分超えの大作「無限淫楽地獄」などを収録。

split
Doomsday Recitation
Cornucopia Records 1998 日本

1998年にリリースされた4バンドによるスプリット。Cornucopia Recordsからのリリース。参加バンドはChurch of Misery、Eternal Elysiumに加え大阪のエピック・ドゥームメタルバンドMillarca、さらにエピック・ドゥームメタルバンドのBereniceの計4バンドが参加。Church of Miseryの「Where Evil Dwells (Richard Ramirez)」は後に『Early Works Compilation』へEternal Elysiumの「Splendid, Selfish Woman」は『Spiritualized D』へと収められることになる。

世界的に見ても先進的だったジャパニーズ・プロト・ドゥーム

Blues Creation

Flower Travellin' Band
『Satori』

　Black Sabbathをはじめとする70sの欧米のロックとともにここ日本にもドゥームメタルに影響を与えたバンドが存在している。ニューロックはそのプリミティヴなエネルギーとチャレンジ精神で後世に大きなインスピレーションを残した。特にFlower Travellin' BandとCreation（Blues Creation）は今なおドゥームメタルバンドたちに影響を与えている。

　まずはニューロックの背景を確認していきたい。一般的に認知されているのは主に1960年代に流行したロックを「OLD（古い）」と定義した上で、それに対する言葉として用いられたとされている。またシングル・レコードに収まる収録時間でまとめられた曲が主流だった1960年代の音楽に対して、制限にとらわれることなく、音色や音量、歌唱法や演奏形態、曲の長さなどに、より自由な感覚や技法を導入した音楽がニュー・ロックと呼ばれた。欧米のバンドではLed ZeppelinやDeep Purpleといったハードロックバンドも含まれる。日本ではザ・ゴールデン・カップス、ザ・モップス、PYGがUKロックの影響を強めた以後を「ニューロック」と呼称することがある。

　Flower Travellin' Bandの前身である内田裕也とザ・フラワーズもニューロックのバンドである。内田裕也とザ・フラワーズは1970年2月にFlower Travellin' Bandと改名し再出発。同年10月に日本フォノグラムでアルバム『Anywhere』を発表。こちらにはBlack Sabbathのカバーをいち早く披露するのみならず、Muddy Watersの15分にも及ぶ「Louisiana Blues」を収録。後半で展開されるサイケデリックなジャムは後のドゥーム／ストーナーにつながる要素が見られる。またKing Crimsonのカバー「21st Century Schizoid Man」でも原曲に忠実ながらよりダークでヘヴィなサウンドメイクがドゥームのイメージにダイレクトに重なる。

　その後同年に開かれた大阪万国博覧会の出演中に知り合ったカナダのロックバンド、Lighthouseに見出されメンバーはカナダへ渡る。地元でライブ活動を重ね評価を上げた彼らは、アメリカのアトランティック・レコードと契約し、4月にアルバム『SATORI』をアメリカとカナダで発売（日本はワーナー・パイオニアから）。前作ではカバー楽曲がメインであったが、本作では独自の音楽性を確立。よりヘヴィに、より怪しくうねるムードを注入したサウンドはBlack Sabbathの『Master of Reality』の数か月前にリリースされたことを考えると驚異的だ。同アルバムと、シングル・カットされた「SATORI Part2」がカナダのチャートにランクインするという快挙も果たしている。またGenocide Nipponも「Satori Part I」をライブでのハイライトに演奏する点も記しておきたい。直近ではKeep It True 2023で披露した動画がアップされており、そのドゥーミーなサウンドがドイツ現地でも熱狂的に迎えられたことがわかる。

　続いてはCreation（Blues Creation）についても触れておきたい。Creationは1960年代末、竹田和夫を中心に結成。日本ロック史の草創期において、早くからハードロック・スタイルを取り込んだグループの一つ。ドゥームバンドへの影響としては1971年にリリースされた『悪魔と11人の子供達／Demon & Eleven Children』がしばしば挙げられる。基本はブルースをベースにしたヘヴィ・ロック／ハードロックだが、根底にあるドロドロとした感覚や、独特のアクセントで歌われる英語歌詞が図らずともドゥーム特有の気怠さやダウナー感覚を生み出している。また引きずるようなヘヴィリフはそのままドゥームメタルに転用できる個所も多々ある。こちらも1971年という時代性を考えると、驚異的なサウンドである。後に海外ではドゥームメタルのプロトタイプとして再発見される。また近年では中国からその名もずばりなDemon & Eleven Childrenというバンドが登場したりなど影響を見ることができる。

Demon & Eleven Children 　　　　　　　　　　⊕中国
Demonic Fascination 　　　　　　　　◎ Sloomweep Productions ◉ 2024

広東省広州にて結成されたドゥームメタルバンドの2024年にリリースされた1stアルバム。バンド名は日本のBlues Creationのアルバム名を冠している。Sun Moon Holy CultやMephistofelesなどの作品もリリースする、遼寧省瀋陽のSloomweep Productionsからのリリース。近年の南米、東南アジアのダークなドゥームサウンドの潮流と強くリンクするような陶酔感と、イーヴルな世界観を併せ持つ新世代型サウンドが特徴。重い音塊が一体感を伴うバンドアンサンブルに、気怠い女性ヴォーカルが乗り、聴き手を誘惑する「Drown in Hell」などを収録。

Electric Lady 　　　　　　　　　　⊕中国
Queen of Electricity And Her Coming Kingdom 　　　　　　◎ ◉ 2016

北京にて結成されたドゥーム／サイケデリックロックバンドの2016年にリリースされた1stアルバム。Jimmy Bai<Gt>によるラインナップにて制作された。60sフィーリングあふれるブルージーな女性Voとハードロック色の強いバンドアンサンブルが特徴で、随所に差し込まれるアンダーグラウンド臭溢れるギターサウンドがユニークに響く。メロウに響くヴォーカルメロディと泥臭いリフが融合する「Space Lady #48」でアルバムはスタート。粘っこいギターリフとヴィンテージフィーリングが融合する「Jimi The Exploder」などを収録。

Platypus 　　　　　　　　　　⊕中国
末世の葬禮 貳 現場 　　　　　　　　◎ Human Recycle ◉ 2019

中国河北省の邯鄲にて2013年に結成されたアトモスフェリック・ドゥームメタルバンドの2019年リリースのライブアルバム。中国のHuman Recycleからカセットで66本限定でリリースがされている。Corruptedを彷彿とさせる荒涼としたアルペジオとフューネラルドゥームや、ブラックメタルなどに通じる冷徹なサウンドとメロディアスなヴォーカルが融合するスタイル。儚げな歌メロとスローなバンドアンサンブル、そして低音グロウルが重なり合い、独自の世界観を形成する「遁入虚无」、壮大なスケールと寒冷なムードを増強させる「死亡之谜」などを収録。

盛り上がりを見せる中国ドゥームと Weedian『Trip to China』

近年中国でも様々なドゥームバンドが現れている。情報規制などの影響で他の国に比べはるかに情報収集や活動自体が困難であるものの、音楽シーンは盛り上がりを見せている。2024年には遂にWeedianから中国のバンドだけを集めたBandcamp上でのコンピレーション『Trip to China』がリリースされた。Demon & Eleven Childrenがトップを飾り、ワウの効いた催眠的なギターとアンニュイな女性ヴォーカルが、南米勢とも興味深いリンクを見せる「Don't Deliver Us From Evil」で参加。続くElectric Ladyはアジアの路地裏が脳裏をかすめるような怪しいリフと、ブルージーな女性ヴォーカルが独特の気怠さを生む。なおギタリストのJimmy Baiによると「1969年から1970年の間に生きているかのようなバンドになりたかった」のだという。続くNever Beforeは2011年に北京で結成された来日経験もあるバンドで、ワールドワイドで見ても他国に一切引けを取らないサウンドが展開されている。続くSun Moon Holy Cultは日本を拠点に活動をしているバンドだ。Sithterのベーシストとしても活動を行うRyu<Gt>が在籍している事でも知られ、Captured Recordsから国内盤もリリースされている。以降も様々なバンドの音源が収録されており、ぜひ実際に聴いていただきたいと思う。今後の展開にぜひ注目していただきたい。

伏羲
在寂静的路上
⊕中国　Ⓢ Shang　ⓒ 2009

2005年に甘粛省の省都蘭州にて結成されたフォーク／ドゥームメタルバンドの2009年にリリースされた1stアルバム。中国のレーベル Shang から CD がリリースされている。二胡を用いた独自のサウンドを展開し、中国文化や伝統を題材とした歌詞で展開する雄大なサウンドが特徴。Agalloch に通じるアトモスフェリック要素と緩急をつけた巧みなアレンジが味わえる「在寂静的路上」、二胡をフィーチャーしたユニークなアンサンブルを聴かせる「舞」などを序盤に配置。後半は幽玄なアルペジオと、クリーンヴォイスで進行するメロディとバンドアンサンブルがじっくりと展開される「南无疆」などを収録。

Spiral Shades
Hypnosis Sessions
⊕インド　Ⓢ RidingEasy Records　ⓒ 2014

インドのムンバイ出身の Khushal Bhadra<Vo, Gt> とノルウェー出身の Filip Petersen<Gt, Ba, Dr> からなる多国籍ドゥームメタルバンドの2013年にリリースされたデモ音源。自主でリリースされた後に2014年に RidingEasy Records よりリリースされた。Vidunder や Admiral Sir Cloudesley Shovell などに通じるハードロック要素の強いドゥームサウンドで、ヴォーカルの声質は Ozzy Osbourne と Chris Cornell に通じるハイトーンが特徴。ドゥーミーなリフとメロディアスな歌唱が相まって進行する「Illuminati」などを収録。

Spiral Shades
Revival
⊕インド　Ⓢ Independent　ⓒ 2023

2023年にリリースされた1stアルバム。Khushal R Bhadra<Vo> と Filip Petersen<Gt, Ba, Dr> による編成で制作された。よりヴィンテージ臭を漂わせるサウンドとモダンなサウンドプロダクションが融合する一枚。キャッチーな歌メロとメリハリの効いた演奏を融合し、Ozzy Osbourne と Chris Cornell を彷彿とさせる高い歌唱力のヴォーカルがフィーチャーされる「Revival」でアルバムはスタート。意表を突くリズムが面白いグルーヴを生む「Chapter Zero」、生々しいプロダクションとひねりの効いたコード展開が不安感を煽る「Darkest Night」などを収録。

Olive
The Awaking
⊕シリア　Ⓢ Independent　ⓒ 2005

シリアのホムスにて2004年から2007年まで活動したアトモスフェリック・ドゥームメタルバンドの2005年にリリースされた1stアルバム。The Gathering などに通じる陰鬱なゴシック要素の強いサウンドと、中東特有のエスニックな香りを強く漂わせるサウンドが特徴。ロウなサウンドプロダクションと母語で歌われる不気味な歌唱、そしてチープなサウンドメイクが形容しがたい怪しいムードを漂わせる。メロウな序盤からヴォーカルがフィーチャーされ、不穏なアルペジオへと続く「Human in Aeon of Savagery」「Unknown Wish」などを序盤に配置。静謐なタイトルトラック「The Awaking」などを収録。

Uluru
Acrophilia
⊕トルコ　Ⓢ Tonzonen Records　ⓒ 2019

2014年にイスタンブールにて結成されたインストゥルメンタル・サイケデリック・ドゥーム／ストーナーメタルバンドの2019年にリリースされた1stアルバム。ドイツの Tonzonen Records より CD と LP がリリースされている。プログレッシヴな響きと宇宙的なサウンドスケープ、さらには民族音楽のエッセンスも取り込んだ個性的なサウンドが特徴。ロック本来の野性的なリズムとスペイシーな展開がスリリングに進行する「Insidious Queen」「Şark」などを序盤に配置。ラストナンバー「Aeternum」では、空間の広がりを感じさせる壮大なアンサンブルの下、どこまでも続くようなジャムフィーリングあふれる曲構成が光る。

Yaşru
Öd Tengri Yasar — Independent — 2012 — トルコ

トルコのイスタンブルにて2009年に結成されたドゥーム/フォークメタルバンドの2012年にリリースされた1stアルバム。Berk Öner<Vo, Gt, Ethnic instruments>を中心としたラインナップにて制作された。中国のTengger CavalryやキルギスのDarkestrahなどに通じるエスニックな要素の強いサウンドが特徴。土着的なムードの色濃いインストゥルメンタルナンバー「Atalara」「Deko Kuy」でアルバムはスタート。メロウなヴォーカルラインと、ダークな印象を与える楽器の音色が絡み合い、展開される「Kara Haber」などを収録。

Yaşru
Öz — Khufu Solar Ship — 2014 — トルコ

2014年にリリースされた2ndアルバム。新たにBatur Akçura<Ba>、Mert Gezgin<Dr>が加わり制作された。土着的な響きを強く漂わせるインストゥルメンタルナンバー「Saymalıtaş」でアルバムはスタート。ディストーションサウンドと民族楽器をフィーチャーしたユニークなサウンドが展開される「Tunç Yürekliler」「Yol Verin Dağlarım」を序盤に配置。勇壮なムードを演出する音色と、雄大な展開を見せるヴォーカルが先導する「Öd Tengri Yasar」などを収録。トルコのKhufu Solar Shipよりカセットがリリースされている。

Yaşru
Börübay — WormHoleDeath — 2016 — トルコ

2016年にリリースされた3rdアルバム。イタリアのWormHoleDeathからリリースされた。Berk Öner<Vo, Gt, Ethnic instruments>、Batur Akçura<Ba>の布陣にて制作された。前作までと比べ、格段にスケールアップしたサウンドが特徴で、エスニックな要素とエピックメタル的なサウンドの広がりが合わさるアンサンブルが展開される。勇壮なメロディと郷愁を誘う楽器の音色で進行する「Rüzgarin Yirlari」、ハードなサウンドとアップテンポなリズム、吠えるようなシンガロングパートが合わさり独自の世界観を形成する「Yaşru」などを収録。

Yaşru
Ant Kadehi — Soundage Productions — 2017 — トルコ

2017年にリリースされた4thアルバム。ロシアのSoundage Productionsからリリースされている。Berk Öner<Vo, Gt, Ethnic instruments>以外のメンバーが一新された布陣にて制作された。のどかでフォーキッシュなサウンドのインストゥルメンタルナンバー「Oğuzelleri」に導かれ、デス声を駆使しトルコの歴史などに言及した歌詞を歌う「Ant Kadehi」へと続きアルバムはスタート。ドラマティックなメロディと悲哀をまとい柔らかなメロディを歌うヴォーカルをフィーチャーした「Son Gece (Chieh Shi Shuai)」では詩的な歌詞表現を駆使する。

Yaşru
Kar Prensesi — Soundage Productions — 2021 — トルコ

2021年にリリースされた5thアルバム。自主リリースがされた後にロシアのSoundage ProductionsからCDのリリースがされた。引き続きBerk Öner<Vo, Gt, Ethnic instruments>を中心としたラインナップにて制作された。前作までの作品に比べさらにサウンドプロダクションが向上し、より洗練された楽曲が揃う。デスヴォイスと勇壮なアレンジ、さらにはフォークメタル由来の幽玄なサウンドは健在。エモーショナルなギターソロの切ない調べがフィーチャーされる「Kışın Tatlı Hüznü」でアルバムはスタート。「Kar Prensesi」での壮大な音像は本作のハイライトだ。

勇壮な世界観が描かれるタスマニア産トラディッショナル・ドゥーム

The Wizar'd

🕒 2004-present　🌐 タスマニア州ホバート
👥 (Ba, Gt) Blackie、(Ba, Gt, Vo) Master of the Night、(Dr) Maniac Frodsham、(Gt, Vo) Ol' Rusty ex-Members (Dr) Iron Tyrant 他
💿 Tarot

オーストラリアはタスマニア州のホバートにて 2004 年に結成。同年 1st デモ『Live Witcheryvenometal - Doom Metal Horror』、2005 年には 2nd デモ『Worship Me!』をリリース。2006 年にはアメリカの Rusty Axe Records より 1st EP『Follow the Wizard』をリリース。また 2008 年には同レーベルからリリースされたコンピレーション『Under the Axe Vol. 4』へ Witchfinder General のカバー「Free Country」で参加。前後して 2007 年にはライブアルバム『Killing Ourselves to LIVE!』、シングル『Smouldering Sinners』、EP『Sebado Negro』を立て続けにリリース。2008 年には 1st アルバム『Infernal Wizardry』をリリース。2010 年にはドイツのブラック／デスメタル系レーベル Barbarian Wrath より 2nd アルバム『Pathways into Darkness』をリリース。2013 年には Iron Tyrant こと Mathew Nicholls<Dr> をラインナップに加え、アメリカの NWOBHM 系レーベルである Buried by Time and Dust Records より 3rd アルバム『Ancient Tome of Arcane Knowledge』をリリースした。その後、新たに Master of the Night<Gt>、Maniac Frodsham<Dr> の 2 名をラインナップに迎え、2020 年には 4th アルバム『Subterranean Exile』をイタリアの Cruz del Sur Music よりリリースした。

The Wizar'd
Infernal Wizardry
◉オーストラリア　Rusty Axe Records　2008

タスマニア州ホバートにて 2004 年に結成されたドゥーム／ヘヴィメタルバンドの 2008 年にリリースされた 1st アルバム。アメリカの Rusty Axe Records からリリースがされている。後に開花するエピックメタル要素の強いサウンドは控えめで、Reverend Bizarre などの暗黒要素の強いドゥームサウンドを中心に展開する楽曲が特徴。陶酔感溢れる歌唱とスローなリズムセクションにへばりつくようなギタープレイをフィーチャーした「Witchwither」や、混沌とした世界観を展開する「Infernal Wizardry」などを序盤に配置。トリッピーなサウンドを展開する「Gloomwing」などを後半に配置。

The Wizar'd
Pathways into Darkness
◉オーストラリア　Barbarian Wrath　2010

2010 年にリリースされた 2nd アルバム。Will Fried<Vo> がリードギターも兼任する形で制作された一枚。前作に比べ、よりエピックメタル要素を増強させた世界観が特徴。オルガンサウンドをフィーチャーしスローにじっくりとした曲構造の「Disease from The East」、メロウなコード展開と哀愁を漂わせるヴォーカルメロディが進行する「Rainbow's End」などを序盤に配置。オカルティックで怪しげなドゥームサウンドを放つ「Some Like It Dead」では真の通った、光の見えないサウンドが炸裂する。後にアメリカの Buried by Time and Dust Records からレコードがリリースされた。

The Wizar'd
Ancient Tome of Arcane Knowledge
◉オーストラリア　Buried by Time and Dust Records　2013

2013 年にリリースされた 3rd アルバム。後にドイツの Barbarian Wrath から CD が、オーストラリアの Heavy Chains Records からカセットがリリースされている。前作までに提示したエピック要素の強い正統派サウンドを組み入れた独自のドゥームメタルサウンドは健在。Will Fried<Vo, Gt> によるアクの強い個性的なヴォーカルがバンドサウンドに乗り、牽引する。オカルトな要素を強め、NWOBHM 勢にも通じるウェットなギタートーンが特徴の「Turn to Evil」でアルバムはスタート。スケール感を増した「Ancient Tome of Arcane Knowledge」などが続く。

The Wizar'd
Subterranean Exile
◉オーストラリア　Cruz del Sur Music　2020

タスマニア州ホバートにて 2004 年に結成されたドゥーム／ヘヴィメタルバンドの 2020 年にリリースされた 4th アルバム。Agalloch や Manilla Road 他多数のアーティストを手掛けるドイツ人 Patrick W. Engel がマスタリングを担当。Pagan Altar や Witchfinder General に通じる正統派メタル要素の強いサウンドに Manilla Road に通じる勇壮な世界観を融合させたサウンドが特徴。独特の声質でハイトーンを歌い上げるヴォーカルがリードする「Subterranean Exile」でアルバムはスタート。勇壮なギターソロがフィーチャーされる「Long Live the Dead」などを収録。

Tarot
Reflections
◉オーストラリア　Heavy Chains Records　2016

2011 年に The Wizar'd でも活動する The Hermit こと、Will Fried<Vocals、Organ、Keyboards> を中心にタスマニアのホバートにて結成された正統派メタルバンドの 2016 年 1st アルバム。Will Fried がオーナーを務める Heavy Chains Records からリリースされ、後にドイツの Ván Records からもリリースされている。ドゥームメタルに影響を与えた NWOBHM のダークサイド代表格である Pagan Altar、Wytch Hazel などの Bad Omen Records 界隈に通じる勇壮で哀愁の漂うヴィンテージ・ハードロックが全編で展開される。

Devil Electric
Devil Electric 🌐 オーストラリア
Ⓐ Kozmik Artifactz ⓒ 2017

ビクトリア州メルボルンにて 2015 年に結成されたヘヴィ／ドゥームメタル／ロックバンドの 2017 年にリリースされた 1st アルバム。Blood Ceremony や Lucifer などに通じる女性ヴォーカルをフィーチャーしたヴィンテージ要素の強いサウンドが特徴。MV が制作された「Hypnotica」「Shadowman」を筆頭に、ダークなギターリフに導かれるバンドアンサンブルと、ハスキーにメロディを歌い上げるヴォーカルが融合する。王道の煙たいリフで進行しモダンな要素をも提示する「Lady Velvet」、硬質なベースファズサウンドと縦横無尽に進行するギターソロが印象的なインストゥルメンタルナンバー「Monolith」などを収録。

Frown
Faith 🌐 オーストラリア
Ⓐ Independent ⓒ 2018

クイーンズランド州ブリスベンにて結成されたドゥームメタルバンドの 2018 年にリリースされた 2nd アルバム。Electric Wizard などに通じるダークな世界観と Reverend Bizarre に通じるオカルト感覚、そしてブラックメタル勢に通じる破滅的なサウンドが特徴。性急なビートが Mayhem などのオーセンティックなブラックメタルを彷彿とさせる「Dried Blood, Crushed Bones」でアルバムはスタート。続く「Mosahn」ではミドルテンポで展開される暗黒要素の強いサウンドで進行し、様々なエフェクトを用いて混沌としたムードを作り上げている。

Holy Serpent
Endless 🌐 オーストラリア
Ⓐ RidingEasy Records ⓒ 2019

ビクトリア州メルボルンにて 2013 年に結成されたドゥーム／ストーナーメタルバンドの 2019 年にリリースされた 2nd アルバム。Goatess や Eternal Elysium などに通じるストーナー要素の強いサウンドに、ドゥーム由来の悲哀に満ちたメロディが絡みつくサウンドが特徴。浮遊感溢れるギターサウンドとモダンなアレンジをバックにメロウなヴォーカルが挿入される「Lord Deceptor」でアルバムはスタート。硬質なギターリフとハーモニーを重視した独自のメロディが儚くも幽玄な世界観を展開する「Into the Fire」、シューゲイザーにも通じる精神世界を感じさせる「Hourglass」などを収録。

日本におけるドゥームメタルの伝道者 Leaf Hound Records

かつて日本に Leaf Hound Records というドゥーム／ストーナーレーベルが存在した。Church of Misery の『Master of Brutality』のリミテッドエディション LP や Electric Wizard、Iron Man、Witchcraft、Blood Farmers、Acid King、Place of Skulls といった重要バンドの日本盤を数多くリリースしてきた。いつもこだわりの帯デザインと、邦題、そしてライナーが付属しており、今でもファンの間で根強い人気がある。またすべて廃盤のため中古市場では高値で取引されている商品も多い。Acid King、Electric Wizard、Witchcraft、Blood Farmers、Ogre などを招聘したことでも知られ、日本におけるドゥームメタルの伝道者であった。レーベルを運営していた小林氏はドゥーム以外にも 70s ハードロックやフォーク、日本のニューロックにも造詣が深く、的確なディレクションには各方面から定評があった。特に Blood Farmers の 1991 年のデモ『Permanent Brain Damage』(邦題：血まみれ農夫の侵略) は知る人ぞ知る鮮烈な内容で、長年リリースが待望されており、メンバー説得などの氏の尽力があって、リリースに漕ぎつけた。現在は業務を停止しており非常に悔やまれる。

あとがき

　今このあとがきを書いている時点では、本の完成までまだまだ気を抜けない状況が続いている。今この瞬間も、タイトなスケジュールの真っただ中ではあるが、本書が完成するまでの、時系列を記そうと思う。

　2023年1月初頭、筆者は自身のバンド、Hebi Katana の2022年12月のチリ・ツアーから帰国後、燃え尽き気味の日々を過ごしていた。ちょうどバンドも転換期を迎えていた、エアポケットのような時期に、そのメールは突然送られてきた。

　「『ドゥームメタル・ガイドブック』についての相談です」という件名の、パブリブ代表の濱崎誉史朗さんからのメールであった。「果たして自分にできるのか？」「誰か他に適任がいるのではないか？」と正直思ったが、自分のドゥームメタルへの情熱を注ぎ込み、形にするのには、絶好のチャンスだとも感じたことを覚えている。

　2023年の1/19（木）11:30AM に、高円寺の座・高円寺にある、カフェ アンリ・ファーブルにて、初めて濱崎さんにお会いした時、ビビッと来るものがあった。率直に話すのが楽しく、時間が過ぎるのが早かった記憶がある。しかし、その浮かれた気分はすぐさま、打ち砕かれることとなる。実際のレビュー執筆に入る前には、ドゥームメタルのバンドの洗い出し作業を行うわけであるが、世界には自分が想定したよりも、遥かに多くのバンドが存在していることが判明し、正直この時点で、もう心が折れて、執筆を投げ捨ててしまおうか、と思った。そのような青臭い時期を乗り越えられたのは、濱崎さんの熟練のノウハウに基づくアドバイスの数々であったことは、間違いない。いま思い出したが、洗い出しの開始直後に、一度濱崎さんをお呼び立てして、泣きついたこともある。自身のバンド活動や、日々の労働、生活などで、進行は遅れに遅れ、ようやく洗い出しを終えたのは、2023年の11月頃だ。

　その頃からようやくレビューを開始した。レビュー自体は、自身が想定したよりかは、スムーズに進み、日々の to do との調整の中、細かく自分を律しながら、1日に5～10タイトルほど書き進めていった。2024年の春先には8～9割は終了した。正直なところ、他の用事を犠牲にしたり、やや睡眠不足な日々ではあったが、様々なバンドの音源を聴きこみ、レビューを書くということは、とても濃密で貴重な時間であった。残りの人生の中であとどのくらい、このような音楽との向き合い方ができるのかは、見当もつかない。

　その後、夏頃より、大御所アーティストへのインタビュー打診を開始した。そもそも、窓口がどこにあるか分からないバンドもある中、今回快諾いただいたバンドには感謝が尽きない。ハイライトは、Hebi Katana の2024年夏のイタリア・フランスツアー直前に、Saint Vitus の Dave Chandler からの回答が届き、台北～ミラノ間の機内で回答の原文を、何度も一人で読んでは、含蓄溢れる氏の言葉の数々に興奮していたことだ。

　2024年の後半～暮れには主な執筆のめどがつき、コラム執筆やレイアウトの調整、校正がスタートした。ここでも自分の粗が出てしまい、大いに迷惑をかけてしまった。今こうして、このあとがきの執筆に辿り着けたことが、奇跡である。

　本書の執筆にあたり、様々な方のお力添えがあったことを、記しておきたい。まずは、Trooper Entertainment の宮本哲行さんには、Cathedral の Lee Dorrian、Lucifer の Johanna Platow Andersson、Uncle Acid and the Deadbeats の Kevin R. Starrs のインタビューの件で、大変お世話になった。さらに、本書の表紙にもなっている、Johanna の写真や、貴重なライブ写真などを提供いただいた。深く感謝申し上げる。なお、表紙に関しては、Johanna ご本人からも直々に承諾をいただき、興奮を隠せない。また、Church of Misery の Tatsu Mikami 氏には貴重なインタビューをいただくことができた。仲介いただいた小峯美香さんとともに、最大限の感謝を申し上げる。ディスクユニオン B.T.H. Records 主催の斉藤靖さんには、宮本さんと Tatsu Mikami 氏のインタビューを仲介していただき、感謝申し上げる。Saint Vitus の Dave Chandler のインタビューは、Season of Mist の Will Yarbrough に仲介いただいた。『オールドスクール・デスメタル・ガイドブック 上・中・下巻 』の村田恭基さん、『ゴシックメタル・ガイドブック』の阿久津孝紘さん、ディスクユニオンの大塚真一さんには、掲載アーティスト／作品をチェックしていただいた。造詣の深い諸氏に見ていただいたことで、客観的な視点を付与できたことに、深く感謝申し上げる。パブリブ代表の濱崎さんには最初から最後まで、叱咤激励をいただき、感謝が尽きない。ありがとうございます。

　最後に、長年にわたり多様な形で、ドゥームメタル・シーンを支えてきた、すべての方々に敬意を表し、筆を置く。

索引

1782	87
40 Watt Sun	39
Aarni	73
Absent	189
Abstrakt Algebra	50
Abysmal Grief	89
Acid King	152
Acid Mammoth	96
Aganice	193
Age of Taurus	39
Alastor	63
Alien Boys	84
Allfather	39
Ancestors	169
Apostle of Solitude	147
Ararat	189
Argus	127
Arkham Witch	39
Astral pigs	189
Astroqueen	63
Asylum	129
Atlantean Kodex	84
Avatarium	50,63
Backbone	102
Balam	122
Beastmaker	169
Bedemon	132
Begotten	123
Birushanah	209
Bitterdusk	193
Black Hole	89
Black Lotus	87
Black Lung	129
Black Market	209
Black Messiah	193
Black Moth	40
Black Oath	89
Black Sabbath	12
Black Spell	89
Blackfinger	144
BlackLab	209
Blood Ceremony	174
Blood Farmers	123
Bloody Hammers	138
Bright Curse	40
Brothers of the Sonic Cloth	166
Bruja Negra	187
Burning Saviours AD	63
Bus the Unknown Secretary	102
Candlemass	47
Capilla Ardiente	194
Caronte	90
Castle	170
Cathedral	24
Celtic Frost	86
Church of Misery	197
Cirith Ungol	170
Cloud Forest	209

Clouds Taste Satanic	124
Codex Gigas	194
Come Sleep	63
Come To Grief	121
Condenados	194
Confessor	138
Conviction	86
Corpus Christi	190
Corrupted	209
Count Raven	52
Crepuscularia	103
Cronos	190
Crypt Sermon	127
Danzig	126
Dark Suns	84
Dead Quiet	175
Death Penalty	40
Death Row	111
Death SS	90
Demon & Eleven Children	215
Demon Head	77
Demon Lung	166
Demonauta	194
Devil	75
Devil Electric	220
Disconnect	41
Doctor Smoke	146
Doom Snake Cult	166
Doomshine	84
DoomSword	91
Dopethrone	175
Dread Sovereign	46
Dream Death	127
Duel	140
Dunbarrow	75
Early Moods	171
Earthride	130
Ecclesia	86
Eidyllion	187
Electric Lady	215
Electric Wizard	20
Elephant Tree	41
Epitaph	92
Eric Wagner	145
Eternal Sun Temple	190
Evangelist	102
Faetooth	171
Flashback	175
Floaters	210
Floodgate	139
Floor	139
Force	130
Fórn	121
Forsaken	94
Frayle	146
Friends of Hell	77
From Beyond	140
Frown	220
Fulanno	190
Fvneral Fvkk	84
Gaupa	64

Geezer	15
Genocide Nippon	210
Ghost	64
Goat Horn	176
Goatess	65
Godsend	65
Godthrymm	41
Goliath	147
Grand Magus	65
Grave Disgrace	103
Graves at Sea	167
Green Lung	42
GREENMACHiNE	210
Griftegård	66
Harakiri Zombie	210
Heaven & Hell	15
Heavy Temple	128
High Priest of Saturn	75
High Reeper	128
Holy Grove	168
Holy Serpent	220
Humanotone	194
Ides of Gemini	172
Imago Mortis	189
Internal Void	130
Invitado de Piedra	195
Iommi	14
Iron Man	118
Isole	67
Jerry Cantrell	166
Jex Thoth	172
Kal-El	75
Karavan	76
Khemmis	150
King Goat	43
King Witch	43
King Woman	172
Kirk Windstein	139
Krux	67
Kryptograf	76
Kypck	74
Lamented Souls	76
Las Cruces	140
Left Hand Solution	67
Lightning Swells Forever	211
Lord Vicar	73
Los Muertos	195
Loviatar	176
Low Flying Hawks	140
Lowen	43
Lucifer	78
Lüger	176
Mael Mórdha	46
Magic Circle	122
Mansion	73
Melissa	189
Memento Mori	51
Memory Garden	67
Mendozza	176
Mephistofeles	180
Merlin	149

Messa	92
Middian	164
Minotauri	73
Mirror of Deception	85
Moab	173
Moanhand	104
Monobrow	176
Moonstone	103
Moonwatcher	187
Mount Salem	148
Mountain Witch	85
Mourning Sun	195
Naam	124
Naevus	85
Nekromant	68
Nemesis	51
Nepenthes	211
Nibs	211
Nitroseed	130
Noekk	85
Norrsken	62
Obake	93
Occultation	124
Ogre	121
Olive	216
Ora Pro Nobis	191
Orchid	173
Orodruin	125
Pagan Altar	16
Pale Divine	128
Pallbearer	135
Parish	43
Paul Chain	91
Paul Chain Violet Theatre	91
Penance	128
Pentagram	108
Picaporters	191
Pilgrim	122
Place of Skulls	111
Platypus	215
Pre-Electric Wizard	23
Premonition 13	131
Procession	195
Purification	168
Purple Hill Witch	76
R.I.P.	168
Rainbows Are Free	139
Red Eye	87
Reino Ermitaño	188
Requiem	93
Revelation	131
Reverend Bizarre	71
Rezn	148
Rise and Shine	68
Rising Dust	86
Robot Lords of Tokyo	146
Ruinas del Monasterio	187
Ruined	195
Sabbath Assembly	125
Sabbathica	191
Sahg	77

Saint Vitus	154
Salem's Pot	68
Santa Sangre	187
Satan's Satyrs	132
Saturnalia Temple	70
Scald	104
Scarecrow	104
Schema	103
Seer	177
Seremonia	73
Serenity	44
Serpent Cobra	193
Serpent Venom	44
Serpentcult	86
Silvertomb	125
Skar	188
Skogen Brinner	69
Slomatics	44
Smoulder	177
Solitude Aeturnus	136
Solstice	44
Sorcerer	69
Spelljammer	69
Spiral Shades	216
Spiral Skies	69
Spirit Adrift	141
Spirit Caravan	114
Spiritus Mortis	74
Starchild	138
Stillborn	70
Stinking Lizaveta	129
Stonebride	102
SubRosa	165
Sun Moon Holy Cult	212
Tarkus	188
Tarot	219
The Ancient Doom	196
The Black	93
The Doomsday Kingdom	70
The Gates of Slumber	147
The Graviators	70
The Lamp of Thoth	45
The Lumbar Endeavor	164
The Obsessed	112
The Order of Israfel	70
The Otolith	166
The River	45
The Skull	145
The Well	141
The Wizard	188
The Wizar'd	218
The Wounded Kings	45
Thunder Horse	141
ThunderStorm	93
Trouble	142
Type O Negative	126
Uaral	196
Ultimate Loudspeaker	212
Uluru	216
Uncle Acid and the Deadbeats	33
Unorthodox	131

Upsidedown Cross	122
Urchin	168
Valkyrie	133
Velle Witch	212
Venomous Maximus	141
Victor Griffin	111
Vinnum Sabbathi	188
Völur	178
Warning	45
Wheel	85
While Heaven Wept	133
Wicca333	193
Wino	114
Witch Mountain	169
Witchcraft	60
Witchcross	149
Witchfinder General	45
Witchsorrow	46
With the Dead	27
Wizard Master	94
Wolftooth	147
Wretch	148
Wretched	131
Yaşru	217
Yatra	132
Year of the Cobra	167
Year Zero	46
Yob	162
Zaum	178
Александр Невский	104
Варяг	104
Камни	105
ドブサライ	212
マグダラ呪念	213
人間椅子	213
中学生棺桶	212
伏羲	216

松尾信仁 Nobuhito Matsuo

東京都出身。1990年生まれ。国内外で活動するバンド、Hebi Katana でギターとヴォーカルを担当。ディスクユニオンのドゥーム／ストーナー系レーベル、Unforgiven Blood Records を運営。Tokyo Doom Fest 共同主催。2002年 FIFA ワールドカップ・オフィシャルコンサートに出演した、Aerosmith を見て、衝撃を受ける。同時期より、The Beatles、The Rolling Stones、Led Zeppelin、Guns N' Roses、Nirvana などに傾倒した後、Black Sabbath を聴き始め、Trouble や Pentagram、The Obsessed といった、ドゥームメタル・バンドに出会う。

HP：https://hebikatana.wordpress.com/
X：https://x.com/hebikatana
メールアドレス：nobuhitojoshmatsuo@gmail.com

世界過激音楽 Vol.23
オールドスクール・デスメタル・ガイドブック
下巻 ニューウェイヴ編
村田恭基著

「ニューウェイヴ・オブ・オールドスクール・デスメタル」という一見矛盾したムーブメントが 2010 年代に勃興した。HM-2 の再興、カセットテープの再評価といった懐古趣味に留まらずコズミック・キャヴァナス・ロッテン等の新概念を創造していく。そしてハードコアとの協調体制によって「現行デスメタル」が爆誕するに至る。

A5 判並製 272 ページ　3,200 円＋税

世界過激音楽 Vol.26
ドゥームメタル・ガイドブック
激重・激遅・激渋

2025 年 4 月 1 日　初版第 1 刷発行
著者：松尾信仁
装幀 & デザイン：合同会社パブリブ
発行人：濱崎誉史朗
発行所：合同会社パブリブ
〒 103-0004
東京都中央区東日本橋 2 丁目 28 番 4 号
日本橋 CET ビル 2 階
03-6383-1810
office@publibjp.com
印刷 & 製本：シナノ印刷株式会社